BASTEI
LÜBBE

Von S. Fischer-Fabian sind bei Bastei Lübbe Taschenbücher lieferbar

64152 Alexander der Große
61493 Karl der Große
64192 Die ersten Deutschen
64197 Die deutschen Kaiser
64204 Ritter, Tod und Teufel
64206 Herrliche Zeiten
64209 Sie veränderten die Welt
64212 Die Macht des Gewissens

Über den Autor:

S. Fischer-Fabian, in Bad Salzelmen geboren, verbrachte seine Jugend im ostpreußischen Königsberg. Er besuchte die Universitäten Heidelberg und Berlin, wo er nach dem Studium der Geschichte, der Germanistik und der Kunstgeschichte promovierte. Er lebt heute am Starnberger See.
Mit seinen historischen Sachbüchern, die alle Bestseller wurden, eroberte er sich weit über die Grenzen Deutschlands hinaus ein großes Publikum.

S. FISCHER-FABIAN

CHRISTOPH COLUMBUS

Entdecker einer neuen Welt

BASTEI LÜBBE

BASTEI LÜBBE TASCHENBUCH
Band 61587

1. Auflage: Mai 2006

Vollständige Taschenbuchausgabe
der im Gustav Lübbe Verlag erschienenen
Hardcoverausgabe

Bastei Lübbe Taschenbücher und Gustav Lübbe Verlag
in der Verlagsgruppe Lübbe

Einbandgestaltung: Bianca Sebastian
Titelbilder: akg-images, getty-images/FPX
Satz: Textverarbeitung Garbe, Köln
Druck und Verarbeitung: Ebner & Spiegel, Ulm
Printed in Germany
ISBN-10: 3-404-61587-5
ISBN-13: 978-3-404-61587-2

Für Uschi,
für Thomas und Florian

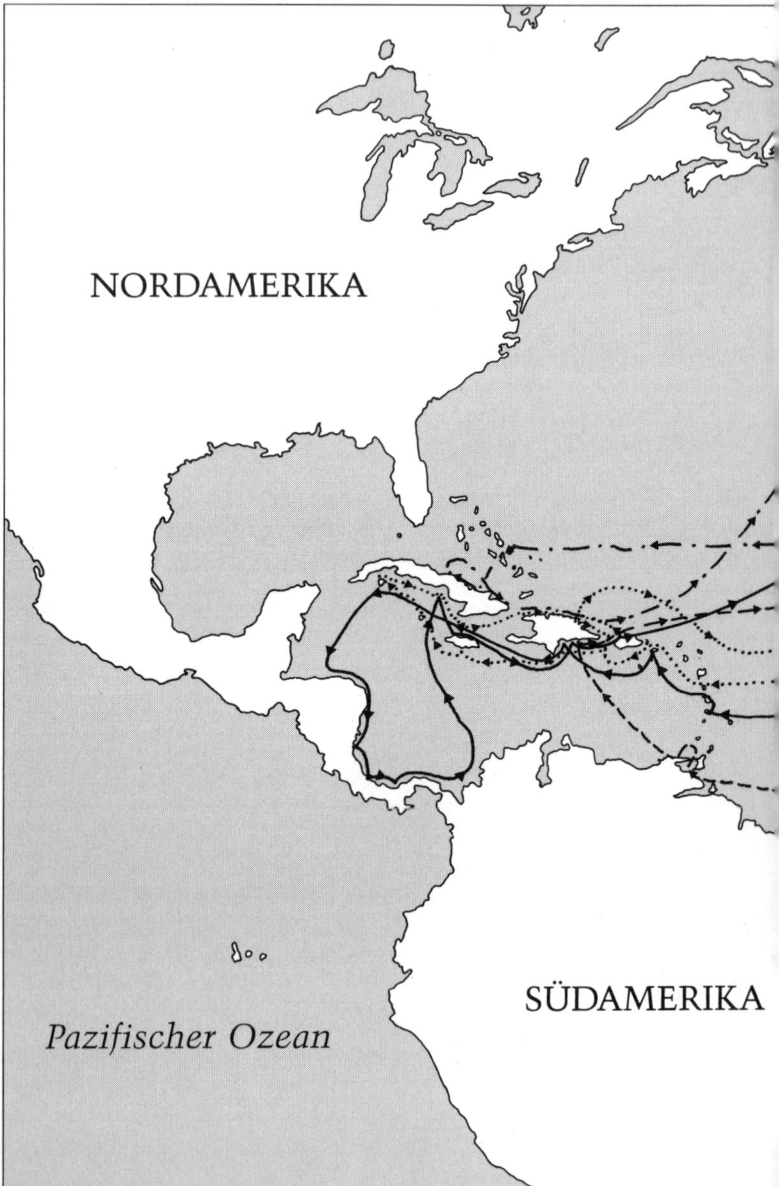
NORDAMERIKA
SÜDAMERIKA
Pazifischer Ozean

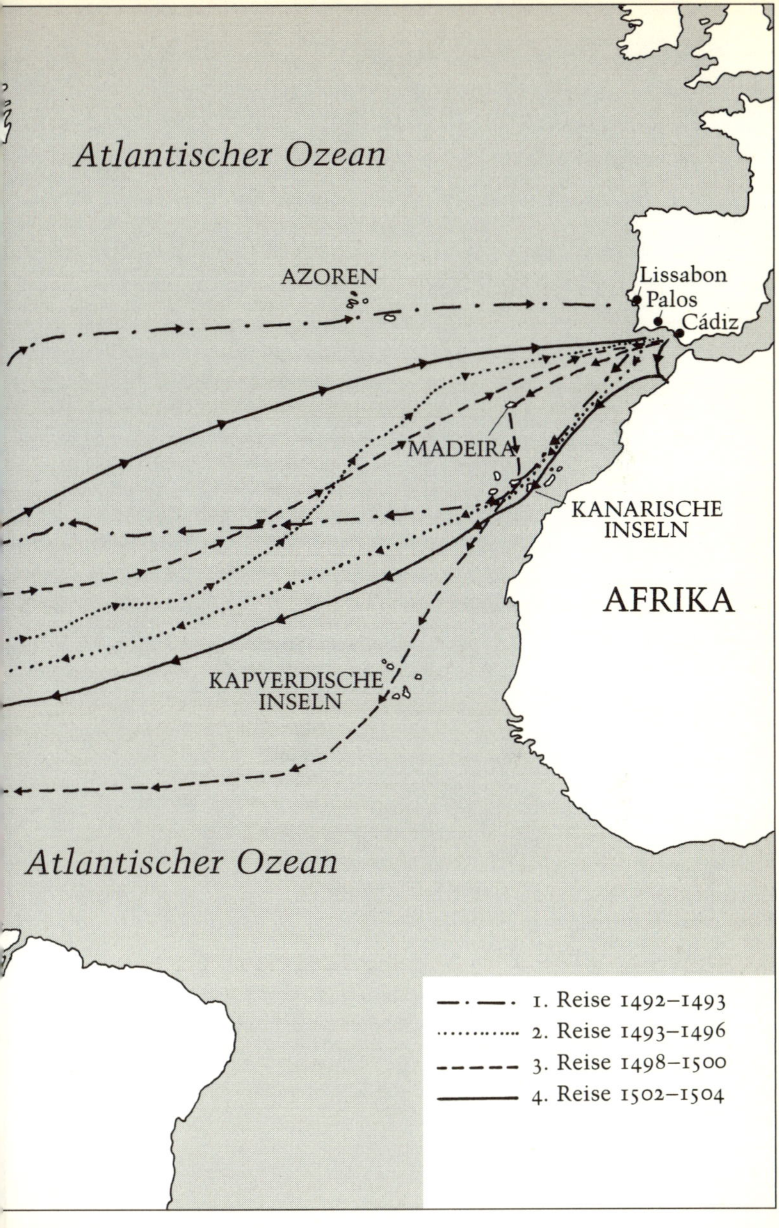
Atlantischer Ozean
AZOREN
Lissabon
Palos
Cádiz
MADEIRA
KANARISCHE INSELN
AFRIKA
KAPVERDISCHE INSELN
Atlantischer Ozean
1. Reise 1492–1493
2. Reise 1493–1496
3. Reise 1498–1500
4. Reise 1502–1504

Wünscht ich der Helden einer zu sein
Und dürfte frei es bekennen,
So wär es ein Seeheld.
Und hin nach Genua will ich,
Zu erfragen Colombos Haus,
Wo er in süßer Jugend gewohnet.

Friedrich Hölderlin

Inhalt

Ein Wort zuvor

Was für ein Mann und welch eine Tat. Und wie umstritten beides. »Von der Parteien Gunst und Hass verwirrt, schwankt sein Charakterbild in der Geschichte.« Das beinah zu Tode zitierte Schillerwort, auf wen träfe es mehr zu als auf Columbus.

Er war ein hervorragender Nautiker – ohne einen Piloten war er hilflos und nicht einmal fähig, seinen Standort zu bestimmen. Von frühster Jugend an stand er auf den Planken, die ihm die Welt bedeuteten – vor seiner Übersiedlung nach Genua hat er kein Schiff betreten. Am 12. Oktober entdeckte er mit der Insel Guanahaní Amerika – seine angebliche Entdeckungsfahrt hat lediglich bis zu den Kanarischen Inseln geführt. In jahrelangem Selbststudium schuf er sich die theoretischen und praktischen Voraussetzungen für die Große Reise – wie ein Narr hat er sich verhalten und stürmte einfach aufs Meer hinaus.

»Er ist ebenso bewundernswert als genauer Beobachter und als unerschrockener Seefahrer«, schreibt Alexander von Humboldt und weiß nicht, was er mehr an ihm bewundern soll, »die fast instinktmäßige Klarheit seines Geistes oder die Erhabenheit und Festigkeit seines Charakters«. Egon Friedell dagegen notiert in seiner Kulturgeschichte der Neuzeit kühl: »Sein Werk war ein Produkt der Schwärmerei, der Gewinnsucht und des Eigensinns und seine ganze Fahrt ein Lotterietreffer, eine nautische Rekordleistung von subalternem sportlichem Interesse.«

»Ach, Mörder Colón! Ach, und wie denn unsre Welt und alles, was sie schöner hält, Reiz, Sitte, Leben, Jugendkraft mit deinem Gift verheeret«, dichtete Johann Gottfried Herder in seiner Ode an Columbus. Goethe dagegen meint, dass der Genuese letztlich der Mann war, »der alles zusammenfasste, um Fabel und Nachricht, Wahn und Überlieferung in Wirklichkeit zu verwandeln«.

Columbus hat zu seinen Lebzeiten viele Feinde gehabt und wenige Freunde. Nach seinem Tod vergaß man ihn, und als man ihn wieder zu entdecken begann, wogte der Streit der Verkleinerer und der Ehrenretter, wobei Erstere in der Überzahl waren. Für sie galt es zum Beispiel als ausgemacht, dass Columbus ein Fälscher war: Er hatte den berühmten Briefwechsel mit dem florentinischen Gelehrten Toscanelli gefälscht, in dem zum ersten Mal der Gedanke auftauchte, den Osten vom Westen her zu erreichen. Und ein Dieb war er auch; stahl er doch einem sterbenden Kapitän, den es an die Küste »Westindiens« verschlagen hatte, die Karte mit dem eingetragenen Kurs. Als Plagiator hatte er sich ebenfalls betätigt, dergestalt, dass er bei einem Aufenthalt in Island von den Vinlandfahrten der Wikinger hörte und die Fahrten einfach nachzuahmen versuchte.

Wer jahrelang seinen Spuren gefolgt ist (wie der Autor), hat häufige Wechselbäder nehmen müssen. Mal bestimmte Zuneigung das Bild, mal Widerwille, mal Sympathie, mal Feindseligkeit, mal Liebe, mal Hass. Doch nie lässt er einen gleichgültig. Da besingt er mit fast lyrischer Emphase die Schönheit der Natur und prellt im nächsten Moment einen braven Seemann um seine Belohnung. Er beschützt die Indianer vor den barbarischen Übergriffen seiner Männer und verkauft die schönen sanftmütigen Wilden ohne Skrupel als »braunes Gold«, wenn das rote Gold ausbleibt. Er fühlt sich von Gott gesandt und rechnet penibel nach, wie viele Maravedi er von seiner Königin noch zu bekommen hat. Gott und Gold, danach streben die beiden Seelen in seiner Brust, ohne sich im Geringsten gegenseitig zu behelligen.

Wer ist er? Fantast oder Realist, Genie oder Scharlatan, Auserwählter oder Glücksritter, Mystiker oder Rationalist, Held oder Hasenfuß, Heiliger oder Halunke? »A riddle wrapped in a mystery inside an enigma«, hat Winston Churchill auf diese Frage geantwortet. »Ein Rätsel, das, von einem Geheimnis verhüllt, im Innern eines Mysteriums verborgen liegt.« Sophistik, die uns nicht weiterbringt. Er war das alles, und er war es wieder nicht. Ein Mensch in seinem Widerspruch, gewiss, eine Binsenwahrheit, denn welcher unter den Großen wäre das nicht. Eines jedoch wissen wir: Er – und vielleicht kommen wir damit dem Rätsel namens Columbus näher –, er steckte noch tief im Mittelalter und seinem Aberglauben, seiner von den Kirchenvätern abhängigen Kosmografie, seinem Scholasmus, und doch war er der Neuzeit mit ihren aufgeklärten Geistern und den Erfahrungswissenschaften bereits verbunden. Ein Mensch zwischen den Zeiten in seinem Zwiespalt, von Nacht noch umfangen, das Morgenrot bereits vor Augen.

Geradezu gleichnishaft für den rätselhaften Mann sind seine verschiedenen Namen. Geboren als Cristoforo Colombo, hieß er während der Jahre in Portugal Cristóvão Colom, verwandelte sich in Spanien zu Cristóbal Colón, wurde jedoch sofort Colombo genannt, wenn es den Spaniern einfiel, dass er einer dieser, ungeliebten, Ausländer war. Nur Columbus hieß Columbus zu seinen Lebzeiten nicht. In dieser, latinisierten, Fassung kennen ihn nur die, die nach ihm kamen.

Wer Columbus feiert als den Mann, der für Europa das Tor zur Neuzeit aufgestoßen hat, darf die nicht vergessen, die seine Opfer waren. Die spanischen Eroberer brachten den Indios das Christentum mit seiner Heilslehre, gemäß dem Sendungsbefehl Christi. Sie predigten aber Wasser und tranken Wein, handelten in ihrem täglichen Leben diametral zu den Zehn Geboten und denen der Bergpredigt. Sie liebten ihren Nächsten *nicht, redeten* falsch Zeugnis, *begehrten* des Nächsten Frau, Hab und Gut, sie *töteten*, sie *stahlen*. Indianische Gastfreundschaft vergalten sie mit Plünderung, Versklavung, Vergewaltigung. Sie zerstörten ein gesellschaftliches System, ohne ein anderes an seine Stelle zu setzen, eines, das die Kultur Europas und seine Zivilisation hätte vermitteln können.

Im üblen Anfang liegt das Unheil, heißt es im Volksmund. Man könnte aber auch an den Fluch der bösen Tat denken, die fortzeugend immer Böses muss gebären, wenn man die Entwicklung Lateinamerikas von jenen Jahren an bis heute vor Augen hat. Ein halber Erdteil, in dem 70 Millionen nicht lesen und schreiben können, 152 Millionen nie von einem Arzt behandelt worden sind, die Hälfte der Bevölkerung unterhalb des Existenzminimums vegetiert. Die Europäer machen es sich zu leicht, den *morbus latinus*, die lateinamerikanische Krankheit, ausschließlich als hausgemacht anzusehen.

Christoph Columbus gehört zu jenen Gestalten der Weltgeschichte, deren Persönlichkeit immer wieder neu gedeutet wird in dem Bestreben, verwandte Züge in der Gegenwart zu entdecken. In unserer Zeit hat man ihn verglichen mit den Raumfahrern, die gleich ihm es gewagt haben, in die *terra incognita* vorzudringen. Doch die Tat der Männer von *Apollo II* ist nicht vergleichbar mit der Leistung der Männer auf der *Santa María*. Das Raumschiff gehorchte den Steuerbefehlen eines vorausberechneten Programms, und seine Besatzung verlor während ihrer Mondfahrt nie den Kontakt mit der Heimat Erde. Das Segelschiff dagegen war auf seiner Fahrt durch die Ozeane heimat*los*, ja, in des Wortes wahrer Bedeutung, welt*verloren*, und die Seeleute wussten weder, wohin der Weg sie führte, noch konnten sie damit rechnen, jemals wieder zurückzufinden …

I Wollweber, Kaufmann, Seefahrer

Jeder will Columbus haben

Im Mai 1476 verließ ein aus fünf Schiffen bestehender Verband den Hafen des zu Genua gehörenden Fischerstädtchens Noli und nahm, immer in Sichtweite der Küste, Kurs auf die Balearen, um schließlich die Meerenge von Gibraltar zu erreichen, die zu passieren manchen Seeleuten immer noch ein Wagnis schien, war doch für sie an den Säulen des Herakles die Welt zu Ende.

Die Schiffe, drei Galeassen, eine Karavelle und ein schwerer Frachtsegler vom Typ der Kogge, bildeten einen Geleitzug, waren bestückt mit Bombarden und Falkonetts, denn irgendein Fürst bekriegte immer einen anderen Fürsten, und welcher Partei die Genuesen gerade angehörten, blieb bisweilen im Ungewissen; wie auch die Tatsache, ob es sich jeweils um Feinde oder Piraten handelte; sich mit Seeräubern zu verbinden war jedenfalls für keinen Herrscher eine Schande. Das Meer also war so gefährlich, dass jede Fahrt für einen christlichen Seemann zu seiner letzten Fahrt werden konnte.

Die für Flandern und England bestimmte Fracht zu erbeuten wäre lohnend gewesen. Sie bestand aus Mastix von der Insel Chios, dem wundersamen Harz eines Strauchs, von den Ärzten für ihre Medizinen so begehrt wie von den Frauen für ihre Schönheit.

Als die drei Schiffe nach vierzehntägiger Reise auf der Höhe des Kaps São Vicente kreuzten, gab der Ausguck der an der Spitze laufenden *Bechalla* Alarm. Eine Flottille von etwa dreizehn Schiffen lief direkt auf sie zu, doch weil das führende Boot Frankreichs Lilienbanner zeigte und Genua mit Frankreich zurzeit in Frieden lebte, war kein Anlass zur Sorge gegeben. Der Kapitän der *Bechalla* vergaß allerdings, dass er unter der Flagge Burgunds fuhr, und mit Burgund hatte Ludwig XI. gerade Händel.

So gerieten die Genuesen urplötzlich in eine Seeschlacht wider Willen. Ihre Schiffe wurden von langen Haken herangezogen und geentert, und die Genuesen konnten sich nicht anders gegen den übermächtigen Gegner wehren als durch das Werfen von Feuertöpfen. Die Töpfe setzten Masten und Segel der feindlichen Schiffe in Brand, aber die Flammen sprangen auch auf die eigenen über, sodass den Männern bald nur der Sprung ins Meer übrig blieb. Womit sie den Tod durch Verbrennen mit dem Tod durch Ertrinken vertauschten, denn die wenigsten Seeleute konnten schwimmen.

Einer unter ihnen aber war ein hervorragender Schwimmer. Da es ihm überdies gelang, eine Schiffsplanke vor sich herzuschieben, erreichte er das fünf Seemeilen entfernte Ufer unweit von Lagos, wo ihn Fischer in bewusstlosem Zustand fanden, in ihre Hütte nahmen und wieder auf die Beine brachten. Colombo hieß der schiffbrüchige Matrose, Cristoforo Colombo. Als er Admiral geworden war, Admiral des Weltmeeres, schrieb er, auf welch wunderbare Weise er einst in Portugal gelandet sei. Das *mare tenobrosum*, das finstere Meer, habe ihn nicht verschlungen, sondern ans Land getragen, auf dass er die von Gott auferlegte Mission erfülle.

Manchen seiner Kritiker, und daran hat es ihm weder zu Lebzeiten noch nach seinem Tod gefehlt, erschien die Geschichte seiner Rettung zu wunderbar. Seeleuten glaubte man ohnehin nur die Hälfte, wenn sie ihr Garn spannen, und gerade Signor Colombo war bekannt dafür, dass er immer etwas über die Grenzen der Wahrheit hinausging bei seinen Erzählungen – ein Mensch von hoher Einbildungskraft eben. Doch dass er das war, machte sein ganzes Leben aus …

Die Geschichte von der Landung des Christoph Columbus an der Algarve ist glaubwürdig. Der jüngere – uneheliche – Sohn Fernando schildert sie ausführlich in seiner *Vida del Almirante*. Auch wenn die Liebe zu seinem großen Vater seine Feder geführt hat, auch wenn er wegen der Prozesse, bei denen es um die Forderungen der Familie gegen die spanische Krone ging, einiges »prozessgemäß« zubereitet hat, gilt seine Columbus-Biografie inzwischen als eine bedeutsame Quelle für das Leben des Entdeckers von Amerika. Wer ihm trotzdem nicht glaubt, mag sich an die *Historia general de las Indias* des Bischofs de Las Casas halten, eines zeitgenössischen Chronisten. Von diesem großartigen Kirchenmann, der bis heute zu den meistgehassten Persönlichkeiten der spanischen Historie (und der Historiker) rechnet, weil er in allem und jedem seinem Gewissen folgte, wird noch häufiger die Rede sein.

Wer war dieser Colombo, dem die Fischer von Lagos ein Hemd und ein Paar Hosen schenkten, dazu eine Wegzehrung, damit er Lissabon erreichen konnte?

Er stammte aus Genua und …

Hier erfolgt bereits der erste Einspruch. Was man damals noch geglaubt hatte, wollten viele in späteren Jahrhunderten nicht mehr glauben. Sieben Städte Griechenlands machen sich den Ruhm streitig, Geburtsort des Dichters Homer gewesen zu sein. Siebzehn Orte Italiens beanspruchten (und tun das zum Teil heute noch) Cristoforo Colombo, nachdem aus ihm der weltberühmte Columbus geworden war, als ihren Ehrenbürger. Dem Alphabet nach: Albissola, Bogliasco, Chiavari, Cogoleto, Cosseria, Cuccaro, Finale Milano, Modena, Nervi, Novara, Oneglia, Piacenza, Pradello, Quinto, Savona – und Genua. Der Erfolgreiche hat eben viele Väter.

Das westlich von Genua an der Riviera di Ponente gelegene Savona darf sich immerhin darauf berufen, die Familie Colombo einige Jahre beherbergt zu haben. Die anderen Orte bedienten sich gewagter Konstruktionen als Nachweis für ihren

Anspruch: Sprach eine echte Urkunde gegen sie, war sie falsch oder wies einen Irrtum auf; falsche Dokumente dagegen wurden zu echten, wenn sie die eigene Hypothese untermauerten, oder man fertigte sich einfach welche an; vage Aussprüche von Zeitgenossen verwandelten sich in Fakten, unbegründete Schlüsse in Beweise.

Diese die Grenzen des Lächerlichen oft überschreitenden Bemühungen wurden dadurch erleichtert, dass im Ligurischen der Name *Colombo* ungefähr so häufig ist wie bei uns *Lehmann*. Irgendeiner dieses Namens ließ sich meist auftreiben und mit den nötigen Attributen versehen.

Doch damit nicht genug. Neben den Italienern bewarben sich mindestens zehn weitere Nationen um des Columbus Nationalität. Die Franzosen hätten ihn gern als Monsieur Coullon vereinnahmt, wobei sie sogar in Kauf nahmen, dass besagter Coullon ein berüchtigter Pirat gewesen war. Ein Geistlicher aus Korsika, dem ein Napoleon allein offensichtlich nicht genügte, ließ ihn in dem korsischen Städtchen Calvi das Licht der Welt erblicken, zementierte seine Behauptung mit einem kirchlichen Taufzeugnis und brachte die Regierung tatsächlich dazu, ein Columbusdenkmal zu genehmigen (doch leider fiel jemandem auf, dass es vor dem Tridentiner Konzil, 1545-1563, noch keine Taufzeugnisse gegeben hat). Die Portugiesen machten ihn zu nichts Geringerem als zum Enkel Heinrichs des Seefahrers, womit königlich-portugiesisches Blut in seinen Adern geflossen wäre.

Däne war er auch schon, Grieche, Armenier, Mallorquiner, Engländer, Deutscher und immer wieder Kastilier, Galicier, Katalane. Spanischer Nationalstolz wollte es nicht hinnehmen, dass ein Mann, der im Sold spanischer Könige mit spanischen Schiffen aus einem spanischen Hafen zu seiner die Welt erschütternden Fahrt ausgelaufen war, kein Spanier gewesen sein sollte. So etwas konnte man seinen Landsleuten einfach nicht antun. Der Nachweis, dass Columbus ein Spanier gewesen sei, so schrieb einer aus ihrer Historikerzunft, »ist eine Frage, die das Prestige unserer Rasse und den Ruhm unseres Vaterlands auf das Stärkste angeht!«.

Und sie »wiesen nach«, dass Columbus sich seiner angeblichen Muttersprache, des Italienischen, weder in Wort noch in Schrift bedient habe, sondern des Kastilischen; und Kastilisch, die auf der Pyrenäenhalbinsel am weitesten verbreitete und literarisch anerkannte Sprache, habe er so gut beherrscht, wie es kein *extranjero*, kein Fremdling, jemals hätte lernen können. Außerdem habe er sich immer zu Spanien bekannt und sich als Spanier gefühlt.

Italienisch hat Columbus tatsächlich nicht geschrieben. Einfach deshalb, weil es noch keine italienische Schriftsprache gab zu jener Zeit. Wer sprach, sprach Dialekt; wer schrieb, schreiben konnte, benutzte ein mehr oder weniger gutes Latein. Eine fremde Sprache wie das Kastilische in so vielen spanischen Jahren gut zu lernen erscheint nicht unmöglich. Und was das Bekenntnis betrifft, so hat Columbus alles vermieden, was ihn als Genuesen ausgewiesen hätte.

Für *Genova la Superba* hätte er sich nicht geniert, für seine Herkunft umso mehr. Sie zu verschleiern war geboten in einer Welt, in der Name, Titel, Abstammung mehr galten als der Mensch. Jemand, der von den Majestäten den Titel *Admiral des Weltmeeres* fordert und mit Don angeredet werden möchte, ihn würde Hohngelächter hinwegfegen, wenn man wüsste, dass er der Sohn eines armen Wollkremplers war, aufgewachsen im Staub der Werkstatt, der Webstühle, der Kämme.

Der Streit um Herkunft und Geburtsort des Columbus war immer ein Streit um des Kaisers Bart, schien doch die historische Aktenlage durchaus eindeutig. Schon seine Zeitgenossen haben von ihm nicht anders gesprochen als von dem Mann aus Genua. So der Lombarde Pietro Martire, der, gottlob, so schreibselig war, dass er keine Gelegenheit ausließ, die Feder zu wetzen. Da er bei der Rückkehr des Entdeckers in Barcelona zugegen war, schrieb er einem Freund, dass ein »vir ligur, ein Ligurer, welcher von den katholischen Majestäten drei Schiffe erhalten, von seiner Fahrt zu den Gegenfüßlern wieder heimgefunden«. Las Casas erwähnt stets die genuesische Nationalität. Der Gesandte Venedigs am spanischen Hof berichtete, er habe mit dem Genuesen Columbus eine Freundschaft angebahnt. Ein islamischer Kosmograf namens Piri Reis nannte ihn einen genuesischen Ungläubigen.

Columbus selbst hat sich, aus den bereits erwähnten Gründen, sehr zurückgehalten, wenn es um seine Nationalität ging. Im Testament ließ er natürlicherweise diese Vorsicht fahren. In seinem letzten Willen heißt es: »In Genua geboren (siendo yo nacido en Génova), kam ich nach Kastilien, um Ihren Hoheiten zu dienen ... Ich wünsche, dass mein Sohn Diego (oder einer seiner Nachkommen) in der Stadt Genua einen unserer Verwandten, der dort Haus und Frau hat, allezeit mit einer guten Rente unterstützt, die ihn ohne Sorge leben lässt, als eine an unser Blut gebundene Person, auf dass er, Diego, selbst in der genannten Stadt wie ein Einheimischer Fuß und Wurzel hat und im Notfall von genannter Stadt Hilfe und Wohlwollen erwarten darf. Aus ihr nämlich stamme ich her, und in ihr wurde ich geboren (pues que de ella salí, en ella nací).«

Der Fall Konstantinopels und die Folgen

Dankbar können wir sein, dass Vater Domenico Colombo gelegentlich Schulden gemacht hat. In Genua, der Stadt der Seefahrer, Kaufleute und Notare, wurde so etwas sofort aktenkundig. Einmal ging es um 30 genuesische Pfund, die er sowie sein Sohn Cristoforo einem gewissen Gerolamo del Porto zu zahlen hatte. Ein andermal waren es 48 Lire zugunsten des ehrenwerten Pietro Balessio. Im Laufe der Zeit sind zwanzig Notariatsurkunden ans Tageslicht gekommen, in denen Domenico mit den Seinen eine Rolle spielt: als Zeuge, Vertragspartner, Bürge für eine Stofflieferung, als Lehrherr, Hausbesitzer, Torwächter, Schankwirt – und als Gefangener im Schuldturm.

Aufstieg und Niedergang einer siebenköpfigen Familie, die Sorgen, die die Freuden überwogen so wie die Niederlagen die Erfolge, der Wechsel des Wohnorts und der Behausungen, der Kampf mit dem Übermut der Ämter, mit den Konkurrenten – aus trockenen Akten ersteht ein Schicksal, das ewige Schicksal der kleinen Leute in ihrem Lebenskampf.

Elf Jahre alt war Domenico, als er dem Webermeister Guglielmo de Brabante, einem Deutschen, in Genua als Lehrling versprochen wurde. Er kam aus Quinto, einem Dörfchen vor den Toren, heute längst von der großen Stadt aufgesogen, und galt als ein Landei, oder wie die Ligurer die Menschen aus dem Hinterland nannten, ein Kastanienfresser. Fünf Jahre dauerte die Lehrzeit, die mehr einer Fron glich denn einer Ausbildung. Der Meister sorgte für Schlafstelle, Essen, ein Paar Schuhe und ein Wams. Er besaß die Erziehungsgewalt, beschäftigte die Lehrlinge nicht nur am Webstuhl, sondern zum Holzmachen, Waschen, Einkaufen, Putzen, und sorgte dafür, dass es an Prügel nicht fehlte. Ein unumstößlicher Grundsatz lautete, dass ohne Prügel niemand ein rechtschaffener Mensch, geschweige ein guter Handwerker, werden könne.

1440 finden wir Domenico als Webermeister wieder. In einem Haus an der Porta dell'Olivella innerhalb der Stadtmauern. Wenige Jahre später konnte er endlich heiraten, eine Weberstochter, versteht sich, denn man blieb in der Zunft. Sie trug den schönen Namen Susanna Fontanarossa, brachte, was wichtig war, eine kleine Mitgift ins Haus und schenkte ihrem Mann vier Knaben, Cristoforo, Pellegrino, Bartolomeo, Giacomo, und eine Tochter, Bianchinetta. Den beiden jüngeren Brüdern werden wir später noch des Öfteren begegnen.

Von der Tochter wissen wir nur deshalb etwas, weil ihr Mann, ein Käsehändler, den Schwiegervater auf die Herausgabe der Mitgift verklagte.

In jenem, heute verschwundenen, Haus am östlichsten Tor Genuas, erblickte Cristoforo das Licht der Welt. Inzwischen weiß man auch das genaue Jahr. Bevor man es wusste, hatten die Historiker sich erbittert gestritten. Lange Zeit glaubte man an das Jahr 1436, hatte doch der mit dem Entdecker befreundete Arzt Andrés Bernáldez behauptet, der Freund Colón müsse bei seinem Tod siebzig Jahre alt gewesen sein (wofür sein weißes Haar, der gebeugte Gang und das zerfurchte Gesicht Zeugnis ablegten).

Später kamen die Jahre 1433 und 1434 in die Debatte, schließlich glaubte man, es ganz genau zu wissen: 1457 – weil Columbus 1485 in die Dienste der spanischen Könige getreten sei, und zwar, nach eigenen Angaben, im Alter von achtundzwanzig Jahren. Nein, nur 1461 komme infrage – weil Columbus 1501 in einem Brief geschrieben habe, nun fahre er schon Jahrzehnte über die Meere.

Nachdem man einige Zeit für 1446/47 plädiert hatte, entdeckte man im Notariatsarchiv von Genua ein Dokument über einen Rechtsstreit vom 25. August 1479, worin geschrieben steht: »Der Zeuge gab an, dass er nach Madeira geschickt worden war, um im Auftrag des Kaufmanns Paolo Di Negro Zucker einzukaufen. Befragt, wie alt er sei, wie viel Vermögen er besitze und welche Forderungen er stelle, antwortete er: ›Ich bin siebenundzwanzig, besitze über 100 Gulden und verlange das mir zustehende Recht.‹«

Kombinierte man diese Altersangabe mit der, die sich über Colombo Cristoforo in einem Dokument vom 31. Oktober 1470 findet (»... über neunzehn Jahre alt.«), dann ergab sich, dass er zwischen dem 25. August und dem 31. Oktober 1451 geboren wurde. Ein Datum, das, da nicht mehr anfechtbar, inzwischen auch die Konversationslexika übernommen haben.

Sein Geburtsjahr war für Genua eine Zeit bangen Hoffens und düsterer Ahnungen. Mohammed II., eine der eindrucksvollsten und grausamsten Herrschergestalten des Mittelalters, der als Fatih, der Weltenstürmer, die Erde vor den Osmanen erzittern lassen sollte, hatte den Thron der Sultane bestiegen. Er ging sofort daran, das zu erreichen, was sein Vater vergeblich versucht hatte: das gehasste Konstantinopel im Sturm zu nehmen, das jahrhundertealte Bollwerk des Christentums zu zerschlagen.

Genuesen berichteten aus dem von ihnen verwalteten Stadtviertel Pera, wie oberhalb Konstantinopels eine Zwingburg höher und höher wachse, sich Heerscharen von Kriegern sammelten, Feuerschlangen von bis dahin unbekannter Größe in Stellung gebracht würden. Diese Kanonen waren es dann (gegossen und geliefert von christlichen Geschützgießern), die mit ihren sechshundert Pfund schweren Steinkugeln die gewaltigen Mauern sturmreif schossen. Am 29. Mai 1453 drangen Janitscharen über die mit Gefallenen aufgefüllten Gräben durch die Breschen in die Stadt und eroberten Haus für Haus, Gasse für Gasse, trieben die sich todesmutig wehrenden griechischen Söldner bis zum Palast, auf dessen Stufen der byzantinische Kaiser Konstantin, umgeben von seinen Adligen, verzweifelt aufschrie: »Gibt es denn keinen Christen, der mir den Kopf abschlägt?!« Sein kaiserliches Gewand abwerfend, kämpfte und starb er als gewöhnlicher Soldat. Die Einwohner wurden nach dem üblichen Gesetz des *Vae victis* behandelt, und das bedeutete Mord, Vergewaltigung, Plünderung, Versklavung. Allein 50 000 Christen verfielen dem Schwert. Am Tage darauf rief der Muezzin vom höchsten Turm der Hagia Sophia, nun zu einer Moschee geworden, die Muselmanen zum Dankgebet an Allah.

Der Fall Konstantinopels, der Stadt, die viele Jahrhunderte Europa vor Asiens Kriegern geschützt hatte, erschütterte ganz Europa. Man bejammerte den Verlust der literarischen Schätze Griechenlands, verfluchte in den Türkenreden den Antichristen Mohammed, zu einer Gegenwehr konnten sich die untereinander zerstrittenen Länder nicht aufraffen – in Untätigkeit allen voran der deutsche König und römische Kaiser Friedrich III., der sich nicht dabei stören ließ, seinen Garten zu bebauen und den Vögeln nachzustellen. Schließlich einigten sich Papst, Kaiser und die Fürsten darauf, allen Christen einen »Türkenzehnten« aufzuerlegen. Eine neue Steuer, dazu bestimmt, die Türken wieder zu vertreiben, doch allzu bald wurde sie zweckentfremdet.

Die Einwohner Genuas reagierten auf den Fall Konstantinopels gemäß dem ihnen eingeborenen Gesetz: *Genuensis ergo mercator* – Genuese, also Kaufmann. Gewiss war es bitter, dass so viele gute Christenmenschen hatten sterben müssen und die Ungläubigen triumphierten, als bitterer empfand man es, dass die Handelswege zum Nahen und zum Fernen Osten nun unterbrochen, die Handelsstützpunkte in Chios, Tripolis, Kaffa bedroht, das Schwarze Meer nicht länger »genuesische See« sein würde. Keine Schiffe mehr im Hafen, die ihre Fracht löschten: Seide aus Smyrna, Elfenbein aus dem Sudan, Perlen aus Persien, Farbstoffe vom Berg Ararat, Porzellane aus China, Edelhölzer, Pelze, Damaste, und, vom Gold aus Abessinien abgesehen, das Kostbarste vom Kostbaren: die Gewürze.

Von der Beere des *piper nigrum*, des schwarzen Pfeffers, kostete ein halbes Kilogramm so viel, wie ein Landarbeiter in einer Woche verdiente. Ein Pfund Muskat machte den siebenfachen Wert eines Zugochsen aus. Zimt, Ingwer, Safran wurden bei Tisch in silbernen Gefäßen gereicht. Gewürze waren Statussymbole und demonstrierten die Zugehörigkeit zu den oberen Zehntausend. Die aromatisch oder scharf schmeckenden Samen, Blätter, Blüten, Rinden, Wurzeln verteuerten sich auf ihrer langen Reise bis zum Dreiunddreißigfachen ihres Einkaufspreises und hatten den Genuesen fette Gewinne gebracht.

Die Kaufleute fürchteten ihren Bankrott. Die Armen ängstigten sich, noch ärmer zu werden, wenn auch die Reichen verarmten. Wovon sollte Genua, die Prächtige, von nun an leben, wenn die Wege nach Osten, die so lange Wege zum Wohlstand gewesen, auf ewig versperrt waren? Es musste doch neue Ziele geben, unentdeckte Meere, unerschlossene ferne Länder. Wohin mit dem Kapital, das sich in den Banken angesammelt hatte und darauf wartete, in neue Unternehmungen investiert zu werden?

Nur die Götter wussten, dass in der *Vico di Ponticello*, einer Gasse, die zur *Porta soprana* führt, ein Menschenkind heranwuchs, das auf diese Fragen eine Antwort geben würde …

Erste Reisen

Cristoforo wurde das, was sein Vater war: ein Weber. Ein Beruf, den er mehr aus gutem Willen als aus Neigung erlernte. Am Webstuhl wird er nicht häufig zu finden gewesen sein, eher denn in dem kleinen Kontor, wo die dicken Kontobücher lagen mit ihren langen Zahlenkolonnen. Lesen und Schreiben und Rechnen hatten ihm die Mönche beigebracht, die Brüder von Santo Stefano und Santa Caterina. Im Kontor war sein Reich, wo er zu träumen begann und dafür sorgte, dass seine Träume einst Wirklichkeit werden konnten – Fantast und Realist, der er war.

»Er lernte genauso viel, wie er brauchte, um die Kosmografen zu verstehen. Er befasste sich auch mit Astrologie und Geometrie. Und da Ptolemäus sagte, dass der kein guter Kosmograf sein könne, der nicht zugleich auch ein guter Zeichner sei, übte er sich auch in der Kunst des Zeichnens, um die Länder darzustellen und kosmografische Körper flach und plastisch nachzubilden«, lesen wir in der *Vida del Almirante* seines Sohnes Fernando.

Wer in Genua aufwuchs, wachen Geistes war, lernbegierig, ehrgeizig, der verfiel früher oder später der Seefahrt. Die Genuesen liebten das Meer, hassten das Meer, lebten vom Meer. Wie stark dieser Sog war, mag der Tourist heute noch empfinden beim Gang über den zwanzig Kilometer langen Hafendamm, vom Kap Faro bis zur Mündung des Polcevara, vorbei an Hunderten von himmelragenden Kränen, durch Speicherviertel, über Passagierbrücken, umtost vom Sirenenklang der Ozeanriesen, die von den Piers des Bacino Porto Vecchio ablegen.

Der junge Cristoforo trieb sich häufig im Hafenviertel herum. Er sprach mit den von großer Fahrt zurückkehrenden Seeleuten, ließ sich erzählen von den genuesischen Brüdern Vivaldi, die schon 1291 versucht hatten, Afrika zu umsegeln; von Lancelotto Malocello, dem die Insel Lanzarote ihren Namen verdankt; von den gehassten, übermächtigen Venezianern; und immer wieder von Marco Polo und seinen Reisen zu den Ländern des Großkhan, der die Dächer seiner Paläste mit Ziegeln von purem Gold deckte. Er erlebte den Jubel, wenn eine schwer beladene Galeasse nach langer, gefahrvoller Reise einlief; auch das Klagegeschrei und die Gebete verzweifelter auf den Kais wartender Angehöriger beim Eintreffen böser Botschaften. Er beobachtete die düsteren Herren der großen Handelshäuser, der Spinola, Dinegro, Centurione, San Giorgio, wie sie mit ihrem Gefolge die Kais entlang schritten, die Mächtigen, die eigentlichen Beherrscher der Metropole Liguriens.

Die bunte, verlockende, faszinierende Welt des Hafens und die elende Wollweberei, die meist nur aus Wollkrempeln – Kämmen – bestand, die Schulden des Vaters, eine hoffnungslose Zukunft, das waren Gegensätze, die bald unerträglich schienen – und allmählich wurde aus dem Webergesellen Colombo der Seefahrer Columbus. Mit kleinen Fahrten die Küste entlang fing er an, nah genug, um sie immer vor Augen zu haben; weit genug, um nicht auf einen Felsen zu laufen; auf schmalen, mit Lateinersegeln getakelten Booten, die Käse geladen hatten, Wein, Wolle und Vaters Tuche. Mal ging es ostwärts nach Nervi, Lerici, Portofino, mal westwärts nach Savona, Cogoleto, Noli, Albenga.

Der Vierzehnjährige wurde unabhängig von zu Hause und verdiente bald sein eigenes Brot. Dass er mit einem Boot gut umzugehen wusste, ein ehrenwerter, zuverlässiger junger Mann war, musste sich allmählich herumgesprochen haben. Bald traten die Reeder an ihn heran und gaben ihm Aufträge, die mit Reisen zu ihren Niederlassungen in Nordafrika, Spanien, Portugal, der Ägäis, der Levante verbunden waren.

Das Leben auf den Dreimastern mit ihren himmelhohen Masten, den brettsteifen Segeln, rissigem Tauwerk, dem Rhythmus der Tag- und Nachtwachen, der kargen Ernährung, dem Schlingern, Stampfen, Rollen, dem die Schiffe bei hoher See ausgesetzt waren, das alles lernte er, obwohl als Seemann und Kaufmann kein gewöhnlicher Matrose, in seiner ganzen Härte kennen. Die Provision war klein, doch groß genug, dem Vater zu helfen, der trotz seiner Nebenbeschäftigungen als Torwächter, Weinhändler und Schankwirt immer wieder in finanzielle Nöte geriet.

Eine Reise führte ihn auf die Insel Chios, damals noch Teil des genuesischen Handelsimperiums – später, 1566, wurde es türkisch, doch sollte der Sultan so klug sein, die Genuesen weiterhin Handel treiben zu lassen, gegen eine hohe Beteiligung, sprich Tribut. Cristoforo fuhr an Bord eines der Schiffe von Nicola Spinola, der zu seinen Gönnern gehörte. Er hat ihm später in seinem Testament ein Legat ausgesetzt, glaubte er doch, in jenem bereits erwähnten Madeira-Zuckerprozess sich allzu rücksichtslos mit seinen Forderungen durchgesetzt zu haben. Von der chiotischen Hafenmole träumte er sich im Angesicht der dunklen Berge Asiens, die aus dem Dunst hervortraten, hinüber zu den Straßen der Gewürze und der Seide, zwei Karawanenwegen, die hier ihren Anfang nahmen. Drei bis vier Jahre brauchte ein Händler von Damaskus über Indien, Westasien, Zentralasien bis China und zurück. Es ist nicht überliefert, ob Columbus bereits hier den Gedanken gehegt hat, der ihn weltberühmt machen sollte …

Dokumentiert dagegen ist das, was er 1501 in einem Brief schrieb: »Schon von sehr früher Jugend an bin ich zur See gefahren und habe die Schifffahrt betrieben und dies bis heute fortgesetzt. Wer diese Kunst ausübt, den verleitet sie zu dem Wunsch, hinter die Geheimnisse der Welt zu kommen …«

Die Spuren, die Columbus in Genua hinterlassen hat, sind nicht zu übersehen für den Touristen unserer Tage. Die Fahrt beginnt an der Casa di Colombo bei der Piazza Dante, einem Haus, das die Inschrift trägt *Paternis in aedibus Christophorus Columbus pueritiam primamque juventutem transegit* – Hier im Vaterhaus verbrachte Christoph Columbus seine Kindheit und frühe Jugend; dann geht es über die Kirche San Stefano, in der er getauft wurde, zum Palazzo San Giorgio, dem Sitz des Handelshauses, in dessen Diensten er als Seefahrer stand, über Savona, wo er mit den Eltern eine Zeit lang gelebt, nach Noli, von wo aus er jene Reise begann, die am Kap São Vicente ein Ende mit Schrecken nahm.

Unternimmt der Tourist die Rundfahrt am 20. Mai, dem Todestag des Entdeckers, dann begleitet ihn der Klang der Glocken, die zu Ehren des großen Genuesen geläutet werden – ein Brauch, der sich auch an den spanischen Erinnerungsstätten wie Valladolid, Barcelona, Sevilla und Palos eingebürgert hat.

Kehren wir zurück zu jenem Tag des Jahres 1476, da Columbus, mit dem Notdürftigsten versehen, in Lissabon eintraf, wo ihn die dortige genuesische Kolonie gastfreundlich aufnahm. Lange hielt es ihn nicht in der Stadt. Wenige Monate nach seiner Ankunft finden wir ihn an Bord eines Schiffes, das ihn über Flandern und England bis in den hohen Norden führte.

»Ich segelte im Jahre vierzehnhundert und siebzig und sieben noch hundert Meilen weiter als die Insel Thile liegt«, notierte er, »deren nördlicher Teil sich auf dem 73. Grad nördlicher Breite befindet, und nicht auf dem 63., wie manche behaupten. Sie liegt auch nicht innerhalb der Grenze, die das westliche Festland begrenzt, wie Ptolemäus berichtete, sondern viel weiter westlich. Zu dieser Insel, die so groß ist wie England, pflegen die Engländer, vornehmlich jene aus Bristol, mit ihren Waren hinzusegeln. Zu jener Zeit, da ich dort weilte, war das Meer nicht zugefroren, doch die Gezeiten so gewaltig, dass die Flut an manchen Stellen zweimal täglich um 25 Ellen stieg und ebenso viel sank.«

Thile, sprich Thule, galt den Griechen als das letzte der Länder, *Ultima Thule*, als äußerstes Land am Nordrand der Welt, zu erreichen nur über das Meer der Finsternis. Der griechische Seefahrer und Geograf Pytheas von Massilia hat es im vierten Jahrhundert vor Christus entdeckt und beschrieben. Seine Angaben, wonach es sechs Tagesfahrten nördlich von Britannien liege, mitten im zugefrorenen Meer, taghell und nachtlos, ließ auf die Shetlandinseln schließen, auf Nordnorwegen, Island, die Faröer oder Grönland.

So blieb Thule *terra incognita*, sagenumwoben, nebulös, mehr Symbol denn geografischer Begriff.

Columbus hat mit Thule zweifellos Island gemeint, dabei aber sind ihm, was den Breitengrad und den Wasserstandsunterschied bei den Gezeiten betrifft, derartige Fehler unterlaufen, dass seine härtesten Kritiker meinten, er müsse wohl mit dem Finger auf der Seekarte dorthin gefahren sein. Ein Tidenhub von 25 Ellen hieße über 15 Meter, in Island aber steigt das Wasser bei Flut selbst an Voll- und Neumondtagen nicht höher als vier bis fünf Meter. Im Übrigen – so fragt einer seiner Biografen streng –, was hatte ein leidlich vernünftiger Schiffsführer im Monat Februar fünf Breitengrade nördlich von Island zu suchen?

Doch mit Vernunft wird niemand diesem Mann beikommen. Er tat immer das Außergewöhnliche, das Unerwartete, und oft genug machte er sich ein Bild von den Dingen, er *bildete sich ein*, ganz im ursprünglichen Sinn des Worts, was mit der Wirklichkeit nicht immer übereinstimmte, aber einem dumpf erahnten Sendungsbewusstsein entsprach. So wurde vieles, was er sah und beobachtete, durch seine Fantasie umgestaltet. Er log nicht, er sah die Dinge so, wie er sie sehen wollte, wie er sie sehen musste.

Unter diesem Gesichtspunkt mag es nicht unwahrscheinlich sein, dass er die Textstelle aus Senecas Tragödie *Medea*, die er später in seine Sammlung von Prophezeiungen aufnahm, bereits gekannt hat. Dort steht geschrieben: »… und die Zeit wird kommen, da das Ozeanische Meer der Dinge Fesseln löst und ein neues weites Land sich öffnet. Dann wird ein Seefahrer kommen, ähnlich dem, der einst Jasons Steuermann gewesen, und der wird eine neue Welt entdecken und Thule nicht mehr der Länder letztes sein.«

Von Thule, dem Island des Columbus, war es nicht weit bis Grönland. Der Wikinger Leif Eriksson war einst mit seinen Drachenbooten auf der Fahrt von Norwegen nach Grönland an die Küste Nordamerikas verschlagen worden und hatte den Küstenstrich, wegen des dort wachsenden wilden Weins, *vinland* genannt. Weitere Fahrten und Landungen folgten später von Grönland aus. Fahrten, die nun fast ein halbes Jahrtausend zurücklagen, von denen im Volk aber immer noch gesungen und gesagt wurde.

Ein Mann wie Columbus, wissbegierig, fernwehkrank, sendungsbewusst, wird von diesen Sagen gehört und damit von jenem unbekannten Kontinent erfahren haben. Die Wikinger also waren es, so behaupteten manche, die ihn zu seiner großen Entdeckung angeregt haben. Er hat ihre Fahrten einfach nachgeahmt, sodass seine schöpferische Idee nichts weiter darstellt als ein Plagiat, eine abenteuerliche Konstruktion, doch nicht abenteuerlich genug, als dass sie nicht alsbald Anhänger gefunden hätte, die daraus eine Art nordischen Mythos machten. Umfangreiche Bücher sind geschrieben worden, mit denen die These vom Plagiat des Christoph C. begründet, untermauert, bewiesen werden sollte. Eines der neuesten dieser Werke stammt aus der Feder des norwegischen Historikers Törnö, der detailliert berichtet, wie der Genuese auf einer Nordlandexpedition von jenem geheimnisvollen Kontinent erfahren, sein Wissen aber für sich behalten habe.

Die Wikinger, diese großartigen Seefahrer, sind zweifellos vor Columbus in Amerika an Land gegangen. Sie wussten nur nicht, was sie dabei entdeckt hatten. Für sie mag Vinland allenfalls eine große Insel im Ozean gewesen sein. Die Kunde von ihrer Entdeckung verschlang alsbald der Strom der Zeit, und was übrig blieb, war nichts anderes als sagenhaft. In den Ländern Europas wusste man bereits im späteren Mittelalter nichts mehr davon. Auf die Entwicklung der Menschheit blieb die kühne Reise der Nordmänner ohne jede Wirkung.

Auf der Rückfahrt von jener Islandreise legte das Schiff, auf dem Columbus Dienst tat, im irischen Hafen Galway an. Kaum dass er an Land gegangen, erfuhr er im Gespräch mit Seeleuten etwas, was ihn brennend interessierte. Eines Tages seien hier zwei an Planken gebundene Schiffbrüchige angeschwemmt worden: ein Mann und eine Frau, von außergewöhnlicher Erscheinung, schön anzusehen. Nach der Beschreibung müssen es Lappen gewesen sein. Doch nicht für Columbus. Für ihn waren es Leute aus Cathay, wie das nördliche China damals genannt wurde.

Im Frühjahr 1477 war Columbus wieder in Lissabon, und kurz darauf in Genua, dann erneut in Lissabon. Das genuesische Handelshaus Centurione hatte ihn zu seinem Agenten ernannt, und so pendelte er zwischen den beiden Städten, bis er sich Ende der siebziger Jahre entschloss, seinen Wohnsitz endgültig am Tejo zu nehmen. Ein Entschluss, so richtig wie wichtig und für die Geschichte der Entdeckungen von großer Tragweite.

DOM HENRIQUE O NAVEGADOR

Portugal, was für ein Land! So klein, dass die Spanier spotteten, man solle es nicht bei starkem Regen passieren, da es einem sonst an der Stiefelsohle kleben bleiben könnte; so abgelegen, dass man von *finis terrae* sprach, dem Ende der Welt, oder, wer es freundlicher meinte, vom Balkon Europas. Mediterran von Natur, atlantisch durch seine Lage, gesegnet vom Klima und von Fruchtbarkeit, bildete es, trotz der Gebirgsmauern im Osten und des Ozeans im Westen, immer wieder das Ziel feindlicher Invasoren wie Kelten, Phönizier, Griechen, Römer, Westgoten, Sarazenen. Sie hinterließen ihre Spuren in der Physiognomie der Portugiesen; und in ihrem Charakter, der von Gegensätzen gezeichnet ist: Religiosität und Freiheitsdrang, Ergebung und Wagemut, Heiterkeit und Schwermut. Dieses kleine, den Acker bebauende Volk von eineinviertel Millionen Einwohnern hatte es durch Fleiß, Kühnheit und Uncrschrockenheit geschafft, sich innerhalb weniger Jahrzehnte zur meerebeherrschenden Handelsmacht emporzuschwingen. Während Venedigs und Genuas Stern zu sinken begann, das übrige Europa in mittelalterlich-scholastischer Enge dahindämmerte, galt für Portugal, was Luis de Camões später in seinen *Lusiaden* besang (die Lusitaner gelten als die sagenumwobenen Vorfahren der Portugiesen): »Und siehe! Am Haupt Europens liegt gebreitet der Lusitanen Reich als Scheitel, wo letztes Land, vom Meer bezwungen fast, mit Phöbus sank ins wilde Wellenreich; Gott, der gerecht ist, ließ es blühen ...«

Dom Henrique hieß der Mann, der die Grundlagen der Seegeltung Portugals legte, dergestalt, dass er am Kap São Vicente, wenige Seemeilen von jener Stelle entfernt, wo Columbus sich an Land gerettet hatte, sein Hauptquartier aufschlug. Es bestand aus einer Sternwarte, einer Forschungsstation, einer Seewarte, einem Planungsbüro, einem Arsenal und war besetzt von Experten aus ganz Europa. Die Kartografen, Nautiker, Mathematiker, Kapitäne, Schiffsbauer hatten sich einem einzigen Gesetz verpflichtet: mit moderneren Schiffen, besser ausgebildeten Matrosen, genaueren Seekarten, präziseren nautischen Geräten unbekannte Gestade zu entdecken und nie befahrene Meere zu erkunden. Eine Seefahrerschule aber, wie immer wieder geschrieben, hat es auf dem zweiundsechzig Meter hohen Kalksteinsporn von Sagres nicht gegeben.

Henrique wurde von den Historikern Heinrich der Seefahrer genannt, doch zur See gefahren ist er nur als Passagier, wobei er nicht weiter kam als nach Ceuta im Süden und Lissabon im Norden. Ein Schiff hat er nicht geführt. Was nicht daran lag, dass der Seefahrer die See fürchtete, sondern an der Etikette. Auf einem kleinen Schiff, viele Wochen lang in Hautnähe mit der Mannschaft, das schickte sich nicht für einen Menschen, in dessen Adern königliches Blut rann.

Der vierte Sohn von König João (Johann) I. war ein reicher Mann, und er wurde reicher durch seine Einkünfte als Großmeister des Christusordens, Monopolinhaber des Thunfischfangs, der Keramik- und Seifenproduktion. Er vergeudete seinen Reichtum nicht nach Art der Prinzen, er investierte den größten Teil in seine atlantischen Unternehmungen, die nach Abenteuer rochen, aber keine waren, denn jede Reise seiner von Lagos aus in See stechenden Karavellen war gründlich vorbereitet.

Wer heute die Küste der Algarve entlang mit dem Wagen die Ponta de Sagres hinauffährt, auf jenen gewaltigen Felsen, der wie ein Schiffsbug in den Atlantik hineinragt, dort hinauf, wo nach dem Mythos die Götter zu nächtigen pflegten, findet den Palast nicht mehr, in dem Heinrich seinen *Braintrust* versammelte. Als letzte Spuren werden die Kapelle Nossa Senhora de Graçia, eine in den Boden eingelegte riesige Windrose von 43 Meter Durchmesser und ehemalige Stallungen angesehen.

»Was unseren Infanten zu seinem Werk bewog«, schrieb der zeitgenössische Chronist Azurara, »war der Wunsch, *Genaues* zu erfahren. Denn sichere Gewissheit zu erlangen bildete das erste Motiv seiner Handlungen.« Er verließ sich nicht einmal auf die Darstellungen, die er bei den bedeutendsten Gelehrten fand.

Dazu gehörten jene, die es als unmöglich ansahen, über das Kap Bojador hinaus vorzudringen, einen Küstenvorsprung an der Atlantikküste Afrikas, am Rande der Westsahara. »Hast du dies Kap in Sicht gebracht«, reimte der Volksmund, »kehr um, oh Steuermann, sonst gute Nacht!« Die Kapitäne und Piloten des Infanten waren mutige Männer, hatten Madeira wieder entdeckt, auch die Azoren (vor ihnen waren bereits Karthager, Normannen, Araber dort gewesen), wenn sie aber von ihren Fahrten an die westafrikanische Küste zurückkehrten, so pflegten sie wortreich zu erklären, warum sie aus diesem und jenem Grund das berüchtigte Kap nicht hatten umschiffen können. Zu tief saßen die seit Generationen unter den Seefahrern verbreiteten Schreckensgeschichten, sodass niemand der Erste sein wollte, sein Leben an ein solches Unternehmen zu wagen.

Heinrich war hart, ehrgeizig, nicht selten bedenkenlos, aber auch klug und geduldig. Seinen Unmut zeigte er den Männern nicht, lauschte aufmerksam ihren Berichten – und schickte sie wieder hinaus auf die gleiche Route. Fünfzigmal insgesamt, hat man gezählt, und von denen, die nicht zurückkehrten, gibt es keine Kunde. Denn auf nichts kam es weniger an als auf Menschen. Doch wenn, wie die Araber sagen, Zähigkeit der Schlüssel zur Freude ist, so hatte Dom Henrique bald

Grund, sich zu freuen. Eines Tages meldete der Kapitän der Karavelle *Barcha* nach dem Einlaufen in den Hafen von Lagos knapp, dass das Meer südlich des Kap Bojador nicht koche, keine alles verschlingenden Strudel aufweise und auch keine mörderischen Seeungeheuer. Er war fast einhundertfünfzig Meilen über das Kap hinaus gesegelt, hatte, hier am Ende der Welt, sogar Spuren menschlicher Lebewesen entdeckt.

Damit war die Angst vor den Schrecken des *mare tenebrosum* gebannt, das Tor aufgestoßen zu weiteren Fahrten. Die Schiffe des Prinzen drangen immer weiter vor, erreichten das Kap Verde und die Mündung des Senegal, den Golf von Guinea, passierten schließlich den Küstenstrich von Dakar und standen unweit der Sierra Leone. 1460 stießen sie auf eine Gruppe von Vulkaninseln, die Kapverdischen Inseln.

Das war das Jahr, in dem *Dom Henrique o navegador* seine Augen für immer schloss. Seine Absicht war es wohl, wenn auch unausgesprochen, auf dem Wege einer Umsegelung Afrikas, Indien zu erreichen. Die Südspitze des afrikanischen Kontinents wurde jedoch erst achtundzwanzig Jahre später umschifft – von einem Portugiesen natürlich, Bartolomeu Diaz mit Namen, der das Kap wegen der verheerenden Stürme *Cabo tormentoso* nannte, was seinem König zu pessimistisch erschien, sodass er sie umtaufte in *Cabo da Boa Esperança* – Kap der Guten Hoffnung.

Columbus hat Heinrich nicht kennen gelernt, denn er war bei dessen Tod erst neun Jahre alt. Was der Prinz aber in Gang gesetzt hatte und was seine Nachfolger in seinem Sinne weiterführten, wurde auch für ihn bestimmend: »Von allen Dingen der Welt reizte ihn die Entdeckung all dessen, was vor anderen Menschen verborgen und geheim war.« Die Herausforderung an das portugiesische Volk, seine Zukunft auf dem Meer zu suchen, blieb bestehen. Die einfachen Leute empfanden es nicht als gotteslästerlich, wenn gesagt wurde, Dom Henriques Geist schwebe über den Wassern.

Nicht zuletzt im Materiellen erwies sich seine Tätigkeit als gewinnbringend. Columbus hatte im Lissaboner Hafen genug Gelegenheit, sich davon zu überzeugen, wenn die aus Westafrika kommenden Schiffe ihre Ladung löschten: Malaguetapfeffer von der Pfefferküste, Elefantenstoßzähne von der Elfenbeinküste, Goldstaub von der Goldküste, »schwarzes Gold« von der Sklavenküste.

Azurara hat davon gesprochen, dass das erste Prinzip des Prinzen die Lust am Entdecken gewesen sei, das andere Motiv aber war zumindest gleichrangig: Ruhm und Reichtum zu erwerben. Nicht für sich selbst, denn er lebte in asketischer Bedürfnislosigkeit, sondern für seine Dynastie, für die Krone. Was seine Seeleute betraf, so würde er keinen dazu gebracht haben, unter Todesgefahr fremde Meere zu befahren, wenn nicht fette Beute in Aussicht gestanden. Die meisten dieser von den portugiesischen Historikern verzeichneten Entdeckungsfahrten waren Raubfahrten, wie auch jeder der großen Entdecker ein großer Räuber – und Mörder – war.

Am gewinnbringendsten war es, Menschen zu rauben. Mit Betrug, List und Gewalt wurden die Eingeborenen, Neger wie Berber, auf die Schiffe verfrachtet. Wer sich bei den Überfällen auf die Dörfer wehrte, wer zu gebrechlich war oder noch zu klein, den erschlugen die Fremden, deren Fahnen das Kreuz Christi trugen. Der Rauch der brennenden Dörfer, der Gestank der in der Hitze verwesenden Leichen verpestete die Luft; ganze Küstenstriche wurden entvölkert.

Die zu Sklavenjägern verkommenen Matrosen verwies man, falls ihnen das Gewissen schlug, auf die päpstliche Bulle *Divino amore communiti*, worin dem portugiesischen König erlaubt wurde, die Länder der Ungläubigen zu erobern, diese zu unterwerfen, zu vertreiben oder zu versklaven. Eingeborene zu fangen war überdies gleichbedeutend mit der Rettung ihrer Seelen, wären sie doch sonst der ewigen Verdammnis anheim gefallen. Spanier, die an diesen Fahrten bisweilen teilnehmen durften, bekamen hier schaurigen Anschauungsunterricht. Die Zukunft sollte erweisen, dass sie ihre Lektion gut gelernt hatten.

Wer heute in Lagos auf der Praça da República vor dem Denkmal Heinrichs des Seefahrers steht, sollte nicht vergessen, dass auf demselben Platz Heinrich hoch zu Ross den Sklavenmarkt zu besuchen pflegte, geduldig wartend, bis man ihm das vertraglich zustehende Fünftel der menschlichen Ware zugeteilt hatte; wobei, unter herzzerreißenden Szenen, Kinder von ihren Müttern, Männer von ihren Frauen, Brüder von ihren Schwestern getrennt wurden.

Als Prinz Heinrich 1460 starb, hinterließ er eine Schuldenlast von 35 000 Golddublonen, ein immenses Defizit. Verglichen mit dem, was er für sein Land erreicht hatte, war es ein Pappenstiel; denn selten in der Geschichte erwiesen sich Schulden als derart gewinnbringend. Unschätzbar allein waren die Karten, die nach den Berichten der Kapitäne im Laufe der Jahrzehnte gezeichnet und immer wieder ergänzt worden waren. Jede von ihnen trug den Stempel höchster Geheimhaltung. Wer gegen das Gebot verstieß, kam auf die Galeere oder gar auf das Schafott. Man ging so weit, die Zeichner falsche Karten anfertigen zu lassen und sie der Konkurrenz zuzuspielen.

In der ersten Hälfte der achtziger Jahre des 15. Jahrhunderts unternahm Columbus *seine* Fahrt an die Küsten Westafrikas. Er segelte bis zur Goldküste, wo die Portugiesen zum Schutz ihrer Unternehmungen ein Kastell errichtet hatten – São Jorge da Mina, im Gebiet des heutigen Ghana gelegen. Zum ersten Mal erlebte er eine wirklich fremde Welt: unbekannte menschliche Wesen, seltsame Tiere, bizarre Pflanzen. Er registrierte mit Befriedigung, dass die Koryphäen des Altertums, deren Erkenntnisse so viel galten wie die Worte der Heiligen Schrift, keineswegs immer alles richtig erkannt hatten. Sein Schiff jedenfalls blieb nicht in unbewegtem Wasser stecken, und die Glut der senkrecht strahlenden Sonne innerhalb der Wendekreise zerstörte nicht jeglichen Pflanzenwuchs, wie Ptolemäus, der Geograf und Astronom aus Alexandria, es im 2. Jahrhundert nach Christus gelehrt hatte, sondern ließ Gräser, Büsche, Bäume von nie gesehener Pracht gedeihen.

Die Erfahrung, es besser zu wissen als die scheinbar allwissenden Alten, verschaffte ein rauschhaftes Gefühl. Es schien also möglich, fremde Welten aufzusuchen, die noch keines Christenmenschen Fuß betreten hatte, vorausgesetzt, man verfügte über ein gutes Schiff, einen erfahrenen Piloten, wie die Navigationsoffiziere genannt wurden, und eine Mannschaft, die weder Hölle noch Teufel fürchtete.

Übungsfahrten waren das, was Columbus in seinen Lissabonner Jahren unternahm. Als Offizier eines Handelsschiffes oder eines Truppentransporters ging er in die harte Schule der damals besten Seefahrer der Welt, der Portugiesen. Sie lehrten ihn, sich in der unendlichen Weite zurechtzufinden, gegen den Wind zu segeln, zu kreuzen; eine Mannschaft zu führen; wie man sich zu verproviantieren habe und welche Mittel gegen die den Schiffsrumpf angreifenden Bohrwürmer taugten. Im Fort São Jorge tauchte er seine Hände in Goldstaub. Ja, das war der Stoff, der Macht verlieh, mit dem sich Träume verwirklichen ließen. Ganz Kind seiner Zeit, ist er von der Magie des Goldes nie wieder in seinem Leben losgekommen.

Lissabon, die Stadt im Licht

Er war rasch heimisch geworden in Lissabon. Hier wehte eine andere Luft als im heimatlichen Genua, das an einem Teich lag, verglichen mit dem Atlantik; so hatte Sokrates einmal das Mittelmeer genannt, einen Teich, um den die Anrainer herumsäßen wie Frösche und vor sich hinquakten. Auf sieben Hügeln erbaut, durch die Lage am Tejo begünstigt, dessen Wasser sich bei Flut mit den Wogen des Atlantiks mischten, in das Licht eines endlos scheinenden Himmels getaucht, war *alis ubbo* – liebliche Bucht, wie die Phönizier die Stadt nach der Gründung nannten, der Brennpunkt des Welthandels. Man ging dem Século de Ouro entgegen, dem Goldenen Zeitalter, war vom Baufieber gepackt, musste Platz schaffen für die Bewohner, deren Zahl um die Wende des 15. zum 16. Jahrhundert von 50 000 auf 100 000 stieg. Womit sie die größte Stadt des Reiches der Deutschen, das heilige Köln, um das Dreifache übertraf.

Noch ein anderes Fieber grassierte, als Symptom einer Krankheit, die nichts anderes war als die Sehnsucht. Die Sehnsucht nach der unendlichen Ferne, dorthin, wo allabendlich die Sonne im Meer versank, wo es, wenn die Zeichen nicht trogen, andere Länder geben musste: Zauberwelten, Märchenreiche von unsagbarem Reichtum, mit einem Wort das Paradies. In den Schänken der Seeleute, den Werften der Schiffsbauer, den Läden der Buchhändler, den Palästen der Reichen, den Kontoren der Handelshäuser, den Werkstätten der Kartenzeichner, überall dort, wo das Herz dieser dem Ozean verfallenen Stadt schlug, wurden die jeweils neuesten Nachrichten kolportiert, bei denen die Dichtung die Wahrheit überwog.

Von Madeira aus könne man zu bestimmter Stunde die Umrisse einer fernen, im Westen gelegenen Küste auftauchen sehen. Seeleute begegneten in Höhe der Kanareninsel Gomera im blutigen Licht vorüberfliegenden Geisterschiffen. Da wurden Hölzer angeschwemmt mit unbekannten Schriftzeichen; Pinienstämme, nicht verwandt mit den einheimischen Arten; Zuckerrohre, deren Schäfte so viel fassten wie ein Weinfass. Und immer wieder Boote, besetzt mit menschlichen Wesen, die einen Fischschwanz trugen oder Flügel, einäugig waren oder nur ein Bein hatten.

Und alle, alle waren sie willens, einen heiligen Eid darauf zu leisten, was sie gesehen hatten. Sie handelten nicht anders als die Menschen unserer Tage, die ein *unidentified flying object*, ein Ufo, am Himmel beobachtet haben wollen.

Wer zu zweifeln wagte, den verwiesen sie auf die Insel Antilia (Atlantis), die Insel der Satanshand, die Insel Brazil. Waren sie nicht alle säuberlich eingetragen in die Weltkarten, ja sogar auf der des berühmten Martin Behaim aus Nürnberg, der als Kosmograf und astronomischer Experte nach Lissabon gekommen war? Jeder kannte die Geschichte der sieben Bischöfe, die nach der Eroberung Portugals durch die Mauren mit zahlreichen Mitgliedern ihrer Gemeinden auf sieben Schiffen über den Ozean nach Westen entflohen, nach vielerlei Gefahren endlich eine Insel erreichten, ihre Schiffe, um niemandem die Rückkehr zu ermöglichen, verbrannten und mitten in der Öde des Weltmeeres sieben wundersame Städte gründeten. Die Inseln der sieben Städte zu entdecken und zurückzukehren mit Schätzen beladen, das war ein Ziel, aufs Innigste zu wünschen.

»Für Columbus, der schon ganz besessen war von einer Idee, waren alle diese Dinge hoch bedeutsam«, schreibt Las Casas. »Er nahm sie sich tief zu Herzen, denn er deutete sie als Zeichen, mit denen Gott ihn auf den richtigen Weg lenkte.«

Wohl am stärksten beeindruckt hat ihn der Bericht des Venezianers Marco Polo über seine Reise nach China und seinen Aufenthalt am Hofe des Großkhans Kublai, des Enkels von Dschingis Khan. *Mirabilia Mundi* – Wunder der Welt hieß der Titel. Marco hatte ihn einem Freund diktiert, mit dem er bei einem jener genuesisch-venezianischen Seekriege in Gefangenschaft geraten war. Der Bericht war so fantastisch, schien so unglaubwürdig in der Schilderung von Millionenstädten und Millionenschätzen, dass man den Autor bald als *messer milione* verspottete. Was den Erfolg des Buches eher förderte. Es erschien in zahlreichen Auflagen und immer neuen Übersetzungen, wurde, wie man heute sagen würde, zu einem Bestseller und gehört zu den wenigen Werken, die die Welt bewegten.

Nicht zuletzt jene Welt, in der Columbus nun lebte, in der Welt der Entdecker und jener, die es werden wollten. Sie nämlich mokierten sich nicht über die *Mirabilia*, sie nahmen sie ernst und taten recht damit. Abgesehen von einigen fantastischen, auf den Erzählungen von so genannten Gewährsleuten beruhenden Passagen, in denen Monstren aller Art erscheinen, ist das Buch ein einigermaßen sachlicher Reisebericht. Auch wenn seit seiner Niederschrift 1297/98 viel Wasser den Tejo hinuntergeflossen war – das Werk war aktuell geblieben und seine Wirkung auf die erd- und völkerkundlichen Vorstellungen mit den Händen zu greifen. Der Seefahrer Heinrich kannte es. Columbus selbst besaß eine lateinische Ausgabe, die er gründlich studiert hat. Wer sie in der nach ihm benannten Bibliothek zu Sevilla einmal in der Hand halten durfte, dem fallen die von seiner Hand stammenden Randbemerkungen sofort ins Auge. Auch die an den Rändern der Seiten, auf denen von den Reichtümern der Residenz Cambalu, dem heutigen Peking, erzählt wird:

»Nach dieser Stadt findet alles, was in der Welt selten und kostbar ist, seinen Weg, und besonders gilt dies von Indien, welches Edelsteine, Perlen, verschiedene Spezereien und Gewürze schickte. Aus den Provinzen selbst sowie aus den anderen Ländern des Reichs werden alle wertvollen Waren hierher gebracht, um den Bedarf der Menge, welche ihren Aufenthalt in der Nähe des Hofes nimmt, zu befriedigen …

Nicht weniger als tausend Wagen und Packpferde, die nur mit roher Seide beladen sind, ziehen täglich in die Stadt ein, und goldene Gewebe und Seidenstoffe aller Art werden hier in ungeheurer Menge angefertigt.«

Wer den Bericht über die Insel Cipangu, das heutige Japan, liest, ahnt, dass das Buch bei seinen Lesern einen wahren Rausch entzündete.

»Sie haben Gold im größten Überfluss, seine Quellen sind unerschöpflich ... Diesem Umstand müssen wir den ungeheuren Reichtum in dem Palast des Königs zuschreiben ... Das ganze Dach ist mit Goldplatten versehen, gerade so wie wir die Häuser, oder richtiger die Kirchen, mit Blei decken. Die Decken der Säle bestehen aus demselben köstlichen Metall; viele Zimmer haben kleine Tische, die von dickem, massivem Golde gearbeitet sind, und auch die Fenster zeigen goldene Verzierungen. So ungeheuer sind die Reichtümer des Palastes, dass es unmöglich ist, sich eine Idee davon zu machen. Auf dieser Insel gibt es auch Perlen in großer Menge, die von roter Farbe, rund und sehr groß sind, den weißen Perlen an Wert gleich, ja, sie haben einen noch weit höheren Preis. Auch findet man daselbst viele köstliche Edelsteine.«

Es bleibt ein Faszinosum, den Weg des Autodidakten Columbus anhand der Randbemerkungen zu verfolgen, mit denen er fast alle seine Bücher versah. Bemerkungen, die die Textstellen ergänzen, ihnen zustimmen, sie anzweifeln, kritisieren. Wie eine Ameise sammelte er die Fakten, trug sie ein in kleine Hefte. Er mühte sich ab, vom Lateinischen so viel zu lernen, wie er brauchte, um Ptolemäus, Eratosthenes, Plinius, Aristoteles und andere antike Autoren zu verstehen, die als Autoritäten galten wie auch die Heilige Schrift. Immer war er auf der Suche nach dem, »was die Welt im Innersten zusammenhält«; wie viel Wasser die Erde bedeckt, welche Stürme in welchen Regionen toben, welche Teile bewohnbar sind, auf welche Weise man die Erde vermessen kann.

Von der Warte unserer Kenntnisse aus war das ein abenteuerlich anmutendes Gebräu von Halbwahrheiten, Fantasien, Erfindungen, Prophezeiungen. So nahm er die Stelle aus der Apokalypse des Ezra für bare Münze: »Am fünften Tage der Schöpfung aber hast du dem Siebentel, wo das Wasser war, gesagt, dass Tiere und Fische und Vögel hervorgehen sollen.« Oder wenn er von dem arabischen Philosophen Averroes erfuhr, woher die Namen der Winde kommen, und daraus schloss, dass der Ostwind die Pest durch verderbte Luft herbeiführe, der Nordwind ihr aber entgegentrete. Oder wenn er aus der *Imago Mundi* des Kardinals Pierre d'Ailly die Erkenntnis herausfilterte, wonach das in der Bibel erwähnte Paradies offensichtlich mit den Kanarischen Inseln gleichzusetzen sei.

Alexander von Humboldt, Naturforscher, Geograf, Weltreisender, sprach angesichts dieses Verfahrens einmal von einem sonderbaren Zeitalter, in dem ein Gemisch solcher Zeugnisse jemanden von der Sicherheit eines waghalsigen Unternehmens überzeugen konnte.

Bei d'Ailly fand Columbus einen Satz, den er dick unterstrich: »Man muss annehmen, dass die Erde kugelförmig ist.« Er schrieb zusätzlich an den Rand: »Die Erde ist rund und kugelförmig!«

Eine eher sonderbare Bemerkung, denn dass die Erde keine Scheibe war mit dem Himmel als einer Art Käseglocke darüber, sondern eine Kugel, war inzwischen Gemeingut der Gebildeten geworden, selbst für die Kirche, die diese Erkenntnis lange genug bekämpft hatte (noch in der ersten Hälfte des 14. Jahrhunderts waren Petrus von Abano und Cecco d'Ascoli auf dem Scheiterhaufen verbrannt worden, weil sie die Existenz von Gegenfüßlern gelehrt hatten – eine Lehre, die ja die Kugel voraussetzte). Bei einer Erdscheibe konnte es ein Sternbild des Südlichen Kreuzes nicht geben, wie die Araber es überliefert haben, wären doch da immer nur dieselben Sterne zu sehen. Auch Zeitunterschiede bei Sonnen- und Mondfinsternissen an verschiedenen Orten wären nicht möglich. Und warum tauchten von einem Schiff zuerst die Masten am Horizont auf und dann erst der Rumpf?

Columbus notierte: »Da alle Meere und Länder der Welt zusammen eine Kugel bilden, liegt der Schluss nahe, dass man den Osten erreicht, wenn man nach Westen fährt.« Das waren Worte, die seine ganze Idee enthielten. Psychologen haben sie als *idée fixe* abqualifiziert, enthalte sie doch die dafür typischen Merkmale: eine Vorstellung, die das Bewusstsein und Verhalten eines Menschen völlig beherrscht und durch rationale Argumente kaum zu beeinflussen ist.

... Heiratet Donna Felipa Perestrello y Moniz

Cristoforo Colombo, besser Cristóvão Colom, wie er in seiner neuen Heimat nun hieß, diskutierte über diese These nächtelang mit einem Mann, der Helfer, Freund und Gesinnungsgenosse für die nächsten Jahrzehnte werden sollte: seinem jüngeren Bruder Bartolomeo. Er hatte ihn von Genua nachgeholt und mit ihm eine gemeinsame Werkstatt aufgemacht zur Herstellung der neuartigen Portolankarten (Seekarten mit einem Netz von Strahlen, so genannten Rumbenlinien, die den Kurs zu den verschiedenen Häfen wiesen). Bartolomeo wird als ein Mann geschildert von außerordentlicher Intelligenz, geringer Bücherweisheit, aber großem Geschick in der kosmografischen, das hieß, geografischen Kunst und im Zeichnen von Weltkarten. Auch Columbus war ein begabter Zeichner. Da der Bedarf an Seekarten in Lissabon naturgemäß groß war, ernährte die kleine Werkstatt rasch ihren Mann.

Bartolomeo hatte entscheidenden Anteil an der *Idee*. Vielleicht war er es, der seinen großen Bruder – so nannte er ihn, denn er hat ihn sein Leben lang verehrt – auf die Passage im Werk des Pierre d'Ailly hinwies, in der es hieß: »... nach den Philosophen und nach Plinius hat der Ozean, der sich zwischen der äußersten Spitze des verlängerten Spanien, d. i. Marokko, und dem Ostrand von Indien erstreckt, keine große Breite. Denn es ist erwiesen, dass dieses Meer überschiffbar ist in wenigen Tagen, wenn der Wind günstig ist. Woraus sich ergibt, dass das Meer nicht so breit ist, um drei Viertel der Erde bedecken zu können, wie manche Menschen ausgerechnet haben.«

Die »Überschiffbarkeit« dieses Meeres war *nicht* erwiesen, und was die Meeresbreite betraf, so irrte der gelehrte Kirchenmann, so wie jene Alten irrten, die er abgeschrieben hatte, ausgeschrieben, wie man damals ohne jeden Vorwurf sagte. Die *Imago* stellte eine Kompilation dar. Doch der Weg zum Erfolg kann auch über Irrtümer führen.

Columbus verfolgte sein Ziel mit einer an Fanatismus grenzenden Beharrlichkeit, sein Leben war beseelt von dem einzigen Gedanken, von der *Idee* eben. Alles, was er tat und plante, bedeutete ihm lediglich Mittel zum Zweck. So nimmt es nicht wunder, dass er auch sein Privatleben diesem Zweck unterwarf.

Er war christlich streng erzogen worden. Der Besuch der Messe gehörte zu seinem Tageslauf wie das morgendliche Erwachen. Warum er zu seinen Gebeten eine ganz bestimmte etwas entfernter gelegene Kapelle wählte, wusste außer ihm nur der, zu dem er betete. Er wird es ihm nachgesehen haben, denn Columbus hielt oft Zwiesprache mit IHM. Die Kapelle gehörte dem Convento dos Santos, einem zum einflussreichen Santiago-Orden gehörenden Kloster, das den unverheirateten Töchtern des portugiesischen Adels Zuflucht bot. Sie hatten gelobt, keusch, arm und gehorsam zu sein, doch wenn jemand kam, mit dem sich zumindest das erste Gelübde nicht einhalten ließ, durften sie, da ungeweiht, in Frieden davonziehen. Die jungen Männer wussten das. Sie schauten nicht nur auf die Mutter Maria, sondern riskierten während des Gebets auch einen Blick auf die vornehmen Fräulein. Was selbst die strengste *dama de companhia*, die Anstandsdame, nicht verübelte. Ehen wurden in Portugal zwar im Himmel geschlossen, angebahnt aber nicht selten in der Kirche: durch Blicke, Gesten, geflüsterte Worte, heimlich zugesteckte Briefe.

Des Columbus' Auge ruhte von Mal zu Mal wohlgefälliger auf einer jungen Dame, die, das hatte er bald herausgefunden, den schönen Namen Felipa Perestrello y Moniz trug. Sie war

Spross einer vornehmen Familie, mütterlicherseits mit der Krone verbunden; von Adel auch die Seite des Vaters, den der Infant Heinrich zum Gouverneur der vor Madeira gelegenen kleinen Insel Porto Santo gemacht hatte, weil er an der Wiederentdeckung und Kolonialisierung Madeiras beteiligt war. In eine solche Familie hineinzuheiraten, das hieß – hony soit qui mal y pense –, mit den Einflussreichen des Landes in Zukunft auf Du und Du zu stehen.

Doch welche Chancen hatte der Sohn eines Wollkremplers, ein Ausländer noch dazu, der statt eines Vermögens lediglich eine *Idee* mit in die Ehe bringen würde, und die musste jedem ziemlich fantastisch erscheinen, wenn sie nicht gar auf einen etwas verwirrten Geist schließen ließ?

Donna Isabel, die Mutter der Angebeteten, nahm die Werbung überraschenderweise gnädig auf. Dieser junge Mann da brachte zwar nichts, aber er verlangte auch nichts; eine Mitgift zum Beispiel. Sie wäre kaum imstande gewesen, einen Schwiegersohn damit auszustatten, da sie seit einigen Jahren Witwe war und kein Vermögen besaß. Felipa war fünfundzwanzig Jahre alt, womit sie in einem Land, in dem die Töchter mit sechzehn Jahren unter die Haube gebracht wurden, als ein reichlich spätes Mädchen galt. Überdies gefiel ihr der Neunundzwanzigjährige durch sein Wesen und sein Auftreten.

Womit es an der Zeit wäre, sich ein Bild zu machen von Columbus' Gestalt und Gesicht. Doch welches? Als man 1892 den vierhundertsten Jahrestag der Entdeckung Amerikas beging, wurde in Chicago eine Ausstellung mit Columbus-Portraits eröffnet. Die Besucher konnten sich an einundsiebzig Gemälden, Zeichnungen, Stichen, Radierungen erfreuen, doch die Freude wurde getrübt, als sie feststellen mussten, dass kaum eine der Darstellungen der anderen ähnelte. Es waren im Grunde einundsiebzig verschiedene Menschen: der Entdecker als Weltmann, Mönch, Kaufmann, Gelehrter, Mann des Volkes, Admiral; mal starren Auges, mal träumerischen Blickes, mal mit gekrümmter Nase, mal mit breitem, mal mit schmalem Mund, mal mit vollen Lippen, mal mit fliehendem Kinn, mal mit Doppelkinn, mal mit eingefallenen Wangen, mal mit Pausbacken, mal mit Vollbart, mal mit Schnauzer und so fort.

Keines dieser Bildnisse, und das erklärt die unterschiedliche Darstellungsweise, ist nach dem Leben geschaffen. Selbst die frühesten datieren erst aus den dreißiger Jahren des 16. Jahrhunderts – und Columbus starb 1506. Die bildnerische Gestaltung des Menschen mit seinen individuellen Zügen, in den Niederlanden, Frankreich, Italien durch Renaissance und Humanismus zum künstlerischen Prinzip erhoben, hatte in Spanien noch keinen Protagonisten gefunden; zu sehr lebte man hier noch in der Welt des Mittelalters. Selbst von den Katholischen Majestäten Ferdinand von Aragonien und Isabella von Kastilien gibt es bezeichnenderweise keine Portraits nach der Natur.

Nun ist in jüngerer Zeit eine Bronzemedaille in den Mittelpunkt wissenschaftlicher Untersuchungen gerückt, deren Ergebnis ziemliches Aufsehen erregte. Ein Faksimile der Medaille ist bereits Ende des letzten Jahrhunderts in der alles Columbische umfassenden *Raccolta di Documenti*, die 1892 anlässlich des 400. Jahrestages der Entdeckung Amerikas erschien, abgedruckt worden. Sie zeigte das Profil eines Mannes und trug die Umschrift *Christophoro Colombo.* Von dieser Münze entdeckte der Numismatiker Richard Gaettens eines Tages ein gut erhaltenes Exemplar, deren Beschaffenheit, Herkunft und Weg er mit geradezu detektivischem Spürsinn zu erforschen begann. Der Beweis, den er schließlich führte, beruht allerdings auf Indizien.

Es handelt sich um eine Gussmedaille von ovaler Form mit grob befeiltem Rand, eine Behandlung, die nur bis zum Beginn des 16. Jahrhunderts üblich war. Die Beschriftung stellt die italienische Version des Namens dar. Der Mund des Portraitierten ist leicht geöffnet; das Modell bestand aus Ton, das nach dem Brennen eine grobkörnige Oberfläche bekam, eine »raue Haut«, die sich am Bronzeabguss wiederfindet. Das waren alles charakteristische Merkmale für den Stil eines Paduaner Künstlerkreises, der zwischen 1480 und 1510 tätig war, mit dem Ziel, Gesicht und Gestalt des Menschen möglichst lebensgetreu wiederzugeben. Einer unter ihnen, Guido Mazzoni mit Namen, hat als Einziger viele Jahre im Ausland gelebt. Diese Aufenthalte sind zeitlich belegt, nur zwischen 1504 und 1507 klafft eine Lücke.

Nun war 1504 Isabella von Kastilien gestorben und an die Künstler ein Aufruf ergangen, Entwürfe für die Gestaltung des Grabdenkmals einzureichen. Nachweislich pflegte sich der Italiener um solche Aufträge zu bemühen (wie zum Beispiel nach dem Tod des englischen Königs Heinrich VII.). Er wird deshalb auch am spanischen Hof zu diesem Behuf vorstellig geworden sein. Da Columbus zu dieser Zeit dem Hof nachgereist ist, wegen seines Kampfes um die Rechte an den Entdeckungen, hat Mazzoni ihn dort kennen gelernt und die Gelegenheit genutzt, von dem Entdecker eine Studie anzufertigen. Vermutet Richard Gaettens.

Wem solche Vermutungen zu kühn erscheinen, mag sich an das Gemälde halten, das im 19. Jahrhundert nach der Beschreibung entstanden ist, die Zeitgenossen von Columbus hinterlassen haben. Wie beispielsweise Las Casas, der Ritter Oviedo, sein Sohn Fernando.

Danach war der Genuese ein hochgewachsener stattlicher Mann mit kräftigen Gliedmaßen; das Gesicht länglich mit gewölbten Backenknochen, beherrscht von einer Adlernase und lebhaften hellblauen Augen; die Haut sommersprossig, die Haare in der Jugend ein ins Rötliche übergehendes Blond, das, kaum dass er die dreißig überschritten hatte, eisgrau wurde. Er strahlte eine natürliche Würde aus, hielt sich im

Allgemeinen bescheiden zurück, war liebenswürdig im Umgang mit seinesgleichen, in kritischen Situationen reizbar und jähzornig.

Alles in allem also ein gut aussehender Mann, sodass es nicht wundert, wenn Felipa sich in ihn verliebte und ihre Mutter ihm zugeneigt war. Das junge Paar übersiedelte nach der Hochzeit auf die Insel Porto Santo und bezog das kleine Landgut, das aus der Zeit des Gouverneurs Perestrello herrührte. Columbus war »seinem« Atlantik nun noch näher. Es fehlt nicht an fantasievollen Schilderungen, wie er in der Dämmerung vom Pico do Facho, einer kahlen Anhöhe, nach Westen starrte, in der Hoffnung, jene geheimnisumwitterte ferne Küste zu Gesicht zu bekommen, die, glaubt man den Zeugen, zu bestimmter Stunde am Horizont auftauchte.

Donna Felipa gebar ihm einen Sohn, Diego genannt, dem in der Wiege nicht gesungen wurde, dass er einst den Titel des Vaters, Admiral des Ozeanischen Meeres, erben sollte und mit dieser Bürde einen jahrzehntelang währenden Rechtsstreit. Mehr ist über Columbus' Frau nicht bekannt. Man weiß nicht einmal, wann sie starb: ob im Wochenbett, 1480 oder wenige Jahre später.

Porto Santo ist heute eine wegen ihres langen Sandstrandes beliebte Ferieninsel. Über den Columbusstätten, die dem Besucher im Hauptort Vila Baleira stolz gezeigt werden, schwebt das Wort »wahrscheinlich«. In der kleinen Kirche *soll* Diego getauft worden sein; in dem unweit gelegenen Häuschen *soll* das Ehepaar gelebt haben; wie auch in Haus Nr. 12, das einem Columbusmuseum bescheidenen Raum bietet. Hier kann man auch erfahren, warum die Insel so karg ausgestattet ist mit Busch und Baum. Schuld daran sei der Vater von Donna Felipa gewesen. Don Bartolomeo habe damals ein trächtiges Kaninchen mit auf die Insel gebracht, dessen Nachkommen sich rasend vermehrten und alles auffraßen, was grün war. Auch auf dem sechsundvierzig Kilometer entfernt liegenden Madeira kann der Tourist den Spuren des Entdeckers folgen. Spuren, die allerdings auch hier nicht über jeden Zweifel erhaben sind. Ohne Zweifel ist nur, dass er die Insel als Seemann, später auch mit Felipa von Santos aus, immer wieder aufgesucht hat.

Die Briefe des Dottor Toscanelli

Columbus fuhr fort, alles zu sammeln, zu katalogisieren, zu registrieren, was nur im Entferntesten seine *Idee* unterstützen konnte. Auf die von Felipas verstorbenem Vater hinterlassenen Seekarten, Segelhandbücher und Aufzeichnungen über seine Reisen längs der afrikanischen Küsten, der Azoren, der Kapverdischen Inseln stürzte er sich sofort. Er fuhr immer wieder nach Madeira hinüber, neben Lissabon die Börse, auf der die Nachrichten gehandelt wurden, die die Seeleute von ihren Reisen mitbrachten. Ungeklärt bleibt, wo er von jenem Schriftstück erfuhr, das unter dem Namen *Toscanelli-Briefe* zum Begriff in der Columbusforschung wurde, ob auf Madeira, ob bei den Kartografen in Lissabon, ob in den ihm durch seine Heirat offen stehenden Hofkreisen.

Vor Jahren hatte ein Florentiner Arzt an den Beichtvater des Königs von Portugal einen Brief geschrieben, in dem er das wiederholte, was er dem Pater bereits im persönlichen Gespräch mitgeteilt: dass es nämlich einen kürzeren Weg über See geben müsse zum Land der Gewürze als jenen, den die Portugiesen um Afrika herum vermuteten. Eine Karte, die diese Behauptung unterstützte, legte er bei. Was alles er seinem hochherzigen König, denn der hatte von ihm diese einleuchtende Darlegung gewünscht, mitteilen möge. Alfons V. ließ Darlegung und Karte von seinen Wissenschaftlern prüfen und bekam nach geraumer Zeit die ergebenste Mitteilung, dass das, was der Brief an Gutem enthalte, nicht neu sei, das Neue aber nicht gut. Der Brief wurde archiviert und vergessen, doch als João II. auf dem Thron folgte, der, so sein Hofchronist, von dem Wunsch beseelt war, neue Länder zu gewinnen, muss die Existenz des nunmehr sieben Jahre alten Briefs ruchbar geworden sein.

Jedenfalls hörte Columbus davon, ließ sich ein Empfehlungsschreiben eines in Lissabon lebenden Florentiners geben, schrieb dem Dottor Paolo Toscanelli, der nebenbei auch Mathematiker, Kosmograf, Astrologe und Kartograf war, denn die Medizin allein genügte nur wenigen Ärzten, und bat ihn so höflich wie dringend um Details. Die Antwort kam rascher, als er es in seiner Ungeduld für möglich gehalten hätte.

»... übersende ich dir als Antwort auf dein Schreiben die Abschrift jenes Briefes, den ich vor geraumer Zeit einem meiner Freunde gesandt, der ein Diener des Königs von Portugal gewesen. Auch schicke ich dir eine gleiche Seekarte, wie ich sie ihm zugeleitet hatte.«

Da Columbus' Wissensdurst noch nicht gelöscht war, schrieb er dem Medico einen zweiten Brief, der auch diesmal von dem alten Herrn beantwortet wurde.

»Ich habe ja nun Kenntnis genommen von deinem großartigen Plan, auf dem Wege nach Westen, den dir die gesandte Karte anzeigt, zu den Ländern des Ostens zu segeln. Besser hätte er sich mit einer runden Kugel klar machen lassen. Es freut mich, dass du mich richtig verstanden hast. Der genannte Weg ist nicht nur möglich, sondern wahr und sicher *[verdadero y cierto]*. Ohne Zweifel ist die Fahrt ehrenvoll, und sie vermag unberechenbaren Gewinn und höchsten Ruhm in der ganzen Christenheit zu bringen. Du kannst dies nicht so deutlich wissen wie ich, da du nicht so häufig Gelegenheit gehabt hast, zuverlässige Nachrichten von bedeutenden gelehrten Männern zu sammeln, die aus jenen Ländern hierher an den römischen Hof gekommen sind, wie auch von hoch angesehenen Kaufleuten, die lange in jenen Ländern Handel getrieben.«

Nachdem er auf diese Länder näher eingegangen war (wobei er sich eng an Marco Polo hielt), fuhr er fort: »Aus diesem Grund und wegen mancher anderen Gründe, die man noch nennen könnte, wundere ich mich durchaus nicht, dass du, von hohem Sinn beseelt wie das gesamte portugiesische Volk, in dem es stets Männer von bedeutenden Leistungen bei großen Gelegenheiten gegeben hat, vor Verlangen brennst, die Reise zur Tat werden zu lassen.«

Es gibt wenige historische Figuren, über die so viel geschrieben worden ist wie über den Genuesen, und kaum welche, die so oft der Lüge, des Betrugs, der Fälschung und der Täuschung verdächtigt worden sind wie der Genuese. Nationalismus, Chauvinismus führen häufig, wie wir gesehen haben, die Feder, desgleichen Besserwissertum, Sensationsmache, Wichtigtuerei; natürlich auch die Tatsache, dass es etliche weiße Stellen auf der biografischen Landkarte des Entdeckers gibt, manche Zeitgenossen sich widersprechen, nicht alle Quellen klar und rein sind. Kein Grund jedoch, nach dem Motto zu verfahren, wonach man im Auslegen recht munter sein möge, und wer's nicht auslegt, getrost was unterlegen solle. Dazu ist der columbische Wissensstand zu gut untermauert. Die Verdächtigungen gingen so weit, dass selbst die Schiffstagebücher als unecht zurückgewiesen wurden.

Die Briefe Toscanellis an Columbus seien ebenfalls Fälschungen; von des Entdeckers eigener Hand ausgeführt, nach dem Text des heimlich kopierten Briefes an den Beichtvater. Das Motiv? Dass ein so berühmter Gelehrter mit ihm korrespondierte, verlieh kein geringes Prestige; auch ließe sich so nachträglich beweisen, dass immer Indien sein Ziel gewesen sei und nicht irgendwelche Inseln; und so fort. Es lohnt nicht, weiter auf die ganze Fälschungsgeschichte einzugehen (auch wenn sie bis in die jüngste Zeit immer wieder vorgebracht wird). Die Argumente verraten allzu rasch das *cui bono*. Die Stadt Florenz hat dem *iniziatore della scoperta dell' America* ein Denkmal gesetzt. Neben dem Genuesen nun also noch ein Florentiner mit von der Partie! Das kann einen Spanier verständlicherweise verbittern.

Aus den Toscanelli-Briefen und der beigefügten Karte ging in scheinbar schlüssiger Beweisführung hervor, dass erstens die Entfernung von Portugal bis China auf dem Landweg 230 Längengrade betrug, der Weg zur See in Richtung der untergehenden Sonne dagegen nur 130 Grad; was in der Luftlinie gemessen eine Entfernung von 5000 Seemeilen ergeben hätte. Ein Rechenfehler, entstanden unter anderem durch die Zugrundelegung einer falschen Gradzahl; 130 Grad statt 230 Grad.

Columbus war entzückt von Brief und Seekarte, schrumpfte doch die mit dem Schiff zu bewältigende Strecke auf ein erträgliches Maß. Und dennoch schien sie immer noch zu lang, der große Gelehrte musste sich, bei allem Respekt, verschätzt haben, sagte sich Columbus, und unsere Fantasie führt uns in des Bruders kleine Werkstatt, wo er, über Karten, Tabellen, Berechnungen gebeugt, daranging, die Entfernung noch etwas erträglicher zu machen.

62,5 Seemeilen hatte Toscanelli als Distanz zwischen zwei Längengraden am Äquator zugrunde gelegt? Nun, da gab es doch einen arabischen Gelehrten namens Al Fargani, auch unter dem Namen Alfraganus bekannt, der war lediglich auf 56 2/3 Meilen gekommen, womit er zwar das arabische Maß von 1973,5 Meter gemeint hatte, aber wer konnte das wissen, es schien nur logisch, die römische Meile von 1477,5 Meter zugrunde zu legen, und das ergab eine Distanz von 45 Seemeilen (womit der Gesamtumfang des Erdballs schon mal auf ein Drittel des tatsächlichen Umfangs einlief).

Und dann Asien! Wer sagte denn, dass sein östlicher Rand wirklich nur so weit reichte, wie die Karten es zeigten? Hatte nicht Marinos von Tyrus in seiner *Diorthosis tabulae geographicae* im Jahre 114 vor Christus geschätzt, dass die Landmasse zwischen Portugals Küste und der Ostküste Chinas 225

Grad des 360 Grad betragenden Erdumfangs ausmache? Und Marinos war eine Autorität. Marco Polo hatte Regionen entdeckt, die noch einmal mit 28 Grad zu Buch schlugen. Weitere 30 mussten addiert werden durch die vermutliche Entfernung zwischen dem östlichen China und Japan, zwischen Cathay und Cipangu.

Das ergab eine Summe von 283, und da er die Reise nach »Indien« – unter diesem Begriff firmierte ja sein Asien – westlich der Kanareninsel Hierro starten wollte, waren wieder 9 Grad fällig. 360 Grad minus 292, das bedeutete *in praxi*, dass nur noch 68 Grad zu schaffen waren, um nach Japan zu gelangen. Dem Genuesen schien dieser Ozean immer noch zu breit. Nun gut, auch wenn Marinos eine Autorität war, das Maß für ein Grad hatte er wohl doch zu hoch angesetzt. Ziehen wir also getrost von den 68 noch einmal 8 ab.

Diese 60 galt es zu multiplizieren mit der Entfernung zwischen den Längengraden. Columbus schätzte sie am Äquator auf 45 Seemeilen. Auf *der* Breite, der er auf seiner Ozeanüberquerung folgen wollte, würde die Entfernung nur 40 Seemeilen betragen. 60 mal 40 ergab eine Strecke von 2400 Seemeilen zwischen den Kanaren und Japan. So einfach war das …

Wenn man bedenkt, dass die wirkliche Entfernung 10 600 Seemeilen beträgt, der Irrtum des Toscanelli also durch einen noch größeren Irrtum übertroffen wurde, so fragt man sich unwillkürlich: Hat Columbus sich tatsächlich so verrechnet, oder verführte ihn sein fanatischer Wille, den Osten vom Westen her zu erreichen, zum Betrug? Oder war es nur Selbstbetrug? Oder handelte er wieder nach dem Motto, dass nicht sein kann, was nicht sein darf?

Der Schriftsteller Jakob Wassermann, später auch der Spanier Salvador de Madariaga, haben den Genuesen einen Don Quijote des Ozeans genannt. Womit die Antwort auf die Frage bereits gegeben wäre. Der Mann von der Mancha betrog nicht, wenn er seinem treuen Begleiter Sancho Pansa weismachte, die Schafherde dort sei ein feindliches Heer, das man unverzüglich attackieren müsse. Auch nicht, wenn er den schmierigen Wirt zum Burgherrn und die klappernden Windmühlen zu erschröcklichen Riesen machte. »*Yo pienso y es así* – Ich denke so, und so ist es« war das Leitwort des *ingenioso hidalgo*. Aller Augenschein ist Trug, nur die Fantasie bringt die Realität.

»Das soll ein Gasthof sein? Aber das ist doch eine Burg!«, sagt Don Quijote.

»Das soll Haiti sein? Aber das ist doch Cipangu!«, sagt Columbus.

Kamen ihm bisweilen dennoch Zweifel an dem, was er für real hielt, dann wandte er sich der Bibel zu und hielt Zwiesprache – hier noch ganz ein Kind des Mittelalters – mit seinen Heiligen, das heißt mit jenen, die seine *Idee* mit seherischem Spruch zu bestätigen schienen. »Die Inseln harren auf mich im Meer von längst her, dass sie deine Kinder von ferne herbringen, samt ihrem Silber und Gold, dem Namen des Herren, deines Gottes«, tönte es aus dem Mund Jesajas, eines der großen Propheten aus dem Jerusalem des 8. Jahrhunderts vor Christus.

Dass er das »mich« auf seine eigene Person bezog, beweist ein anderes Bibelwort, das den Herrgott sagen lässt, er werde einen neuen Himmel und eine neue Erde machen, dass man der vorigen nicht mehr gedenken wird. »Gott machte mich zum Gesandten eines neuen Himmels und einer neuen Erde«, heißt das bei Columbus. Von seinem göttlichen Auftrag ist er so tief durchdrungen, dass er Jahre später behauptet, Vernunftschlüsse, Mathematik und Weltkarten hätten ihm zu nichts verholfen, sondern es sei einfach in Erfüllung gegangen, was der Prophet Jesaja vorhergesagt. Fantastischer Hochmut ist ein weiterer Wesenszug, der ihn mit Don Quijote verbindet.

Diese Behauptung steht nur in scheinbarem Widerspruch, wenn er das Fazit seiner portugiesischen Lehr- und Wanderjahre zog: »Verhandlungen und Gespräche habe ich gepflogen mit gelehrten Leuten, geistlichen und weltlichen, lateinischen und griechischen, jüdischen und arabischen. Der Herr war meinem Wunsch geneigt, verlieh mir Geist und Einsicht. In der Schifffahrtskunde überschüttete er mich mit einer Fülle von Kenntnissen. Was die Wissenschaft der Gestirne angeht, gab er mir so viel, als nötig war, desgleichen in der Geometrie und der Arithmetik. Ferner verlieh er mir Geist und Gewandtheit, um Karten zu zeichnen und darauf Städte, Gebirge, Inseln, Flüsse, jedes an seinem Platze. Auch habe ich gesehen und in Wahrheit studiert alle Bücher, Weltbeschreibungen, Historie, Chronik und Philosophie.«

Ein König sagt nein

Der Tag nahte, da Columbus sich entschloss, seine Kenntnisse nutzbar zu machen: die *Idee* zu verwirklichen. Zeit wurde es. Nach der damaligen Lebenserwartung hatte er mit zweiunddreißig Jahren die Lebensmitte längst überschritten – »und immer noch nichts für die Ewigkeit getan«. Da er selbst, verglichen mit den immensen Kosten, die auf ihn zukamen, kaum einen roten Heller besaß, galt es, einen Finanzier zu finden. Nahe gelegen hätte es, in seine Heimatstadt Genua zu reisen und sich dort an einen seiner einstigen hochvermögenden Gönner zu wenden; an die von der St.-Georgsbank zum Beispiel. Stattdessen finden wir ihn – das Jahr 1482 ging bereits zur Neige – in den Vorzimmern des Palastes am Terreiro de Paço, auf eine Audienz beim König wartend. Dass er überhaupt so weit gekommen war, wird er den Perestrello y Moniz zu verdanken gehabt haben.

João II. war der Renaissancefürst schlechthin, vergleichbar mit den zeitgenössischen Borgias, glänzend im Auftreten, zu Jähzorn neigend; skrupellos, wenn es galt, ein Ziel zu erreichen; grausam in der Verfolgung seiner dem Hochadel angehörenden Gegner (den Bruder der Königin hatte er mit eigener Hand umgebracht); dabei hochbegabt, von scharfem Verstand und, wie der Hofchronist schrieb, von der Sehnsucht nach großen ungewöhnlichen Unternehmungen derart erfüllt, dass er sich im Geiste oft in weiter Ferne befand.

Diesem Mann, vor dem seine Feinde zitterten, den seine Freunde ehrfurchtschaudernd *principe perfeito* nannten, stand Columbus nun gegenüber, ihm erklärte er seinen Plan, den Osten über den Westen zu erreichen, ein Projekt, so gigantisch, wie es die Welt bis dahin nicht gekannt. Er ließ sich nicht unterbrechen, wagte Widerspruch, argumentierte mit Leidenschaft, verlangte schließlich kühl drei Karavellen mit Proviant für ein Jahr und einer Ladung Tauschwaren. Er forderte ferner die Erhebung zum Dom, den Rang eines Großadmirals, die Ernennung zum Vizekönig der entdeckten Länder, den zehnten Teil aller Einkünfte, die sich durch die Erschließung der neuen Länder ergäben, und das Recht, den achten Teil allen Schiffsraums mit eigener Fracht zu belegen.

Es ist nicht anzunehmen, dass es irgendjemand bis dato gewagt hätte, dem »Vollkommenen« solche Forderungen zu stellen. Der Hofchronist, mühsam seine Contenance bewahrend, registrierte: »Der hohe Fürst erkannte, dieser Cristóvão Colom war ein Großmaul, der vor allem glänzen wollte. Außerdem erschien er ihm als ein Fantast, versehen mit mehr Einbildung als mit Wissen von dieser Insel Cipangu. So glaubte er seinen Worten nur wenig und schenkte ihm kein Vertrauen.«

Andererseits war der König Menschenkenner genug, um sich zu sagen, dass selbst in den fantastischsten Erzählungen bisweilen ein wahrer Kern verborgen war; angenommen, der Mensch hätte doch Recht, würde nun, nachdem ihm hier die Tür gewiesen, im Dienste eines anderen Fürsten Cathay und Cipangu finden und welche Länder noch, mit all ihrem Gold und Edelgestein, dann würde er, der zweite Jão aus der edlen Dynastie der Avis – nein, der Gedanke war unerträglich! Außerdem war Colom ein Genuese, und bei Genuesen wusste man nie; jedenfalls hatten sie der portugiesischen Krone schon wertvolle Dienste geleistet, als Admirale, Entdecker, Steuermänner. Er gebot der *Junta dos Matematicos*, einer von ihm ins Leben gerufenen Kommission zur Auswertung der Entdeckungsfahrten, die Hypothesen des Cristóvão Colom auf ihren möglichen Wirklichkeitsgehalt zu prüfen.

Ihre renommiertesten Mitglieder waren José Vizinho und Meister Rodrigo, zwei jüdische Gelehrte, die sich in der Nautik ihre Meriten erworben hatten. Zu ihnen gesellte sich Dom Diego Ortiz, Geistlicher und Experte der Kosmografie.

Man kann den drei Herren nicht vorwerfen, dass sie nicht wussten, wie wichtig für den menschlichen Fortschritt gelegentlich der Träumer ist. Den Nutzen von Visionen zu beurteilen war jedoch nicht ihres Amtes und ihres Wesens. Nach einem ausführlichen Gespräch mit Colom und der Prüfung seiner Seekarten berichteten sie dem König, dass der Bittsteller ein wenig zu viel in Marco Polos, eines notorischen Aufschneiders, Reiseberichten gelesen haben müsse; jedenfalls seien seine Worte leeres Gerede, seine Argumente seicht, seine Pläne Fantastereien; charakteristisch hierfür die auf falschen Grundlagen beruhenden Berechnungen über die Breite des Weltmeeres zwischen Portugal und China. Legte man die richtigen zugrunde, so ergäbe sich eine Ausdehnung, die für jedes Schiff zu einer Reise ohne Wiederkehr werden dürfte. Irrtümer also über Irrtümer …

»Niemals hat ein großartiger Irrtum eine großartigere Entdeckung hervorgebracht«, schrieb Leopold von Ranke vierhundert Jahre später.

Columbus bekam seine Unterlagen zurück, darunter die Karte, die ihm Toscanelli seinerzeit zugeschickt hatte. Sie ist verloren gegangen oder harrt in den Verliesen eines Archivs, wie so vieles Verschollene, auf ihren glücklichen Finder. Es existiert lediglich eine Skizze von der Hand des Genuesen (oder seines Bruders), gezeichnet auf die Vorsatzblätter eines Exemplars der *Historia* des Aeneas Sylvius. Die Toscanelli-Karte hat offensichtlich den Nürnberger Martin Behaim beeinflusst bei der Gestaltung seines »Erdapfels«, des ältesten Globus der Welt.

Behaim von Schwarzbach ist eine hochinteressante Figur, dennoch nicht gebührend gewürdigt, vielleicht weil allzu viele Fragezeichen seinen Lebensweg markieren, gesetzt von den sich befehdenden patriotischen Geschichtsschreibern der Deutschen und den noch etwas patriotischeren der Portugiesen. Gesichert ist, dass er 1459 geboren wurde, eine kaufmännische Lehre absolvierte, in Antwerpen zum Großkaufmann reüssierte, sich brennend für Kosmografie und Nautik interessierte, 1482 nach Lissabon übersiedelte, dort die Tochter des Statthalters der Azoreninseln Fayal und Pico heiratete und an einer der Fahrten des Diego Cão teilnahm, die bis in die Mündung des Kongo führte. Was die Portugiesen, zu Unrecht, bestreiten, steht doch auf dem Erdapfel geschrieben: »Der durchleuchtig König Dom Johann von Portugal hat das übrig Teil, des Ptolemäus nit kundig gewesen ist, gegen Mittag lassen mit seinen Schiffen besuchen anno dmi 1485 dabey ICH, der diesen Apffel angegebn hat, gewesen bin.«

Der Durchleuchtige hat im selben Jahr dann den Nürnberger Patrizier eigenhändig mit dem Schwert gegürtet und zum Ritter geschlagen. Nicht zuletzt wegen seiner Verdienste um das erlauchte Gremium der erwähnten Mathematiker, dem er zweifellos angehörte. Welcher Art diese Verdienste waren, das allerdings sind die Fragen: Half er den Meistern José und Rodrigo bei der Verbesserung des Astrolabiums, des Sternhöhenwinkelmessers? War er es, der den Portugiesen den Gebrauch des Jakobsstabs beibrachte, eines Instruments, mit dem sich durch Messung von Gestirnshöhen der Standort eines Schiffs bestimmen ließ? War er ein Schüler des berühmten Nürnberger Mathematikers und Astronomen Johannes Müller, besser bekannt unter dem Namen Regiomontanus, und hat er den Portugiesen dessen *Ephemeriden* vermittelt, ein Tabellenwerk, in dem Zeiten und Örter von Himmelskörpern vorausberechnet waren. (Für Columbus waren sie auf seinen Fahrten eine wertvolle Hilfe.) Vieles spricht dafür, diese Fragen mit einem Ja zu beantworten.

Jedenfalls hat Behaim von Schwarzbach sich um die Verbesserung nautischer Instrumente und die Standortbestimmung von Schiffen verdient gemacht. Er trug seinen Teil dazu bei, wenn die Seeleute sich auf den Meeren besser zurechtfanden. Die Nürnberger haben seiner gedacht, als sie ihm Ende des 19. Jahrhunderts ein Denkmal errichteten. Mit Schwert und im Harnisch steht er auf dem Theresienplatz, die rechte Hand auf einem Globus.

Wer *seinen* Globus betrachten will, den Erdapfel, von Kennern als eine der größten geografisch-historischen Kostbarkeiten geschätzt, die Deutschland besitzt, muss das Germanische Nationalmuseum der alten Reichsstadt besuchen. Dort steht er auf eisernem Dreifuß, fast einhundertsechzig Zentimeter im Umfang messend; die im Laufe des halben Jahrtausends verblassten Farben der Kontinente, Inseln, Gebirge und Meere bilden den Hintergrund für achtundvierzig Miniaturen, 1100 Ortsnamen und eine Unzahl von Zeichenerklärungen. Zwischen Europa und Asien breitet sich das Meer, erheben sich Inselgruppen aus den Wassern, an deren Existenz man glaubte, ohne dass es sie jemals gegeben hätte; darunter die Insel Antilia, mit der wohl das sagenumwobene Atlantis gemeint war.

Amerika wird man vergeblich suchen. Als der Globus gefertigt wurde, waren die Karavellen des Columbus gerade unterwegs zu den Inseln des neuen Kontinents – womit er noch im selben Jahr überholt war. Das mindert seinen kulturhistorischen Wert nicht, denn: »Behaims Erdball ist … nicht nur ein Produkt fantasievoller antiker und mittelalterlicher Überlieferung, er verrät auch einen von Wissbegier und Erkenntnisdrang beseelten neuen Geist. Die Vorstellungen der Alten leben zwar noch weiter, sind aber nicht mehr sakrosankt. Der Mensch dieser Zeit hat sich aus seinen mittelalterlichen Bindungen noch nicht gelöst, ist aber bereits bereit, sie in Frage zu stellen, neue Erkenntnisse zu sammeln …«.

Die Übereinstimmung des Erdapfels mit der Toscanelli-Karte erstreckt sich bis auf den Maßstab, die zu weite östliche Ausdehnung Asiens, das viel zu kleine Meer. Man hat deshalb angenommen, die beiden Männer hätten zusammengearbeitet, ja seien Freunde gewesen. Wenn nicht befreundet, so darf man doch getrost annehmen, dass sie sich in Lissabon irgendwann einmal begegnet sind; zwei Männer, die die gleichen Gedanken hegten, im selben Kreis von Seeleuten, Kosmografen, Nautikern verkehrten, die beide von neuen Ufern träumten.

II Spanien, Gottes eigenes Land

Zuflucht im Kloster

»Der Bettler, der an der Pforte des Franziskanerklosters La Rábida, einen Knaben an der Hand, erschöpft um Brot und Wasser fleht, sieht sich am Ende seiner Hoffnungen. Er ist kein junger Mann mehr, Ende der vierzig vermutlich, seine Haare sind grau, seine Züge gefurcht; er hat so viel Erniedrigung und Bitternis kennen gelernt, so viel vergebliche Arbeit getan, so viel Seelenglut verschwendet, so viel Hoffnung und Abweisung erfahren, dass es ihn genug dünkt, um sich hinzulegen und zu sterben.

Man fragt ihn, wer er sei. Er antwortet: ›Ich nenne mich Cristóbal Colón, bin ein Seefahrer aus Genua und muss betteln, weil die Könige die Reiche, die ich ihnen anbiete, nicht annehmen wollen.‹«

Eine poesievolle Schilderung, die von den Historienmalern des 19. Jahrhunderts auch im Bild verewigt wurde. Richtig daran ist nur, dass Vater und Sohn Columbus 1486 das unweit des andalusischen Städtchens Huelva liegende Kloster aufgesucht haben. Wir wissen, dass unter besagten »Königen« João II. zu verstehen ist. Was wir bis heute nicht wissen: warum der Genuese Lissabon in Richtung Spanien verlassen hat, und warum so heimlich und so hastig, als seien die Häscher hinter ihm her.

Die Gründe für seine Flucht – und es war eine Flucht – kennen wir nicht. Wir können nur Vermutungen anstellen, die mit den Worten beginnen: es wäre möglich, dass er flüchtete …

… weil er geheime, seinen Plänen dienliche Dokumente aus dem königlichen Archiv gestohlen hatte (das Original der Toscanelli-Karte zum Beispiel);

... weil die Familie seiner Frau, derer zu Moniz, einer gegen den König frondierenden Adelsclique angehörte;

... weil seine Schulden größer waren als die Aussicht, sie jemals bezahlen zu können;

... weil er fürchtete, König João könne ihm seine *Idee* stehlen.

Für welche Version man sich auch entscheidet, gewiss ist, dass es für Columbus einen schwerwiegenden Grund gegeben haben muss, die Wahlheimat Portugal so plötzlich zu verlassen. Das geht aus einem Brief hervor, den ihm João II. Jahre später nach Spanien schrieb, in der schrecklichen Ungewissheit, ob er mit seinem Nein nicht vielleicht doch einen Fehler gemacht hatte.

»Wir wünschen, dass ihr hierher kommt, damit euer Fleiß und eure Begabung Uns nützlich seien«, heißt es in dem Schreiben. »Da ihr aufgrund einiger Angelegenheiten, in die ihr verwickelt seid, von Unseren Richtern vielleicht Gefahr zu erwarten habt, so sichern Wir euch durch vorstehenden Brief für Ankunft, Aufenthalt und Rückkehr zu, dass ihr weder verhaftet noch zurückgehalten, angeklagt, vorgeladen noch ausgefragt werden sollt, gleichviel, ob die Ursache ziviler oder krimineller Art. Und erteilen Wir allen Gerichtspersonen Befehl, dass sie sich hiernach zu richten haben.«

Dass Columbus sich ausgerechnet nach Huelva gewandt hat, mag verwundern, ließe sich doch kaum ein größerer Gegensatz denken zwischen dem in trostloser Marschlandschaft liegenden Städtchen und der weltoffenen Großstadt Lissabon. Doch hatte er gute Gründe, dorthin zu gehen. Seit einem Jahr war er nun Witwer. Donna Felipa war plötzlich verstorben. Über ihren Tod ist nichts bekannt, wie überhaupt ihr Leben, wie betont, im Dunkel liegt. Sie gehört zu den Frauen, die einem Mann auf seinem Weg zum Ruhm irgendwann einmal nützlich sind, um dann in Vergessenheit zu versinken.

In Huelva wohnte eine verheiratete Schwester der Verstorbenen. Columbus hoffte, den fünfjährigen Diego bei ihr unterbringen zu können. Er liebte seinen Sohn, jedoch wichtiger als die väterliche Liebe waren ihm seine Pläne. Ihre Verwirklichung voranzutreiben, neue Freunde zu finden, Gönner, Förderer, dabei musste ihm Diego hinderlich sein. Die Schwägerin, Señora Iseu Correa, mit Kindern selbst reichlich gesegnet, wird ihm eine Absage gegeben haben, vielleicht auch den Rat, es bei den Franziskanern zu versuchen, die ein Knabeninternat unterhielten. Der Zufall, oder wer etwas höher greifen will, das Schicksal, wollte es, dass in La Rábida zwei Klosterbrüder lebten, in denen er Brüder im Geiste traf.

Fray Antonio de Marchena war ein Kosmograf und angesehener Sternenseher, wie man damals die Astrologen nannte, und zeigte sich fasziniert von des Columbus' Plänen. Dem Prior, Fray Juan Pérez, schienen sie eher ziemlich überspannt, stärker jedoch als seine Skepsis war die für einen Diener des Herrn atemberaubende Vorstellung, dass man jene unentdeckten Länder, wenn es sie wirklich gab, wie der sonderbare Schwärmer behauptete, für das Christentum gewinnen könnte. Und für seine Königin, deren Beichtvater er einst gewesen war.

Das Monasterio La Rábida ist in den vergangenen Jahrhunderten umgebaut worden, erneuert, restauriert, doch nicht wenige Bauteile sind noch genauso wie zu Columbus' Zeiten. Wer sich heute, von Huelva kommend, an das Ostufer des Rio Tinto übersetzen lässt, steht bald vor dem weiß getünchten Bau mit den Schmuckziegeln, den farbigen Steinen, dem original erhaltenen Portal. Sich mit der Zeitmaschine in das ausgehende 15. Jahrhundert zurückzuversetzen, die beiden Patres und Columbus bei ihren Gesprächen, Konferenzen, Lektüren zu belauschen, fällt hier nicht schwer. Ein Maler unterstützt uns dabei mit seinen an die Wände von Sakristei und Vorraum geworfenen Fresken. Auf dem Vorplatz erinnern zwei Büsten an Pérez und Marchena, die dem Fremden mit so viel Eifer halfen.

Als Erstes entwarfen sie ein Empfehlungsschreiben an einen spanischen Granden, von dem die Rede ging, dass er so reich sei wie König Krösus und die benötigte kleine Flotte von drei Schiffen direkt aus seinem Gürtel finanzieren könne. Wenn er wolle. Seine Herrlichkeit Don Enrique de Guzmán, Herzog von Medina Sidonia, der sein Geld nicht zuletzt durch den Handelsverkehr mit den Küsten Genuas verdient hatte, *wollte*. Doch dann riefen ihn Staatsgeschäfte zum Hof, und die Verhandlungen konnten nicht wieder aufgenommen werden. So sagte man.

Es gab einen weiteren Reichen, der gern noch reicher geworden wäre: Don Luis de la Cerda, fünfter Graf und erster Herzog von Medinaceli. Der verfügte sogar über einen eigenen Seestützpunkt in *Santa María*, einem Hafen unweit von Cádiz. Die Patres rieten ihrem Schützling, seine Pläne diesmal dem Herzog persönlich vorzulegen. Das tat er, und er muss es mit großer Überzeugungskraft getan haben. Denn Luis schien die Sache des Fremden beinahe zu seiner eigenen zu machen; er versprach ihm drei, vier Karavellen auf Kiel zu legen, die Besatzung zusammenzustellen, die Ausrüstung zu besorgen. Indessen möge er sein Gast sein, wobei es an Kleidung, Nahrung, Behausung und Geld nicht mangeln werde.

Das Versprechen der Gastfreundschaft hielt er einigermaßen ein, die anderen Versprechen konnte er nicht halten. Aus demselben Grund, der auch Don Enrique hatte kapitulieren lassen »... und als ich sah, wie wichtig eine solche Unternehmung und wie die Entscheidung darüber nur unserer Herrin anheim gestellt werden könne, da schrieb ich Ihrer Hoheit darüber einen Bericht, und die Königin beschied mir, jenen Mann zu ihr zu schicken. Und ich schickte ihn zu ihr ...«, so heißt es in einem Brief des Herzogs von Medinaceli.

Mitte Januar 1486 bat Columbus die Franziskaner um ihren Segen und ermahnte seinen Sohn Diego, im Internat des Klosters ein fleißiger Schüler zu sein. Die Zeit werde kommen, so tröstete er ihn, da er ihn wieder zu sich nehmen würde. Die frommen Brüder konnten nicht ahnen, dass der künftige Vizekönig Indiens ihrer Obhut anvertraut worden war. Bevor er seinen Weg in Richtung Sevilla einschlug, ritt er noch einmal nach Palos hinunter, der kleinen weißen Stadt an der Mündung des Rio Tinto, von wo aus die Schiffe ins Mittelmeer und in den Atlantik hinausfuhren. An den Kais hatte er, wie gewohnt, viele Stunden verbracht und unter den Seefahrern manchen Freund gefunden. Sechs Jahre später wird er wieder hier sein. Als Kommandant einer aus drei Karavellen bestehenden Flotte ...

Mit den Empfehlungsbriefen der Patres Pérez und Marchena in der Satteltasche ritt er von Sevilla im strömenden Regen die Ufer des Guadalquivir entlang nach Córdoba. Im dortigen Alcázar pflegte der Hof seine Residenz aufzuschlagen. In Córdoba hoffte Columbus, jener Frau vorgestellt zu werden, die so gefürchtet war, dass zwei der reichsten Herzöge des Landes es für besser gehalten hatten, die Verbindung zu ihm abzubrechen, weil sie das ihr zustehende Privileg großer Unternehmungen zur See nicht verletzen wollten. Und das war Isabella von Kastilien.

Ferdinand und Isabella

Die alte Hauptstadt der Kalifen gefiel Columbus auf den ersten Blick, eine Stadt, die ihren orientalischen Zauber bis heute bewahrt hat: mit ihren blühenden Gärten, schattigen Patios, engwinkeligen Gassen, verschwiegenen Plätzen, dem malerischen Viertel der Juden und der Mezquita-Moschee, einem Wunderwerk arabischer Baukunst, in der jetzt die Christen zu ihrem Gott beteten, nachdem sie jahrhundertelang der Verehrung Allahs gedient hatte. Die Zierde der Welt, wie Córdoba unter arabischer Herrschaft genannt wurde, hatte nach der

Wiedereroberung durch die Spanier bereits einiges an Glanz eingebüßt. Die Stadt diente jetzt als eine Art militärischer Karawanserei, von der aus man den Sturm auf die letzten Bastionen des maurischen Spaniens vorbereitete.

An solchen Orten, wo Truppen ausgerüstet werden mit Waffen, Kleidung, Lebensmitteln, wo ein Hof residiert, findet sich die Internationale der Händler und Kaufleute rasch ein. Columbus traf unter den italienischen Landsleuten auch Genuesen, mit denen er sein Lieblingsthema diskutieren konnte: die Seefahrt zu fernen Ländern. Seeleute, Kosmografen, Ärzte, gebildete Laien pflegten sich hier in den Apotheken, beliebten Treffpunkten, zusammenzufinden, um über Gott und die Welt zu reden. Eines Tages nahm ihn ein junger Mann namens Diego de Harana mit nach Hause, stellte ihn seiner Frau vor – und seiner Kusine, der jungen Beatriz, die die Haranas aufgenommen hatten, nachdem sie Waise geworden war.

Beatriz wurde seine Geliebte, die Mutter seines Sohnes Fernando, seine Frau aber wurde sie nicht. Nach seinem Glauben, und er war streng religiös, lebte er mit ihr in Sünde. Grund genug für sittenstrenge Biografen, ihn eine »heimliche Ehe« geschlossen haben zu lassen. Sinnlose Liebesmüh. Es gab nämlich, und das besonders unter den höheren Kirchenherrn, zu viele, die in dieser Beziehung sündig lebten. Beatriz zu heiraten wäre einem Mann wie Columbus nicht in den Sinn gekommen. Sie war, im Gegensatz zu Donna Felipa, weder wohlhabend noch von Stand, nicht hoffähig jedenfalls, und deshalb ungeeignet, ihn auf seinem Weg zum Ruhm auch nur einen Schritt voranzubringen. Das klingt nach Egoismus, und dass es das war, wusste er wohl. In seinem 1502 verfassten Testament vermachte er Beatriz eine stattliche Summe, »damit sie sorglos und respektabel zu leben vermöchte, denn ihr bin ich in hohem Maße verpflichtet, und ich handele so, um mein Gewissen von einer Last zu befreien, die mich seit jenen Tagen niederdrückte«.

Vielleicht war es auch eine Folge seines schlechten Gewissens, wie er an der Familie seiner Geliebten handelte: Beatrizens Bruder Pedro kommandierte eine Karavelle auf der dritten Reise; Vetter Diego fungierte als Profos auf der ersten; ein weiterer Verwandter arbeitete als Wundarzt auf der *Santa María*.

In Córdoba nahm der lange, mühselige Marsch durch die Instanzen seinen Anfang. Er führte durch die Vorzimmer der Kleinen in die der Größeren, von den Mächtigen zu den Mächtigsten. Audienzen wurden zu Bittgängen, Konferenzen zu Beschwörungen. »Es war ein schrecklicher, fortwährender, schmerzensreicher und endloser Kampf«, schreibt Bartolomé de Las Casas. »Wäre er mit scharfer Klinge geführt worden, er hätte nicht so unerbittlich und grausam sein können wie jenes unablässige Ringen mit den vielen Menschen, die er überzeugen sollte, ohne dass sie ihn verstanden, die sich aber anmaßten, alles besser zu wissen; ein stiller Kampf mit den zahlreichen Gegnern, denen er geduldig antworten musste, ohne dass sie begriffen, wer er war, und die ihm ohne Achtung und mit beleidigender Rede begegneten, sodass er in der Seele betrübt war.«

Nach den acht Jahren vergeblichen Hoffens und Harrens in Portugal sollten weitere sechs Jahre in Spanien folgen. Zu den Gaben, die für ein Genie eigentümlich sind, der Schöpfungskraft, der Intelligenz, dem Fleiß, gehört, und das wird oft vergessen, immer die Beharrlichkeit. Columbus besaß diese Gabe. Er war zäh, geduldig und beharrlich.

Ende April kehrte die Königin zusammen mit ihrem Gemahl, König Ferdinand von Aragonien, endlich nach Córdoba zurück. Sie zog ein über die noch von den Römern erbaute Puente Romano, deren sechzehn granitene Bögen sich kühn über den Fluss schwingen. Der prunkvolle, wehrhafte Zug mit den nach Tausenden zählenden Rittern demonstrierte das, was Spanien ausmachte: Stolz, Elitegefühl, Würde. Alfons der

Weise, König und Dichter zugleich, hat das, ohne jede falsche Bescheidenheit, ausgedrückt, wenn er sang und sagte: »Jedes Land dieser Erde hat der Herrgott mit Vorzügen beschenkt. Doch von allen, die er auf diese Weise ehrte, stand Spanien an der Spitze. Nirgendwo ist das Korn so golden, der Wein so süß, das Wild so zahlreich, die Stiere so kraftvoll und der Boden so gesegnet mit Schätzen aller Art. Seine Bewohner machte er edel, mutig und tapfer im Streit, fleißig in der Arbeit, ritterlich im Umgang. Niemand in der Welt kommt ihnen an Tugenden gleich. O Spanien, kein Mund und keine Sprache vermöchten es, deine Schönheit zu preisen.«

Siebzehn Jahre zuvor hatten Ferdinand von Aragonien und Isabella von Kastilien geheiratet; eine Hochzeitsfeier, zu der sie sich das Geld hatten borgen müssen, so arm waren sie. Die Hochzeit auf Pump sollte sich bald als ein weltpolitisches Ereignis erweisen. Sie führte zur Vereinigung der beiden Reiche, Kastilien und Aragonien, und damit zur Begründung des spanischen Nationalstaats, der Europa das Fürchten lehren sollte.

Die beiden so unterschiedlichen Herrscher hatten mit eiserner Hand Ordnung geschaffen: den Übermut des Adels gebändigt; die Straßen sicher, die Gesetze wirksam, das Geld wertvoll gemacht. Selbst die hohe Geistlichkeit wurde unter den *Reyes Católicos*, wie sie später genannt wurden, den Katholischen Königen, in ihren Rechten beschnitten und in ihrem Lebenswandel reformiert.

Kurze Zeit nach ihrer Ankunft wurde Columbus bereits zur Audienz in den Alcázar befohlen. Es hatte sich anscheinend gelohnt, den Kardinal von Spanien, Don Pedro Gonzáles de Mendoza, zum Fürsprecher gewonnen zu haben in der Zeit des Antichambrierens. Der Verwalter der Krongüter, Alonso de Quintanilla, ließ ihn neu einkleiden, damit er einigermaßen hoffähig war. Die Königin, vor der er sich nun tief verbeugte, wird von zeitgenössischen Höflingen als eine blendend schöne Frau geschildert.

Zieht man von dieser Schilderung den üblichen Prozentsatz serviler Schmeicheleien ab, so darf man annehmen, dass sie eine ansehnliche Frau war: mittelgroß, die Gesichtszüge ebenmäßig, die Augen blau, blonde, ins Kastanienbraune gehende Haare; in ihrem Wesen von einer natürlichen Noblesse, sanft und energisch zugleich, begabt mit moralischem Mut und einem hellen, wachen Verstand, der den Männern ihrer Umgebung nicht angenehm war. Ihre hervorstechende Tugend war ihre Frömmigkeit, nach deren Maßstab sie lebte: mildtätig, barmherzig, sittenstreng; sie blieb einem Mann treu, der ständige Affären mit Frauen hatte und vier »Bastarde«, wie man die unehelichen Kinder nannte, in die Welt setzte. Isabellas Religiosität ließ sie intolerant, hart und grausam werden, wenn sie auf Andersgläubige traf und auf jene, die man der Ketzerei verdächtigte.

Die erste Begegnung der Königin von Kastilien mit Christoph Columbus wird unter dem Begriff »welthistorisch« registriert. Angesichts dieses Anspruchs wirkt der einzige überlieferte Bericht in seiner lakonischen Kürze ernüchternd.

»Er kam zu den beiden Königen«, notierte Andrés Bernáldez in seiner Geschichte der Katholischen Könige, »und erzählte ihnen, was er sich ausgedacht hatte. Sie schenkten ihm aber nicht viel Glauben. Er sprach weiter und beteuerte, dass alles stimme, was er vorgetragen, und er zeigte ihnen auch eine Weltkarte. Schließlich hatte er in ihnen den Wunsch erweckt, mehr von diesen Ländern zu erfahren.«

Für manchen seiner Biografen war es ein unerträglicher Gedanke, nicht mehr über dieses Rendezvous eines Helden mit einer Heiligen zu wissen. Sie gaben ihrer Fantasie die Zügel frei, ließen das Gespräch im maurischen Saal bis spät in die Nacht dauern, während die linden Maiendüfte aus den Gärten bis zu den massiven Mauern des Alcázar empordrangen. Die beiden spürten Sympathie, Zuneigung, wenn nicht sogar mehr, und Columbus erklärte zu vorgerückter Stunde, dass man mit dem Gold, das er finden würde, das Heilige Land zurückerobern werde. Eine Vorstellung, die das Herz der Königin erschauern ließ.

Halten wir uns an die Tatsachen, so ist festzustellen, dass die Situation für die Pläne des Columbus höchst ungünstig war. Granada sollte erstürmt werden, der einzige den Ungläubigen noch verbliebene Stützpunkt auf dem geheiligten Boden Spaniens. Mit dieser Tat würde die Wiedereroberung der Iberischen Halbinsel, Reconquista genannt, vollendet und ewiger Ruhm gesichert sein.

Das Herrscherpaar hatte deshalb kein rechtes Ohr für die Erzählungen des aus Portugal gekommenen Italieners. Sie muteten fantastisch an, Geld sollte ihre Realisierung auch noch kosten, viel Geld. Das Geld aber, das man besaß (oder sich ständig borgen musste), wurde für die Vorbereitungen eben jener Erstürmung ausgegeben.

Vier Dinge erhalten die Welt

Und dennoch schien der Mann namens Columbus oder Colón die Königin auf irgendeine Weise beeindruckt zu haben. Die feine Menschenkennerin spürte, dass hier nicht nur ein Fantast sprach. »Unser Herrgott hatte dem Columbus eine besondere Gabe verliehen, die die anderen veranlasste, ihn wohlwollend zu betrachten«, bescheinigte ihm Las Casas nicht von ungefähr. War es der berühmte Funke, der sich zwischen zwei gleichgerichteten Menschen zu entzünden pflegt? Oder war es nur die geheime Furcht, in dem Fremden das zu verkennen, was er vielleicht war, ein Bote des Schicksals? Jedenfalls schien es gut, hier einige Vorschüsse zu zahlen, womit eine Art Vorkaufsrecht gesichert wäre.

Seine Pläne aber, von denen sie sich nicht anmaßte, etwas zu verstehen, sollte eine Kommission gelehrter Männer *sine ira et studio* überprüfen. Eine Entscheidung, die der viel skeptischere, Columbus auch später nicht sonderlich wohlgesinnte König Ferdinand letztlich herbeigeführt hatte. Das Herrscherpaar begab sich daraufhin wieder auf Reisen, alles daransetzend, die Mauren zum letzten Kampf zu zwingen.

Im Jahre 711 waren sie herübergekommen von Nordafrika. Bewaffnet mit Pfeil und Bogen, das Krummschwert um den Nacken gehängt, trieben sie auf ihren schnellen kleinen Pferden die Westgoten zu Paaren, stürzten in der Schlacht von Jerez de la Frontera das Reich der Christen und hatten innerhalb von nur zwei Jahrzehnten fast die ganze Pyrenäenhalbinsel besetzt. Waren es anfangs Araber, so überwogen bald die Berber aus dem Gebiet des Atlas, wo die Römer einst ihre Provinz *Mauretania* besaßen. Die Mauren ließen den Unterworfenen ihr Eigentum, ihre Sprache und ihre Religion. Den Christen wurden lediglich höhere Steuern auferlegt. Die Juden konnten nach langer Unterdrückung aufatmen. Leibeigene, die zum Islam übertraten, fanden sich als freie Menschen wieder.

Sie lehrten die Bauern Spaniens, wie man die Äcker mittels Schöpfrädern fruchtbar macht, und die Handwerker, wie man Silber schmiedet, Brokat webt und Leder verarbeitet. Ihre Provinz al-Andalus, das heutige Andalusien, verwandelten sie in einen blühenden Garten. Sie bauten Städte, in denen es sich im Winter wie im Sommer angenehm leben ließ. Sie förderten die Künste und die Wissenschaften und meißelten an die Portale ihrer Bildungsstätten die Worte: »Vier Dinge erhalten die Welt: das Wissen der Weisen, die Gerechtigkeit der Großen, die Gebete der Guten und die Tapferkeit der Mutigen.« Ihre Mathematiker, Astronomen, Mediziner hatten Weltruf und bereicherten das Abendland mit ihrem Wissen. Überdies bewahrten sie uns das kulturelle Erbe der Antike; von Aristoteles zum Beispiel wüssten wir ohne sie kaum etwas.

Es gelang den Mauren aber nicht, sich mit den altspanischen Einwohnern zu verschmelzen und ein Staatswesen mit feststehenden gesetzlichen Ordnungen zu begründen. Ewige Thronstreitigkeiten, der Ungehorsam der jeweiligen Statthalter gegenüber dem Kalifen, die Niederschlagung von Aufständen schwächten ihr Reich auf Jahrzehnte hinaus.

Schwächen, die die Christen immer wieder ermutigten, ihr großes Abenteuer zu wagen, die *reconquista,* die Wiedereroberung der spanischen Heimat. Sie dauerte fast acht Jahrhunderte, womit sie zum längsten Krieg der Weltgeschichte wurde. Aus dem im Nordwesten der Iberischen Halbinsel gelegenen Asturien, wo sich die geflüchteten Westgoten mit den Einheimischen verbündet hatten, wurden verheerende Streifzüge gegen die Araber unternommen. Aus den Streifzügen entwickelten sich strategisch geplante Kriege. Als der Papst die Reconquista den Kreuzzügen ins Heilige Land gleichstellte, womit den Kriegern durch den Sündenablass der Himmel offen stand, strömten Ritter aus ganz Europa herbei.

Glänzende Siege wechselten mit verlustreichen Niederlagen, kriegerische Epochen mit langen Jahrzehnten friedlichen Nebeneinanderlebens von Muslims und Christen. Doch die Idee der *reconquista* erlosch nie. Durch die Kämpfe mit den Mauren, die nach Meinung der Christen ungläubig waren oder zumindest an den falschen Gott glaubten, an Allah, bildete sich ein christlicher Lehnsadel, der durch ritterliche Tapferkeit den Ruhm, den Besitz und das Seelenheil zu erlangen strebte. Unter dem Banner ihrer Schutzheiligen – St. Georg, St. Michael und vor allem St. Jakob – drangen die Ritter immer weiter vor.

Toledo fiel, Córdoba wurde zurückerobert, Valencia, schließlich Sevilla und Cádiz. Nur auf den Türmen Granadas wehten noch immer die Fahnen mit dem Halbmond. An ihre Stelle die Königsstandarten Kastiliens und Aragons zu setzen erwies sich als schwieriger denn gedacht. Das Herrscherpaar zog ruhelos im Lande umher, um neue Truppen aufzustellen, den alten Mut zu machen, den hohen Adel um Spenden zu bitten, den niederen bei seiner Ehre zu packen, bewährte Ritter Christi auszuzeichnen, anderen ihre Gunst zu entziehen.

Columbus sah sich gezwungen, mit ihnen zu ziehen, weil die Herren der Kommission sich meist im Dunstkreis des Hofes aufhielten, und ihnen musste er immer wieder Rede und Antwort stehen. Zu ihrem Leiter war Pater Fernando de Talavera, Prior des Pradoklosters, ernannt worden. Eine unglückselige Entscheidung, denn die beiden Männer passten zueinander wie das Feuer zum Wasser, oder, wie ein Biograf es ausdrückt, »im Kompass des menschlichen Seelenlebens wies die Magnetnadel Talaveras genau in die entgegengesetzte Richtung«.

Kein Wunder deshalb, wenn der Prior vier Jahre brauchte für die ihm gestellte Aufgabe, den Colón zu befragen, mit den Mitgliedern des Ausschusses zu diskutieren, sich eine Meinung zu bilden über den Wert des Plans. In Salamanca war es zu Weihnachten 1486, als Columbus vor dem Talavera-Ausschuss, so hieß er von nun an, zu einer ausführlicheren Befragung erscheinen musste.

Die Stadt beherbergte eine der berühmtesten Universitäten Europas, in einem Atemzug zu nennen mit Paris, Bologna und Oxford. Die Männer, die hier lehrten, gehörten zu den Leuchten der Wissenschaft. Die Mediziner durften menschliche Leichen sezieren, was andernorts als ein streng zu ahndendes Delikt angesehen wurde. Selbstverständlich wusste man hier von der Gestalt der Erde als einer Kugel. Salamanca also war kein Hort mönchischer Finsternis. Eine gelehrte Junta, ausschließlich mit Ignoranten besetzt, wäre in dieser Universitätsstadt schlecht denkbar gewesen. Sie setzte sich zusammen aus durchaus sachverständigen Wissenschaftlern, darunter Astronomen, Mathematikern, Kosmografen – und einigen Theologen; die allerdings ersetzten Sachverstand durch Religion. Letzteren ist es zuzuschreiben, wenn der Nachwelt das Bild einer bigotten, blindgläubigen Gelehrtenclique im Kampf mit einem um die Zukunft wissenden Genie überliefert wurde. Washington Irving, amerikanischer Schriftsteller und Diplomat in Madrid, hat mit seiner 1828 erschienenen *Geschichte des Lebens und der Reisen des Christoph Columbus* überwiegend jene Ewiggestrigen zu Wort kommen lassen und damit die Columbuslegende um ein Detail vermehrt.

KANN DENN EIN SCHIFF BERGAUF FAHREN?

In Wirklichkeit war da ein unbekannter Seemann, dürftig gekleidet, vermögenslos, ohne akademischen Grad, von obskurer Herkunft, *extranjero* – Ausländer – noch dazu, jedenfalls Nichtspanier, der nun vor ein erlauchtes Konsortium tritt, das sich nur deshalb versammelt hat, weil Ihre Majestäten, die der Mann offenbar zu täuschen gewusst, es so gewollt hatten. Die meisten der Herren sind, wer wollte es ihnen verdenken, erst einmal dagegen. Einige von ihnen halten den Mann für einen Träumer, andere für einen Glücksritter, wieder andere für einen Volksverführer, wenn nicht gar für einen Ketzer, dessen Irrtümer und Verfehlungen bald gerichtsnotorisch sein würden.

Wie er seine Sache vertrat, der hochgewachsene Fremde mit dem inzwischen eisgrauen Haar und den blauen Augen, den leidenschaftlichen Gesten und der beschwörenden Stimme, machte anfangs Eindruck auf die Herren. Dieser Mensch schien in der Tat fest davon überzeugt zu sein, dass man den Osten über den Westen zu erreichen vermöge und dort unbekannte Gestade, die reich an Schätzen und besiedelt von Millionen von Menschen seien, finden würde. Er entrollte sogar eine Karte, auf der der Ozean zwischen Spanien und jenen fernen Inseln von so geringer Breite erschien, dass er in wenigen Wochen durch ein gutes Schiff zu bezwingen wäre.

Das aber war der Punkt, der auch die Gutwilligen nachdenklich machte. Das könne unmöglich wahr sein, hielten sie ihm entgegen, hier gäbe es doch einigermaßen zuverlässige Berechnungen über die wirkliche Ausdehnung dieses Meeres. Einmal misstrauisch geworden, gewannen nun die potenziellen Feinde die Oberhand und begannen, ihn in die Enge zu treiben mit den ihnen vertrauten Mitteln der Disputation: des Beweises, des Gegenbeweises, der These und der Antithese.

Woher nimmt er seine Vermessenheit zu glauben, dass ihm eine solch große Entdeckung vorbehalten sei, wo doch die weisesten Philosophen sich mit der Gestalt der Erde beschäftigt und die kühnsten Seefahrer jahrtausendelang die Meere befahren, beide vertrauenswürdige Zeugnisse bringend, dass es eben nichts mehr zu entdecken gab?

Wenn er behauptet, dass auf der anderen Seite der Erdkugel bewohnte Länder existierten, dann hieße das, so die Theologen, die dort lebenden Menschen stammten *nicht* von Adam ab, denn wie sollten seine Abkömmlinge über das unendliche Weltmeer dorthin gekommen sein? Beim heiligen Augustinus, so etwas hieße, der Bibel nicht mehr zu glauben, worin geschrieben steht, dass alle Menschen von einem Elternpaar abstammten!

Neben Augustinus wurde Firmianus Lactantius, ein lateinischer Kirchenschriftsteller aus dem 3./4. Jahrhundert, zum Kronzeugen dafür herangezogen, dass es schwerlich eine südliche Halbkugel geben könne. »Ist wohl irgendjemand so verrückt, an Antipoden zu glauben, an Menschen, die mit den Füßen gegen die unseren stehen, die mit herunterhängenden Köpfen gehen? In einer Gegend, wo alle Dinge unterst zu oberst stehen, wo die Bäume mit ihren Zweigen abwärts wachsen und wo es in die Höhe regnet, hagelt und schneit?«

Selbst die Gelehrten, die eine Kugelgestalt der Erde für gegeben ansahen, und die waren in der Mehrzahl, fragten sich und fragten Columbus: »Ein Schiff, das so glücklich wäre, die äußersten Grenzen Indiens auf diesem Wege zu erreichen, wie wäre es imstande zurückzukehren? War es bei der Hinfahrt bergab gegangen, würde die Rückfahrt, der Kugelgestalt der Erde entsprechend, bergauf gehen. Kein Wind würde so viel Kraft haben, das Schiff den Berg hinauf zu treiben.«

War Columbus bei seinem Bewerbungsgespräch – nennen wir es einmal so – mit dem König von Portugal ruhig und überlegen gewesen, bei den Herren des Konsortiums geriet er mehr und mehr ins Hintertreffen. Auf dem Boden wissenschaftlicher Disputation fühlte er sich unsicher. Er verstand einfach nicht, was sie von ihm wollten. »Zu den wichtigsten wissenschaftlichen Argumenten musste er schweigen«, schreibt Las Casas. Ging es um Auslegung von Stellen aus der Bibel, um Zitate der Propheten, Apostel, Kirchenlehrer, antwortete er zwar, doch knapp und mit äußerster Zurückhaltung.

Er hatte gute Gründe dafür. Die heilige Inquisition hörte in Spanien überall mit. Ein Wort zu viel, ein Schritt zu weit, und ein anderes Konsortium würde ihn vor die Schranken fordern. In den Städten begannen die ersten Feuer zu brennen bei den Ketzerhinrichtungen, denen man den Namen *autodafé*, Glaubensakt, gegeben hatte.

Religion und Wissenschaft waren, wie überall in Europa, in Spanien noch eng verschwistert. Die Heilige Schrift konnte nicht irren, weil ihre Aussagen, auch was die Wissenschaften betraf, von absoluter Wahrhaftigkeit waren. Galilei hat das noch ein Jahrhundert später erfahren müssen, als ihm die Gegner als Beweis gegen seine Lehre von der Bewegung der Himmelskörper die Stelle aus dem Alten Testament anführten, wo Josua von Gott den Stillstand der Sonne erwirkte (also müsse sie sich vorher bewegt haben, und zwar um die Erde). Columbus verteidigte sich, bei aller Vorsicht, ähnlich wie Galilei, indem er sagte, dass die Schrift zwar nicht irren könne, ihre Ausdeuter dagegen durchaus. Im Übrigen hätten die Propheten bewusst so anschaulich formuliert, um der sinnlichen Anschauung des einfachen Menschen entgegenzukommen.

Zwei Kosmografen fragten, ob ihm bekannt sei, dass es unmöglich sei, die Äquinoktiallinie zu passieren, denn die Glut des Firmaments und die Hitze des Meeres würden jedes Schiff in Flammen aufgehen lassen. Hier nun war Columbus, im besten Sinne des Wortes, in seinem Fahrwasser: Er habe diese Grenze des Öfteren passiert, das Meer koche keineswegs, und der Himmel lasse trotz seiner Glut Menschen gedeihen, Tiere und Früchte aller Art. Wieder brachte er die Geschichten von dem seltsamen Strandgut, das von jenen fernen Inseln stammen müsse; von den Seefahrern, die an unbekannten Küsten gestrandet seien. Er zitierte aus *Imago mundi* des Pierre d'Ailly, brachte Toscanellis Erkenntnisse, schließlich zitierte auch er seine Propheten, deutete sie nicht weniger gewaltsam für seine Beweisführung.

Jesaja legte er wieder so aus, dass er selbst als ein Erleuchteter erschien. »Ich kam als ein Abgesandter der heiligen Dreifaltigkeit«, schrieb er später an König Ferdinand über diese Zeit, »um den heiligen Glauben zu verbreiten, denn klar genug spricht Gott von diesen Ländern durch den Mund des Propheten Jesaja, der da versichert, dass ihnen vom Ende der Erde aus sein heiliger Name verkündet werde.« Das »Ende der Erde, wo Lobgesänge ertönen« ist selbstverständlich Spanien. »Siehe, du wirst Heiden rufen, die du nicht kennst, und Heiden, die du nicht kennst, werden zu dir laufen«, das hat Jesaja auch verkündet. Und Esra, war Esra nicht eine von den Kirchenheiligen anerkannte Autorität; musste man ihm nicht Glauben schenken, wenn er sagt, dass nur ein Siebentel der Erdkugel von Wasser bedeckt sei?

Die Disputationen in den Räumen des Dominikanerklosters St. Esteban zu Salamanca zogen sich endlos hin, ohne dass es zu einer Entscheidung gekommen wäre. »Die Unwissenden, oder was noch schlimmer ist, die mit Vorurteilen Behafteten, blieben halsstarrig auf ihrem Widerspruch bestehen, mit aller unfreundlichen Hartnäckigkeit beschränkter Köpfe; die Billigeren und Einsichtsvolleren nahmen wenig Anteil an Diskussionen, die an sich ermüdend und ihren gewöhnlichen Beschäftigungen fremd waren; selbst diejenigen, welche den Plan mit Beifall anhörten, betrachteten ihn nur wie einen schönen Traum, der zwar voller Wahrscheinlichkeit und schöner Aussichten schien, aber niemals erfüllt werden könne.« (Irving)

Zu den wenigen, die den Plan mit Beifall anhörten, gehörte ausgerechnet ein Mann der Kirche, Diego Deza, Prior von St. Esteban und Professor an der Universität Salamanca. Ihm erging es wie der Königin. Er spürte, dass Cristóbal Colón kein Falschmünzer war und seine Pläne mehr als bloße Luftgespinste waren. Er tröstete ihn, machte ihm Mut und gab ihm seinen Segen. Segensreich blieb er auch die späteren Jahre für seinen Schützling. So ergebnislos der Aufenthalt in Salamanca gewesen sein mag, einen einflussreichen Freund fürs Leben gefunden zu haben war einigermaßen tröstlich.

Das Ende aller Hoffnung

Über die nächsten Jahre des Genuesen wüssten wir wenig, wenn es nicht um Geld gegangen wäre. Hier waren die Herrschenden stets von peinlicher Genauigkeit. Nicht umsonst geht es bei den ersten schriftlichen Zeugnissen der Menschheit um wirtschaftliche Vorgänge. Eine Ode mag verloren gehen, weil man sie nicht aufzeichnete, eine Zahlung wird immer gebucht werden. So erfahren wir aus den Rechnungsbüchern des Schatzmeisters von Kastilien, dass »Christóbal Colón, extranjero« am 5. Mai 1487 3000 Maravedi ausgezahlt bekam, am 3. Juli noch einmal den gleichen Betrag und am 27. August 4000, »zu dem Behufe, sich ins königliche Feldlager nach Málaga zu begeben«. Die zum maurischen Königreich Granada gehörende Stadt war eine Woche zuvor nach blutigen Kämpfen gefallen.

Mit den genannten Summen lässt sich wenig anfangen, wenn wir sie nicht in heutige Währung umzurechnen vermögen. Der Maravedi bestand aus Kupfer. 34 Maravedi machten einen Silberreal aus. Sein Silbergehalt entsprach 1871 einem Wert von 11 Cent, ein Maravedi betrug demnach 0,32 Cent. Veranschlagt man die Kaufkraft des damaligen deutschen Geldes auf das Siebenfache, wäre der Maravedi heute etwa 0,040 Euro wert. Unbeantwortet bleibt allerdings die Hauptfrage: Was konnte man sich für einen Maravedi kaufen?

Samuel Eliot Morison durchtrennt den gordischen Währungsknoten, indem er feststellt, dass 12 000 Maravedi der Heuer eines Vollmatrosen entsprächen. Was Columbus an Zahlungen bekam, sei nicht fürstlich gewesen, doch genug, um bei bescheidenen Ansprüchen Leib und Seele zusammenzuhalten. (Von Don Quijote wissen wir, dass er seinen braven Diener Sancho Pansa mit 870 Maravedi im Monat entlohnte.)

Zumindest mit der Seele aber haperte es. Das ewige Warten begann seine Widerstandskraft langsam zu zermürben. Eines Tages blieben auch die Anweisungen aus. Er musste seinen Lebensunterhalt wieder mit Kartenzeichnen und dem Verkauf von Büchern bestreiten. Da er dem Hof überallhin folgte, von Valladolid nach Medina del Campo, von Saragossa nach Murcia, von Córdoba nach Málaga, um allein durch seine Anwesenheit an seinen Plan zu erinnern, wurde er bald vielen Würdenträgern lästig. Sie gaben ihm keine Audienzen mehr, wiesen seine Eingaben zurück, ließen sich verleugnen. Das Volk auf den Straßen hielt ihn mal für einen Wanderprediger, mal für einen Wahrsager, ja, für einen Spion der Araber.

»Dieses Dasein bereitete ihm Qual, Angst und Verbitterung. Denn er sah, wie sein Leben nutzlos verstrich und die Tage zerrannen. Und war doch jede Stunde wertvoll von nun an, wollte er das erhabene Ziel erreichen. Mehr als alles aber grämte es ihn, dass man an seiner Person und seiner Lauterkeit zweifelte. Für einen großen Geist mag dies so schmählich sein wie ein ehrloser Tod.« (Las Casas.)

In der sich anbahnenden Verzweiflung trat jetzt Bartolomeo auf den Plan, der getreue jüngere Bruder, den wir in seinem Zeichenbüro in Lissabon zurückgelassen haben. Er war es, der König João II. einen Brief von Columbus übermittelte, des Inhalts, ob man sich nicht noch einmal zusammensetzen wolle. Als Antwort kam das bereits zitierte überaus wohlwollende Schreiben des Königs mit dem Angebot freien Geleits und dem Vorschlag, die seinerzeit abgebrochenen Verhandlungen zu beider Nutz und Frommen wiederaufzunehmen.

Ob Columbus einem Königswort, an dem es bekanntlich nichts zu deuteln gibt, getraut hat und der Einladung folgte, steht dahin. Die Reise wäre auf jeden Fall ergebnislos geblieben. Der Portugiese Bartolomeu Diaz hatte inzwischen das Kap der Guten Hoffnung umschifft und damit den Seeweg nach Indien gefunden: auf der Ostroute. Der Weg über die Westroute interessierte Jão nicht mehr so sehr.

Bruder Bartolomeo verließ nun in geheimer Mission Spanien und ging zu Schiff nach England, um dem Hof in London den Plan des Bruders zu unterbreiten. Doch was musste ein unbekannter Fremder unternehmen, um bei König Heinrich VII. eine Audienz zu bekommen? Empfehlungsschreiben wurden präsentiert, und der Rest hieß warten, warten in den Vorzimmern.

Der Tudorprinz hatte sich die Krone aufgesetzt, nachdem er Richard III., das brillanteste aller Scheusale auf Britanniens Thronen, in der Schlacht von Bosworth besiegt hatte – schlag nach bei Shakespeare! Heinrich schien erkannt zu haben, dass eine insulare Nation ihre Zukunft auf den Meeren suchen musste. So förderte er später den Genuesen Giovanni Caboto alias John Cabot bei seinen Fahrten zur Ostküste Nordamerikas. Er war also auf Bartolomeo zumindest neugierig. Heinrich lud ihn vor, ließ sich berichten und prüfte eine Karte, auf der geschrieben stand, dass der, »der etwas über die Küsten der fernen Länder zu wissen wünsche, aus dieser Karte erkennen möge, was Strabo, Ptolemäus, Plinius und Isidorus lehrten«. Das war nichts aufregend Neues, und die Toscanelli-Karte, die es gewesen wäre, zeigte der Besucher nicht, wohl aus Angst, dass man dem Bruder die *Idee* stehle.

Heinrich schien dennoch interessiert und begann, die Details für eine solche Reise zu klären. Die Herren seiner Umgebung jedoch »rieten dem König, die Vorschläge des Fremden abzulehnen, bezeichneten seine Worte für leeres Gerede und verspotteten ihn«, schrieb Gonzalo Fernández de Oviedo, neben Las Casas und Bemáldez der dritte zeitgenössische Chronist des Columbus, den es ernst zu nehmen gilt.

Bartolomeo verließ das ungastliche London und begab sich nach Paris an den Hof Karls VIII., eines Monarchen, dem im Buch der Geschichte Frankreichs keine Seite gebührt, so schwach und beschränkt war er. Von Seefahrt wollte er schon gar nichts wissen, wurde ihm doch bereits beim Anblick eines Schiffes übel. Die ältere Schwester dagegen, Regentin während seiner Minderjährigkeit, fand Gefallen an dem Genuesen und trat derart couragiert als seine Fürsprecherin auf, dass Bartolomeo dem Bruder schrieb, Paris sei zumindest eine Reise wert.

Ob der Brief Spanien je erreicht hat, ist nicht bekannt, Christoph Columbus jedenfalls wurde in Frankreich nicht gesehen. Er mag zu dieser Zeit wieder in Córdoba gewesen sein, bei Beatriz, der geliebten Frau und Mutter seines inzwischen zwei Jahre alt gewordenen Sohns Fernando, der später sein Leben beschreiben würde. Ihr Vermögen war inzwischen zur Neige gegangen. Auch der nun elfjährige Diego, Schüler noch im Kloster von La Rábida, konnte nicht allein von der Gnade der Franziskaner leben. Columbus geriet immer tiefer in Schulden.

In dieser Zeit der Hoffnungslosigkeit erschien eines Tages, um die Jahreswende von 1490 auf 1491 ein königlicher Bote mit einem versiegelten Brief. In Märchen und Sagen ändert sich mit dem Auftauchen eines Boten schlagartig die Situation des Adressaten, meist zum Guten. »Jeder Mensch von einigermaßen Bildung, auch wenn er kein Fachmann auf dem Gebiet der Geografie und Kosmografie«, las Columbus, nachdem er die Siegel erbrochen hatte, »wird erkennen, dass Eure Pläne verschwommen und die Durchführung nicht möglich ist. Der Würde der Hoheiten steht es nicht an, eine Unternehmung zu fördern, die auf schwachen Füßen ruhe; es sei denn, sie begäben sich in die Gefahr, an Ansehen Einbußen zu erleiden und an Geld Verluste.«

Das Urteil des Talavera-Ausschusses, gefällt nach vierjähriger Beratung, war ein vernichtendes Urteil. Es bedeutete das Ende allen Planens, Hoffens und Träumens. Ein Mann lag am Boden, geschlagen vom Unverstand, der Borniertheit und dem Hochmut. Er wusste, dass nicht alle Mitglieder des Ausschusses so dachten, wie der Beschluss es besagte. Nicht nur der Befragte hätte sich in Gefahr begeben, durch allzu fortschrittliche Ansichten der Inquisition aufzufallen, auch die Fragenden waren gefährdet.

»Ketzer, brenne, brenne!«

Über zehn Jahre war es her, dass die Katholischen Könige die Erneuerung der Inquisition beschlossen hatten. Überall im Land waren sie seitdem unterwegs, die Spürhunde des Herrn, um die Gewissen der Gläubigen zu erforschen, ob sie keiner Irrlehre anhingen, sondern dem einzig wahren, selig machenden Glauben des Christentums. In einer Stadt angekommen, riefen die Inquisitoren die Einwohner auf, alle jene anzuzeigen, die sie im Verdacht hatten, Ketzer zu sein. Den Denunzianten wurde zugesichert, dass kein Außenstehender ihre Namen erfahren und auch kein Eintrag in das Gerichtsprotokoll erfolgen werde. Sollte der von ihnen Denunzierte schuldig sein, stand ihnen ein Teil des beschlagnahmten Vermögens und ein Sündenablass zu.

Schuldig war der Angeklagte von vornherein. Denn ihm oblag es, seine Unschuld zu beweisen, und nicht dem Gericht, seine Schuld. Einen Beweis, den er nicht bringen konnte, kannte er doch weder die Anklageschrift noch die ihn belastenden Zeugen, noch durfte er einen Verteidiger bestellen. Aussagen, die ihn entlasteten, galten nicht. Früher oder später gestand er ohnehin, ein Ketzer zu sein, zerbrochen in seinem Widerstand durch die Kettenhaft in feuchten, stinkenden Kerkern oder durch die Folter.

Bisweilen genügte es schon, die Folterwerkzeuge vorzuführen und ihre Wirkung zu schildern: den Daumenstock, der beim Anziehen der Schrauben das Blut unter den Fingernägeln hervorspritzen ließ; die Spanischen Stiefel mit dem zackenbewehrten Rundholz zum Zersplittern der Schienbeine; die bleidurchflochtenen Peitschen; die glühenden Zangen zum Herausreißen der Zehennägel; die Flederwische zum Beträufeln der Wunden mit brennendem Schwefel; die Streckbank zum Ausrenken der Glieder. Der Folter widerstand kaum ein fühlender Mensch. Spätestens bei der zweiten oder gar dritten Anwendung unterschrieb er ein Geständnis. »Legt uns den Papst auf die Bank, und wir haben binnen kurzem einen neuen Ketzer«, brüstete sich der Vorsitzende eines Inquisitionsgerichts.

Anfangs achteten die Inquisitoren darauf, meist waren es Dominikaner oder Franziskaner, die ihnen auferlegten Vorschriften einzuhalten. Sie lehnten einen Todfeind als Denunzianten oder Belastungszeugen ab, zogen bei der Folterung einen Arzt hinzu, schlossen stillende Frauen, Schwangere und Herzleidende von der Folter aus, fällten nur einstimmige Urteile. Allmählich begannen sie, die ihnen anvertraute Macht über Arm und Reich, Hoch und Niedrig (nur das Herrscherpaar war vor ihnen sicher) zu missbrauchen. Unter dem Vorwand, das Christentum vor seinen Feinden zu retten, vernichteten sie politische Gegner, bereicherten sich und ihren Orden an den Gütern der Gemordeten, erpressten Gelder durch Drohungen, selbst die Toten waren nicht sicher vor ihnen. Wurde ein Verstorbener der Ketzerei überführt, grub man seine Gebeine aus, verbrannte sie, zerstörte sein Haus und enterbte die Erben zugunsten der Kirche oder der Krone.

Für die einzelnen Strafen gab es einen ganzen Katalog, beginnend mit der Auflage, beim Besuch der Messe das mit einem flammenden Kreuz bemalte Büßerhemd zu tragen; der Verpflichtung, dem Irrglauben öffentlich abzuschwören (was einer ewigen Brandmarkung gleichkam); der Verbannung aus der Stadt, ja aus Spanien; der Auspeitschung mit mindestens einhundert Hieben; der Verurteilung zu hohen Geldstrafen bis zur Konfiskation des gesamten Vermögens; der Verurteilung zu langer Kerkerhaft (doch pflegte Ferdinand die Delinquenten, des praktischen Nutzens wegen, lieber auf die Galeere zu schicken). Wer sich selbst der Ketzerei beschuldigte, durfte mit geringeren Strafen rechnen, vorausgesetzt, er war bereit, Mitbürger zu denunzieren.

Die schwerste Sühne für das Verbrechen der Ketzerei bildete der Tod auf dem Scheiterhaufen, in Spanien *autodafé* genannt, Glaubenshandlung. Ursprünglich bezeichnete das Wort Autodafé lediglich die Verkündigung des Urteils und die Übergabe des Delinquenten an die weltliche Obrigkeit mit der Empfehlung, dem Ketzer Milde zukommen zu lassen. Da Häresie, genauso wie Hochverrat und Majestätsbeleidigung, als todeswürdiges Verbrechen galt, entbehrte die Empfehlung der Inquisition nicht eines gewissen Zynismus.

Für die Vollstreckung wählte man in der Regel einen besonderen Tag. Festtage waren genauso beliebt wie die Tage, an denen man einen hohen Gast erwartete, eine Prinzessin vermählte, einen König krönte. Die mit rotem Samt ausgeschlagenen Tribünen waren den Ehrengästen vorbehalten sowie den Vertretern der Kirche und des Staates. Das Volk drängte sich auf dem Platz in solcher Zahl, dass es der Ankündigung nicht bedurft hätte, alle die kämen, täten damit eine gute Tat, und jeder, der Holz für den Scheiterhaufen herbeitrüge, bekäme einen Sündenablass. Es herrschte Volksfeststimmung. Der Lärm ebbte erst ab, wenn die Opfer in feierlicher Prozession dem Richtplatz nahten. Sie trugen das Büßerhemd und eine mit Teufelsfratzen bemalte papierene Mütze.

Verurteilte, die jetzt noch ihren Ketzereien abschworen, konnten zu lebenslanger Kerkerhaft begnadigt werden (eine Gnade, die ein über längere Zeit sich hinstreckendes Sterben bedeutete). Geständnisse in letzter Minute wurden damit honoriert, dass man dem Henker die Erlaubnis gab, erst zu erdrosseln, dann zu verbrennen. Die meisten Delinquenten waren jedoch zu keiner irgendwie gearteten Entscheidung mehr fähig: Haft, Folter, Verhöre hatten ihren Körper zerstört und ihren Geist verwirrt.

Der Scheiterhaufen bestand aus trockenem Holz, Reisigbündeln, Strohballen, die um einen eichenen Pfahl herum aufgeschichtet wurden. Schwefel und Pech sorgten dafür, dass der Haufen gut brannte und nicht zu früh erlosch. Wer Glück hatte, erstickte durch den Rauch. Trieb der Wind ihn hinweg, verbrannte das Opfer langsam, und seine Qual machte sich in entsetzlichen Schreien Luft. Nach dem Niederbrennen des Scheiterhaufens zerstießen Henkersknechte die Knochenreste und kippten die Asche in einen Fluss. Geistliche und weltliche Herren verließen den Schauplatz in der aufrichtigen Überzeugung, ein Gott wohlgefälliges Werk getan zu haben. Das Volk zerstreute sich ähnlich zufrieden, und viele dachten mit Schrecken: So werden wir einst in der Hölle brennen, wenn wir nicht ablassen zu sündigen.

Die Zahl der Opfer, die die spanische Inquisition gefordert hat, ist eine Dunkelziffer. Da keine Akten veröffentlicht wurden, ist man auf Schätzungen angewiesen. Hernando de Pulgar, Isabellas Sekretär, glaubte, dass bis zum Jahre 1492 etwa 2300 Menschen verbrannt wurden. J. A. Llorente, ein Generalsekretär der Inquisition, von Napoleon beauftragt, die Geschichte dieses Verbrechens an der Menschheit auf spanischem Boden zu schreiben, kam für etwa denselben Zeitraum auf weit über das Vierfache. Bis 1808 summiere sich diese Zahl auf fast 32 000 Tote. 288 000 seien zu lebenslanger Haft oder zur Galeere verurteilt worden.

Nun ist der Gewissensterror namens Inquisition keineswegs eine spanische Erfindung. Ein grausamer Fanatiker wie der Großinquisitor Torquemada hatte in Italien, Frankreich und Deutschland nicht minder grausame Vorgänger, die Worte aber, die der schweizerische Theologe Walter Nigg über die Inquisition schrieb, treffen auch, oder besonders, auf Spanien zu.

»In Anbetracht des ungeheuren Vergehens, das in der Ketzerverfolgung liegt, kann man ihr gegenüber nur jene unsagbare Traurigkeit empfinden, die einen beinah nie mehr fröhlich werden lässt. Die Christen müssten angesichts dessen auf die Knie sinken und mit den Klageliedern Jeremiae sagen: ›Lasst strömen die Tränen wie einen Bach.‹ Eine lebendige Reue müsste sie erfüllen, welche sie unablässig die große Sünde büßen lässt, die sie dadurch begangen haben. Bis zur Erde haben sich die Christen zu verneigen und in ihre Gebete stets all die Gemordeten und Mörder einzuschließen … Die Christenheit wird keinen Segen mehr erleben, bis sie endlich einmal aus tiefster Überzeugung die Sünden der Inquisition offen bekennt und jeglicher Gewalttat auf religiösem Gebiet ehrlich und vorbehaltlos abgeschworen hat.«

Zu einem solchen Sündenbekenntnis ist es in den Ländern Mitteleuropas erst sehr spät gekommen: Papst Johannes Paul II.

hat im März 2000 ein offizielles Schuldbekenntnis mit einer Bitte um Vergebung für die Irrtümer in der Geschichte der Kirche abgelegt. Bis zu diesem Zeitpunkt haben die Kirchen lediglich die Auswüchse kritisiert, zu denen diese Institution unter den verschiedensten politischen und soziologischen Einflüssen führte; und im Übrigen darauf hingewiesen, dass die Praxis der Ketzerverfolgung zwar zu den dunklen Kapiteln der Kirchengeschichte zähle und eine Warnung darstelle vor blindem Glaubenseifer, eine echte Beurteilung jedoch auf religionsphilosophischer Ebene erfolgen müsse.

Spanische Historiker gingen sogar so weit, die Inquisition in ihrem Land als segensreich darzustellen, dergestalt, dass sie dem Land die Religionskriege ersparte, die Mitteleuropa verheerten und Millionen Menschenleben forderten. Und: Wie gering erscheine die Zahl der Opfer, vergleiche man sie mit der Hexenjagd, die, besonders in Deutschland, ganze Landstriche entvölkerte. Und: Wie ist es zu erklären, dass die spanische Kultur just zu dem Zeitpunkt aufblühte, da die Inquisition ihre größte Macht erreicht hatte? Auch wurden in Spanien die umwälzenden Erkenntnisse eines Kopernikus, eines Galilei nicht unterdrückt. Selbst der Großinquisitor Torquemada, vor dessen Verfolgungen niemand sicher war, der die Königin wie eine Marionette behandelte, wird zum selbstlosen Weisen: Da er die Menschen davor bewahrte, von der Pestilenz der Ketzerei angesteckt zu werden, rettete er sie auch vor der ewigen Verdammnis.

Ließe sich über einige dieser Argumente vielleicht noch diskutieren, so zeigt sich der Pferdefuß der *spanischen* Inquisition sehr bald: Sie richtete sich vornehmlich gegen Juden, gegen jene Juden nämlich, die eigentlich gar keine mehr waren, weil sie sich zum Christentum bekehrt hatten. Die *conversos*, wie sie genannt wurden (auch das Wort *marranos* – Schweine – wurde für sie gebraucht), waren zur Bekehrung entweder gezwungen worden; oder hatten diesen Schritt aus Angst vor den immer wieder aufflammenden Pogromen getan; oder aus dem Kalkül heraus, dass ihnen als Christen Ämter und Berufe offen standen, die einem Juden verschlossen waren.

Den Conversos warf man vor, nur Scheinchristen zu sein: Sie gingen zwar regelmäßig zur Kirche, legten die Beichte ab, empfingen das Abendmahl – im Grunde ihres Herzens aber seien sie Juden geblieben. Der Vorwurf mag für viele von ihnen zutreffend gewesen sein, denn eine angestammte Religion kann man nicht ablegen wie einen alten Mantel. Sie hielten in der Tat insgeheim den Sabbat ein, aßen koscher und feierten die hebräischen Festtage. Zwangsgetaufte, die später aus Spanien auswanderten, nahmen in den Aufnahmeländern, wo sie keine Verfolgung zu befürchten hatten, sofort wieder ihren alten Glauben an.

Am häufigsten wurden deshalb die Conversos denunziert, Ketzerei zu betreiben. Auf der Folter gestanden sie dann nicht nur, die alten jüdischen Rituale zu befolgen, sondern Brunnen vergiftet, Hostien geschändet, Christenkinder gekreuzigt zu haben. Das Volk hatte ihnen derartige Gräueltaten schon immer nachgesagt. Insofern war die Inquisition bei der breiten Masse populär. Genauso populär wie die spätere Austreibung aller Juden, die keine Conversos geworden, sondern ihrer Religion treu geblieben waren.

So sollte das Jahr 1492 in mehrfacher Hinsicht von Bedeutung sein.

III Der Vertrag

Wieder bei den Franziskanern

Christóbal Colón ist mein Name,
von Genua komm' ich her,
gewandert bin ich, gewandert,
als wär' ich Ahasver;
Gewandert zu allen Fürsten,
es schüttelte jeder das Haupt.
Ich trag' eine Welt in Händen,
doch niemand hat mir geglaubt:
die untergehende Sonne
begrüßt eine neue Welt!
O trüg' ein Schiff mich hinüber,
o wären die Segel geschwellt!
Das Spanien jenseits des Meeres,
ich legt' es zu Füßen dir,
es ist keine Fata Morgana,
du Königin, glaube mir!

Dieses zu Herzen gehende Gedicht findet sich in einem Lesebuch der gebildeten Stände aus der zweiten Hälfte des 19. Jahrhunderts. Ein Zeichen der ungebrochenen Popularität des Columbusstoffes.

Aber in jenem Sommer des Jahres 1491 glaubten weder die Königin noch sonst jemand dem Genuesen – bis auf die beiden Patres Juan Pérez und Antonio de Marchena. Columbus hatte sich, arm am Beutel, krank am Herzen, in das Kloster La Rábida zurückgezogen, wo ihm die beiden Mönche – sechs Jahre war das nun schon her – einst Zuflucht geboten, seinen Sohn Diego aufgenommen und getreulich erzogen hatten.

Sie zögerten auch diesmal nicht, ihm Herberge zu bieten. Ihre Motive waren nicht frei von Eigeninteresse. Das war gut so, denn nur der zu erwartende gegenseitige Nutzen macht Zusammenarbeit fruchtbar. Der Gedanke nämlich, dass es Franziskaner sein würden und nicht Dominikaner oder irgendwelche anderen Ordensbrüder, die eines Tages zur Bekehrung in die neuen Welten aufbrächen, war ein berauschender Gedanke. Nicht zuletzt galt es, den Ruf zu bestätigen, den sich der Bettelorden in der Heidenmission, besonders in Ostasien, einst erworben hatte.

Columbus, der im Glück nicht vergaß, wer ihm im Unglück geholfen, schrieb später: »Landauf, landab war in jenen Tagen niemand, kein Seemann, kein Pilot, kein Kosmograf, auch kein Vertreter einer anderen Wissenschaft, der nicht gesagt hätte: ›Deine Pläne sind falsch, weil ihre Voraussetzungen falsch sind!‹ Sie, die etwas davon verstanden, machten sie zum Gegenstand ihres Spottes und unterstützten mich nicht. Zwei Patres aber, Juan Pérez und Antonio de Marchena, sie hielten zu mir in nicht wandelbarer Treue.«

Kluge Psychologen, die sie waren, brachten sie ihren Schützling hinunter zum Hafen von Palos, zu den Schiffen, den Kais, den Matrosen und Steuerleuten, die zu den Küsten des Mittelmeers in See stachen oder von großer Fahrt aus Westafrika zurückkehrten. Hier war seine Welt, hier roch er das Meer. Sie machten ihn bekannt mit Martín Alonso Pinzón, einem Mann, der ihm zum Engel und zum Teufel, zum Freund und bösen Feind werden sollte.

Pinzón, damals hoch in den Vierzigern, kannte das Mittelmeer wie seine Westentasche, hatte die Küsten Guineas erkundet und die Kanarischen Inseln. Er war hoch angesehen bei seinen andalusischen Landsleuten, die ihn als ihren verwegensten Kapitän schätzten und als ihren wohlhabendsten

1 Christoph Columbus, 1555 von Altissimo gemalt nach den Schilderungen von Zeitgenossen. Die meisten Porträts des rätselvollen Mannes sind, da nicht nach dem Leben geschaffen, reine Phantasieprodukte.

2 *Genovala Superba* – wo aus dem Wollweber Cristoforo Colombo ein Seemann wurdc. Stadt und Hafen um 1480.

3 Hölderlin: »… und hin nach Genua will ich, zu erfragen Colombos Haus, wo er in süßer Jugend gewohnet.« Columbushaus am Vico di Ponticello.

4 1453 eroberte Sultan Mohammed II. das tausend Jahre alte Bollwerk des Christentums. Der Fall Konstantinopels erschütterte ganz Europa.

5 »Den Osten vom Westen her erreichen«. Statue des Columbus in Santa Margherita Ligure.

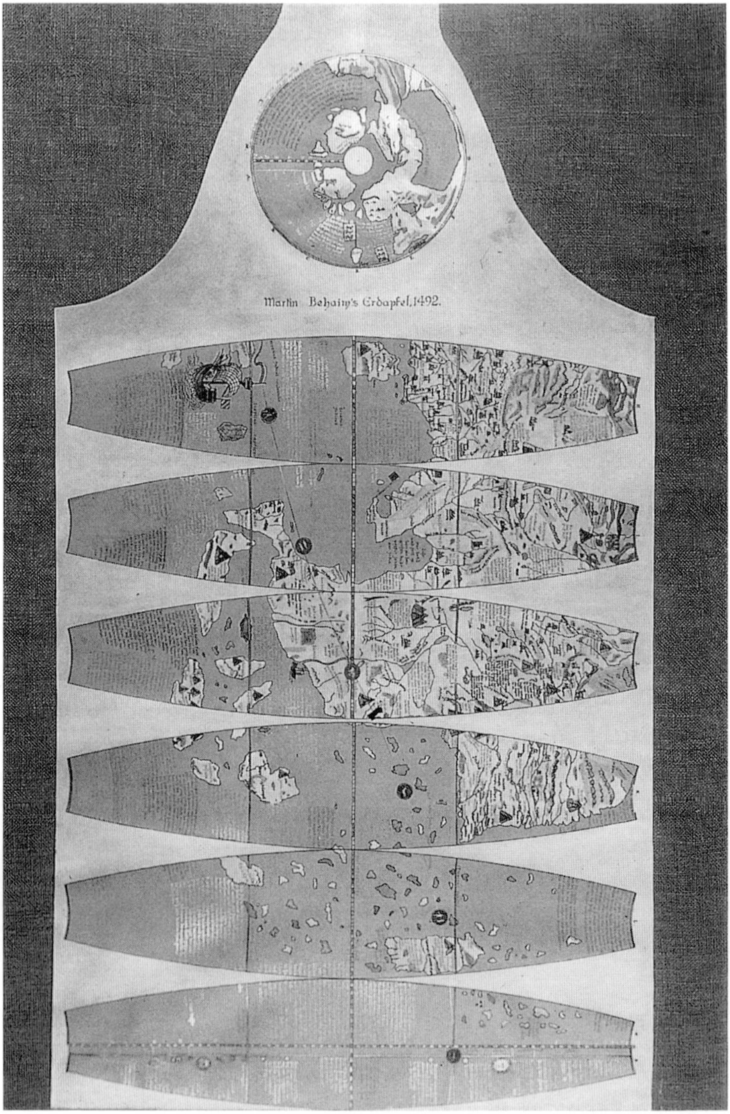

6 Mappa Mundi, Weltkarte des Nürnbergers Martin Behaim,
der den »Erdapfel« schuf, den ältesten, heute noch erhaltenen Globus.
Ausgeschnitten ließen sich die Segmente zu einer Kugel fügen.

7 Astrolabium. Mit diesem Winkelmessgerät, später durch den Sextanten ersetzt, bestimmten die Seefahrer die Gestirnshöhen.

8 Ponta de Sagres an der Algarve, wo Heinrich der Seefahrer eine Forschungsstation zur Entdeckung unbekannter Küsten gründete. Die riesige Windrose zeugt von der einstigen Bedeutung der Station.

9 König Johann (João) II., genannt »der Perfekte«, war nicht vollkommen genug, um Cristóvão Coloms Genie zu erkennen.

10 Rechts: Dom Henrique o Navegador schuf die Grundlagen der Seegeltung Portugals.

11 Alis ubbo, liebliche Bucht, wie die Phönizier Lissabon tauften, wurde zum Brennpunkt des Welthandels.

12 Die Karte des Dottor Toscanelli ließ Columbus glauben,
die Fahrt von Portugal nach Cipangu (Japan)
sei nichts als eine längere Spazierfahrt.

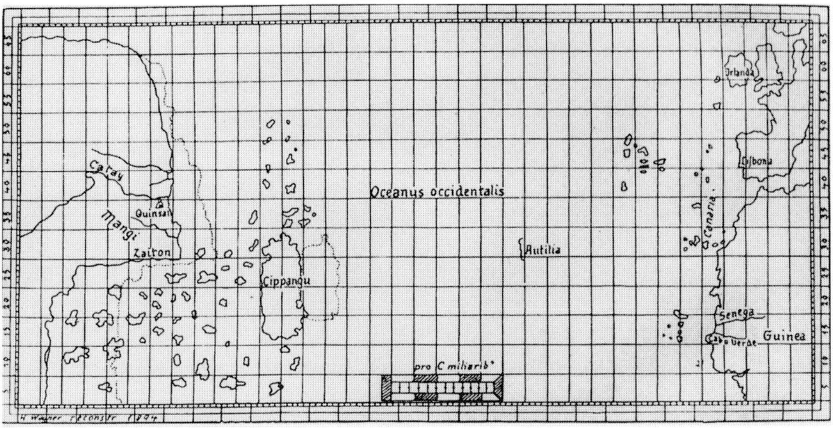

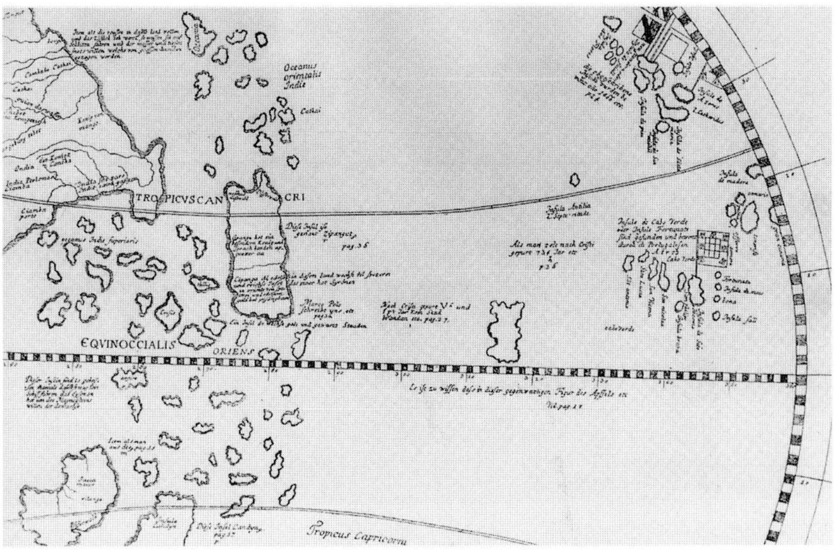

13 Als Behaim an seinem »Erdapfel« arbeitete,
war Columbus unterwegs zu den Inseln des neuen Kontinents.
Womit der Globus noch im selben Jahr überholt war.

14 und 15 Das Franziskanerkloster La Rábida
in Palos de la Frontera. Die Franziskaner boten Columbus
und seinem Sohn nach der Flucht aus Portugal
sichere Herberge und unterstützten
seine Pläne.

16 Ferdinand von Aragonien und Isabella von
Kastilien vereinigten mit eiserner Hand ihre beiden Reiche.

17 Columbus erläutert seine Pläne vor der
Kommission in Salamanca. Ihr Urteil: »Der Würde der Hoheiten
steht es nicht an, ein törichtes Unternehmen zu fördern.«

18 »Sieg, Sieg! Granada den Königen Isabella und Ferdinand!« Der Fall der letzten großen maurischen Stadt in Spanien beendete den längsten Krieg der Weltgeschichte – die Reconquista.

19 »Sie sind nun dein, mache von deinem Glück einen milden Gebrauch.« Der Maurenkönig Boabdil übergibt nach der Kapitulation die Schlüssel der Stadttore.

20 »Brenne, Ketzer, brenne!« Tausende von unschuldigen Menschen starben nach qualvoller Folterung auf den Scheiterhaufen der Inquisition.

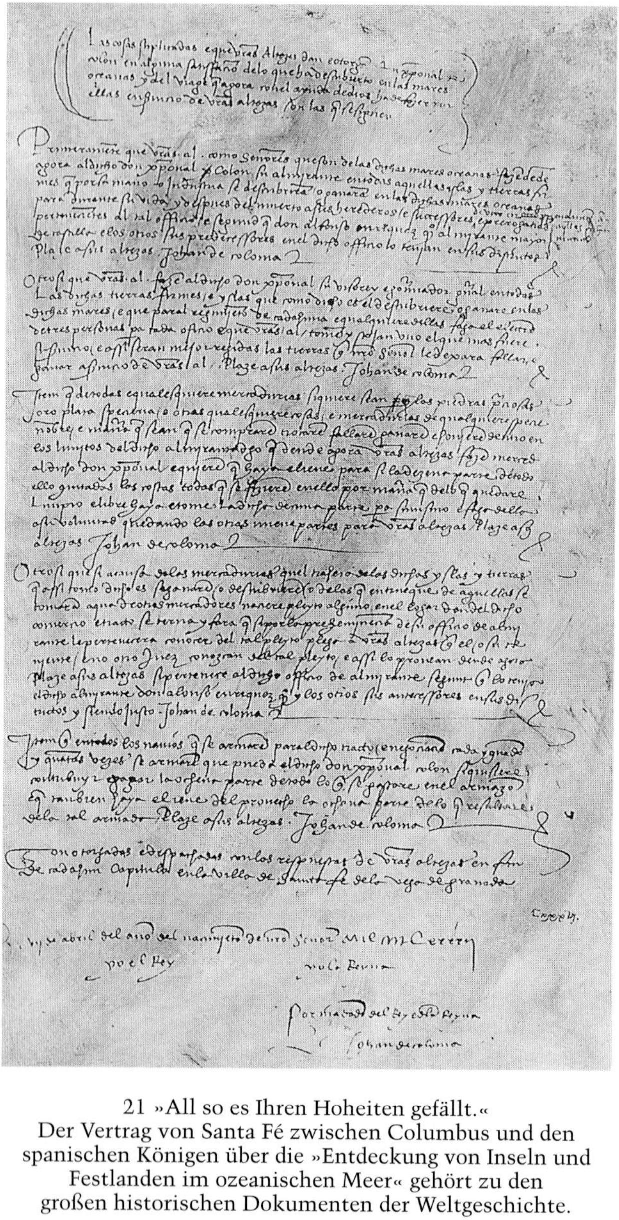

21 »All so es Ihren Hoheiten gefällt.«
Der Vertrag von Santa Fé zwischen Columbus und den spanischen Königen über die »Entdeckung von Inseln und Festlanden im ozeanischen Meer« gehört zu den großen historischen Dokumenten der Weltgeschichte.

22 Vorstoß in das *mare tenebrosum*, das unbekannte finstere Meer. Der Pater segnet die drei Karavellen, als sie im Morgengrauen des 3. August 1492 den Hafen von Palos verlassen.

23 Seekarte mit den Azoren und der Insel Madeira.

24 (vorhergehende Seite) *Die Santa María,* die *Pinta* und die *Niña,* mit denen Columbus Amerika entdeckte, gehören zu den berühmtesten Schiffen der Seefahrtsgeschichte.

25 Der Hafen der kanarischen Insel Gomera, wo Columbus regelmäßig seine Vorräte ergänzte und, last not least, Doña Beatriz de Bobadilla besuchte.

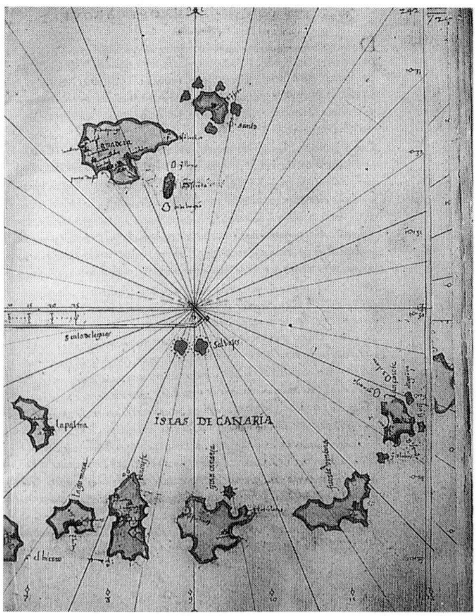

26 Karte der Islas de Canaria. Gezeichnet von dem spanischen Seefahrer und Kosmographen Alonso de Santa Cruz (15.–16. Jahrhundert)

(denn er besaß die Karavelle *Pinta* und einige kleinere Schiffe), aber auch fürchteten wegen seiner Arroganz und Selbstsucht. Ein schwieriger Charakter, doch als die beiden Männer sich kennen lernten, überwog die gemeinsame Sehnsucht, ja Sucht, zu jenen unentdeckten Landen aufzubrechen.

Dass es sie gab, daran zweifelte Pinzón nicht mehr. Er hatte unlängst eine Reise an die italienische Küste dazu benutzt, einen Freund in Rom aufzusuchen, der als Kosmograf am Vatikan tätig war. Wundersame Dinge hatte er dort erfahren, von der Königin von Saba, die mit ihren Schiffen fern vom Ende Spaniens ein Land erreicht hatte, das größer und reicher war als Europa und Afrika zusammen. Immer wieder holte er eine Karte hervor, die er nach den Angaben des Freundes gezeichnet hatte.

Unter diesen Umständen erholte sich Columbus rasch von seiner Niedergeschlagenheit, fasste wieder Mut und schmiedete neue Pläne. Doch was für einen Sinn hatte es, erneut an die Königin heranzutreten? War nicht alles gesagt, was er zu sagen gehabt hatte? Er konnte sich nur wiederholen, und eine erneute Abfuhr war gewiss: zu eindeutig das Votum der Kommission und zu vage die Vertröstung des Herrscherpaares auf einen günstigeren Zeitpunkt. Wäre es nicht gescheiter, dem Ruf des Bruders zu folgen und sein Glück am französischen Hof zu versuchen? Oder noch einmal in Portugal?

Dieser Gedanke mag bei Pater Pérez nahezu eine Panik ausgelöst haben. Er verfasste einen Brief an Königin Isabella, bat für seinen Schützling um eine erneute Audienz und schickte das Schreiben mit einem Boten in das Hoflager nach Santa Fé. Das Lager, besser gesagt eine befestigte Siedlung, war eigens vor Granada errichtet worden, um die Stadt sturmreif zu machen.

Nach kaum vierzehn Tagen traf die Antwort Isabellas ein: Der Pater wurde an den Hof befohlen, doch solle er, bevor er aufbreche, den Cristóbal Colón ermutigen und ihm mitteilen, auch er möge sich zu einer Reise bereithalten. Wenig später kamen 20 000 Maravedi, »auf dass Colón sich ein wohlgezäumtes Reittier kaufe, seidene Kleider und einen Diener miete zur ehrsamen Präsentation vor Ihren Majestäten«. Anscheinend hatte man nicht vergessen, wie armselig sein Gewand damals gewesen war bei der Audienz in Córdoba.

Woher kam dieser Sinneswandel? Da über den Inhalt des Briefes von Juan Pérez nichts bekannt ist, drang die Spekulation in die Wissenslücke und begann zu wuchern. Über ein halbes Dutzend Gründe wurden im Laufe der Zeit als jeweils stichhaltig hervorgebracht. Am wahrscheinlichsten noch klingt die Version, wonach der listige Pater, wohl wissend um den Glaubenseifer seines einstmaligen Beichtkindes Isabella, ihr ausgemalt hatte, welch ewiges Verdienst vor Gott sie sich erwerben könne durch die Taufe Hunderttausender von Heiden. Und hatte die Königin den erleuchtenden Gedanken des Columbus nicht mehr im Sinn, wonach man mit dem zu erwartenden Gold das Heilige Land den Ungläubigen wieder entreißen könne?

Neben den Verdiensten wird er auch vom Verdienen gesprochen haben. Ihre Majestäten könnten nicht wollen, und hier war der stets geldgierige Ferdinand angesprochen, dass all die Schätze dem Erbfeind Frankreich oder gar dem auf den Meeren konkurrierenden Portugal anheim fielen. Vielleicht spielte bei den Königen noch die Überlegung eine Rolle, dass Spanien nach dem endgültigen Sieg über die Mauren sich neuen Zielen zuwenden müsse; eine neue Herausforderung brauchte, sollte es unter den Großmächten eine führende Rolle spielen.

Der letzte Seufzer des Mauren

Dieser Sieg stand nun unmittelbar bevor. Als Columbus im Spätherbst 1491 nach tagelangem Ritt in Santa Fé eintraf, was Heiliger Glaube heißt, war die endgültige Einschließung Granadas vollendet. Die Belagerungsarmee traf letzte Vorbereitungen für die Erstürmung der zyklopischen Mauern. Auf dem Exerzierplatz der aus dem Boden gestampften Siedlung übten die Truppen, stapelte sich Kriegsgerät. Für den Genuesen, der irgendwo sein Maultier unterstellte, schien niemand Zeit zu haben. Obwohl die Königin ihn doch gerufen hatte.

Schließlich teilte man ihm mit, dass seine Angelegenheit erneut einem Ausschuss überwiesen worden sei zwecks Prüfung der technischen Machbarkeit des Unternehmens. Der Ausschuss erstellte ein Gutachten und überstellte das Gutachten dem Königlichen Rat. Unter der Hand erfuhr Columbus, dass das Votum, obwohl die Voraussetzungen sich um kein Jota geändert hatten, diesmal positiver ausgefallen sei. Er durfte also hoffen. Und, wieder einmal, warten …

Die Soldaten aber waren schneller als der hohe Rat. Am 2. Januar 1492 marschierten sie über die Vega, die vor den Toren Granadas gelegene Ebene, in der jeder Baum gefällt war, jeder Bauernhof verbrannt, jeder Weinberg umgepflügt, jeder Brunnen zerstört. Die einst so fruchtbare Landschaft glich nach der acht Monate dauernden Belagerung einer Wüste. Die stolze Stadt wurde auch nicht von den Waffen besiegt, sondern vom Hunger und vom Kleinmut eines Maurenkönigs, der mit seinen ruhmreichen Vorfahren nichts gemein hatte. Boabdil, genannt der Kleine, näherte sich mit seinem Gefolge dem heranrückenden Heer der Christen, küsste König Ferdinand demütig die Ärmel seines Gewands und übergab ihm die Schlüssel der tausendtürmigen Metropole.

»Sie sind nun dein«, sagte er, »denn Allah hat es so gewollt. Mache von deinem Glück einen milden Gebrauch.« Worte, die das Ende einer fast acht Jahrhunderte währenden arabischen Herrschaft in Spanien besiegelten.

Die Bedingungen der Kapitulation waren ehrenvoll. Den Einwohnern wurde zugesichert, dass sie ihre Sprache weiterhin sprechen, ihre Religion ausüben, ihren Besitz behalten durften. Wer dennoch nicht unter den neuen Herren leben wollte, konnte die Tore ungehindert passieren und nach Nordafrika auswandern. Die Bürger Granadas, über die ein spanischer Historiker schrieb, dass auf ihr bloßes Wort größerer Verlass sei als auf einen geschriebenen Vertrag bei den Christen, wurden grausam getäuscht. Die Sieger beherzigten die Worte Boabdils nicht. Schon nach wenigen Jahren waren alle Zugeständnisse zurückgenommen, und eine erbarmungslose Verfolgung begann.

Der Felsen, von dem der Maurenkönig auf dem Weg ins Exil einen letzten Blick auf Granada warf, trägt heute den Namen *El ultimo suspiro del mono* – Der letzte Seufzer des Mauren. Unweit davon hat die alte Königinmutter, der Überlieferung zufolge, ihren Sohn angeherrscht: »Das ist alles, was du vermagst: wie ein Weib über das zu flennen, was du als Mann nicht hattest verteidigen können.«

Columbus, der den Zug der Könige begleiten durfte, sah, wie auf den roten Türmen der Alhambra, diesem Juwel arabischer Baukunst auf europäischem Boden, die Fahnen Kastiliens und Aragons emporstiegen und das silberne Kreuz errichtet wurde. Er hörte, wie die Herolde riefen: »Granada! Granada dem König Ferdinand – Granada der Königin Isabella!« Er kniete mit ihnen nieder und stimmte das *Te Deum laudamus* an.

Er war tief ergriffen von einem Ereignis, dessen Bedeutung wir nicht mehr nachempfinden können. 1453 war, wie erwähnt, Konstantinopel, das jahrhundertealte Bollwerk des Christentums im Osten, in die Hände der Muslims gefallen. Lähmendes Entsetzen hatte die Menschen in Europa erfüllt – und die Angst, dass die Ungläubigen auch im Westen zum erneuten Stoß über die Pyrenäen ansetzen könnten. Diese Gefahr schien nun gebannt. Das Volk strömte in die Kirchen, dankte dem Herrgott, auf den Bergen flammten die Freudenfeuer.

Die Reconquista, die 722 mit der Schlacht von Covadonga in Asturien ihren Anfang genommen hatte, war beendet, Spanien von einer schweren Bürde befreit. Jene »günstigere Zeit«, auf die Isabella den verhinderten Entdecker vertröstet hatte, war nun gekommen. Die Verhandlungen mit der Krone, vertreten durch den Königlichen Rat, konnten beginnen. Man war bereit, nicht zuletzt beflügelt durch die überall herrschende Siegesstimmung, das Projekt im noch zu klärenden Ausmaß zu verwirklichen. Ein großer Tag für Columbus, sieben bittere Jahre hindurch erhofft. Er nutzte ihn auf eine Weise, die die Feder des Chronisten stocken ließ.

Dieser Mensch, aus Portugal geflüchtet wegen dunkler Dinge, von den Granden Spaniens gastfreundlich aufgenommen, von der Krone immer wieder unterstützt, ja am Leben erhalten, ein Hungerleider, den man zur Audienz erst einmal hatte einkleiden müssen, keinen Tropfen spanischen Blutes in den Adern –, er stellt Bedingungen, die die Königin befremden, den König erzürnen, die Hofgesellschaft an seinem Verstand zweifeln lassen.

Es war jenes Gefühl, gemischt aus Verwunderung und Empörung, das sieben Jahre zuvor bereits den König von Portugal, wir erinnern uns, befallen hatte. Auch der Katalog seiner Bedingungen ist im Wesentlichen unverändert geblieben. Mit den ihm zugesicherten drei Karavellen samt Besatzung, Ausrüstung und Proviant sei er nur dann bereit, auf die große Reise zu gehen, wenn ihm vertraglich Folgendes garantiert werde:

Die Erhebung in den Rang eines Großadmirals der Ozeane; die Verleihung des erblichen Adels, mit dem Recht, sich *Don* zu nennen (Don Cristóbal) und goldene Sporen zu tragen; die Vollmachten eines Vizekönigs und Statthalters aller Länder, die er entdecken würde; die dort auszurufende Gerichtshoheit; ein Zehntel vom Wert des Goldes, des Silbers, der Edelsteine, der Perlen, der Gewürze, der Früchte und sonstiger Produkte, die aus den seiner Verwaltung unterstellten

Gebieten exportiert würden; das Recht, ein Achtel zu den Betriebskosten aller Schiffe, die diesen Handel treiben, beizusteuern und deshalb auch ein Achtel der daraus erzielten Gewinne einzunehmen.

Die Königin, die dem Mann Columbus auf eine schwer erklärbare Weise zugetan war (im Gegensatz zum König, der den Fremden nie recht gemocht hatte), versucht, ihn umzustimmen. Die Räte beschwören ihn, von seinen Forderungen abzulassen, sie zumindest zu mäßigen. Der Mann aus Genua weigert sich, auch nur ein Jota nachzugeben. Lange genug hat er unter dem maßlosen Hochmut dieser Kastilier (die noch heute in Spanien so wenig beliebt sind wie die Preußen in Deutschland) gelitten und alle Demütigungen in sich hineingefressen. Er hatte sie gebraucht, und jetzt brauchten sie ihn. Dafür – beim heiligen Fernando – sollten sie zahlen. Und spürten sie nicht, dass er ein von Gott Gesandter war, dass er in höherem Auftrag handelte?

Sie spürten es offensichtlich nicht. Die Königin winkte ihn noch einmal heran, sprach eindringlich zu ihm, entließ ihn dann, nun selbst etwas ungnädig. Das höhnische *buen viaje* der königlichen Räte in den Ohren zäumte Columbus sein Reittier, wickelte seine Karten und Bücher in eine Leinwand, steckte sie in die Satteltaschen und verließ Santa Fé durch das nordwestliche Tor in Richtung Córdoba.

Mehr denn je mag er in diesem Moment, als er im kalten Nebel des Januar auf seinem Maultier die Landstraße entlang ritt, einem Don Quijote geglichen haben, *dem caballero de la triste figura*: verbohrt, blind gegen die Realitäten, so genannter Vernunft abhold, fanatisch sich seiner Mission bewusst, ein weltfremder Idealist. »Er wusste, dass er entdecken würde, was er dann entdeckte«, schrieb Las Casas, »und finden würde, was er schließlich fand, und er war seiner Sache so sicher, als ob er sie unter Schloss und Riegel verwahrt hielt.«

»Columbus war ein Jude«

Als er bei dem Dorf Pinos Puente, vier Meilen von Santa Fé entfernt, über eine Brücke ritt, hörte er seinen Namen rufen. Er sah, wie sich in jagendem Ritt ein Reiter näherte, der die Uniform eines *alguacil* trug, eines königlichen Amtsdieners. Der Mann sprang aus dem Sattel, wies ihm ein Dokument vor und sprach, keuchend vor Atemnot: »Doña Isabel, von Gottes Gnaden Königin von Kastilien, befiehlt hiermit dem Cristóbal Colón, unverzüglich umzukehren und vor Ihrer Majestät zu erscheinen …«

In Santo Domingo, der Hauptstadt der Dominikanischen Republik, steht ein Denkmal, das die Königin Isabel zeigt, wie sie einer Schatulle blitzendes Geschmeide entnimmt. Mit dem Erlös dieses Schmucks finanzierte sie die Reise des Columbus und ermöglichte damit die Entdeckung Amerikas. Will das Denkmal sagen. Die Selbstlosigkeit einer Königin, die Bereitschaft, ihre Juwelen auf dem Altar des Vaterlands zu opfern, ist eine das Gemüt bewegende Geschichte. Leider steht ihr die Tatsache gegenüber, dass ihre Preziosen damals bereits verpfändet waren: als Sicherheit für eine Schuldverpflichtung gegenüber der Stadt Valencia.

Nein, keine Königin hat das Rad der Weltgeschichte bewegt, als Columbus im letzten Moment zurückgerufen wurde, sondern, *horribile dictu*, ein Jude, ein getaufter Jude namens Luís de Santángel, seines Amtes Schatzmeister des aragonischen Königshauses. Er hatte sich zusammengetan mit dem Kämmerer Juan Cabrera, mit dem Vizekanzler in Aragón Alonso de la Caballería und mit Gabriel Sánchez, einem Ratgeber am Hof. Nach eindringlicher Beratung war Santángel bei der Königin vorstellig geworden und, so der Chronist, »mit Worten, die ihm der Wille, sie zu überzeugen, eingab, drückte er ihr sein Erstaunen darüber aus, dass Ihre Hoheit, die in Dingen von großer Bedeutung und Wirkung doch immer entschlossen gehandelt habe, nicht die Fähigkeit besitze, ein Unternehmen von so geringem Risiko zu wagen, das andererseits der Ausbreitung Seiner Kirche von großem Nutzen sei, nicht zu sprechen von der damit herbeigeführten Zunahme der königlichen Macht und des Ruhmes der Krone; ein Unternehmen schließlich, das, wenn es von einem anderen Fürsten ausgeführt werden sollte, dem es Columbus so wie ihr anbieten würde, ihrer Krone sicher ernsten Schaden verursachen und ihr selbst schwere Vorwürfe einbringen werde.«

Diese Argumente beeindruckten Isabella nicht sonderlich, hatte sie doch Pater Pérez bereits vorgebracht. Was sie mehr interessierte, war die Beantwortung der Frage, wer das alles bezahlen solle. Die Kassen Kastiliens und Aragoniens jedenfalls seien leer, erschöpft durch die Kosten des Krieges mit den Mauren. Santángel bat untertänigst, diese Sorge gnädigst ihm und einem Konsortium überlassen zu wollen.

Und der Bote machte sich auf den Weg, Columbus zurückzuholen …

Nicht nur Santángel, auch Caballería, Cabrera und Sánchez waren getaufte Juden, Conversos. Männer, die trotz ihrer hohen gesellschaftlichen Stellung gefährdet waren. Unter ihren Verwandten hatte die Inquisition bereits ihre Opfer gefunden. Warum setzten sie sich dennoch für eine Unternehmung ein, die, wenn sie scheiterte, ihre Existenz, ja ihr Leben – dafür hätten die vielen Feinde gesorgt – bedroht hätte?

Sie taten es, weil sie der Krone, um die sie sich oft genug verdient gemacht hatten, einen erneuten Dienst erweisen wollten. Und ganz nebenbei, muss man hinzufügen, mit der Vermehrung des eigenen Kapitals rechnen konnten, falls die Expedition von Erfolg gekrönt sein würde. Schließlich waren die Herren gute Kaufleute.

Simon Wiesenthal, der im September 2005 verstorbene Leiter des Dokumentationszentrums jüdischer Verfolgter in Wien,kommt zu einer anderen Antwort. Im 7. Jahrhundert vor der Zeitrechnung sind nachweislich Zehntausende von Juden (die so genannten zehn Stämme Israels) von den Assyrern in die entferntesten Gebiete des assyrischen Reichs verschleppt worden. Über ihrem weiteren Schicksal liegt das Dunkel der Jahrtausende. Manchmal kam Kunde von Kauffahrern, die aus Asien zurückkehrten und von Ländern berichteten, in denen Juden frei lebten, zur führenden Gesellschaftsschicht gehörten oder diese Länder gar regierten. Wer ständig bedroht ist, unbehaust und friedlos, wird alles glauben, was ihm Hoffnung gibt. So glaubten auch die Juden Spaniens daran, dass es im fernen Asien jüdische Fürstentümer, ja Königreiche geben müsse.

Wenn nun Columbus eines solcher Länder entdeckte, dann würden sich vor den Verfolgten neue Tore öffnen, Tore zu Ländern, in denen die Juden nicht mehr zu den Unterdrückten gehörten, sondern zu den Herren. »Auch könnten die Herrscher solcher jüdischer Länder, mit denen christliche Könige bald in Handelsbeziehungen treten würden, zugunsten der Juden in den Ländern, in denen sie von Diskriminierung und Austreibung bedroht waren, intervenieren. Waren doch die Juden Zeuge ähnlicher Interventionen zugunsten der moslemischen Bevölkerung in christlichen Ländern … Sie hörten, dass diese sich an den Papst gewandt und angedroht hätten, die schlechte Behandlung ihrer Glaubensbrüder an den Christen in ihren Ländern zu vergelten.«

Den Juden Spaniens eine neue Heimat zu geben oder zumindest mächtige Schutzherren für sie zu finden, das sei das eigentliche Anliegen Santángels gewesen, für Columbus einzutreten.

Eine interessante Hypothese, die Wiesenthal in seiner Schrift *Segel der Hoffnung* vertritt, mehr aber nicht, denn es fehlt jeder Beweis, um daraus eine wissenschaftliche Tatsache zu machen.

Der Spanier Salvador de Madariaga nennt einen anderen Grund, warum Santángel und seine Freunde sich für den Plan einer Entdeckungsreise zu den indischen Ländern stark gemacht hätten: Columbus selbst sei Jude gewesen, Nachfahre einer im 14. Jahrhundert von Spanien nach Italien ausgewanderten Familie, die dort zum Christentum übergetreten war. Columbus wäre demnach ein in die ursprüngliche Heimat zurückgekehrter Converso, eine Behauptung, die Madariaga auf den fast vierhundert Seiten der Biografie mit allzu konstruiert wirkenden und deshalb wenig einleuchtenden Argumenten zu stützen sucht. Letztlich steht, wenn auch bei ihm vielleicht unbewusst, das Bestreben dahinter, den Genuesen für Spanien zu retten. Wenn er denn schon kein Spanier war, so ist er eben ein spanischer Jude gewesen.

Sich mit all diesen Theorien auseinander zu setzen kann hier nicht die Aufgabe sein. Nach dem heutigen Stand der columbischen Forschung ist an der Abstammung des Cristoforo Colombo von einer – nichtjüdischen – genuesischen Familie nicht zu zweifeln; zumindest so lange nicht, bis eindeutige Beweise für eine andere Herkunft vorliegen.

Was kostet die Welt?

Doch zurück zu Santángel und seinen Finanzierungsplänen. Er fungierte, zusammen mit dem Genuesen Francisco Pinello, als Vermögensverwalter der Santa Hermandad, einer politisch-militärischen Organisation zur Aufrechterhaltung der öffentlichen Sicherheit. Aus ihrem Vermögen entlieh er sich 1 400 000 Maravedi; mit der Verpflichtung, diese Summe aus den Geldern zurückzuzahlen, die durch einen päpstlichen Sündenablass in die Kassen fließen würden. (Dieser Zwischenkredit wurde jedoch später von der Krone, sprich aus Steuergeldern, abgelöst.) 350 000 Maravedi schoss er aus seinem eigenen Vermögen hinzu. Was ihm leicht fiel, denn er war ein reicher Mann, eine Art spanischer Rothschild.

Columbus verschaffte sich das Achtel, zu dem er sich verpflichtet hatte, von genuesischen Landsleuten, zu denen sein Kontakt nie abgebrochen war. Da nach neueren Berechnungen die Gesamtkosten der Expedition von 1492 etwa 4 000 000 Maravedi betrugen, hatte er 500 000 aufzubringen. Nach unserer Währung wären das, legt man die Goldparität zugrunde, ungefähr 10 000 Euro (ergäbe etwa 80 000 Euro für die Gesamtkosten), eine Summe, die uns zumindest eine ungefähre Vorstellung der Kosten vermittelt, auch wenn, wie bereits betont, die Kaufkraft des Maravedi, wie überhaupt die Kaufkraft von Währungseinheiten vergangener Epochen, schwer zu bestimmen ist. Ulrich Küntzel, von dem die Berechnung stammt, führt zur Veranschaulichung den damaligen Preis von einem Kilogramm Weizen an: 2,9 Maravedi.

Auf unsere Zeit hochgerechnet würden sich die Ausgaben der ersten Columbusreise auf das Zehn- bis Zwölffache belaufen, auf 800 000 bis 960 000 Euro also. Robert H. Fuson hat ausgerechnet, dass Spanien für jeden Maravedi, der in die Reisen investiert worden war, 1 733 000 Maravedi zurückerhielt. Auch wenn man den tatsächlichen Wert eines Maravedi außer Acht ließe, so würde ein solcher Gewinn heutzutage mit Sicherheit die Aufmerksamkeit der Wall Street auf sich ziehen.

Columbus war zurückgekehrt, hatte Quartier in Santa Fé bezogen und ging jeden Tag in den *palacio*, wo die Verhandlungen über den Vertrag stattfanden. Wie in so manchen kleinen Städten Spaniens scheint hier die Zeit stehen geblieben zu sein, und der Besucher braucht seine Fantasie nicht zu überanstrengen, um sich in das Jahr 1492 zurückzuversetzen.

Von der Gnadensonne beschienen und vor einer vielleicht Profit bringenden Expedition stehend, hatte Columbus auf einmal viele neue Freunde, zu denen auch seine alten Feinde gehörten. Der Genuese wurde von Pater Juan Pérez vertreten, das Herrscherpaar von Juan de Coloma, dem Sekretär des Königs. Auch Santángel und andere Gönner standen in dessen

Diensten. Man hat daraus mit Recht gefolgert, dass Ferdinand, bei aller Reserviertheit gegenüber Columbus als einem Genuesen, keineswegs gegen sein Projekt eingestellt gewesen sei. Meist ist in diesem Zusammenhang nämlich nur von der Königin die Rede.

Die Vertragspartner waren sich im Grunde einig, dennoch dauerte es ganze drei Monate, bis die Verträge ausgearbeitet waren. Die Kalligrafen brauchten ihre Zeit, um die einzelnen Urkunden in sorgfältiger Schönschrift zu vervielfältigen. Im Übrigen trabte der Amtsschimmel damals nicht schneller, als er es heute tut. Was nun auf dem Tisch zur Unterschrift vorlag, waren sieben Papiere, von denen das wichtigste unter dem Namen *capitulación de 1492* zu den großen historischen Dokumenten gehört – aber auch zu den merkwürdigsten. Beurkundet wurde hier etwas, was seriöse Kaufleute als ein »Luftgeschäft« bezeichnen würden, das heißt, man zog einen Wechsel auf die Zukunft, von dem die Partner nicht wussten, ob er jemals eingelöst werden könne.

Capitulación heißt auf Spanisch *Vertrag*, aber auch Kapitulation. Spötter meinten, dass die zweite Bedeutung des Wortes durchaus zutreffend sei, denn die Könige hätten vor Columbus auf der ganzen Linie kapituliert. »Das, was erbeten war von Don Cristóbal Colón, wurde von den Hoheiten gnädigst gegeben«, heißt es in der Einleitung des Vertrags vom 17. April, »als Entschädigung für die im Weltmeer gemachten Entdeckungen und für die Reise, die er jetzt mit Gottes Hilfe dorthin unternimmt.« Alle jene Forderungen, die den Majestäten und dem Hof noch wenige Wochen zuvor als Ausgeburten eines vom Größenwahn Verblendeten erschienen waren, wurden damit bewilligt. Der aus fünf Artikeln bestehende Vertrag schließt jeweils mit der Formel *All so es Ihren Hoheiten gefällt* – eine Formel, die ihren bitteren Beigeschmack bekam, als es Ihren Hoheiten und denen, die ihnen folgten, nicht mehr gefiel. Über Generationen sollten sich die Prozesse der Erben des Columbus hinziehen, wobei es sich erwies, dass die Klauseln dieses Vertrags so auslegbar waren wie die Texte der Heiligen Schrift.

Freude, Genugtuung und das Gefühl des Triumphs über Besserwisser und Ewiggestrige erfüllten Columbus, als ihm am 30. April der *titulo* überreicht wurde, die feierliche Beglaubigung seiner Ehren und Ämter durch die Majestäten. Es lohnt sich, ihn in Gänze zu lesen, zeigt er doch etwas vom Geist des spanischen Hofes.

Don Fernando und Doña Isabel, von Gottes Gnaden König und Königin von Kastilien, von Léon, von Aragonien, von Sizilien, von Granada, von Toledo, von Valencia, von Galicien, von Mallorca, von Sevilla, von Sardinien, von Córdoba, von Corsica, von Murcia, von Jaén, von Algarbien, von Algeciras, von Gibraltar und den Kanarischen Inseln; Graf und Gräfin von Barcelona, Landesherren von Biscaya und Molina, Herzöge von Athen und Neopatria; Grafen von Roussillon und Cerdagne; Markgraf von Oristano und Gociano.

In Ansehung, dass Ihr, Cristóbal Colón, abreist auf Unseren Befehl, um mit Unseren Leuten zu entdecken und zu erobern gewisse Inseln und Festlande im ozeanischen Meer, und dass man hofft, dass mit Gottes Hilfe man einige dieser genannten Inseln und Festlande in dem genannten ozeanischen Meer durch Eure Hand und Geschicklichkeit entdecken wird; und dass es so eine gerechte und vernünftige Sache ist, da Ihr Euch für Unseren Dienst der genannten Gefahr aussetzt, dass Ihr dafür belohnt werdet, haben Wir die Absicht, aus obbemeldeten Gründen Euch zu ehren und Gunst zu erweisen: es ist Unser Vergnügen und Wille, dass Ihr, der genannte Don Cristóbal Colón, nachdem Ihr die genannten Inseln und Festlande oder eins von ihnen entdeckt und erobert habt im ozeanischen Meer, Unser Admiral der genannten Inseln und Festlande sein sollt; und dass Ihr Euch künftighin Don Cristó-

bal Colón nennen und titulieren könnt; und dass desgleichen Eure Söhne und Nachfolger sich Don und Admiral heißen und benennen können, und Vizekönig und Gouverneur; und dass Ihr das Amt eines Admirals ausüben und erfüllen könnt, ebenso wie auch das Amt des Vizekönigs und Gouverneurs der genannten Inseln und Festlande, die Ihr entdecken und erobern werdet, wie auch Eure Stellvertreter, und anhören und entscheiden sollt, alle zivilen und kriminellen Prozesse, die das Amt der Admiralschaft berühren und das des Vizekönigs und Gouverneurs, wie Ihr es für Recht halten werdet, und wie Unsere Admirale Unserer Königreiche die Gewohnheit haben, es zu gebrauchen und auszuüben; und dass Ihr strafen und züchtigen könnt die Missetäter; und in der Eigenschaft als Admiral und Vizekönig und Gouverneur handeln könnt Eurem Amte gemäß, Ihr und Eure Stellvertreter, in allem, was die genannten Ämter und jedes einzelne von ihnen angeht; und dass Ihr innehabt und wahrnehmt die Rechte und den Lohn, die mit den genannten Ämtern und jedem einzelnen von ihnen verknüpft sind, gemäß dem und wie sie wahrnehmen und es die Sitte ist wahrzunehmen Unser Großadmiral in der Admiralschaft Unserer Königreiche.

Und durch diese vorliegende Unsere Urkunde oder durch die Kopie, unterzeichnet von einem Rechtskundigen, geben Wir Befehl an den Prinzen Don Juan, Unserem sehr lieben und sehr geliebten Sohn, und an die Kinder, Herzöge, Prälaten, Markgrafen, Grafen, die Stände, Prioren, Kommandeure und an diejenigen Unseres Rates und an die Beisitzer Unseres Gerichtshofes und andere beliebige Gerichtshöfe Unseres Hauses und Hofes und an die Unterkommandeure, Alkalden der Schlösser, befestigten und unbefestigten Stätten, und an alle Räte und Gehilfen, Stadt- und Landrichter und Alkalden und Gerichtsdiener, Amtmänner, vierundzwanzig Ritter, Geschworenen, Edlen, Würdenträger, Männer aller Städte, Dörfer und Orte Unserer Königreiche und Landesherrlichkeiten, und solche, die Ihr erobern und gewinnen werdet, und an die Feldherren, Meister und Werkmeister und Gehilfen, Matrosen und Seeleute, Unsere Untertanen und Staatsangehörigen, die es gegenwärtig sind und es in Zukunft werden, und an alle und jeden einzelnen, dass, wenn die genannten Inseln und Festlande in dem genannten ozeanischen Meer durch Euch werden entdeckt und erobert worden sein und der Treueid und der in einem solchen Fall erforderliche Akt durch Euch oder durch euren Bevollmächtigten getan worden ist, sie Euch künftighin für Euer ganzes Leben gehören sollen – und nach Euch, Eurem Sohne und Nachfolger und allen deren Nachfolgern für alle Zeit – als Unserem Admiral des genannten ozeanischen Meeres und als Vizekönig und Gouverneur der genannten Inseln und Festlande, die Ihr, der genannte Don Cristóbal Colón, gewinnen und entdecken werdet; und sie erstatten Euch Bericht und den genannten Stellvertretern von Euch, die Ihr in die genannten Ämter der Admiralschaft, des Vizekönigs und Gouverneurs einsetzt, über alles das, was sie betrifft, und zahlen und erzwingen Euch die Einkünfte und die Rechte und anderen Dinge, die mit genannten Ämtern in Zusammenhang stehen; und dass sie Euch stützen und für Euch erzwingen Ehrenbezeigungen, Gewogenheit und alle Freiheiten, Vorrang, Vorrechte, Erlasse und Steuerfreiheiten und all die anderen Dinge, die Ihr haben müsst und deren Ihr Euch erfreuen sollt auf Grund der genannten Ämter als Admiral und Vizekönig und Gouverneur und die Euch voll und ganz vorbehalten sein sollen, sodass Ihr nichts vermisst, und dass sie davon auch nicht den kleinsten Teil Euch beschlagnahmen, noch erlauben, dass andere sie nehmen noch Widerstand leisten. Denn Wir, durch diese gegenwärtige Urkunde, begünstigen Euch von jetzt ab und für alle Zeit mit den Ämtern des Admirals, des Vizekönigs und Gouverneurs, erblich für alle Zeiten; und Wir geben Euch den Besitz, den stillschweigenden Besitz dieser Ämter und jedes einzelnen und die Macht und die Autorität, um sie auszuüben und zu erfüllen, und um wahrzunehmen die Rechte und Einkünfte, die zu ihnen und jedem einzelnen von ihnen gemäß dieser Abmachung gehören.

Von allem, was gesagt ist, wenn Ihr es braucht, und wenn Ihr es fordert, befehlen Wir Unserem Kanzler und Unseren Rechtskundigen und anderen Staatsdienern, die sich im Amt des Siegelbewahrers befinden, dass sie Euch geben und aushändigen und besiegeln Unseren Freiheitsbrief, den dauerhaftesten und sichersten und begnadetsten, wenn Ihr ihn fordern werdet oder ihn benötigen werdet, und dass die einen wie die anderen nicht anders handeln in keiner Weise bei Strafe, Unsere Gunst zu verlieren, für jeden, der dem zuwiderhandelte, und eine Geldbuße von zehntausend Maravedi für Unseren Gerichtshof zu bezahlen. Und noch mehr, Wir verfügen, dass derjenige, der ihnen Unsere Urkunde vorlegen wird und sie auffordert, vor Uns zu erscheinen zu Unserem Gerichtshof, irgendwohin, wo Wir sein mögen, vom Tage, an dem er sie aufgefordert haben wird bis zu den ersten folgenden vierzehn Tagen, bei der genannten Strafe, zu der Wir jeden öffentlichen Rechtskundigen, an den man sich wenden würde, verdammen, dass er demjenigen, der es verlangt, eine Zeugenaussage mit seiner Unterschrift versehen gibt, damit Wir wissen, wie Unser Gesetz erfüllt wird.

Erlassen in Unserer Stadt Granada, am 30. des Monats April, im Jahre Unseres Herrn Jesus Christus MCCCCLXXXXII.

Ich, der König Ich, die Königin

Am 12. Mai verließ Columbus den königlichen Hof, getrieben von dem Verlangen, endlich in die Tat umzusetzen, was er sieben Jahre lang geplant hatte. Sein Ziel war das Kloster La Rábida, das inzwischen beinahe seine zweite Heimat geworden war, und das benachbarte Palos. Von diesem kleinen Hafen aus wollte er in See stechen; hier hatte er Freunde, hier konnte er auf die Unterstützung des einflussreichen Schiffseigners Pinzón hoffen. Welchen Weg er genommen hat auf seinem Ritt von Santa Fé zu der Mündung des Rio Tinto, ist nicht bekannt. Doch muss er, wenn nicht alle Zeichen trügen, auf einen jener Flüchtlingszüge gestoßen sein, die sich auf Cádiz und El Puerto de *Santa María* zu bewegten – Züge des Elends, des namenlosen Schmerzes, der Hoffnungslosigkeit.

Knapp drei Wochen, bevor die Majestäten die *capitulación* unterschrieben, hatten sie ihr Signum unter ein anderes Dokument gesetzt. Bedeutete das erste einen Aufbruch zu neuen Ufern, so war das zweite ein barbarischer Rückfall in die Finsternis. Etwa hunderttausend Menschen wurden aus ihrer Heimat vertrieben, weil sie die »Reinheit des spanischen Bluts« gefährdeten und die Christen zu ihrem verdammenswerten Glauben zu verführen suchten. Das jedenfalls schienen die weltlichen Herrscher zu glauben, besser, es wurde ihnen von den geistlichen Oberen eingeredet.

Das Generaledikt über die Vertreibung der Juden bedeutete gleichzeitig ihre Enteignung. Die seit Jahrhunderten im Land lebenden Juden hatten sich durch Fleiß, Wissensdurst, Intelligenz und Gewitztheit ihren kastilischen und aragonischen Mitbürgern in allen Bereichen überlegen gezeigt. Sie besetzten hohe Ämter, besaßen Einfluss, hatten Vermögen erworben. Es lohnte sich, sie zu enteignen. Die Obrigkeit konnte sich dabei des Beifalls der Massen sicher sein, jener besonders, die es selbst zu nichts gebracht hatten, die den Tüchtigen aber, wie überall in der Welt, alles neideten. Was besonders auf die Spanier zutreffe, so schreibt Madariaga, denn der Neid sei der Krebsschaden dieses Volkes.

Nun hieß es im Generaledikt, dass die Juden innerhalb einer Frist von vier Monaten ihr bewegliches wie unbewegliches Gut nach Belieben veräußern oder tauschen, ja ihren Besitz sogar mitnehmen dürften. Wie das in der Praxis aussah, schildert der Chronist Bernáldez: »Die Christen waren gern bereit, das Eigentum zu übernehmen, und die Juden baten, dass man ihnen die Häuser und Grundstücke abkaufe, wirkliche Käufer aber fanden sie nicht für ihren schönen Besitz. Ein prächtiges Haus ging weg für einen Esel, ein Weinberg für einen Ballen Stoff, denn sie durften weder Gold noch Silber noch gemünztes Geld mitführen.«

Wer sich taufen ließ, durfte bleiben und seinen Besitz behalten. Die Mehrzahl blieb ihrem Glauben treu, wohl wissend, dass die Taufe nur einen Aufschub bedeutete – bis zu jenem Tag, da die Denunzianten herausgefunden hatten, dass es nach koscherem Essen roch, am Freitagabend Kerzen brannten, am Sabbat kein Rauch aus den Kaminen stieg. Für jeden, der einmal denunziert und vor das Gericht der Inquisition gebracht worden war, hätte es kein Entrinnen mehr gegeben.

Isaac ben Judah Abrabanel, der dem König das Geld für den Feldzug gegen Granada geliehen hatte, unternahm den verzweifelten Versuch, das Austreibungsedikt zu verhindern. Hatten die Herrscher in Spanien ihre Juden nicht von jeher beschützt? Waren die Juden nicht immer treue Untertanen gewesen, bereit, zur Wohlfahrt des Staates beizutragen? Diese Fragen stellte er dem Herrscherpaar, bot gleichzeitig eine Summe in Millionenhöhe und legte einen Beutel mit 30 000 Golddukaten als Vorschuss auf den Tisch.

Ferdinand, ein kühler Machtpolitiker, zu jedem Vertragsbruch bereit, wenn es die Staatsraison erforderte, von Machiavelli nicht ohne Grund gelobt wegen seiner Kunst, die Balance zwischen Frömmigkeit und Verbrechen zu halten, stets in finanziellen Nöten und ständig darauf aus, neue Geldquellen zu erschließen (was auch dazu beigetragen hatte, die Inquisition einzuführen) – Ferdinand mag in diesem Moment rasch überschlagen haben, was ihm mehr einbringen würde, die Konfiszierung der von den Juden aufgegebenen Vermögenswerte oder die von Abrabanel in Aussicht gestellte Summe. Jedenfalls bat er um Bedenkzeit.

Torquemada, der Spürhund Gottes, bekam rasch Witterung von dem Angebot. Er ließ sich beim Herrscherpaar melden und rief: »Judas Ischarioth hat den Herrn für dreißig Silberlinge verraten, wollt Ihr ihn für dreißigtausend ein zweites Mal verkaufen?!« Und er schleuderte das Kruzifix auf den Tisch.

Das war ein Affront gegenüber den Katholischen Königen, der jeden anderen in den Kerker gebracht hätte, doch den Großinquisitor fürchtete selbst Ferdinand. So nahm das Unheil für die Juden seinen Lauf …

Tausende starben hungers am Straßenrand, wurden von Wegelagerern erschlagen, von den Kapitänen der Auswandererschiffe ausgeplündert, als Sklaven verkauft. Die Überlebenden landeten in Portugal, von wo sie auf spanischen Druck hin bald erneut vertrieben wurden, in Italien, wo ihnen die Stadtstaaten eine neue Heimat boten, und in der Türkei, dessen Sultan sie mit den Worten willkommen hieß: »Wer nennt Ferdinand noch einen klugen König, ihn, der sein Land arm gemacht hat und unser Land bereichert?!«

Damit sprach er etwas aus, was viele Historiker später erkannten. Denn nicht nur die Juden jagte man aus dem Land, zehn Jahre später wurden durch ein neues Edikt auch alle Mauren vertrieben, die nicht bereit waren, vom Islam zum Christentum zu konvertieren. Hatte man ihnen nach dem Ende der Reconquista nicht Glaubensfreiheit versprochen? Das schon, aber, so Kardinal Ximénes de Cisneros, ein den Ungläubigen gegebenes Wort brauche man nicht zu halten. Es nützte den arabischen Edlen nichts, als sie darauf hinwiesen, wie tolerant ihre Vorväter die Christen behandelt hätten. Die Überzeugung, besser, der Wahn der Spanier, eine einheitliche Nation sei ohne einen einheitlichen Glauben nicht denkbar, erwies sich stärker als die Vernunft.

Gefährlicher noch als das Dogma von der Einheit des Glaubens war die These von der Reinheit des Blutes, der *limpieza de sangre*. Sie führte die Glaubenseinheit ad absurdum, indem sie dem Land eine Zweiklassengesellschaft bescherte: in eine, deren Angehörige »reines Blut« hatten, und eine andere, deren Blut durch jüdische oder arabische Ahnen »unrein« geworden war. Wer keinen makellosen Stammbaum nachweisen konnte, durfte nicht an der Universität studieren, keine Offizierslaufbahn einschlagen, keine höhere Beamtenstelle oder ein wichtiges kirchliches Amt bekleiden.

»Mit dem Exodus der jüdischen und islamischen Handelsherren, Handwerker, Wissenschaftler und Ärzte verlor Spanien unschätzbare Werte«, schreibt der berühmte amerikanische Historiker Will Durant in seiner *Story of Civilisation*, »während die Länder, die den Vertriebenen Zuflucht gewährten, geistig und wirtschaftlich Nutzen zogen. Das spanische Volk, das von nun an nur eine Religion kannte, wurde dadurch unfähig, außerhalb der Grenzen des überlieferten Glaubens zu denken. Auf Gedeih oder Verderb entschloss sich Spanien, mittelalterlich zu bleiben, das übrige Europa jedoch trat, dank der Reformation, der Buchdruckkunst, der geistigen und wirtschaftlichen Revolution überhaupt, in ein neues Zeitalter ein.«

IV Der Aufbruch

Mañana

Der Reisende, der sich auf einer Fahrt durch Andalusien nach Palos de la Frontera verirrt, wird ungläubig vernehmen, dass hier einst Weltgeschichte gemacht wurde. Das Städtchen am Rio Tinto, dessen Hafen bedeutungslos ist, dessen Häuser mit ihren heruntergelassenen Jalousien zu träumen scheinen, erinnert in nichts mehr an einstige Glorie; nicht mehr daran, dass von seiner Reede die Schiffe ausgelaufen waren zu ihrer gefahrvollen Reise an die Westküste Afrikas, von wo sie mit ihrer Ladung aus Gold, Elfenbein und Sklaven zurückkehrten; und nicht mehr daran, dass von hier aus Columbus das Tor zu einem neuen Zeitalter aufstieß.

Auf der Suche nach der verlorenen Zeit trifft man dann doch noch auf einen Zeugen: eine kleine Kirche. Sie ist dem heiligen Georg, spanisch San Jorge, geweiht, wurde 1473 aus Kalkstein im Mudejar-Stil erbaut, bei dem sich Maurisches mit Gotischem vermählt. Wer in die kühle Dämmerung des Kirchenschiffs tritt, dem zeigt man alsbald die aus Schmiedeeisen gefertigte Kanzel, von wo aus der Notar Francisco Fernández in Gegenwart des Bürgermeisters der Stadt, seiner Räte, zahlreicher Seeleute und des Cristóbal Colón eine Verfügung vorlas, mit der die königlichen Hoheiten zu wissen kundtaten,

... dass ihr für gewisse Uns schadenbringende Verstöße verurteilt und verpflichtet seid, Uns für ein Jahr zwei ausgerüstete Schiffe zu stellen und die Kosten dafür zu tragen. Dieweil Wir nun Cristóbal Colón als Unserem Admiral befohlen haben,

sich mit den drei carabelas de armada *aufzumachen nach jenen Gebieten des Ozeans, wo er bestimmte Aufgaben für Uns erledigen soll, und da wir wünschen, dass er das mit den beiden erwähnten Karavellen tut, gebieten Wir euch hiermit, innerhalb von einer Dekade nach Erhalt dieses Schreibens selbige fertig und bereitzuhalten. Und haben Wir ihm geboten, euch einen Vorschuss auf vier Monate für die Mannschaft zu zahlen, die an Bord besagter Karavellen gehen soll, zu den gleichen Heuersätzen, wie sie den Seeleuten auf der anderen Karavelle bezahlt werden, die Wir ihm zu übernehmen befohlen haben, entsprechend dem, was gemeinhin an dieser Küste Seeleuten bezahlt wird, die mit einer Flotte auf die hohe See hinausfahren. So gegeben in Unserer Stadt Granada den letzten Apriltag im Jahre des Herrn MCCCCLXXXXII.*

Ich, der König *Ich, die Königin*

Wofür die braven Einwohner von Palos durch die Stellung der Schiffe büßen sollten, geht aus den Dokumenten nicht hervor. Schmuggel, Unterschlagung eines Teils der den Königen zustehenden Fracht, ein wenig Piraterie, das waren die an den Küsten üblichen Gesetzesverstöße. Beim Volk galten sie als das, was man heute Kavaliersdelikte nennen würde, und dienten dazu, die Armut etwas erträglicher zu machen. Was die Herrscher normalerweise kaum als Straftat verfolgt hätten, hier kam es ihnen gerade recht. Schonte die auferlegte Buße doch das chronisch leere Portefeuille des Staates.

Doch während man in Deutschland einen Befehl des Königs unverzüglich auszuführen gewohnt war – die Spanier hielten es anders. Der Historiker Manuel Giménez Fernández, der seine Landsleute gewiss kennt, meint, dass es ihnen stets gelingt, einen Kompromiss zu finden zwischen Respekt und Ungehorsam, gemäß dem spanischen Wahlspruch: »Man ist dem Befehl wohl gehorsam, aber man führt ihn nicht aus.« Zumindest nicht gleich.

Die Leute von Palos sagten, was die Verfügung betraf, höflichst *mañana* – und gingen ihrem Tagwerk nach. Außerdem war ihnen dieser Fremdling mit seinem hochmütigen Gehabe nicht sonderlich angenehm, und seinen Plan hielten die Seeleute unter ihnen für undurchführbar; die Portugiesen seien mit ihren Schiffen doch weit in das westliche Meer vorgestoßen, ohne dass sie das Geringste entdeckt hätten. In den Schänken lästerten sie über Señor Colón und nannten ihn *Don fantastico*.

Vergeblich versuchte Columbus diese passive Resistenz zu brechen. Fast bereute er es, der Wahl von Palos zugestimmt zu haben. Doch in den Häfen von Cádiz, Sanlúcar de Barrameda, Puerto de *Santa María* drängten Tausende von Juden in panischer Angst und Verwirrung zu den Schiffen. Seine Nervosität wuchs, machte ihn ungerecht und immer diktatorischer. Er wusste, dass ihm die Zeit davonlief, denn jeder Tag brachte ihn der kalten Jahreszeit näher, zu der an ein Auslaufen nicht mehr zu denken war. Diese jämmerlichen Spießbürger wollten anscheinend lieber in ihrem elenden Nest verkommen, als sich von ihm in das Land entführen zu lassen, wo die Dächer mit Goldziegeln gedeckt waren statt, wie bei ihnen, mit Kuhmist.

Schließlich erwirkte er von den Herrschern die Entsendung eines Untersuchungsbeamten. Der erschien und beschlagnahmte kurzerhand zwei Karavellen, die *Pinta* und die *Niña*. Sie gehörten zu einem Schiffstyp, der sich bei den Fahrten zur westafrikanischen Küste hervorragend bewährt hatte. Das dritte Schiff war ein Kauffahrteischiff, ein Nao. Die *Gallega*, so getauft, weil sie aus Galicien stammte, wartete gerade im Hafen auf Ladung für die Rückreise. Columbus überzeugte den Eigner, Juan de la Cosa, dass es ruhmreicher sei, mit ihm auf große Fahrt zu gehen, und charterte das Schiff. Als glühender Verehrer der Mutter Gottes gab er ihm den Namen *Santa María*. Unter diesem Namen kennen wir es als das berühmteste Schiff der Seefahrtsgeschichte.

Die Schiffe hatte er nun, aber als er die Mannschaften dafür anheuern wollte, waren Kneipen und Kais mit einem Schlag wie ausgestorben. Die Seeleute von Palos, die sonst nichts fürchteten als den Leibhaftigen, hatten Angst, unter dem Kommando eines Mannes auszulaufen, von dessen seemännischen Qualitäten nichts bekannt war. Königliche Erlasse, die dieser Don Cristóbal anscheinend in größerer Anzahl mit sich führte, genügten nach ihrer Meinung nicht, ein Schiff durch fremde Ozeane zu führen.

Aber einer davon reichte zumindest, um seine Schiffe zu bemannen – wenn auch nicht mit Seeleuten. »... sollen alle in Freiheit gesetzt werden, die mit besagtem Colón gehen, und wenn ein Zivil- oder Strafverfahren anhängig ist, so soll das Verfahren niedergeschlagen werden«, hieß es in der Verfügung, und Columbus beabsichtigte, davon Gebrauch zu machen. Er holte sich einen jungen Burschen aus dem Kerker, der einen anderen im Streit erschlagen hatte, und nahm gleich die drei anderen mit, die versucht hatten, den Freund zu befreien, und nun auch auf ihre Hinrichtung warteten. Bis in die neuere Zeit wurde deshalb kolportiert, Columbus habe Amerika mit einer Bande von Galgenvögeln und Halsabschneidern entdeckt. Die vier aber waren die einzigen ehemaligen Sträflinge unter der Besatzung. Sie bewährten sich als Armbrustschütze, Vollmatrose, ja als Steuermann und wurden nach der ersten Reise prompt begnadigt: »Weil ihr«, wie die Könige schrieben, »euer Leben eingesetzt, um Uns zu dienen auf der Fahrt mit Unserem Admiral des Weltmeeres.«

Irgendwann muss Columbus eingesehen haben, dass er sich mit Martín Alonso Pinzón zusammensetzen musste, diesem wenig umgänglichen, aber unumgänglichen Mann, erfahrenen Kapitän und populärer Lokalgröße in einem. Er brauchte ihn, begriff aber schnell, dass auch Pinzón ihn brauchte. Don Cristóbal hatte eine Mission, Martín Alonso ging es um ein gewinnbringendes Abenteuer. Von dem Moment an, da sie sich darauf geeinigt hatten, dass der eine der Kopf sein würde, der andere der Arm, liefen die Vorbereitungen reibungslos, und die Seeleute erschienen wie von Zauberhand wieder auf der Bildfläche. Wenn der alte Seebär Pinzón mit von der Partie war, würden sie allen Stürmen des Meeres und seinen Ungeheuern trotzen, und so waren die Seekisten rasch hervorgeholt.

Den penibel geführten und ebenso sorgsam aufbewahrten Lohnlisten verdanken wir es – hier sei die Bürokratie einmal gelobt –, dass uns von den neunzig Besatzungsmitgliedern der Kernmannschaft siebenundachtzig ziemlich genau bekannt sind. Dreiundachtzig von ihnen waren Spanier, gut ausgebildete junge Seeleute, die vornehmlich der andalusischen Küstenbevölkerung entstammten; zehn kamen aus dem Norden, aus Galicien und dem Baskenland, einer aus der Stadt Murcia.

Lediglich vier Ausländer waren an Bord: ein Venezianer, ein Kalabrese, ein Portugiese und ein Genuese. Die Listen von Colóns *tripulantes* vermitteln detaillierte Informationen. Die beiden Briten, die von englischen Historikern, sozusagen als blinde Passagiere, an Bord geschmuggelt worden waren, konnten entlarvt werden. Amerika ist von Spaniern auf spanischen Schiffen entdeckt worden. Das mag jene Spanier darüber hinwegtrösten, dass der Chef des Unternehmens ein Italiener war; sofern sie das überhaupt zuzugeben bereit sind.

James A. Michener schreibt über einen Besuch in einer Buchhandlung in Barcelona: »... er (der Besitzer) hörte nur mit halbem Ohr auf meine Wünsche, denn ihn erfüllte Entrüstung über einen Tatbestand, der jeden spanischen Intellektuellen erbost: Die Amerikaner hatten den Columbustag wieder einmal dazu missbraucht, den Italienern unverdiente Lorbeeren zu spenden. ›Herrgott noch mal!‹ schrie der Besitzer des zum Bersten vollen Kabinetts, und sein rundes Gesicht rötete sich beim Gedanken an die Spanien angetane Schmach. ›Nur ein Narr hält Colón heute noch für einen Italiener.‹«

Er nannte dem amerikanischen Schriftsteller gleich ein Dutzend Gründe, warum Columbus einfach kein Italiener gewesen sein konnte. Aber auch kein Kastilier: »Kein Zweifel«, rief er, »Cristóbal Colón war Katalane!«

Trotz des Zweckbündnisses zwischen Columbus und Pinzón vergingen der Juni und der Juli, ehe die drei Schiffe zum Auslaufen bereit waren, Monate, die in erster Linie damit verbracht wurden, die Ausrüstung und den Proviant für ein Jahr zu beschaffen. Auf diese Dauer richtete man sich einschließlich der Rückreise ein. Die Liste der Ausrüstungsgegenstände und des Proviants, die ein Schiff für einen solchen Zeitraum brauchte, ist endlos. Um sie Punkt für Punkt abzuhaken, brauchte es Wachsamkeit und Misstrauen. Obwohl die Lieferanten strenge Anweisung vom Hof erhalten hatten, den Don Cristóbal redlich und gewissenhaft zu bedienen, versuchten sie nach ihrer Gewohnheit immer wieder, den Wein mit Wasser zu vermischen – und nicht nur den Wein. Vorräte an Bord zu bringen, um sie mithilfe eines bestochenen Aufsehers heimlich gegen minderwertige auszutauschen, war üblich.

Verstaut wurden Fässer mit gepökeltem Schweinefleisch, gedörrtem Seefisch, Säcke mit Mehl, Bohnen, Kichererbsen, Schnüre mit Zwiebeln und Knoblauch, in Sackleinwand gewickelter Quittenkäse, in Schläuche aus Ziegenleder gefüllter Wein, Fässer mit destilliertem Süßwasser, Kisten mit Mandeln und Rosinen, Fässchen mit Sardellen, Gefäße mit Salz, Kapern, Honig, Öl und Kerzen für die Laternen; Wachs und Werg für die Abdichtung der Fugen, Pech und Talg für den Schiffsboden, Walfischöl und Fichtenharz für den Schutzanstrich, Kupferkessel, kupferne Backöfen, Blasebälge, Wetzsteine, Vorlegemesser, Holzschüsseln, Mörser mit Stößel, eiserne Löffel, Trichter, komplettes Werkzeug, Vorhängeschlösser, Harpunen, Netze, Fischgabeln, Fußketten und Handschellen für Gefangene oder Meuterer, Ersatztaue, Ersatzsegel, Ersatzmasten, Ersatzanker, nautisches Gerät in doppelter und dreifacher Ausführung wie Kompass, Kompassnadel, Stundengläser, Astrolabien, Quadranten, Armbrüste, Musketen, kleine Kanonen, Falkonetten geheißen, und größere auf Lafetten montierte Geschütze, so genannte Bombarden.

Die dafür benötigten Kugeln und Steine dienten gleichzeitig als Ballast. Doch war die ganze Armierung nur zur Verteidigung gedacht und nicht zum Angriff (wie bei den späteren Fahrten der Cortéz und Pizarro). Die bessere Munition erhoffte man sich von den bunten Glasperlen, Spiegeln, Glöckchen, roten Kappen, türkischen Hosen, karierten Schnupftüchern, Kämmen, Messingringen. An den Küsten Westafrikas, so viel wusste man von den Portugiesen, hatten sich diese Tauschartikel bewährt. Gold für Plunder hatten die Eingeborenen dort gegeben. In heillosem Hochmut der weißen Rasse nahm man an, dass Chinesen, Japaner, Inder mit dem gleichen freudigen Schreck in die Spiegel starren und die Glöckchen klingeln lassen würden.

Santa María, Pinta und Niña

Am Morgen des 3. August 1492 tritt Columbus auf den achteren Deckaufbau der *Santa María*. Es ist noch dunkel. Nur im Osten zeigt der Himmel einen hellen Schein. In der Luft liegt der dumpfe Geruch des Brackwassers. Die Segel hängen schlaff herab, kein Windhauch regt sich. Sie haben ihn gewarnt, an einem Freitag auszulaufen, an einem Freitag starb der Herr am Kreuz. Aber er wollte keine Stunde, keinen Tag mehr warten. Zusammen mit den Männern ist er hinaufgegangen zur Kirche San Jorge, hat gebeichtet und das heilige Abendmahl empfangen.

Um 4.45 Uhr, eine halbe Stunde vor Sonnenaufgang, gibt er den Befehl »Anker auf!«. Träge lösen sich die drei Schiffe von den Hafenmauern. Das ablaufende Wasser dreht sie allmählich in die Flussmitte. Mithilfe der Ruderhölzer, die die Matrosen im gleich bleibenden Rhythmus einsetzen, gewinnen sie etwas Fahrt. Unermüdlich winken die Frauen, rufen die Kinder, von denen viele ihre Männer und Väter nicht wieder sehen werden.

An Backbord tauchen die Umrisse des Klosters La Rábida aus dem Dunst. Über das Wasser hallt feierlich der Gesang der Mönche zur Prim, der Stunde des ersten Gebets. Columbus horcht hinüber. Dort hat es angefangen, als er aus Portugal bei Nacht und Nebel herüberkam. Was hinter ihm liegt, dünkt ihn wie ein schwerer Traum. Was vor ihm liegt, schreckt ihn nicht. Voll tiefer Dankbarkeit kniet er nieder und stimmt in den Gesang ein: »*Deo Patri sit gloria, eiusque soli Filio, cum Spirito Paraclito et nunc et in perpetuum.*« Die um ihn sind, tun es ihm nach. Sein Sohn Diego, dort oben zur Schule gegangen, ist jetzt Page beim Prinzen Juan, dem ältesten Sohn der Könige. Von der Admiralsflagge des Großmasts leuchten ihre Initialen im Licht der aufgehenden Sonne: F für Ferdinand, Y für Ysabella.

Nachdem sie La Rábida passiert haben, biegen sie backbords in den Río Saltés. Ein Mensch mit seherischen Gaben hätte dem Admiral jetzt zuraunen können: »Dort oben, Columbus, wird einst dein Denkmal stehen, hochragend auf gewaltigen Quadern, in Dankbarkeit gewidmet von den Bewohnern des Kontinents, den du entdecken wirst.« Hart steuerbord geht es nun über die Barre, die Untiefe der trichterförmigen Flussmündung, mit Kurs auf Lagos. Vor sechzehn Jahren war er dort, wie wir wissen, den Flammen des brennenden Schiffs entkommen und hatte sich, mehr tot als lebendig, an den Strand gerettet.

Noch in Küstennähe kam endlich Wind auf, und die Segel begannen sich zu blähen. Der Admiral beobachtete besorgt, wie die achtern laufende *Niña* gegen die schräg von vorn kommende See kämpfen musste. Sie trug noch die dreieckigen Segel, eine Takelung, die sie beim Kreuzen überlegen machte,

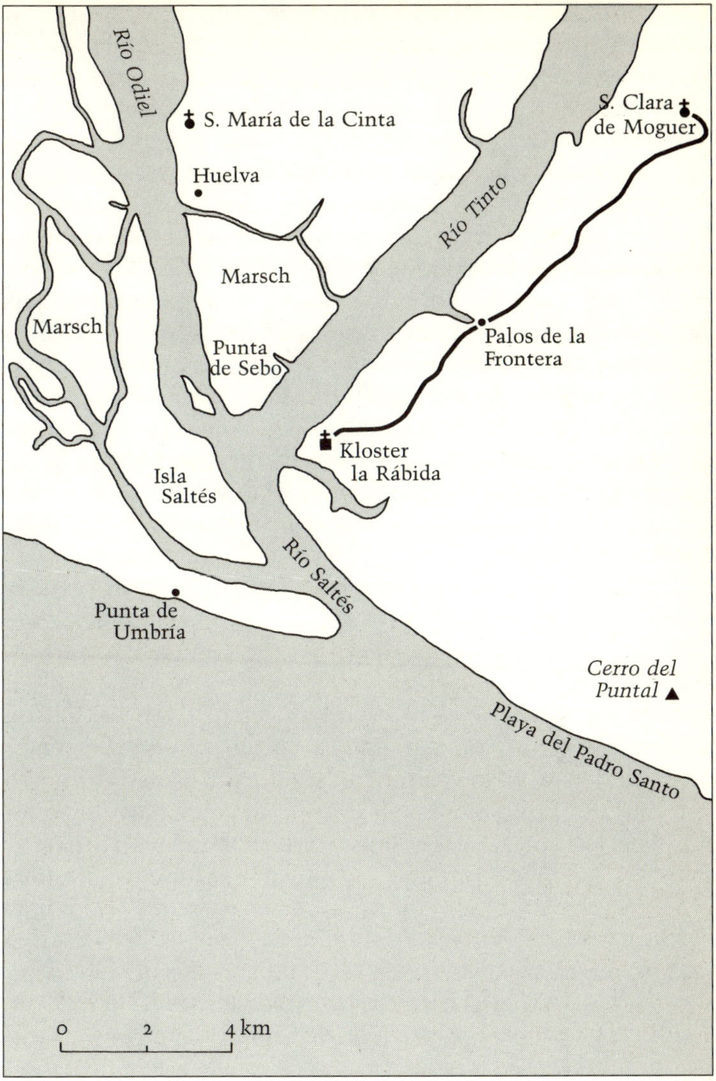
Río Odiel
S. María de la Cinta
Huelva
Marsch
Marsch
Punta
de Sebo
Isla
Saltés
Punta de
Umbría
Río Saltés
Río Tinto
S. Clara
de Moguer
Palos de la
Frontera
Kloster
la Rábida
Cerro del
Puntal
Playa del Padro Santo
0
2
4 km

bei der Fahrt vor dem Wind aber gieren ließ; dann pendelte sie ständig um die Hochachse und kam dadurch immer wieder vom Kurs ab. Ihr Eigentümer war Juan Niño, der beste Freund des Admirals; wie überhaupt die aus Moguer stammende Seefahrerfamilie der Niños (daher der Name *Niña*) Columbus treu zur Seite stand. Ganz im Gegensatz zu den Pinzones.

Der älteste Pinzón, Martín Alonso, war der Kapitän der *Pinta*. Sie lief an der Spitze der kleinen Flotte, und sie wird während der ganzen Reise bemüht sein, vorn zu bleiben. Schließlich war eine hohe Belohnung zu verdienen für den, der als Erster Land sichten würde.

Columbus begann bereits zu bereuen, dass er sich ausgerechnet ein Nao gechartert hatte. Es bereitete ihm Mühe, der *Pinta* zu folgen. Was er unter den Füßen hatte, war ein plumpes, schwerfälliges Boot mit einem zu großen Tiefgang. Das sollte sich als besonders nachteilig erweisen, als es darum ging, die fremden Küsten zu erkunden. Columbus hat deshalb die *Santa María* nie so recht gemocht. Wenn er sie trotzdem zur *capitana*, zum Flaggschiff, gemacht hatte, dann aus dem Grund, weil sie am größten war.

Doch wie groß war sie? Und wie groß waren die beiden anderen Schiffe?

Originalpläne oder Baudaten sind nicht erhalten, zeitgenössische Beschreibungen sind zu ungenau, und das Wrack einer Karavelle aus der Frühzeit der Entdeckungsfahrten ist noch nicht gefunden worden. Niemand weiß genau, wie die drei Schiffe wirklich ausgesehen haben. Oberlänge, Breite und Tiefgang, über die Form der Back und des Achterkastells, über die Höhe der Masten und ihre Zahl, die Form der Segel, über Decksplan und Takelage, Marsschoten, Toppnanten, Brassen und so fort wurde mit jener Erbitterung gestritten, wie sie für Archäologen, die gleichzeitig Schiffsbauer sind, kennzeichnend ist. Jedenfalls unterschied sich noch jede neue Rekonstruktion mehr oder weniger von der alten.

1979 jedoch zerriss ein Lichtstrahl den Nebel der Vergangenheit. Eugene Lyon, ein amerikanischer Historiker, entdeckte im *Archivo General de las Indias* in Sevilla ein vergilbtes Konvolut. Bei der mühseligen Lektüre des in einer altertümlichen Handschrift abgefassten 400-Seiten-Bandes, der unter dem Titel *Libro de Armadas* firmierte, stieß er auf den Namen *Niña*. Als er festgestellt hatte, dass es sich um die *Niña* des Columbus handelte, machte sein Herz ein paar Schläge mehr. Er erfuhr, wem das Schiff gehört hatte, wie stark die Besatzung war, wie viele Tonnen es laden konnte, mit welchen Geschützen es armiert war, wie es getakelt war und so fort.

Lyons Studie aller von dem alten Flottenhandbuch übermittelten Angaben über Ausrüstung, Ladung, Tragfähigkeit der *Niña* und die Takelage von zwanzig Schiffen der damaligen Zeit ermöglichte die bisher zuverlässigste Rekonstruktion der Karavelle. Danach war sie 20,10 Meter lang, 6,30 Meter breit, hatte einen Tiefgang von 2,10 Meter und konnte etwa 60 Tonnen Last aufnehmen. Die Segel waren nicht an drei Masten angeschlagen, wie bisher angenommen, sondern an vier. Großmast und Fockmast wurden von sechs beziehungsweise vier Wanten gehalten und trugen Rahsegel, die beiden hinteren Masten dagegen die alten dreieckigen Lateiner.

Da die *Pinta* von den Zeitgenossen als »etwas größer« geschildert wird, kann man die für die *Niña* angegebenen Werte als Grundlage für eine Rekonstruktion nehmen. Anders dagegen verhält es sich mit der *Santa María*, die, wie erwähnt, keine Karavelle war, sondern ein Nao, ein Frachtsegler. Ein solches Schiff war länger und breiter als eine Karavelle, hatte einen größeren Tiefgang und eine höhere Tragfähigkeit. Vorsichtige Schätzungen ergeben eine Länge von 24 Metern, eine Breite von 7,5, einen Tiefgang von 2,3 Metern und eine Tragfähigkeit von etwa 90 Tonnen. Ihr Hauptmast war höher als das Schiff in der Länge maß und trug wie der Fockmast und der Besanmast die erwähnten – rechteckigen – Rahsegel. Mit dieser Takelage liefen die Schiffe besser vor dem Wind und erleichterten sich das schwierige Manöver des Halsens. Mit achterlichen Winden konnte Columbus rechnen. Wer die im Hafen von Barcelona liegende *Santa María* besichtigt, einen Nachbau, wird sich ein einigermaßen zuverlässiges Bild davon machen können, wie das Original ausgesehen hat. Und er wird im Angesicht der einlaufenden Containerriesen und Oceanliner zum ersten Mal ermessen, was es bedeutete, mit einer derartigen Nussschale in fremde Meere vorzustoßen.

Die Rahtakelung war den alten dreieckigen Lateinersegeln derart überlegen, dass die *Niña* später umgerüstet wurde. An Großmast und Fockmast wurden Rahsegel angeschlagen, nur die achteren beiden Masten behielten das Dreieckssegel. Sie war ohnehin kürzer und schmaler, hatte einen geringeren Tiefgang als das Flaggschiff und verfügte nun über hervorragende Segeleigenschaften. Auf diese Weise wurde die *Niña* zum Lieblingsschiff des Admirals. Sie trug ihn auf der ersten Reise zurück in die Heimat, machte die zweite Reise mit, wurde zum Admiralsschiff auf der Erkundungsfahrt nach Cuba gewählt, geleitete den Generalkapitän 1496 mit mehr als hundert Passagieren sicher nach Hause und war auch auf der dritten Reise wieder dabei. Das kleine Schiff, dessen Planken lediglich von Holznägeln zusammengehalten wurden, hielt jedes Wetter aus und trotzte als einziger Segler dem Wirbelsturm von 1495 in den karibischen Gewässern.

In der Höhe von Sagres drehten die drei Schiffe nach Südsüdwest, eine ziemlich extreme Kursänderung, so scheint es, und doch wohl überlegt. Columbus wollte die Kanarischen Inseln erreichen. Von seinen Fahrten an die westafrikanische Küste wusste er, dass ihn dort die von Osten wehenden Passatwinde erwarteten. Und da Cipangu laut der Karte des Toscanelli auf derselben Höhe lag wie die Kanaren, brauchte man dann nur noch einen konsequenten Westkurs einzuhalten. So einfach schien das. Die See zwischen der Algarve und

Karavellen aus der Zeit des Columbus mit dem charakteristischen hohen Achterdeck.

den Inseln wäre zudem eine Art Teststrecke, nach deren Überwindung man mehr wissen würde über die Seetüchtigkeit der Schiffe und die Qualitäten der Besatzung. Auf der *Pinta* waren das sechsundzwanzig Mann, auf der *Niña* vierundzwanzig und auf der *Santa María* vierzig.

Columbus ließ sich an diesem Abend von Maestre Juan Sánchez, dem Schiffsarzt, behandeln, der mit seinem Medikamentenkasten auf der Back zwischen Tauen, Segeln, Rollen, Blöcken mehr schlecht als recht untergekommen war. Der Admiral litt immer noch unter der alten Verletzung, die er sich bei dem Seegefecht am Kap São Vicente zugezogen hatte. Der andere Sánchez war ein Beamter, von den Königen an Bord befohlen, damit er den ihnen zustehenden Anteil an der zu erwartenden Beute peinlich überwache; denn Kontrolle galt ihnen mehr als Vertrauen. Unterstützt in seinem Amt als *veedor real* wurde er von einem zweiten Beamten unbekannten Namens. Señor Escobedo, seines Zeichens Flottenschreiber, protokollierte das, was die beiden anderen kontrolliert hatten. Dann gab es noch den aus »besseren Kreisen« stammenden Don Pedro Gutiérrez, über den das Gerücht nicht verstummen wollte, wonach er nicht als Privatreisender an Bord gegangen war, sondern als Spitzel des Hofs.

Die Nacht vom 5. zum 6. August war sternenklar. Im Schein des Monds leuchteten die auf die Segel gemalten großen Kreuze, Symbole des Friedens und des Heils – doch sie sollten weder das eine noch das andere bringen.

Der Genuese zog sich in seine achtern gelegene Kajüte zurück, die ein heutiger Kapitän kaum betreten, geschweige denn monatelang bewohnen würde. Nicht von ungefähr hieß sie bei den Seeleuten *toldilla* – die Hütte. Sie war möbliert mit einem Bett nebst Baldachin, einem Tisch, zwei Bänken, einer Truhe und einem tresorartigen Schrank für Logbuch, Karten, Dokumente. Drei schmale Fensteröffnungen ließen die See mehr erahnen denn sehen.

Der unter der Kajüte liegende Verschlag für Schiffsführer und Pilot war so eng, dass sie in ihre Kojen kriechen mussten. Die Matrosen packten sich dorthin, wo sie zu Beginn ihrer Freiwache gerade standen, und wer dabei den Platz an der Ladeluke mittschiffs erwischte, konnte sich glücklich schätzen, denn nur hier war das gewölbte Deck eben.

Irgendwo an Bord muss es auch noch Kojen für die königlichen Beamten gegeben haben. Und für den Dolmetscher. Luís de Torrres war ein konvertierter Jude, sprach Chaldäisch, Hebräisch und Arabisch. Das Arabische war die am weitesten verbreitete Sprache in der bekannten Welt, galt als Mutter aller Sprachen und würde deshalb, so vermutete man, wohl auch in der – noch – unbekannten Welt verstanden werden. Vom Großkhan von China zum Beispiel. Den gab es zwar seit dem Sturz der Tatarendynastie, 1368, nicht mehr, und die Kunde, die einst von ihm gekommen war, wonach er unter den christlichen Fürsten Verbündete gegen die Moslems gesucht, hätte keiner Prüfung standgehalten. Die Katholischen Könige hinderte das nicht, den Großen Khan anzureden, als sei er ein lieber alter Freund.

Romanze auf den Kanaren

Columbus las in seiner *toldilla* beim Schein der Wachslichte den Brief an den Großen Khan wieder und wieder. Der Gedanke, dass er den Kaiser der Kaiser bald kennen lernen würde – und das war für ihn eine Gewissheit –, ließ ihn erschauern.

Aus dem Munde vieler Unserer Untertanen und anderer, die aus Euren Königreichen zu Uns gekommen, haben Wir mit Freuden vernommen, von welch edler Gesinnung und bestem Willen Ihr Uns und Unserem Staate gegenüber beseelt seid, mit welch aufrichtigem Wunsch Ihr günstigen Nachrichten von Uns entgegensehet. Aus diesem Grunde haben Wir verfügt, Unseren edlen Kapitän Cristóbal Colón mit Geschenken zu entsenden, durch den Ihr zugleich über Unseres Staates Wohlbefinden erfahren werdet sowie über andere Dinge, ganz so als ob es von Uns selbst berichtet würde. Wir bitten Euch, seinem Bericht Vertrauen zu schenken, was auch Uns sehr angenehm sein und Uns zu Dank verpflichten würde.

In Unserer Stadt zu Granada, am 30. April im Jahre des Herrn MCCCCLXXXXII.

Bevor der Admiral den Brief wieder in den Schiffstresor einschloss, warf er noch einen Blick in seine Geleitbriefe, in denen alle hochberühmten Könige und alle erlauchten Herzöge, Marquis, Grafen, Vizegrafen, Barone, Landesherren sowie alle Schiffseigner gebeten werden, dem edlen Manne Colón zu helfen, der ausgesandt wurde, durch die ozeanischen Meere nach Indien zu fahren »zwecks Verbreitung des göttlichen Wortes als auch zum Nutz und Vorteil Unserer selbst«.

Wie er es nun an jedem Abend tun würde, kniete er nieder und betete, dass der Herrgott, der ihn für diese Aufgabe auserkoren, ihm auch die Kraft und die Fähigkeit gebe, sie zu bewältigen.

Im Morgengrauen des 6. August wurde der Admiral vom Schiffsführer aus dem Schlaf geweckt: Die *Pinta* habe mittels des achtern hängenden Kohlebeckens Rauchsignale gegeben und treibe dahin, als gehorche sie dem Steuermann nicht mehr. Bald war die *Santa María* nahe genug, um die Vermutung bestätigt zu bekommen. Die raue See im *Golfo de las Yeguas*, in der schon oft Segler schiffbrüchig geworden waren, hatte das schwere eichene Ruder aus den Lagern gehoben.

Columbus ging an Bord des Havaristen und musste sich vom älteren Pinzón eine lange Geschichte anhören, die darauf hinauslief, dass Quintero, Quertreiber von Beginn an, da er nicht Kapitän auf seinem eigenen Schiff hatte sein dürfen, aus

Angst, auf der Fahrt ohne Wiederkehr die *Pinta* zu verlieren, die Halterung heimlich gelockert und so die Havarie verursacht habe, hoffend, dann in Höhe der Kanaren umkehren zu können.

Beweise? Pinzón zuckte mit den Schultern. Zu beweisen bräuchte er nichts, er wisse es einfach. Columbus glaubte ihm umso mehr, als auch er vor der Abreise gemerkt haben wollte, dass Quintero gewisse Betrügereien und Machenschaften anzuzetteln sich bemüht hatte.

»Dieser Vorfall«, schrieb er in das Logbuch, »versetzte mich zwar in große Unruhe angesichts der Unmöglichkeit, der genannten Karavelle zu Hilfe zu eilen, ohne mich selbst in Gefahr zu begeben, jedoch gewährt mir der Gedanke einigermaßen Erleichterung, dass Martín Alonso Pinzón Mut und Geistesgegenwart besitzt.«

Pinzón gelang es, das Ruder mit Tauen zu befestigen. Als es anderntags erneut heraussprang und achtern zusätzlich ein Leck entstand, ließ der Admiral statt der Insel Lanzarote den Hafen von La Canaria ansteuern. Die *Pinta* sollte auf der dortigen Werft repariert werden. Doch die Karavellen gerieten – schon hoben sich die Berge aus dem Dunst – in eine Wetterlage, die die Seeleute mehr fürchteten als jeden Sturm: die völlige Flaute. Eine Windstille, gegen die weder mit den langen Eschenriemen noch mit Gebeten etwas auszurichten war. Den nach drei endlosen Tagen etwas auffrischenden Wind benutzten die *Santa María* und die *Niña* dazu, sich nach La Gomera abzusetzen – wo Columbus ein neues Schiff zu chartern hoffte –, während die *Pinta* ihr Glück in Las Palmas versuchen sollte.

La Canaria, Teneriffa, Lanzarote, Fuerteventura, Palma, Gomera, Hierro – heute in ihrer Mehrzahl von einer verantwortungslosen Touristikindustrie im Beton erstickt – galten in der Antike als die »Glückseligen Inseln«. Von der Sonne verwöhnt, die im Sommer nicht zu heiß brennt, den Winter aber milde macht, vor Austrocknung geschützt durch die Passatwolken, konnten sie eine vielfältige Flora entwickeln, die in den einzelnen Vegetationszonen von tropischen Pflanzen bis zu alpinen Gewächsen reicht; bewohnt von einem friedlichen, von den Berbern Nordafrikas abstammenden Hirtenvolk, den Guanchen, glichen sie tatsächlich einem Garten Eden.

»Dort ist kein Schnee, kein Winterorkan, kein gießender Regen, ewig wehen die Gesäusel des leise atmenden Westes, welche der Ozean sendet, die Menschen sanft zu kühlen«, singt Homer.

1344 vermachte Papst Clemens VI. die Inseln dem spanischen Edelmann Luis de Cerda und krönte ihn zum König von Canarien. Sie gehörten ihm zwar nicht, wurden aber von Heiden bewohnt, und heidnisch war nach dem Verständnis des späten Mittelalters gleich herrenlos. Cerda nahm sein Königreich jedoch nie in Besitz. Robert von Bracamonte, der die Inseln wiederum von Heinrich III. von Kastilien geschenkt bekam, dessen Eigentum sie auch nicht waren, machte ebenfalls keinen Gebrauch von dem Geschenk. Er trat seine Rechte dem Vetter Jean de Béthencourt ab, und der schritt endlich zur Tat, eroberte innerhalb kurzer Zeit Lanzarote, Fuerteventura (wo das Städtchen Betancuria seinen Namen trägt), Hierro und Gomera.

Schließlich beanspruchten die Katholischen Könige die Inseln, kauften die des Monsieur Béthencourt und gaben Diego de Herrera den Befehl, La Canaria zu erobern. Die Einwohner, bewaffnet mit Holzschild, Keule und Wurfspeer, verteidigten ihre Heimat in einem erbitterten, sich über fünf Jahre hinziehenden Guerillakrieg. Sie unterlagen den Feuerwaffen, dem Verrat und dem Betrug. Wer sich nicht zum katholischen Glauben bekehrte, wurde versklavt oder vertrieben.

Als Columbus die Inseln erreichte, war La Canaria notdürftig »befriedet«, auf La Palma wurde noch gekämpft; die Guanchen von Teneriffa bereiteten mit ihrer selbstmörderischen Tapferkeit den Spaniern die Hölle auf Erden, trieben sie bei der heutigen Ortschaft La Matanza de Acentejo zu Paaren und unterlagen erst vier Jahre später, durch eingeschleppte Seuchen geschwächt, der Übermacht. Bencomo und Tinguaro hießen die Führer der Guanchen, zwei Männer, von denen niemand mehr spricht, die dennoch den Untergang eines kleinen, tapferen Volkes ins Symbolhafte erheben.

Der als kurzer Zwischenstopp gedachte Aufenthalt auf den Kanaren zog sich quälend lange hin. Columbus hatte im Hafen von Gomera Holz, Wasser, Schafskäse aufgenommen und wartete nun mit brennender Ungeduld auf eine Nachricht von Pinzón. Nachdem der Bote, den er auf einem Küstensegler nach La Canaria geschickt hatte, neun Tage überfällig geworden war, beschloss er, sich persönlich von der Sachlage zu überzeugen. Im Hafen von Las Palmas war jedoch keine *Pinta* zu sehen. Sein Misstrauen gegenüber Pinzón war sofort wach und ließ ihn an Verrat, Sabotage, Intrigen denken.

Am nächsten Tag endlich lief die *Pinta* schwer angeschlagen ein. Wieder sei, so der Schiffsführer, das Ruder aus der Halterung gerissen worden und habe sie zum Spielball von Wellen und Strömungen gemacht. Was ihm Columbus nicht so recht glauben wollte. Nachdem man sie in der Schmiedewerkstatt repariert – denn ein anderes Schiff war auch hier nicht aufzutreiben – und die Takelage der *Niña* von Lateiner- auf Rahsegel umgestellt hatte, konnte die Flotte endlich auslaufen. Doch noch immer nicht zu großer Fahrt, sondern wieder zurück nach Gomera. Und wer jetzt nach dem Warum fragte, dem würde man antworten müssen: *cherchez la femme.*

Der Gast, der heute im Parador Nacional von San Sebastián, dem Hauptort der Insel, absteigt, trifft in einem der Räume auf ein Gemälde, aus dem ihn ein wunderschönes Frauenzimmer anschaut: Doña Beatriz de Bobadilla. Schwarzhaarig, mit grünblauen Augen, dreißig Jahre alt und Witwe dazu, war sie gewiss imstande, auch einen künftigen Weltentdecker für

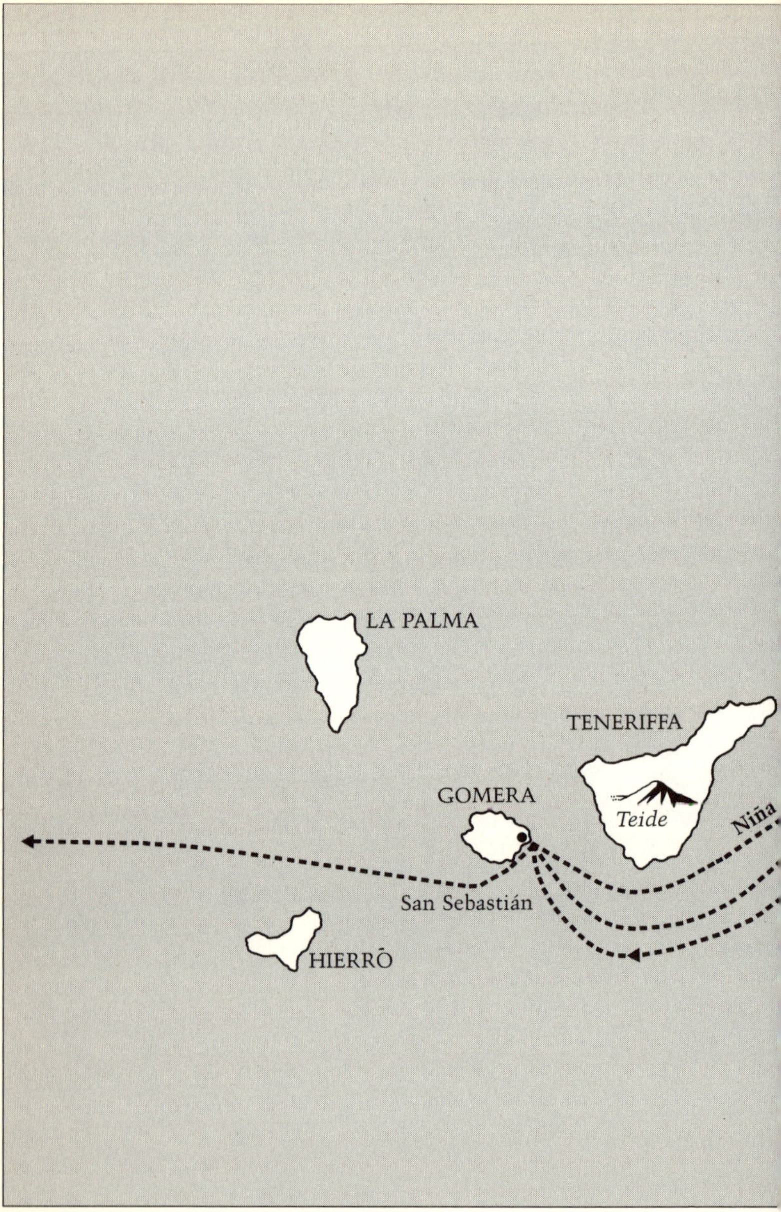
LA PALMA
TENERIFFA
Teide
GOMERA
Niña
San Sebastián
HIERRO

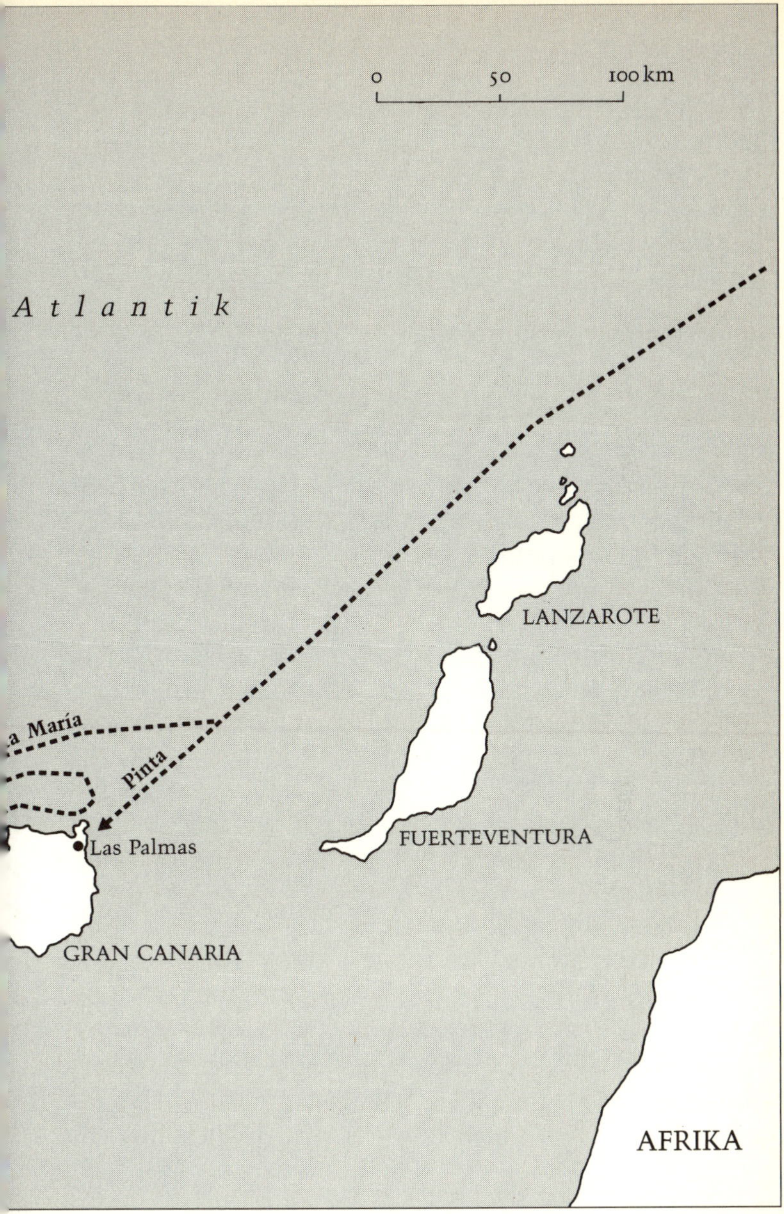
0
50
100 km
Atlantik
LANZAROTE
FUERTEVENTURA
a María
Pinta
Las Palmas
GRAN CANARIA
AFRIKA

ein paar Tage aufzuhalten; einen Mann, der lange keine Frau besessen hatte und noch länger keine mehr besitzen würde. Die immer wieder gestellte Frage »Hat er nun, oder hat er nicht?« beantwortet sich eigentlich von selbst.

Als Columbus diesmal an der Reede von San Sebastián festmachte, war sie, auf die er beim ersten Aufenthalt so lange gewartet hatte, endlich eingetroffen. Vier Tage und Nächte war er ihr Gast in der alten Burg, von der noch die *Torre del Conde* steht, im Volksmund Columbusturm genannt. Gouverneurin von La Gomera, Statthalterin der Krone, das hörte sich bedeutend an, für Beatriz aber war es ein Verbannungsort. Ihre Gedanken flogen sehnsuchtsvoll über das Meer an den Hof Isabellas und Ferdinands.

Ihre Schönheit war ihr dort zum Verhängnis geworden, da sie, die bevorzugte Ehrendame der Königin, von Ferdinand auf Schritt und Tritt verfolgt wurde; Nachstellungen, die Isabella, obwohl von ihrem Gemahl so manches gewohnt, nicht gefallen konnten, noch dazu, wenn sie sich derart schamlos in der Öffentlichkeit abspielten. Als eines Tages der Gouverneur von Gomera, Graf Hernán Peraza, der sich eines Verbrechens wegen zu verantworten hatte, am Hof erschien, hatte Isabella einen sehr weiblichen Einfall: Wolle der Herr Graf der ihn erwartenden schweren Strafe entgehen, so bräuchte er nur der Beatriz sein Jawort zu geben und sie anschließend mit auf seine Insel zu nehmen (die so schön weit weg war). Eine Strafe, die Peraza gern auf sich nahm, doch lange Zeit war ihm – wohl kaum zum Kummer seiner Angetrauten – nicht mehr beschieden; er kam bei einem Aufstand um.

DAS LOGBUCH

Am 6. September endlich ließ Columbus die Anker lichten – nach schmerzlichem Abschied von Beatriz. Doch sollten die beiden sich nicht das letzte Mal getroffen haben. Als die Schiffe bei mäßigem Wind zwischen Gomera und Teneriffa kreuzten, war die Luft plötzlich erfüllt von dumpfem Grollen, das aus der Tiefe des Meeres zu kommen schien. Der Pico de Teide schien sie mit einem Salut aus Rauch und Feuer zu verabschieden. Der 3700 Meter hohe Vulkan (der heute lediglich schläft) ängstigte die Matrosen, denn sie sahen in den Eruptionen keinen Abschiedsgruß, sondern eine letzte Warnung des Himmels, mit einer solchen Reise nicht das Schicksal herauszufordern. Vielen schien erst jetzt klar geworden zu sein, auf was für eine lebensgefährliche Unternehmung sie sich eingelassen hatten. Als nämlich mit der Küste Hierros, der kleinsten Insel des Archipels, das letzte Land außer Sicht geraten war für lange Zeit, seufzten sie tief auf und begannen zu schluchzen. Zwar hielten sie die Erde nicht mehr für eine Scheibe, an deren Rand angelangt das Schiff in den Weltraum stürzen würde, tief jedoch saß die Angst vor drachenflügligen Meeresungeheuern, dreibeinigen Menschenfressern, vor Wassern wie flüssiges Blei. Was besagte es schon, dass die Westafrikafahrer unter ihnen diesen Schrecken entgangen waren? Das wahre *mare tenebrosum* lag jetzt vor ihnen.

Ihren Admiral plagten erst einmal andere Sorgen. »Eine uns begegnende Karavelle, die von der Insel Ferro [Hierro] kam, verständigte mich davon, dass in jenen Gewässern drei portugiesische Karavellen kreuzten, in der Absicht, mich abzufangen. Dieses Vorhaben stehe im Zusammenhang mit dem Unwillen des Königs von Portugal, der darüber verärgert war, weil ich mich nach Kastilien begeben hatte, um dem König dieses Landes meine Dienste anzubieten.«

Vielleicht hätten Columbus und seine Männer die Schiffe gesichtet, wenn nicht wieder eine Flaute eingetreten wäre. Fast drei Tage und drei Nächte dümpelten sie träge dahin, bis endlich die Segel sich blähten. Jener aus Nordost wehende

Wind hatte sich erhoben, der sie von nun an wie auf Engelsflügeln ihrem Ziel entgegentreiben würde: der Passat.

Es ist ein Wind, der nie zu heftig ist und nie zu sanft, der regelmäßig weht und immer aus derselben Richtung, der nichts gemein hat mit den Winden des Mittelmeeres, die mal aus dieser Richtung wehen und mal aus jener, die mal schwach blasen und dann wieder stürmisch, den Seglern seit Odysseus eine Plage. »Erobern wollten sie den sagenhaften Trug des Goldes, das in Cipangus fernen Minen reifte. Und der Passat, der ihre Rahen biegend streifte, trieb nach des Okzidents Geheimnis ihren Bug.«

»Ich habe mir vorgenommen«, schrieb Columbus zu Beginn in das Logbuch, »Tag um Tag auf das Gewissenhafteste alles, was ich auf dieser Reise tun oder sehen werde, und jeden Vorfall niederzuschreiben, wie wir späterhin sehen werden. Und während ich, meine fürstlichen Herren, des Nachts festhalten werde, was sich tagsüber zugetragen hat, und im Laufe des Tages das in der Nacht Vorgefallene, habe ich mir überdies vorgenommen, eine neue Seekarte zu zeichnen, auf der ich die geografische Lage des ganzen Ozeans und der Länder dieses Ozeans angeben werde. Außerdem werde ich ein Buch zusammenstellen, worin ich alles nach äquinoktialer Breite und westlicher Länge bildhaft darstellen will.«

Damit Ferdinand und Isabella auch begriffen, was das in der Praxis bedeutete, fügte er hinzu: »Um dies alles vollbringen zu können, wird es unbedingt nötig sein, dass ich den Schlaf vergesse und meine ganze Aufmerksamkeit der Navigation zuwende; denn nur so wird es möglich sein, meine Aufgabe zu erfüllen. Dies wird unsäglich viel Mühe kosten.«

Eine ganze Reihe von Columbus-Büchern tragen Kapitelüberschriften wie »Der Streit um die Nationalität des Columbus«, »Der Streit um die Vaterstadt des Columbus«, »Der Streit um die Echtheit der Toscanelli-Karten«, »Der Streit um des Columbus Weggang von Portugal«. So nimmt es nicht wunder, dass auch das Schiffstagebuch umstritten ist. So manchem Biografen diente es zum Beweis seiner jeweiligen Theorie: wonach er kein Italiener gewesen sei; Indien gar nicht sein Ziel gewesen sei; ein anderer Amerika entdeckt habe und so fort. Nun bieten diverse Eintragungen in ihrer Ungenauigkeit und ihrem inneren Widerspruch tatsächlich Anlass zum Streit – falsche Ortsbestimmungen, verwechselte Himmelsrichtungen, verkehrte Kursangaben. Ungenauigkeiten, die zum einen natürlicher Art sind. Nach dem damaligen Stand der Schifffahrtskunde musste es zu Navigationsfehlern kommen. Zum anderen hat Columbus ganz bewusst falsche Angaben gemacht: *Sein* Indien, einmal entdeckt, sollte so leicht ein anderer nicht wiederfinden. Camouflage war deshalb notwendig. Für etliche andere Fehler sind jene verantwortlich, die das Tagebuch kopierten und Auszüge daraus machten.

Die Urschrift des Schiffstagebuchs von des Entdeckers Hand existiert nämlich nicht mehr. Nach der Rückkehr von der ersten Reise hatte er es seinen Königen in Barcelona feierlich überreicht. Der Hof war ständig unterwegs, das gesamte Aktenmaterial wurde bei der Verlegung der Residenz auf Karren verladen, und so ging das Logbuch irgendwann verloren. Da Columbus bereits nach wenigen Jahrzehnten vergessen war, darf man sich einen Registraturbeamten vorstellen, der das Geschreibsel eines unbekannten, wohl etwas verrückten Kapitäns einfach aussortierte. Auch die von den Schreibern hergestellten Kopien verschwanden. Zwei davon gelangten glücklicherweise vorher noch in die richtigen Hände: in die des Bischofs Las Casas, den wir als den Beschützer der Indios kennen lernen werden; und in die von Fernando Colón, der sie für seine *Geschichte des Lebens und der Taten des Christoph Columbus*, seines Vaters, benutzte.

Las Casas hat vieles weggelassen, was ihn nicht interessierte oder was er einfach nicht verstand. Navigation zum Beispiel war ihm Hekuba. Fernando hat einiges geschönt zum

Ruhme des geliebten, verehrten Vaters. Der Vorwurf jedoch, die beiden hätten das Dokument verstümmelt, umgeschrieben, frisiert, damit es für ihre Zwecke passe, ist von der modernen Columbusforschung widerlegt worden.

»Wir kamen um sechzig Seemeilen weiter«, notiert Columbus am 9. September. »Ich beschloss, weniger einzutragen, als wir tatsächlich zurückgelegt hatten, damit meine Leute nicht den Mut verloren, falls die Reise zu lange dauern sollte.«

Und einen Tag später: »Wir legten 240 Seemeilen in Tag- und Nachtfahrt zurück, mit einer Stundengeschwindigkeit von 10 Seemeilen, allein ich verzeichnete nur 192 Seemeilen, damit die Mannschaft wegen der großen Länge der Fahrt nicht unwillig werde.«

Mit dieser doppelten Buchführung betrog er seine Leute, aber sie erschien ihm als ein frommer Betrug, bei dem der Zweck das Mittel heiligte. Indien musste erreicht werden, und er würde es nicht erreichen, wenn die Besatzung eines Tages fragen würde, warum denn noch immer kein Land in Sicht sei nach so unendlich vielen Tagen, und ihn zur Umkehr aufforderte. Dann konnte er anhand seiner Eintragungen beweisen, dass die zurückgelegte Strecke viel geringer sei, als sie annahmen. Merkten sie denn gar nicht, würde er sie anherrschen, dass sie nach Guinea viel länger gebraucht hätten?

Doch vorläufig bestand kein Grund zu irgendwelcher Unruhe. Der Passat blies sanft und beständig, begleitet von den ihm eigentümlichen wolligen Wölkchen, das Meer in seinem blaugrünen Glanz blieb friedlich, Vögel folgten dem Kielwasser, Delfine umspielten die Schiffe, die einen silbernen Knochen im Maul hatten, wie der Seemann die Bugwelle nennt, und über allem lag der Schein einer milden Sonne.

»Mit wahrem Genuss erlebe ich die Schönheit eines jeden Morgens, denen fast nichts anderes zu ihrem vollen Zauber fehlte als der Sang der Nachtigallen. Es war wie ein herrliches Aprilwetter in Andalusien«, heißt es im Logbuch. Und etwas später: »Wir stellten auch fest, dass das Seewasser weniger salzig war als zurzeit unserer Abfahrt von den Kanarischen Inseln und dass die Luft immer milder wurde. So waren wir alle recht froh gestimmt, und die Schiffe liefen um die Wette, wer wohl als Erster das Land sichten werde. Wir sahen viele Thunfische, die Mannschaft der *Niña* erlegte auch einen von ihnen.«

Die Freude an der Natur war nicht selbstverständlich und Naturschwärmerei schon gar nicht. Die Elemente erschienen den Menschen meist als Feinde; umso erstaunlicher, wie Columbus sich in einem Schiffstagebuch hier ausdrückt, einer Kladde, die normalerweise von poetischen Ergüssen verschont bleibt.

»Gott gebe uns eine gute Reise!«

Unter den Columbus-Biografen nimmt Samuel E. Morison eine besondere Stellung ein. Er ist ein wirklicher und wahrhaftiger Admiral und hat Ende der 1930er-Jahre versucht, dem Kurs des anderen Admirals, dem des Weltmeeres, zu folgen. Mit einem Schiff, das in Takelung und Tonnage der *Santa María* ähnlich war, begab er sich auf die Reise. Was er dabei erlebte, machte ihn zu einem Bewunderer des Genuesen, der, wie er respektvoll schreibt, die Mängel seiner navigatorischen Kenntnisse immer wieder wettgemacht habe durch Instinkt und Intuition, einen sechsten Sinn, der ihn auf der ersten Reise kein falsches Manöver habe machen lassen. Wie Morison sich hineinversetzt in die unendliche Reise, wie er einen Tag an Bord wieder erstehen lässt, zeigt den Mann der Praxis.

Streng ging es zu an Bord und fromm zugleich. *Ora et labora* lautete das Motto. Seeleute waren den Elementen, sprich dem Walten Gottes, besonders ausgeliefert, und es schien zweckmäßig, sich mit dem Allmächtigen gut zu stellen. Das begann bereits am frühen Morgen bei Sonnenaufgang, den der jüngste Schiffsjunge mit dem Gebet begrüßte: »Gesegnet sei der Seele Grund, bewahrt vom Herrn zu jeder Stund, gesegnet sei der neue Tag und Gott, der dieses Werk vermag.«

Nach dem Vaterunser und dem *Ave Maria* ertönte noch einmal die Stimme des Moses (wie der Schiffsjunge auf den Segelschiffen später genannt wurde): »Gott gebe uns gute Tage, gute Reise, gute Fahrt dem Schiff, dem Herrn Kapitän und den guten Fahrtgenossen. O lasst uns eine gute Reise machen, ihr Herren vom Achterschiff und auch ihr Herren vom Vorschiff.«

Vor ihrer Ablösung begann die Frühwache mit den aus Weißdorn gebundenen Besen und Eimern voll Salzwasser das Deck zu schrubben. Um 6.30 Uhr drehte der Moses die Sanduhr zum siebten und letzten Mal um. Von diesen in Venedig geblasenen Gläsern führte, ihrer Zerbrechlichkeit wegen, jedes Schiff mehrere Exemplare mit. Um von oben nach unten zu rinnen, brauchte der Sand dreißig Minuten. War das Halbstundenglas achtmal umgedreht worden, wurde die nächste Wache geweckt. (Daher heute noch das Wort »Glasen« beim Wachwechsel auf Seeschiffen.) Mit dem lauten Singsang: »Auf, an Deck, an Deck, ihr Herren Seeleute von der richtigen Partie! Auf an Deck zur richtigen Zeit, eure und des Herrn Piloten Wache. Es ist schon Zeit, flink auf die Beine ...«

Die Matrosen hackten sich ein Stück Hartkäse ab, packten eine Sardine drauf und belegten ein Stück Schiffszwieback mit Knoblauch, dessen Geruch bestimmt niemanden gestört haben wird. Seeleute waren Schlimmeres gewöhnt. Das in der Bilge über dem Schiffskiel sich sammelnde Regen- und Meerwasser bildete mit dem Rost des eisernen Ballasts, faulendem Holz, den Ausdünstungen der Pechdichtungen, dem Kot der Ratten, dem Urin der Menschen eine schwärzliche Lache von infernalischem Gestank. Unsere durch Geruchskiller aller Art verwöhnten, nach Meinung von Anthropologen entarteten

Nasen wären diesen Attacken nicht gewachsen gewesen. Wir wären schlicht in Ohnmacht gefallen. Die Menschen damals aber besaßen ein anderes Geruchsgefühl. Wenn die Matrosen das Schiff in seichtem Wasser krängten, die Bilge säuberten, ausräucherten, mit Essig besprengten, den Ballast auswechselten, dann geschah das weniger wegen des Gestanks, sondern wegen der Kakerlaken und anderem stechenden, beißenden, saugenden Ungeziefer, das im Pumpensumpf einen idealen Nährboden gefunden hatte.

Es gab auch Aborte an Bord. Die beiden Sitzgestelle hängte man bei Bedarf je nach der Windrichtung vorschiffs oder achtern über die Reling. Die Funktion des Toilettenpapiers übernahm ein aufgeflochtenes, leicht geteertes Tauende. Waren hoch gestellte Persönlichkeiten mit von der Partie, vergnügten sich die Matrosen im Bedürfnisfall damit, des Ministers rosige Hinterwangen oder des Bischofs Gemächte fachmännisch in Augenschein zu nehmen und darüber ihre Witze zu reißen. Viel Abwechslung hatten sie ja sonst nicht.

Auch bei ruhiger See war die Besatzung vollauf beschäftigt damit, das Deck klar zu halten, die Segel zu setzen und instand zu halten, Schoten und Brassen zu trimmen, das Geschirr zu überholen, die Taljen und ihre Blöcke nachzuspannen, Segel zu flicken.

Gegen elf Uhr gab es die einzige warme Mahlzeit, zubereitet auf einem primitiven Feuerkasten mit Windschirm. Was auch hier gebrutzelt und warm serviert wurde an Salzfleisch, Hammelknochen, gekochtem Fisch, Kichererbsensuppe – ein Gourmet wäre nicht auf seine Kosten gekommen. In den Schiffslisten findet sich bezeichnenderweise kein Koch. So frugal wie das Mahl klang auch der Ruf des Leichtmatrosen: »Zu Tisch, zu Tisch! Der Tisch ist gedeckt, wer nicht kommt, braucht nichts zu essen.« So wie man im Krieg von den Gaumenfreuden des Friedens geträumt hatte, so erinnerten sich die Matrosen hier seufzend an die saftigen Schinken Córdobas, die Weintrauben von Guadelajara, die in Öl gebratenen Hühner Aragoniens, die Rübchen der Somo Sierra.

Seeleute müssen, so wie die Soldaten, beschäftigt werden, denn gerade an Bord ist Müßiggang aller Laster Anfang. War das Meer auch am Nachmittag ruhig und das Tagewerk getan, wurde Garn gesponnen, Werg aus altem Tauwerk gezupft, die Ladung überprüft, Wäsche gewaschen in den mit Seewasser gefüllten Holzbottichen, die Angelleinen ausgeworfen zur Aufbesserung des Speisezettels. Vor der ersten Nachtwache versammelte sich die Besatzung und sang gemeinsam das *Salve regina*, den aus dem 11. Jahrhundert stammenden Lobgesang auf die Himmelskönigin. Wobei man nur hoffen konnte, dass die glorreiche Mutter weniger auf den Gesang als auf die Herzen achten würde, denn aus den rauen Seemannskehlen kam kein Wohlklang.

Der Bootsmann löschte das Feuer im Feuerkasten, rief zum Ausguckmann im Mastkorb: »He, du da oben, gib Acht, halte gute Wacht!«, und der Schiffsjunge sang beim Umdrehen der Sanduhr sein »Ein Glas vorbei, das zweite fließt still, zerrinnen wird noch vielerlei, weil Gott es so will«.

Meile für Meile pflügten die Schiffe durch die Nacht, begleitet von jener Melodie, die nur Segelschiffen zu Eigen ist: vom Rauschen der Bugwelle, dem Brausen des Windes in der Takelage, dem Rascheln und Knattern der Segel, dem Ächzen der Rahen, Spanten, Masten und dem wie ein Jammern klingenden Laut, wenn Taue sich spannen.

Mitte September beobachtete Columbus große Mengen frischen Grases, das sich immer stärker verdichtete, bis es einen einzigen grünlich-gelben Teppich bildete. Die Männer standen an der Reling und diskutierten aufgeregt. Wenn dieser Teppich noch dicker und dichter werden, das Kraut sich um das Ruderblatt legen würde, dann wären sie gefangen in der zähen Masse, und sie beruhigten sich auch nicht, als sie sahen, wie die Schiffe das Gras zerteilten und weiter Fahrt machten.

Columbus glaubte, dass diese Bündel grünen Krauts sich vom Land losgerissen hatten, durch Stürme oder durch Strömungen, und nun über den Ozean trieben – ein Irrtum, der sich bis in die neuere Zeit gehalten hat. Es handelte sich aber um Beerentang, eine in wärmeren Meeren vorkommende Braunalgengattung, die sich mit kleinen luftgefüllten Schwimmblasen an der Oberfläche hält. Die Schifffahrt ist von dieser Tangart noch nie behindert worden, denn die Schicht wird kaum dicker als anderthalb Zentimeter. Sargassum nennt man sie auch, weil sie sich in der Sargassosee am stärksten ausbreitet, einem Seegebiet, das sich ohne eindeutige Abgrenzung zwischen den Azoren, den Bermudas und den Westindischen Inseln erstreckt.

Die Stimmung an Bord schien immer noch gut. Die Schiffe machten nach wie vor gute Fahrt vor dem Wind. Dennoch war da eine innere Unruhe. Bei der Rückreise, so sagten sich die Matrosen, würden sie diesen aus der ewig gleichen Richtung wehenden Wind nicht mehr von achtern haben, sondern von vorn. Wie aber sollten sie dann wieder nach Hause kommen? Monatelang gegen einen solchen Wind anzukreuzen, und das mit der Rahtakelung, wäre schier unmöglich.

Columbus spürte diese Unruhe und versuchte, ihr mit allen Mitteln entgegenzutreten. Hatte er schon das »grüne Kraut« als ein Zeichen gedeutet, dass irgendwo Land in der Nähe sein müsse, so diente ihm nun jedes lebende Wesen zum Zeugen. Da war der Reiher, der sich auf den Rahen der *Niña* niedergelassen hatte, »... ein Vogel, der sich nie mehr als etwa 100 Seemeilen vom Land entfernt.« Der lebende Krebs, den man aus dem Algensumpf fischte, galt ihm als ein sicheres Anzeichen, dass Land in der Nähe sein müsse, »da man Krebse nie über eine Entfernung von 120 Seemeilen vom Ufer antrifft«. Eines Morgens erblickten sie einen weißen Vogel mit langen Schwanzfedern, den die Spanier *rabo de junco*, Binsenschwanz nannten. Columbus: »Dieser Vogel pflegt niemals auf See zu schlafen.« Auch von den beiden Pelikanen wusste er, dass sie noch bei Tageslicht zu Hause sein wollten, in ihren Nestern an der Küste. Als seine Leute mit den Händen eine Möwe fingen, sagte er ihnen: »Diese Art kommt nur auf Flüssen vor, nie auf offener See.« Dann war es ein Wal, der als sicherer Bote herhalten musste: »... Wale halten sich immer in der Nähe der Küste auf.«

Eine Zeit lang gelang es ihm tatsächlich, die Männer mit all diesen »sicheren Zeichen« nahen Landes zu vertrösten. Als einige trotzdem zu murren begannen, malte er ihnen aus, welch rosiger Zukunft sie doch entgegengingen und wie sehr man sie verlachen würde, kehrten sie als arme Leute in ihre Heimatorte zurück.

Der unbekannte Ozean

»Die Fahrt ging in westlicher Richtung weiter«, heißt es an einer Stelle des Tagebuchs. »In 24 Stunden legten wir 58 Seemeilen zurück.« Es fragt sich, woher Columbus überhaupt wusste, wie viele Meilen er innerhalb einer bestimmten Frist zurücklegte. Ein Instrument, das ihn hierüber informiert hätte, besaß er noch nicht. Er hatte aber ein Scheit Holz und eine Sanduhr. Das Holz warf er am Bug ins Wasser und beobachtete, wie viel Sand verronnen war, wenn das Scheit das Heck erreicht hatte. Mit dieser sagenhaft primitiven Methode kam er zu ziemlich genauen Ergebnissen über Geschwindigkeit und Fahrtstrecke.

Und wie stellte er fest, wo sich sein Schiff überhaupt befand?

Die Portugiesen kannten, wie wir wissen, das Astrolabium, ein Winkelmessgerät zur Bestimmung der Gestirnshöhen, und den Jakobsstab, mit dem sich ebenfalls Sonnen- und Sternenhöhe messen ließen. Columbus hat diese Instrumente, wenn er sie überhaupt mit sich führte, kaum je benutzt. Mit gutem Grund, denn das ständige Schwanken des Schiffes, selbst bei ruhiger See, machte ihre Benutzung problematisch und ergab nur ungenaue Werte. Columbus hätte sie wohl auch gar nicht fachmännisch bedienen können. Navigation durch Beobachtung und Messung der Himmelskörper war nicht Sache der Kapitäne und Steuerleute, sondern der Mathematiker und Astronomen. Diese wurden den Schiffsführern später beigeordnet, wie zum Beispiel dem Weltumsegler Magellan. Columbus hatte ausdrücklich auf einen solchen Fachmann verzichtet. Er vertraute auf sein Gespür und auf Pinzóns Erfahrung. Auch sein Misstrauen spielte hier wieder eine Rolle: Wenn der Astronom wusste, wie die fernen Lande zu erreichen waren, würden es bald viele wissen.

Für die Navigation blieb ihm nur der Quadrant, ein aus Holz gefertigter Viertelkreis mit zwei Löchern entlang eines Schenkels, durch die man den betreffenden Stern ins Auge fassen konnte. Ein von der Spitze des Instruments herabhängendes Lot zeigte beim Anvisieren auf einer 90-Grad-Skala die Höhe des Gestirns an. Selbst mit dem Quadranten waren, besonders bei Schlechtwetter, keine genauen Messdaten zu erzielen. Auch hat sich der Admiral erst während seines fast ein Jahr dauernden Aufenthalts auf Jamaika damit vertraut gemacht.

So blieb als zuverlässiger Wegweiser durch die Wasserwüste der Kompass. Dieses geniale Instrument, dessen Erfinder man nicht kennt – man weiß nur, dass ihn die Chinesen als Erste benutzten –, besteht aus einer auf einem Stift frei schwingenden Magnetnadel, die stets nach Norden weist; dazu gezwungen von dem die Erde umgebenden Magnetfeld, dessen Feldlinien ungefähr in Nord-Süd-Richtung ausgerichtet sind. Zeigt sich die Nadel gelegentlich unwillig, den Norden zu suchen, hilft ihr der Kapitän nach, indem er sie mithilfe eines Magneten frisch magnetisiert. Die zum Kompass gehörende Rose wird, an ihrem Nordpol beginnend, in 32 Teile eingeteilt, die den Himmelsrichtungen entsprechende Namen besitzen. Ein auf dem Kompass markiertes Zeichen zeigt den Kurs an, den das Schiff fährt.

Der Kompass wurde gehütet wie ein Augapfel, hing doch von ihm Wohl und Wehe aller ab. Er bekam ein eigenes Haus mit Dach auf dem Achterdeck und wurde nachts von einer Öllampe beleuchtet. Riesige Aufregung griff um sich, als bei den Leuten bekannt wurde, die Kompassnadel sei um einen guten Strich von der Nordrichtung abgewichen. Wenn die Kompassanzeige nicht mehr stimmte, stimmte auch der Kurs nicht mehr, und wenn der Kurs nicht mehr stimmte, konnte man geradenwegs in die Hölle fahren. »Da wurden die Seeleute von Furcht ergriffen. Doch was war es, was sie zu fürchten hatten?« Dafür hatte auch ihr Admiral nicht sogleich eine Erklärung bereit, aber er war geistesgegenwärtig genug, eine zu finden. Nicht die Nadel sei abgewichen, sondern der Polarstern habe seine Position verändert. »Er ordnete an, am nächsten Morgen noch einmal die Nordrichtung zu überprüfen, und siehe, diesmal wiesen die Kompassnadeln wieder nach Norden.«

Vielleicht hat Columbus selbst daran geglaubt, dass der Polarstern schuld sei. Was er nicht wusste: dass Magnetisch-Nord an den verschiedensten Punkten der Erde von Geografisch-Nord mehr oder weniger abweicht. Das erdmagnetische Feld ist zeitlichen und räumlichen Schwankungen unterworfen. Was mit den Änderungen des Stromsystems im Erdinnern zu tun hat. Die Kompassnadel ist deshalb keineswegs immer unfehlbar; sie dekliniert, weicht ab.

Wer den Weg über den Ozean nicht mittels astronomischer Navigation bestimmen kann, muss die Koppelrechnung anwenden. Und genau das tat Columbus. Er ermittelte mithilfe der Geschwindigkeit des Schiffes, der Richtung und Stärke des Windes, der geschätzten Abdrift und des Kompasses den Kurs sowie die zurückgelegte Strecke und trug beides unter Verwendung von Zirkel und Lineal in die Karte ein. Im gegissten Besteck war er ein Meister, und selbst einige seiner Feinde haben, wenn auch widerwillig, zugegeben, dass er der beste Seemann seiner Zeit war.

Zu Beginn der dritten Dekade des Septembers ließ sie der Passat im Stich. Der Wind wehte nun von Südwest, sprang wieder um und wurde so veränderlich, dass er zu ständigen Kursänderungen zwang. West-Nord-West liefen sie, und in diese Richtung wollten sie nun gar nicht. Columbus verstand es, auch aus dieser Not eine Tugend zu machen. Nun hätten sie doch endlich den Beweis, versuchte er den Männern klar zu machen, dass in diesen Gegenden auch Winde aus anderen Himmelsrichtungen wehten, Winde, die sie wieder nach Spanien zurückbringen würden.

Dann schlief der Wind ganz ein. Sie hatten das Gebiet der Kalmen erreicht, Gebiete mit niedrigem Luftdruck zwischen den beiden Hemisphären. Die schwüle Luft lag wie ein feuchtes Tuch auf den Schiffen. Dunkle Wolken zogen auf. Die Hitze ließ alles Leben an Bord erlahmen. Urplötzlich kam schwere See auf, mit langen rollenden Wellen, die sich bergehoch auftürmten, tiefe Täler bildeten, eine gewaltige, fast lautlose Dünung ohne Schaumkronen, gespenstisch anmutend, denn es wehte kein Wind. Die stillen Wogen waren Ausläufer eines Orkans, der im Südwesten getobt haben musste, Columbus aber legte sie als ein Glück verheißendes Wunder aus. »Ein derartiges Wunder hatte sich nur noch zur Zeit der Juden zugetragen, als sich nämlich die Ägypter zur Verfolgung des Moses aufgemacht hatten, der Israel aus der Sklaverei befreite.«

Träge und glatt breitete sich die See während der nächsten drei Tage. In fünf mal vierundzwanzig Stunden legten sie gerade 234 Seemeilen zurück. Am 25. September signalisierte Columbus der *Pinta,* sie möge sich bis in Rufweite nähern. Es war so still, dass sich die Kapitäne und Piloten von Bord zu Bord unterhalten konnten, ohne die sonst dabei üblichen Sprechtrichter benutzen zu müssen.

»Ich hatte mit Martin Pinzón eine längere Beratung, deren Gegenstand eine Karte bildete, die ich ihm drei Tage zuvor an Bord geschickt hatte und auf welcher gewisse Inseln jener Gewässer verzeichnet erschienen, die sich nach dem Dafürhalten Martín Alonsos in dieser Gegend befinden mussten. Ich sagte, dies ebenfalls zu glauben. Die Tatsache aber, dass wir noch nicht auf jene Inseln gestoßen sind, muss dem Umstande zugeschrieben werden, dass die Meeresströmungen die Schiffe unausgesetzt in nordöstlicher Richtung abtrieben und sie daher nicht so weit vorwärts gekommen waren, als die Kapitäne es wahrhaben wollten. Während wir uns darüber unterhielten, ersuchte ich Martín Alonso, mir die genannte Karte herüberzusenden. Als Pinzón sie mir dann an einer Leine zugeworfen hatte, machte ich mich sofort daran, gemeinsam mit dem Kapitän und den Matrosen, die Karte zu studieren.«

Ob es sich dabei um die berühmte Toscanelli-Karte gehandelt hat, wissen wir nicht. Doch welche Karte es auch war, die »gewissen Inseln« wären mit ihrer Hilfe nicht zu finden gewesen, waren das doch, wie wir wissen, Eilande, von denen man lediglich annahm, dass es sie gäbe. Während sie noch auf dem Achterdeck über der Karte saßen, war plötzlich ein Schrei in der Luft.

»Land in Sicht! Achtet auf meinen Fingerzeig!« – Es war Kapitän Pinzón, der diese Nachricht unter Aufbietung seiner ganzen Stimmkraft herüberrief, trotz der Aufregung aber nicht hinzuzufügen vergaß: »Die Belohnung gehört mir, mir allein.« Eine jährliche Rente von 10 000 Maravedi auf Lebenszeit hatte die Königin dem versprochen, der als Erster Land sichten würde. Auf der *Niña*, die inzwischen ebenfalls herangekommen war, kletterten einige Matrosen blitzgeschwind die Wanten empor auf den Hauptmast, winkten wie die Tollhäusler und schrien: »Ja, es ist ein Berg, ein hoher Berg wie der von Teneriffa!« Auch der anfangs skeptische Admiral glaubte schließlich, dass das Gebilde dort am Horizont Land sein müsse.

»... da warf ich mich auf die Knie, um Gott zu danken, während Martín Alonso mit seiner Mannschaft das *Gloria in excelsis Deo* zu beten anhub. Ein Gleiches tat auch die Mannschaft der *Santa María*. Und ich ordnete an, von der bisher eingehaltenen Fahrtrichtung abzuweichen und Kurs nach Südwesten zu nehmen, in welcher Richtung das Land allem Anschein nach gesichtet worden war.

Etwa 100 Seemeilen müsse es entfernt liegen, und sie fuhren die ganze Nacht hindurch, alle in fieberhafter Aufregung. Es gab niemanden, den es unter Deck gehalten oder der sich gar zum Schlafen niedergelegt hätte. Am Mittag des folgenden Tages hatten sie sich dem aus dem Wasser ragenden Berg so weit genähert, dass sie ihn genau in Augenschein nehmen konnten. Es war eine Wolkenbank. Wolkengebilde können in der Tat derart echt Land vortäuschen, dass erfahrenste Seeleute darauf hereinfallen; noch dazu, wenn die Wolken von der untergehenden Sonne ins Licht getaucht werden. Und da Pinzón das Luftgebilde für Land hielt, hatten es auch die anderen geglaubt; schon deshalb, weil sie es glauben wollten.

Dem Himmelhoch-Jauchzen folgte das Zu-Tode-Betrübtsein. Zur Enttäuschung kam der Hass. Dass die Wolken kein Land waren, daran war nur dieser Ausländer schuld, dem es gleichgültig war, ob man verdarb, verreckte, jemals wieder festen Boden unter die Füße bekam, wenn er nur seinen wahnwitzigen Ehrgeiz befriedigen konnte. Man hatte es ja gleich gewusst in Palos, der Kerl war überspannt, verstiegen, verrückt, und von Seefahrt verstand er überhaupt nichts. Auf der Back, unter Deck begann es zu rumoren.

»Schmeißen wir ihn über Bord, und sagen wir, es war ein Unfall.« – »Beim Beobachten der Sterne, da ist er ausgeglitten, die Reling ist ja niedrig genug.« – »Nur so werden wir die Heimat jemals wiedersehen.«

Das klang nach Mord, aber an Mord dachte keiner. Alles, was bisher unter der Oberfläche geschwärt hatte, fand mit einem Mal ein Ventil. Die Nerven lagen ohnehin bloß, wie immer, wenn Menschen auf engstem Raum zusammenleben müssen, wenn jeder jeden bis in seine letzten Lebensäußerungen kennt und weiß, was er im nächsten Moment sagen wird, welche – ewig gleichen – Geschichten er erzählt, wie er lacht, riecht, rülpst, seine Notdurft verrichtet. Misstrauen kommt auf, Antipathien entwickeln sich; es kommt zur Bildung von Cliquen, die sich gegenseitig belauern. Der Kastilier hasst den Galizier, der Katalane den Andalusier und der den Basken.

Obwohl Columbus blind und taub war gegen alles, was seine Mission hätte stören können, die Unruhe unter seinen Leuten spürte er dennoch. In seiner Kajüte sagte er zu den Offizieren, er wisse wohl, wie leicht man ihn töten könne, sei er doch mit den wenigen ihm treuen Leuten zu schwach zur Gegenwehr; er wisse aber auch, dass etliche Männer, käme man ohne ihn nach Hause, an den Rahen baumeln würden.

Seine Haltung, gemischt aus Würde, Furchtlosigkeit und Zuversicht, tat noch einmal ihre Wirkung. Die Leute gingen wieder an ihre Arbeit, und die bestand vertragsgemäß darin, die Schiffe so schnell und sicher wie möglich vorwärts zu bringen. Wer trotzdem noch die Faust in der Tasche ballte, der wurde rasch anderen Sinnes. Der Passat blies plötzlich mit derartiger Kraft, dass die Schiffe förmlich über die Wellen flogen. Die *Santa María*, die *Pinta* und dic *Niña* lieferten sich dabei ein regelrechtes Rennen mit einer Stundengeschwindigkeit von 12 Seemeilen – eine fantastische Leistung, wenn man bedenkt, dass ein 10 000-Tonnen-Frachter von der Cap-San-Klasse mit seinen 11 650 PS auf etwa 20 Knoten, d.h. Seemeilen pro Stunde kommt. Schließlich ging es um 10 000 Maravedi und ein seidenes Wams, das der Admiral zusätzlich ausgelobt hatte. Mit dem Ruf »Land, Land!« war man trotzdem vorsichtiger geworden. Jedem war Strafe angedroht worden, der hier fahrlässig verfuhr. Die Enttäuschung nach einem Fehlalarm konnte die Moral der Mannschaften nur noch weiter untergraben.

Meuterei auf der Santa María?

Als die Sonne des 6. Oktober blutrot im Osten aus den Wassern stieg, schien Columbus zum ersten Mal unsicher zu werden. Nach 750 Leguas (1 Legua gleich 5573 Meter) musste nach seinen Berechnungen die Küste der Insel Cipangu am Horizont auftauchen. Und diese Entfernung war bereits erheblich überschritten. Waren sie etwa an der Insel bereits vorbeigesegelt? Pinzón jedenfalls schien davon überzeugt zu sein. Mithilfe des Sprechtrichters schrie er von der *Pinta* herüber, man müsse jetzt unbedingt einen Südwest-West-Kurs steuern, wolle man Cipangu doch noch erreichen. Sein Admiral aber meinte, dass es ratsamer sei, zunächst das Festland anzusteuern, China also, und dann erst die vorgelagerten Inseln anzulaufen. Vierundzwanzig Stunden später änderte er seine Meinung und befahl West-Südwest zu steuern, einen Kompassstrich westlicher als von Pinzón vorgeschlagen. Was war der Grund für seinen Meinungsumschwung? Eine wichtige Frage, denn die Kursänderung sollte in zweifacher Hinsicht Konsequenzen haben. Folgen wir vorerst den Eintragungen im Logbuch:

»Bei Sonnenaufgang sah ich, wie auf der *Niña*, die als besserer Segler die Spitze innehatte, eine Flagge am Großmast gehisst wurde, und vernahm das Krachen einer Bombarde als Signal, dass Land in Sicht gekommen sei; denn so hatte ich es angeordnet. Desgleichen hatte ich befohlen, dass sowohl bei Sonnenaufgang als bei Sonnenuntergang die drei Schiffe Seite an Seite fahren sollten, da es zu dieser Zeit wesentlich leichter ist, eine weite Sicht zu haben, dank dem Umstande, dass die Nebelschleier sich verziehen.«

Land aber sichtet er wieder nicht, dafür aber nimmt er etwas anderes wahr, was einen gespenstischen Eindruck hinterlässt. Dunkle Schatten bedecken den Nachthimmel, schweres Flügelrauschen erfüllt die Luft, kleine klagende Schreie ertönen. Die großen Vögel haben die um diese Jahreszeit bereits unwirtlich werdenden Gebiete Nordamerikas verlassen und ziehen in riesigen Schwärmen den warmen Gefilden des Karibischen Meeres entgegen. Sie fliegen nach Südwesten, also muss das Land in dieser Richtung liegen, und da Columbus sich aus seiner portugiesischen Zeit erinnert, dass die Portugiesen die Entdeckung vieler Inseln – der Kapverden, der Azoren, Madeiras – der Beobachtung des Vogelflugs verdankten, erklärt er sich einverstanden, die westliche Kursrichtung aufzugeben und Kurs auf West-Südwest zu nehmen.

»Der Entschluss von Columbus, den gefiederten Lotsen lieber zu folgen als seinen von Menschenhand gefertigten Karten«, meint der Admiralskollege Morison, »wurde entscheidend für die Zukunft ganz Spaniens. Hätte er den genauen Westkurs weiter eingehalten, so wäre er mindestens einen Tag länger unterwegs gewesen, um dann auf Eleuthera Island zu stoßen oder auf Great Abaco ... Was aber dann? ... die Flotte wäre durch Providence Channel direkt in den Golfstrom gelangt, und die Karavellen hätten, einmal in diese mächtige Strömung hineingezogen, nie mehr nach Süden abdrehen können. Irgendwo zwischen dem Jupiter Inlet und dem Cape Canaveral wären sie an der Küste von Florida gestrandet, oder, falls sie diesem Schiffsgrab doch entgangen wären, hätte sie der Wind die Küsten von Georgia und Carolina entlanggefegt ...«

Am 9. Oktober wurden von der *Niña* und der *Pinta* die schweren Beiboote gefiert – ein Manöver, das nur bei einigermaßen ruhiger See möglich war –, und die Kapitäne Martín Alonso Pinzón und Vicente Yañez Pinzón wurden zum Flaggschiff gepullt. Der Generalkapitän begrüßte sie mittschiffs und führte sie in die *toldilla*, wo sie sich unverzüglich über die aus großen Schafshäuten bestehenden Karten beugten und den mittels Lineal und Zirkel abgesteckten Kurs mit ihrem eigenen Kurs verglichen. Die an Deck beschäftigten Matrosen hörten, wie die Stimmen immer lauter wurden, was auf eine erregte Auseinandersetzung schließen ließ.

Im Schiffstagebuch wird die Konferenz nicht erwähnt, von Las Casas und Fernando Colón erfahren wir kaum etwas. Umso mehr geht aus den Prozessen hervor, die die Columbus-Erben um die einst vertraglich garantierten Privilegien führen mussten. Sie begannen zu einem Zeitpunkt, da die meisten der als Zeugen in Frage kommenden Seeleute bereits im Ruhestand lebten. Ihre Erinnerung war getrübt, oder sie sagten aus, was sie nur vom Hörensagen wussten. Im Allgemeinen hatten sie immer das erfahren oder beobachtet, was die jeweilige Partei, die sie benannt hatte, von ihnen hören wollte. Eine der nach der damaligen Prozessordnung üblichen Leitfragen des Kronanwalts, die Suggestivfragen ähnelten, lautete zum Beispiel: »Ist euch bekannt, dass besagter Martín Alonso [bei der Kapitänskonferenz] ausrief: ›Adelante, adelante! Vorwärts, vorwärts! Schaut auf diese Flotte, die uns die mächtigen Beherrscher Spaniens anvertraut, und wenn Ihr, Euer Gnaden, umkehren wollt, ich bin entschlossen weiterzufahren, bis ich *tierra!* rufen kann, oder ich will die Heimat nie wieder sehen. Gott kann nicht wollen, dass wir so schmählich aufgeben.‹ Da antwortete jener Admiral Don Cristóbal Colón: ›Glück auf denn, Ihr Herren!‹, und ermutigt durch die Worte des Señor Pinzón setzten sie ihre Reise fort.«

Des Kronanwalts Aufgabe war es, die Verdienste des Italieners Columbus zu schmälern und die des Spaniers Pinzón aufzuwerten, ja ihn als den eigentlichen Entdecker Amerikas herauszustellen, konnte man doch nur so die Rechte der Erben zurückweisen.

Eine der Fragen der Vertreter der Columbus-Erben dagegen lautete: »Wisst ihr oder glaubt ihr oder ist es öffentlich bekannt, dass viele der Männer auf den Schiffen den Admiral aufforderten umzukehren, da sie immer noch kein Land sähen, und wenn er es nicht tue, so seien sie verloren?« Ein anderer Zeuge, der später mit dem jüngeren Pinzón zum Amazonas aufbrach, bekundete, die Brüder Pinzón hätten immer wieder auf den Abbruch der Reise gedrängt. Columbus aber habe ihnen geantwortet: »Ihr Herren, seid so gnädig und bleibt den Tag und die Nacht bei mir an Bord, und wenn ich euch nicht an Land bringe, bevor der Morgen graut, dann dürft ihr mir den Kopf abschneiden und zurückkehren.«

In den *pleitos*, den Prozessen, steht also Aussage gegen Aussage. Der Leser mag der Meinung sein, dass es für den Tatbestand der Entdeckung Amerikas keine Rolle spiele, wer nun wen an der vorzeitigen Rückkehr gehindert oder wer wen zum Weiterfahren ermuntert habe. Für die Columbus-Forscher aber ist es naturgemäß kein Streit um des Kaisers Bart. Fernández de Oviedo, den die Krone 1532 zum Historiografen Amerikas ernannte, kann, trotz Abhängigkeit von seinen Auftraggebern, seine Sympathie für des Columbus' Darstellung nicht verbergen. Die moderne Forschung, soweit sie nicht von nationalistischen Vorurteilen belastet ist, gibt ihm Recht. Zu Columbus' Charakter hätte es schlecht gepasst, eine Reise abzubrechen, um die er fast siebzehn Jahre lang mit Klauen und Zähnen gekämpft hatte. Von ihm wäre anzunehmen, dass er sich eher in Stücke hätte reißen lassen, als nach einer Fahrt von vierunddreißig Tagen und Nächten kleinmütig beizugeben. Die Pinzónes dagegen waren vermutlich zu diesem Zeitpunkt nicht mehr bereit gewesen, ihr Leben für eine Unternehmung einzusetzen, deren Ruhm ohnehin nur dem Generalkapitän zukommen würde.

Es nahte der 10. Oktober und mit ihm der Aufruhr der Matrosen. Die Meuterei auf der *Santa María* wurde später so berühmt wie die Meuterei auf der *Bounty*. Der entscheidende Unterschied: Es hat sie gar nicht gegeben. Sie existiert lediglich in der Fantasie der Maler und Illustratoren, der Stückeschreiber und Filmproduzenten, die sich so viel Dramatik nicht entgehen ließen: ausgezehrte, verzweifelte Seeleute, die mit Enterhaken, Marlspiekern und Messern auf Columbus eindrängen, um ihn zur Umkehr zu zwingen.

Was sich an jenem Tag abspielte, war mehr als der Ausbruch allgemeiner Verzweiflung wie nach dem falschen Alarm. Eine gemeinschaftliche Zusammenrottung von Schiffsleuten zwecks Bedrohung, Nötigung oder tätlichem Angriff gegen einen Vorgesetzten unter Verweigerung des Gehorsams, wie das Gesetz es formuliert, war es nicht. Wäre es Meuterei gewesen, hätte Columbus in seinem Logbuch gewiss andere Worte gefunden als: »Zu diesem Zeitpunkt beklagten sich meine Leute über die lange Reisedauer (tatsächlich waren sie bereits doppelt so lange unterwegs wie jemals ein Schiff zuvor), die ihnen unerträglich zu sein schien. Ich wusste sie jedoch aufzumuntern, so gut ich eben konnte, und stellte ihnen den Verdienst, den sie sich auf diese Weise verschaffen konnten, in nahe Aussicht. Dem fügte ich hinzu, dass es zwecklos wäre, darüber in Streit zu geraten, da ich nun einmal entschlossen sei, nach Indien zu gelangen und die Reise so lange fortzusetzen, bis ich mit Gottes Hilfe dahin gelangt sein werde.«

V Eine neue Welt

»Tierra! Tierra!«

Am Donnerstag, dem 11. Oktober, beginnen auch die größten Zweifler daran zu glauben, dass irgendwo in der Nähe Land sein müsse. Ein Schilfrohr treibt an Backbord vorbei; dann ein grünlicher Fisch von der Art, wie man sie nur an Riffen findet. Der Bootsmann der *Pinta* fischt einen Stock heraus, von Menschenhand kunstvoll mit Kerben verziert, und ein Büschel Gras, das nur auf Land wächst. Die Leute von der *Niña* angeln sich den Ast eines Dornbusches, besetzt mit roten Beeren und so frisch, als sei er soeben abgeschnitten worden.

Nach dem abendlichen Gesang des *Salve regina* versammelt Columbus seine Männer auf dem Achterschiff und mahnt sie, nicht zu vergessen, wie gnädig der Herr mit ihnen verfahren sei, indem er ihnen günstigen Wind gesandt und sie den richtigen Kurs habe einhalten lassen. Mögen sie von nun an besonders wachsam sein, denn obwohl er angeordnet habe, nicht mehr im Dunkeln zu segeln, wenn sie mehr als 700 Leguas ab Gomera zurückgelegt hätten, wolle er doch heute, das stürmische Wetter nutzend, mit vollen Segeln fahren, denn er wisse nur zu gut, wie sehr sich alle nach Land sehnten.

Was sich in den nächsten Stunden abspielt, ist an Dramatik von keinem Dichter zu übertreffen: Gegen zehn Uhr sieht Columbus von seinem Posten auf dem Achterkastell ein Licht, das zweimal aufscheint und so aussieht, als würde man eine kleine Wachskerze auf- und niederbewegen. »Ich will so ehrlich sein zuzugeben«, schreibt er, »dass ich derart begierig war, Land zu sichten, dass ich meinen eigenen Sinnen nicht traute.« Er ruft Pedro Gutiérrez und fragt ihn, ob auch er das Licht sehe. »Ich sehe es, Almirante«, sagt der Truchsess des Königs, nachdem er minutenlang in das Dunkel gestarrt hat, ruft aber zur Sicherheit Rodrigo Sánchez de Segovia herbei, den von den Königen der Flotte beigeordneten Aufpasser. Rodrigo sieht nichts, so sehr er seine Augen auch anstrengt.

»... allein, ich war fest davon überzeugt, mich in der Nähe des Lands zu befinden«, notiert Columbus. Kam das Licht von einem Haus oder von einer Fackel auf einem Fischerboot? Den bei Landfall vorgesehenen Kanonenschuss lässt er nicht abfeuern. Die feste Überzeugung kann so fest also nicht gewesen sein. Wie sich später herausstellte, waren Columbus und Gutiérrez einer Halluzination erlegen, hervorgerufen durch Übermüdung, Hoffnung und den Zwang, etwas sehen zu *wollen*. Zum Land waren es noch 35 Seemeilen, zu weit, um ein Licht wahrnehmen zu können; und in einer Sturmnacht wagt sich kein eingeborener Fischer so weit weg von der Küste.

Zwei Stunden nach Mitternacht zerreißt ein Schuss die nächtliche Stille, abgefeuert von einer Bombarde auf der *Pinta*. Der Ausguck im Mastkorb der an der Spitze segelnden Karavelle schreit ununterbrochen »*Tierra! Tierra!* Land! Land!«, und diesmal ist es kein Trugbild: In etwa sechs Seemeilen Entfernung zeigt sich ein vom Mondlicht beschienener heller Strand. Der Matrose Rodrigo de Triana hat Amerika entdeckt, genauer, er hat als erster Europäer eine Insel gesichtet, ohne zu wissen, dass sie einem neuen Kontinent vorgelagert war. Auch wenn ihm das bewusst gewesen wäre, es hätte ihn weniger interessiert als die Tatsache, dass er von nun an Jahr für Jahr eine stattliche Rente in Höhe von 10 000 Maravedi beziehen würde. An den Wanten gleitet er blitzschnell zum Deck hinab, wälzt sich trunken vor Freude auf den Planken, ist wie von Sinnen.

Rodrigo, der arme Hund, hat sich zu früh gefreut.

Das Geld kassierte Columbus. Mit der Begründung, *er* habe vier Stunden zuvor jenes Licht erspäht, das eindeutig Licht von einer nahen Küste gewesen sei. Er überschrieb die Rente der Mutter seines unehelichen Sohnes, Beatriz Enríquez de Harana, die er, schlechten Gewissens, mit dem Kind in Córdoba zurückgelassen hatte. Selbst wohlwollende Biografen haben es dem Mann aus Genua nicht verziehen, dass er einen einfachen Seemann um die ihm zustehende Belohnung prellte, auch wenn man annimmt, dass es nicht aus Geldgier geschah, sondern aus Geltungsbedürfnis. Die Wahrheit ist: Columbus konnte es nicht ertragen, dass sein Indien von anderen Augen als von seinen zuerst erblickt wurde.

Von Rodrigo de Triana erzählt man sich, dass er aus Enttäuschung über den Verrat eines Christenmenschen zum Islam übergetreten und im Kampf für die Mauren gefallen sei. In den Seefahrerkreisen an den Küsten Spaniens dagegen wusste man, er habe sich nach der Rückkehr, nachdem er in ohnmächtigem Zorn vergeblich versucht habe, zu seinem Recht zu kommen, am Großmast einer Karavelle aufgehängt. Jedenfalls gehört er zu den vielen Kleinen, die am Weg des Ruhms, den die Großen gingen, verdarben und verkamen. Rodrigos Heimatdorf Triana, heute ein von Arbeitern bewohnter Stadtteil Sevillas, hat ihm ein Denkmal gesetzt und in den Sockel die Worte eingraben lassen: *Tierra, tierra!*

Columbus ließ die Schiffe beidrehen; die Gefahr, in unbekanntem Küstengewässer zu stranden, war zu groß. Mit langsamster Fahrt trieben sie, alle Segel bis auf das Großsegel gerefft, seitwärts, »joggelten« hin und her. »Das Beidrehen ist ein eigenartiges, erregendes Erlebnis nach einer langen Reise. Alles ist unnatürlich ruhig, kein Laut rauschenden Wassers am Bug und längsseits des Schiffes ist zu hören, kein Wind pfeift mehr durch die Takelage. Das Boot rollt und stößt ein bisschen in einer merkwürdigen Bewegung, und der Schiffsrumpf ächzt und stöhnt, als leide er Qualen, alles Geräusche, die während der Fahrt nicht auftreten. Überhaupt sind alle gewohnten Geräusche verstummt; man glaubt, man ist auf einem Geisterschiff ...«

Drei Stunden dauerte es noch bis zum Aufgang der Sonne. Das da vorn konnte Cipangu sein, wo die Menschen auf marmornen Betten schliefen und von goldenen Tellern speisten; wo das edelste aller Metalle so häufig vorkam, dass man die Dächer der Paläste damit deckte, als seien es Ziegel aus gebranntem Ton. Vielleicht war es aber auch schon Cathay. Madariaga lässt in seiner romanhaften Biografie Columbus wachträumen, wie ihn die Repräsentanten des Großkhan am Ufer erwarteten, in einer goldenen Sänfte über die tausend Marmorbrücken der Stadt Quinsay an den kaiserlichen Hof brächten, wo er mit allen Ehren als beglaubigter Botschafter Ihrer spanischen Majestäten empfangen werden würde.

Mit drei Seglern beizudrehen, sie in sicherem Abstand voneinander und von den Riffen zu halten, mit der Lotleine immer wieder zu messen, wie viel Wasser noch unter dem Kiel war, dazu brauchten die Kapitäne und Steuerleute ihre ganze Konzentration. Gerade jetzt, da das Land zum Greifen nahe vor ihnen lag, lastete die Verantwortung besonders schwer auf ihren Schultern. Für Träumereien irgendwelcher Art wird da keine Muße gewesen sein.

Die Männer der *Santa María*, der *Pinta* und *Niña* ahnen nicht, dass sie bereits beobachtet werden. Hinter den hohen tropischen Bäumen, die den Strand begrenzen, stehen Menschen. Sie haben eine bronzefarbene Haut, sind wohlgebaut, muskulös, über die breite Stirn fällt das dunkle, kräftige Haar, aus den hübschen Gesichtern leuchten große dunkle Augen, und wenn sie sich bewegen, so geschieht es mit einer natürlichen Grazie; einige tragen einen schmalen Lendenschurz, andere gehen so, wie ihre Mütter sie geboren haben.

Alle starren sie auf die »drei Häuser im Meer«, nicht ängstlich, sondern in maßlosem Staunen. Keiner von ihnen trägt eine Waffe. Sie sind gutmütig, heiter wie Kinder, kriegerische Tugenden gelten ihnen nicht viel; und so unterliegen sie meist, wenn sie von dem kannibalischen Stamm der Kariben, die auf anderen Inseln wohnen, heimgesucht werden.

Die Bewohner Guanahanís waren Tainos. Sie gehörten einer der größten Völkerfamilien Südamerikas an, den Aruaks, und von dorther waren sie auch einst gekommen. Guanahaní (von *iguana* = Leguan), ein von Korallenriffen geschütztes Eiland, 56 Quadratkilometer groß, durchsetzt von vielen lagunenartigen Gewässern und einem See in der Mitte, war damals mit hohen Bäumen bestanden. Der Boden brachte Mais hervor, Yams, eine essbare Wurzelknolle, Baumwolle und Yucca, eine Palmlilie, aus deren Fasern sie Seile, Taschen und Matten flochten. Im Übrigen ernährten sie sich vom Meer, das sie mit ihren großen, bis zu vierzig Personen fassenden Kanus befuhren.

Als sie sahen, wie von den »Häusern« drei Boote zu Wasser gelassen wurden, traten sie hinter den Bäumen hervor und kamen neugierig näher. Sie konnten nicht wissen, dass sich in diesem Moment ihr Schicksal erfüllte und mit den Booten der Tod kam …

Columbus betrat als Erster das Land, stieß die Lanze mit der königlichen Fahne in den Boden und nahm im Auftrag Ihrer Katholischen Majestäten Ferdinand und Isabella die Insel in Besitz. Rodrigo Escobedo, der Notar der Armada, fertigte eine den Besitzwechsel bestätigende Urkunde an, die von den drei Kapitänen unterschrieben wurde. *San Salvador* hieß das Eiland jetzt, heiliger Erlöser. Alle knieten sie nieder, küssten die Erde mit Tränen der Freude und riefen Don Cristóbal zu ihrem Admiral und Vizekönig aus. Sie schwuren ihm als dem Statthalter Ihrer Hoheiten Gehorsam und baten um Nachsicht, sollten sie ihn während der Reise durch ihren Kleinmut beleidigt haben.

San Salvador ist Samana Cay

Die Eingeborenen, nicht ahnend, dass ihnen ihre Insel inzwischen nicht mehr gehörte, betrachteten die Fremden, als kämen sie von den Sternen. Waren das die Götter, die gemäß einer alten Weissagung eines Tages aus dem Land des Sonnenaufgangs zu ihnen kommen würden? Wenn ja, dann sahen sie nicht sonderlich göttlich aus: mit ihrer weißen kränklichen Hautfarbe; den hässlichen Haaren, die sogar aus der unteren Gesichtshälfte sprossen; den eigenartigen Stoffen, mit denen sie ihren Körper verhüllten, einige trugen regelrechte Panzer und sahen aus wie zweibeinige Schildkröten. Aber freigebig schienen sie, verschenkten glitzernde Perlen, rote Mützen, etwas Silbriges, das klingende Töne von sich gab, etwas Blitzendes, in dem man sein Gesicht sehen konnte.

»Sie wurden so gute Freunde«, notierte Columbus, »dass es eine helle Freude war. Sie gaben und nahmen alles von Herzen gern – allein mir schien es, als litten sie Mangel an allen Dingen … Alles, was sie besitzen, geben sie freudig für jeden noch so törichten Gegenstand; sie tauschen sogar die Scherben unserer Schüsseln und gebrochenen Glastassen ein; ich selber sah, wie sie 16 Knäuel Baumwolle für drei portugiesische Ceuti hergaben, die einer *blanca* kastilischer Währung entsprechen.« Das waren etwa 30 Pfund Baumwolle für wenige Cents.

Baumwolle, Matten, Spieße mit Fischbeinspitzen, lebende Papageien, das waren ganz hübsche Geschenke – wo aber blieb das Gold? Es kam anscheinend nur in Form von Schmuckringen vor, die einige Frauen an der Nase oder den Ohren trugen. Die Eingeborenen, die erstaunt waren über das brennende Interesse der »Götter« an den kleinen Ringen, teilten ihnen durch Zeichensprache mit, dass es dort im Süden – und sie zeigten über das Meer – einen König gebe, der viele Dinge besitze, die aus diesem Material gefertigt seien.

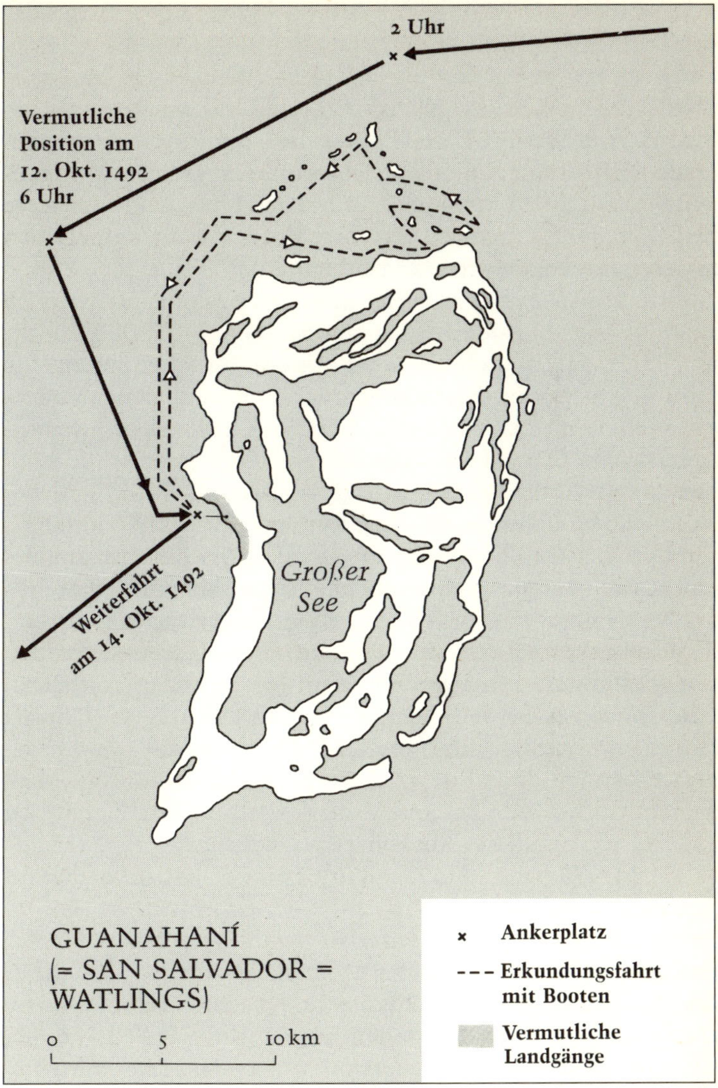
2 Uhr
Vermutliche
Position am
12. Okt. 1492
6 Uhr
Großer
See
Weiterfahrt
am 14. Okt. 1492
GUANAHANÍ
(= SAN SALVADOR =
WATLINGS)
0
5
10 km
Ankerplatz
Erkundungsfahrt
mit Booten
Vermutliche
Landgänge

Nachdem die Spanier den Nordosten und den Osten der Insel mit ihren Beibooten erkundet hatten, steuerten sie Kurs Südwest, um jenen König – vielleicht war es sogar der Großkhan? – zu suchen. San Salvador versank im Dunst, eine Insel, die später in Watling Island umbenannt wurde, was einige spanische Historiker mit Recht erboste. Sie regten an, der Insel den Namen des verruchten Piraten zu nehmen und sie wieder San Salvador zu nennen, ein Vorschlag, dem die damals dort regierenden Engländer 1926 nachkamen.

San Salvador gleicht heute einer Insel, die sanft vor sich hindämmert. Nur manchmal werden die etwa 1000 Einwohner, überwiegend Schwarze, aus ihrem Schlaf gerissen. Wie zum Beispiel beim Zwischenstopp des Olympischen Feuers auf seinem Weg von Griechenland zu den Wettkampfstätten Mexikos im Jahre 1968 – eine Ehrung, die Columbus und seiner neuen Welt galt. Der Strom der Bahama-Touristen aber führt an dem Eiland vorbei. Die Ruinen der Seeräuberforts von Captain Blackbeard und Captain Watling, der Leuchtturm, das weiße Kreuz an der mutmaßlichen, inzwischen umstrittenen Stelle des *first landfall* verdienten sich keinen Baedekerstern.

»Columbus hat den Menschen damals hier nichts gebracht, nur genommen«, sagt der Wirt der kleinen Bodega am Hafen von Cockburn Town. »Wir hoffen, dass es nach fünfhundert Jahren nun endlich mal umgekehrt sein wird.« Die jungen Leute können darauf nicht warten. Die meisten von ihnen suchen nach dem Schulabschluss das Weite. Ihre Heimat ist zu arm, um ihnen ein Auskommen zu sichern.

Cipangu (Japan) jedenfalls war dieses Guanahaní nicht und Cathay (China) schon gar nicht. Aber es musste zu den Inseln gehören, die wie Kränze vor den Küsten Asiens lagen. Das ging schließlich aus den Weltkarten hervor. Columbus wunderte sich deshalb nicht, als immer neue Eilande am Horizont auftauchten. Die Bahamas mit ihren 723 Inseln und 2414 Felsklippen waren so recht dazu angetan, seinen Irrglauben zu untermauern. Die Inseln, die er in den nächsten Tagen anlief, unterschieden sich kaum von San Salvador. Überall die gleichen »Indianer« (spanisch *indios*), denn er war ja in »Indien«, die gleichen Pfahlbauten mit den Palmwedeldächern, die gleichen Früchte. Die Landgänge wurden immer kürzer, doch vergaß er nie, die Insel jeweils »rechtskräftig« in Besitz zu nehmen, sie zu taufen und ein Kreuz zu errichten. Auf seinen Kartenskizzen trug er ein: *Santa María de la Concepción*, zu Ehren Mariae Empfängnis (heute Rum Cay) sowie zu Ehren des spanischen Herrscherpaares *Fernandina* (heute Long Island) und *Isabella* (heute Crooked Island).

Bei der Durchsuchung der Hütten entdeckten sie etwas, das einem hängenden Bett glich. Es bestand aus einem der Länge nach geknüpften lockeren Netz, dessen Schlingen am Kopf- und Fußende zusammenliefen wie bei einem Schwertgriff. Befestigte man die Enden an den Hüttenpfosten, sodass sie frei über dem Boden schwebten, konnte man, sanft schaukelnd und vor Ungeziefer geschützt, herrlich darin schlafen. Sie hatten die Hängematte entdeckt, *hamaca* genannt, eine Konstruktion von schlagender Einfachheit, die Generationen von Seeleuten angenehme Nächte bescheren sollte.

Einige der Inseln, die der Genuese anlief, haben im 19. und 20. Jahrhundert Verfechter unter seefahrenden und nicht seeerfahrenen Forschern gefunden, nach deren Ansicht Columbus *nur* auf *ihrer* Insel seinen ersten Landgang gemacht haben könne; also nur auf Cat Island oder nur auf Grand Turk oder nur auf den East Caicos oder nur auf Conception Island. Insgesamt neun Inseln haben im Laufe der Zeit ihren Anspruch angemeldet. San Salvador beziehungsweise Watlings Island war plötzlich nicht mehr unumstritten. Erst als Samuel E. Morison den Spuren des Genuesen über den Ozean anhand aller verfügbaren Dokumente mit seinem Segelboot gefolgt war und 1942 kategorisch feststellte: »Es gibt nun keinen Zweifel mehr, und die Frage nach dem ersten Landfall ist ein für alle

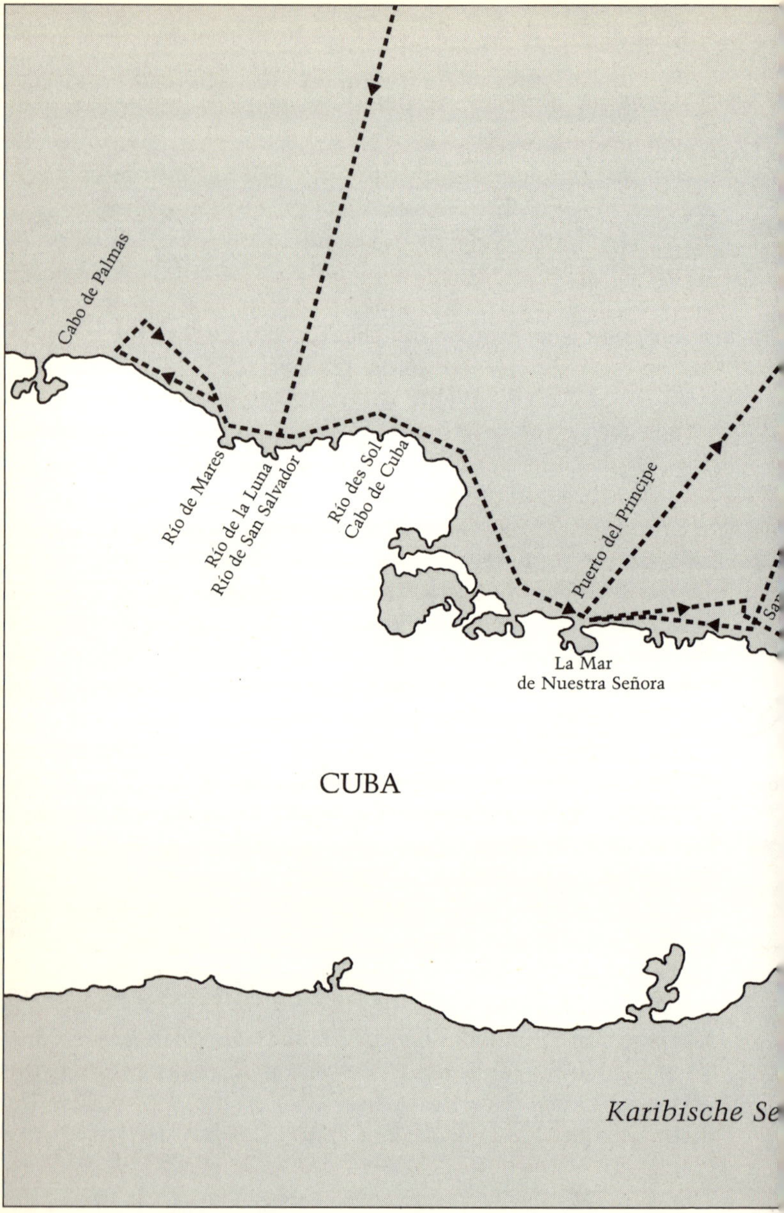
Cabo de Palmas
Río de Mares
Río de la Luna
Río de San Salvador
Río des Sol
Cabo de Cuba
Puerto del Principe
La Mar
de Nuestra Señora
CUBA
Karibische Se

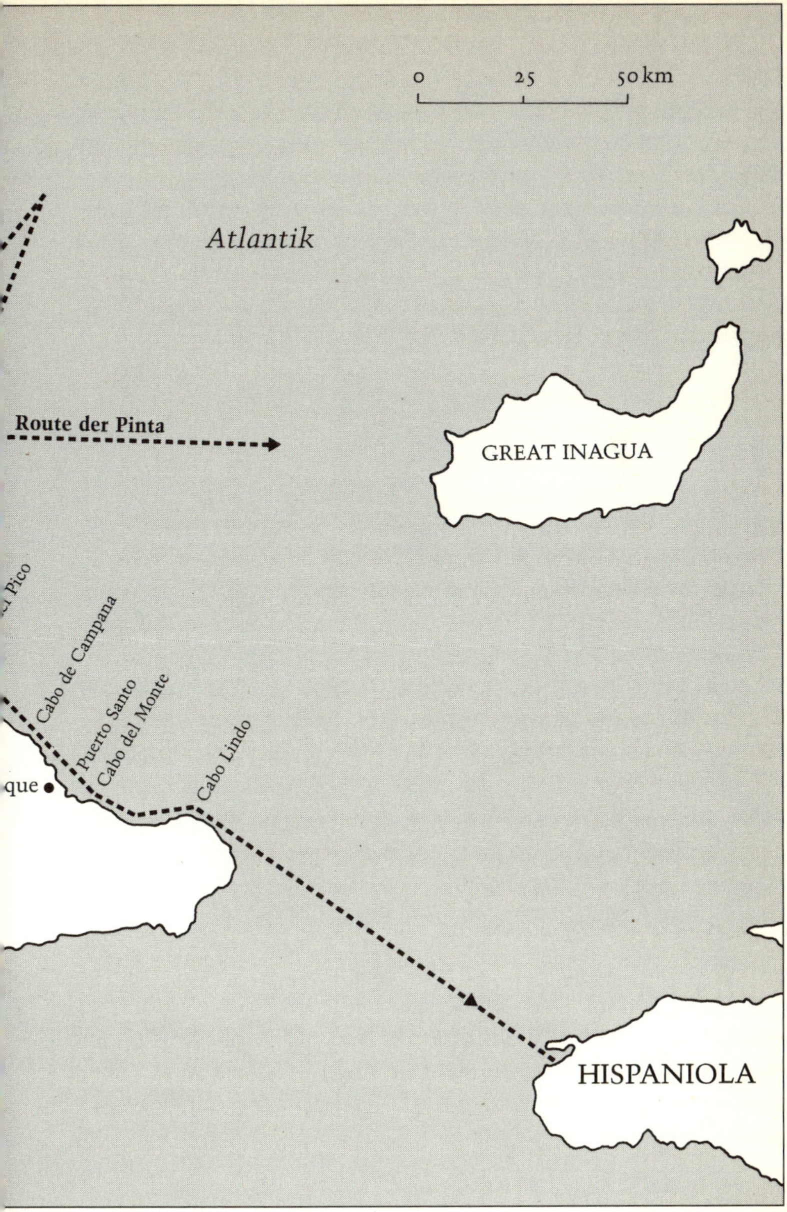

0
25
50 km
Atlantik
Route der Pinta
GREAT INAGUA
l Pico
Cabo de Campana
Puerto Santo
Cabo del Monte
Cabo Lindo
que
HISPANIOLA

Mal beantwortet: San Salvador!«, schien der Streit der Gelehrten beigelegt. Ein großes weißes Kreuz, 1956 auf der mit an Sicherheit grenzenden Wahrscheinlichkeit vermuteten Landungsstelle errichtet, setzte den Schlusspunkt.

Ende 1986 jedoch veröffentlichte das renommierte amerikanische Magazin *National Geographic* das Ergebnis einer Untersuchung, die sich über fünf Jahre hingestreckt hatte, durchgeführt von einem *braintrust* aus Marinearchäologen, Mathematikern, Kartografen, Übersetzern, Seefahrern, Fotografen, Kameraleuten, Computerspezialisten und eingeborenen Bewohnern der Bahamas. Die Wissenschaftler hatten den Computer bemüht und ihn mit allen Daten gefüttert, die eine Analyse der Strömungen, der Abdrift, der Windrichtungen, der Seekarten, des (neu übersetzten) Logbuchs, der Beschreibung der so genannten Erstinsel, des Kurses von dieser Insel nach Cuba ergeben hatten. Sie glaubten erkannt zu haben, dass die Legua, die Columbus seinen Entfernungsangaben zugrunde gelegt hatte, nicht 3,18 Seemeilen betrug, sondern lediglich 2,18 Seemeilen.

Aus den beiden kleinen Navigationscomputern wanderten die Daten in einen Großcomputer, und der spuckte das Ergebnis aus: erste Landung Columbus, 1492, Position Breite 23° 09' 13" N, Länge 73° 29' 29" W. Genau dort befindet sich die Insel Samana Cay, und die liegt 150 Kilometer südöstlich von San Salvador.

Samana ist ein winziges, von Palmen gesäumtes Eiland, weltverloren, von niemandem beansprucht und seit den Tagen seiner Entdeckung von niemandem mehr bewohnt. »*An island no one wanted*« nannten es die Archäologen der *National Geographic Society*, die dort nach Spuren des Columbus suchten. Sie fanden Tonscherben von Gefäßen aus der Zeit der spanischen Eroberung, die Reste einiger Siedlungen aus eben jenen Tagen, stellten fest, dass die Insel genau der Beschreibung entsprach, die Columbus in seinem Journal gegeben hatte: reich an Gewässern (in der Regenzeit), mit einer Lagune in der Mitte, einem natürlichen Hafen zwischen dem Strand und den Klippen, einer Halbinsel, die man mit Grabwerkzeugen in wenigen Tagen in eine Insel verwandeln konnte, und so fort.

»Wir glauben, dass wir eines der größten geografischen Geheimnisse entschleiert haben«, verkündeten die Leute von der *National Geographic Society* voller Stolz. »Wenn 1992 die Nachbauten der *Santa María*, der *Pinta* und der *Niña* von den Kanarischen Inseln in See stechen, sich nur vom Kompass und den Angaben im Logbuch des Columbus leiten lassen, dann werden sie auf eine Insel stoßen und dort das Banner der Katholischen Könige entfalten, auf einem Boden, der das wahre San Salvador ist: Samana Cay.«

Die allwissende *Encyclopaedia Britannica* hält noch an Watlings-Salvador fest, der zweite Band der auf 24 Bände angelegten *Brockhaus Enzyklopädie* dagegen verzeichnet unter dem Stichwort Bahamas bereits: »Am 12.10.1492 betrat C. Kolumbus auf der Insel Samana Cay (nicht, wie bisher angenommen, auf San Salvador) erstmals amerikan. Boden ...«

Spanische Columbianer haben bereits zu verstehen gegeben, dass sie das, was ihre amerikanischen Kollegen glauben entschleiert zu haben, zwar interessant finden, aber keineswegs endgültig. Jedenfalls hätten sie nicht die Absicht, von *ihrem* columbischen Landfall – San Salvador – zu lassen.

Die Suche nach dem grossen Khan

Columbus' Suche nach Gold zeigt bisweilen groteske Züge. Einmal lässt er Mengen von schimmernden Steinen einsacken, deren Goldgehalt, wie sich daheim herausstellte, nichts als gewöhnlicher Glimmerschiefer war. Dann treffen sie auf einen Häuptling, der einen besonders großen goldenen Nasenpflock trägt, sich aber um keinen Preis von ihm trennen will – auch nicht um den eines größeren Postens an Klingelglöckchen. Den Pflock mit Gewalt zu nehmen, wozu die Gefährten raten, lehnt Columbus ab. Er ist immer darauf bedacht, bei den Indios einen guten Leumund zu haben. Als die Männer der *Niña* einen Mann mit seinem Kanu kapern, entlässt er ihn mit Geschenken beladen und beobachtet von Bord mit Befriedigung, wie der Befreite seinen Leuten am Strand eine lange, gestenreiche Geschichte erzählt. Süßwasser, das die Eingeborenen ihm aus ihren Regenbehältern oder Brunnen abgeben, bezahlt er peinlich genau – »... damit im Falle Eure Hoheiten wieder einmal Leute hierher aussenden sollten, diesen von den Eingeborenen ein guter Empfang bereitet werde«. Er fügt hinzu, und das klingt, als habe er ein schlechtes Gewissen: »Überdies hatten die Gegenstände, die ich gab, einen Wert von höchstens 4 Maravedi.«

Sein Gewissen scheint ihn in der Tat zu drücken. Ferdinand und besonders Isabella erscheinen häufig vor seinem inneren Auge: mahnend, fragend, fordernd. Da er das (noch) nicht entdeckt hat, wovon er ihnen vorgeschwärmt, versucht er sie zu (ver)trösten. »... und konnte ich mich an einer so wundersam schönen und von der unsrigen so verschiedenartigen Vegetation nicht satt sehen«, schwärmt er angesichts der Insel Isabella. »Meines Dafürhaltens gibt es hier viele Kräuter und Pflanzen, die man in Spanien sehr zu schätzen wissen wird, um daraus Tinkturen zu gewinnen, die man zu Heilzwecken oder als Gewürze verwenden kann, allein sie sind mir unbekannt, was mir viel Kummer macht.«

Warum bloß hat er keinen Botaniker mitgenommen statt des Dolmetschers? Dieser Torres konnte mit seinen perfekten Kenntnissen des Arabischen, Hebräischen und Chaldäischen nichts anfangen. Am Schluss jedes langen, von wilden Gesten begleiteten Gesprächs mit den Indios gestand er kleinlaut: »*No entiendo nada, Don Cristóbal.*«

Auf einer Insel glaubte Columbus das dunkelbraune wohlriechende Holz der Aloe zu entdecken, das in der Heilkunst verwendet wurde und als besonders kostbar galt. Was seine Leute dann in großen Mengen schnitten und an Bord brachten, bestand vornehmlich aus wertlosen Agaven. Manchmal fanden sie Zimt, der kein Zimt war; wohlriechende Harze und Kräuter, die sie nicht kannten; Früchte, die sie nicht zu essen wagten. Ein betäubender süßer Duft wehte von den Inseln her. Schwärme bunter Vögel stiegen auf und verdunkelten die Sonne. Fische umspielten die Boote, Fische, die leuchtend bunt waren, feuerrot, himmelblau, safrangelb, in Farbtönen, die man für nicht von dieser Welt hielt.

Ja, dieses Land war paradiesisch. Gesegnet mit Fruchtbarkeit und mit Bodenschätzen, die nach ihrer Erschließung Spanien zum reichsten und mächtigsten Staat des Erdkreises machen würden. Columbus war seiner Zeit weit voraus, wenn er darüber nachsann, wie der Verkehr zwischen Europa und Indien organisiert werden könnte, welche Plätze sich für die Errichtung von Städten lohnten, auf welchen Inseln das Holz für die zu bauenden Schiffe wuchs, welche Zugtiere für diese Breiten in Frage kämen.

Columbus als Kolonisator. Doch wo blieb Columbus der Missionar? War er nicht auch ausgezogen, der Christenheit Millionen vor der Verdammnis geretteter Seelen zuzuführen? Nun, ein Priester befand sich auf keinem der drei Schiffe. *Gott und Gold* hatte die Losung gelautet, die man über das Unternehmen gestellt hatte, jetzt hieß sie erst einmal *Gold und Gott*. Der da oben musste warten, bis man jenes Metall gefunden, das den Genuesen allein vor dem Missfallen der Geldgeber, der Verachtung der Hofleute und dem Hohngelächter des Volkes bewahren würde.

Sechs Eingeborene hatte er von Guanahaní mit sanfter Gewalt an Bord geholt, als Lotsen und als Vermittler bei den fremden Häuptlingen. Wenn er sie beobachtete, wie rasch sie

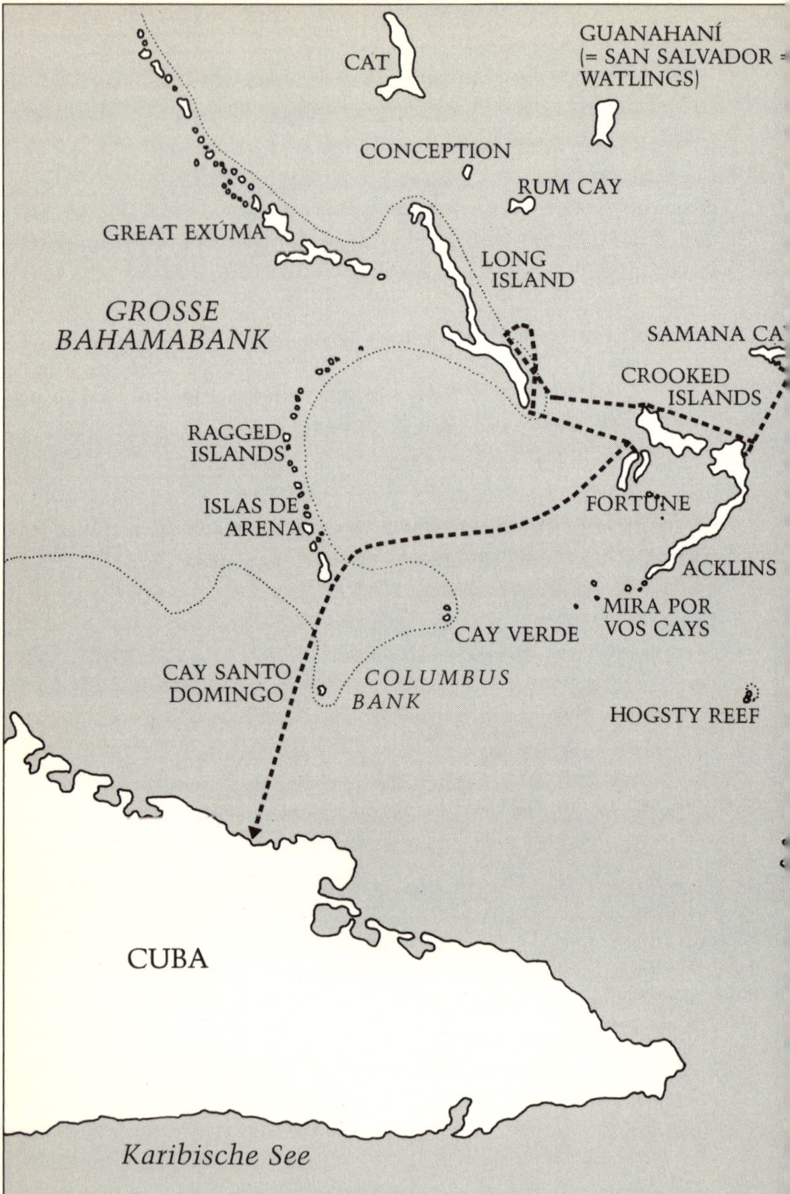

GUANAHANÍ
(= SAN SALVADOR =
WATLINGS)
CAT
CONCEPTION
RUM CAY
GREAT EXÚMA
LONG
ISLAND
GROSSE
BAHAMABANK
SAMANA CA
CROOKED
ISLANDS
RAGGED
ISLANDS
ISLAS DE
ARENA
FORTUNE
ACKLINS
MIRA POR
VOS CAYS
CAY VERDE
CAY SANTO
DOMINGO
COLUMBUS
BANK
HOGSTY REEF
CUBA
Karibische See

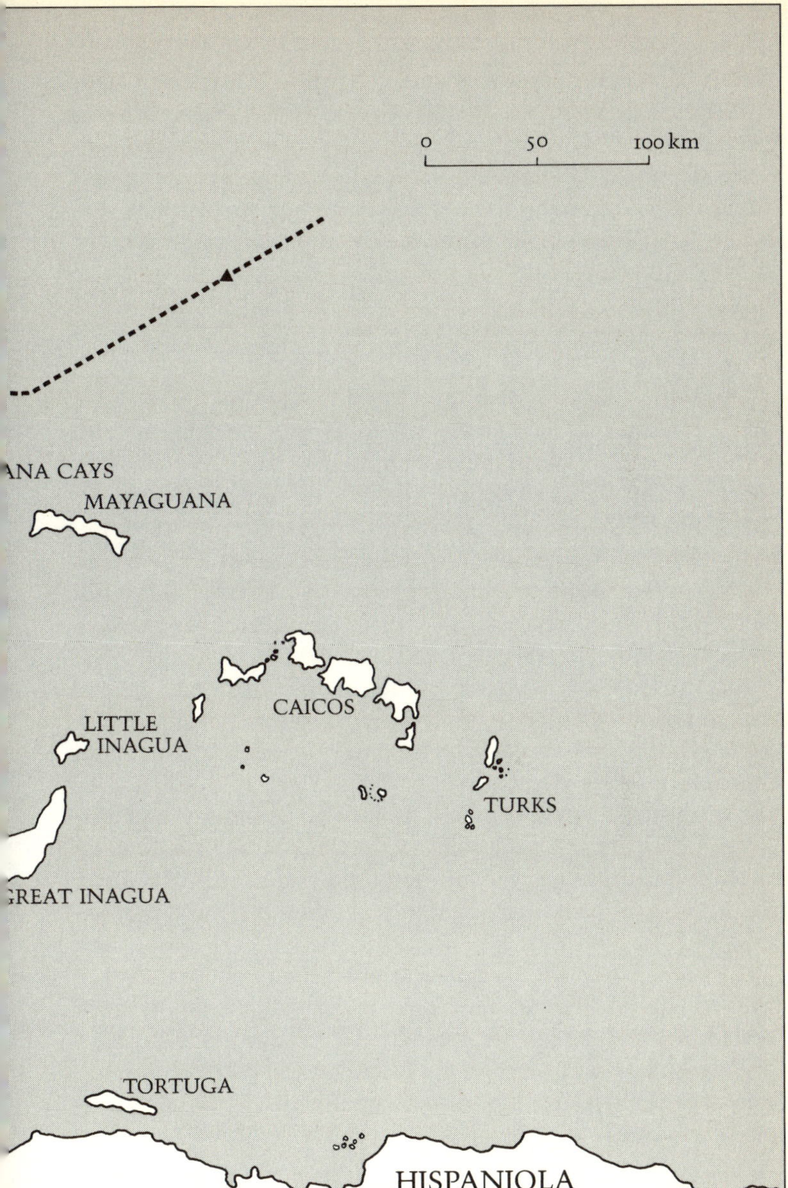

0
50
100 km
ANA CAYS
MAYAGUANA
CAICOS
LITTLE
INAGUA
TURKS
GREAT INAGUA
TORTUGA
HISPANIOLA

gelernt hatten, das Kreuz zu schlagen, die Hände zum Gebet zu falten, das *Salve regina* zu singen, fuhr ihm so einiges durch den Sinn. Das waren Leute, die man besser durch Liebe als durch das Schwert zum Heiligen Glauben bekehren könne. Was man befiehlt, befolgen sie; was man ihnen vorspricht, wiederholen sie; und eine Religion scheinen sie nicht zu haben. Auch werden sie bestimmt einmal gute und treue Diener abgeben. Je länger sich die Goldsuche hinzog, umso konkreter wurden seine Überlegungen: Aus dem Wort *Diener* wurde *Sklave.*

»Sollten Eure Hoheiten den Befehl erteilen«, schrieb er, »alle Bewohner nach Kastilien zu schaffen oder aber sie auf ihrer eigenen Insel als Sklaven zu halten, so wäre dieser Befehl leicht durchführbar, da man mit einigen fünfzig Mann alle anderen niederhalten und zu allem zwingen könnte.« Es seien freundliche, wohlgesinnte Menschen, die außer Lanzen und Messern keine Waffen trügen. Erst kürzlich habe sich einer von ihnen, der aus Neugierde die Schneide seines Schwerts berührte, daran verletzt.

Aus diesen Gedanken schreckte ihn die Meldung auf, wonach auf einer wenige Tagereisen entfernten riesigen Insel, *Colba* genannt, sehr große Schiffe und viele Seeleute anzutreffen seien. »Colba« wiederholten die an Bord gekletterten Indianer immer wieder, »Colba«. Einer von ihnen sagte »Cuba nacan, Cuba nacan« und wies mit der Hand nach Süden. Es durchfuhr Columbus siedend heiß, als er dieses Wort hörte: *Cuba nacan* konnte nichts anderes heißen als El Gran Can, der Großkhan von Cathay.

Er suchte seine Kajüte auf und schrieb in fieberhafter Eile die an die Könige gerichteten Worte nieder: »Entschlossen zum Festland Cathay zu fahren, werde ich mich zur Stadt Quinsay begeben und dem Großkhan die Briefe Eurer Hoheiten mit der Bitte überreichen, mir seine Antwort für die Heimreise mitzugeben.« Er gab den Befehl, Kurs Süd-West-Süd zu steuern.

Wie Columbus den Weg durch das Labyrinth der Inseln, Klippen, Riffe, Sandbänke, Untiefen, Unterwasserfelsen fand, wie er die richtigen Ankerplätze und die Lücken in den Korallengürteln ausmachte und weder zu nah noch zu weit vor den Küsten beidrehte – das alles in einem unbekannten Meer –, gilt als eine seemännische Leistung ersten Ranges. Besonders bei jenen, die mit ihren Segelschiffen dieser Route gefolgt sind und wissen, wovon sie reden. An den Riffen der Bahamas, Inseln der Träume, nicht selten eher der Albträume, sollte noch so manches spanische, mit Schätzen beladene Schiff zerschellen.

Am 28. Oktober 1492 erreichte Columbus die Küste des geheimnisvollen Landes, von dem die Eingeborenen glaubten, dass es eine große Insel sei, aber er wusste es besser: Colba war Cathay, war das Reich des Großkhans, von dem Marco Polo so wundersame Dinge berichtet hatte. Columbus' Einbildungskraft war, wie immer, so stark, dass er die Wirklichkeit der Fantasie untertan machte. Als er in die breite Mündung eines Flusses einlief, wo heute Bariay liegt, hatte er Cuba entdeckt, denn *Colba* war nichts anderes als *Cuba*. Er taufte das Land auf den Namen Juans, des Infanten von Spanien. *Juana* beeindruckte sein empfindsames Herz so stark, dass er zum Dichter wurde. Die Gier nach Gold jedenfalls hatte, anders als bei seinen Gefährten, seinen Sinn für Schönheit noch nicht abgestumpft. »Ich gestehe, beim Anblick dieser blühenden Gärten und grünen Wälder und am Gesang der Vögel eine so innige Freude empfunden zu haben, dass ich es nicht fertig brachte, mich loszureißen und meinen Weg fortzusetzen.«

Den mächtigen Schiffen des Großkhans, die an Marmorkais ihre Ladung löschten, vor der gewaltigen Kulisse einer steinernen Stadt, begegnete er nicht. Statt Kauffahrteischiffen sah er nur Kanus, statt Palästen nur Hütten, statt Rindern und Rössern nur Hunde, die nicht bellen konnten. Die Enttäuschung überwand er schnell, segelte die Küste Cubas entlang in Richtung der Südostspitze und warf Anker vor einer Bucht, in die ein großer Fluss mündete. Wieder hörte er von den Eingeborenen das magische Wort *cuba nakan*, wobei sie mit den Händen flussaufwärts zeigten.

Dort also musste die Residenz des Khan liegen, und am besten wäre es, ihm eine Gesandtschaft zu schicken. Luís de Torres, dieser Sprachenkundige, der keine der hier gesprochenen Sprachen verstand, könnte sich endlich einmal nützlich machen. Man versah ihn mit dem vom Hof in Córdoba ausgestellten Geleitbrief, dem in Lateinisch abgefassten Empfehlungsschreiben der Könige, einem Gastgeschenk und einem Gefährten namens Rodrigo aus Jerez, der bereits einen Negerkönig in Guinea aufgesucht hatte und aufgrund dieser Erfahrung am besten geeignet schien. Das alles erscheint nun wirklich wie eine einzige Donquichotterie, aber eben nur vom Podium der Gegenwart aus, und dort weiß man bekanntlich alles und alles besser.

Begleitet von zwei Männern aus Guanahaní, denen man als Belohnung die Heimkehr versprochen hatte, zogen sie flussaufwärts – und kamen nach sechs Tagen wieder zurück. *Cuba nakan*, so berichteten sie, hatte sich, nach einem strapaziösen 100-Kilometer-Marsch, als Bezeichnung für Mittelcuba herausgestellt. Dort seien sie auf eine Siedlung von etwa fünfzig Hütten gestoßen, festlich empfangen worden, wobei die Frauen durch Betasten geprüft hätten, ob sie wirklich aus Fleisch und Blut bestünden, denn alle glaubten, sie kämen »von dort oben«, weshalb auch 500 Männer sie auf dem Rückweg begleiten wollten (hofften sie doch zu sehen, auf welche Art die Fremden wieder in den Himmel zurückstiegen). Der Häuptling besaß zwar einen prächtig verzierten Stuhl, erinnerte sonst aber in nichts an den erwarteten großen Khan. *Nuzay*? Nein auf *nuzay*, wie die Eingeborenen das Gold nannten, seien sie nicht gestoßen, nur auf die Verwunderung der Indianer, wie man auf diesen Stoff derart versessen sein konnte. Am unglücklichsten war Luís de Torres, weil er, zu einer Rede an die Dorfbewohner ansetzend, das Wort an den Dolmetscher aus Guanahaní habe abgeben müssen, denn es sei ihm bald klar geworden, dass die freundlichen Wilden nur so taten, als verstünden sie ihn.

»Ferner erzählten die beiden«, notierte Columbus unter dem 6. November, »unterwegs ganzen Eingeborenenhaufen begegnet zu sein, die zu ihren Siedlungen zurückkehrten und einen Feuerbrand und bestimmte Kräuter in Händen hielten, um sich ihren Gebräuchen gemäß zu beräuchern.«

Las Casas hat auf seinen Reisen etwas genauer beobachtet, was die Eingeborenen mit dem Kraut machten. »Sie zünden es auf der einen Seite an und saugen oder schlürfen am anderen Ende, indem sie den Rauch beim Atmen innerlich einziehen, was eine Art Trunkenheit hervorruft. Sie behaupten, dass sie dann keine Müdigkeit mehr empfänden. Diese *tabacos*, wie sie sie selbst nennen, sind auch schon bei den Spaniern in Brauch. Ich habe mehrere auf der Insel Hispaniola gesehen, die sich dieser Dinge bedienten und, als man sie wegen solch hässlicher Gewohnheiten tadelte, antworteten, dass es ihnen nunmehr unmöglich sei, diese wieder abzulegen. Ich kann mir nicht erklären, was für einen Geschmack und Vorzug sie darin finden können.«

Das können sich die Nichtraucher unter uns heute noch nicht erklären. Außerdem glauben sie, dass der Tabak Millionen von Europäern die Gesundheit, wenn nicht das Leben, gekostet habe und somit eine sich über Jahrhunderte erstreckende Vergeltung der Indios darstelle. Während ihre Gegner, die Raucher, meinen, das indianische Kraut habe mehr Segen denn Fluch gebracht, weil es Trost in der Einsamkeit, Zuversicht in der Not, Ruhe in der Beunruhigung spende.

Rodrigo de Jerez gehörte übrigens zu jenen, die es nicht mehr lassen konnten, womit endlich der erste Raucher der Welt geschichtsnotorisch wäre.

Raucher und Nichtraucher werden sich darüber einig sein, als wie wertvoll ein anderer Import sich im Laufe der Zeit erwiesen hat; von Columbus mit den Worten vorgestellt: »Die Erde ist von großer Fruchtbarkeit und bringt eine Menge *mames* hervor, eine Art Rüben, die nach Kastanien schmecken. Sie werden mit viel Sorgfalt gepflanzt.« Die Kartoffel war entdeckt, wenn auch nicht in Gestalt der uns bekannten Art, der die Botaniker den Namen *solanum tuberosum* gegeben haben, sondern als Süßkartoffel, *ipomoea batatas*.

Die Knolle der weiß oder rot blühenden Winde treibt aus den Seitenwurzeln bis zu drei Kilogramm wiegende fleischige Knollen, die stärkereich und zuckerhaltig sind. Die Spanier schauten den Indios rasch ab, wie man sie zubereitete. Gekocht, gebraten oder geröstet schmeckten sie gleich gut; und wenn man sie zu Mehl zerrieb, ließ sich daraus ein bekömmliches Brot backen. Die Batate sollte bald in allen wärmeren Gebieten der Erde heimisch werden. Leicht verdaulich, nahrhaft, ohne großen Aufwand anzubauen und zu pflegen, entwickelte sie sich zu einer der wichtigsten Nahrungspflanzen.

Solanum tuberosum, die »eigentliche« Kartoffel, wurde ein gutes Menschenalter später in Sorocota, einem Dorf in den Hochanden, entdeckt, vermutlich von dem Konquistador Jiménez de Quesada. Als sie nach Europa kam, verkannte man sie gründlich. Anfangs mochte man sie allenfalls wegen ihrer bunten Blütenkrone, dann aß man das Obere, den Samen, statt das Untere, die Knolle; später machte man sie in den botanischen Gärten zur Kuriosität und erhob sie zur Delikatesse, die sich nur die ganz Reichen leisten konnten. Die ganz Armen lernten sie erst kennen, als der Dreißigjährige Krieg die großen Hungersnöte brachte. Sie rettete viele Menschen vor dem Verhungern, doch Friedrich der Große musste seine Bauern in Pommern und Schlesien noch kujonieren, ehe sie bereit waren, den Segen bringenden Erdapfel anzubauen. Wenn Kartoffelexperte Henry Hobhouse schreibt, dass die Kartoffel mehr wert war als all das Silber und das Gold der spanischen Schatzflotten, kann man ihm getrost zustimmen.

Die Süßkartoffel wurde in die Musterkollektion aufgenommen, die man den Hoheiten vorlegen wollte, um ihnen das nie geschaute Land sinnlich wahrnehmbar zu machen. Verschiedene Harze gehörten dazu wie Mastix und Gumbolimbo, Gummi, Baumwolle, Aloe, Maiskolben, eine Bohnensorte, Tabakblätter, eine Pfeffersorte, verschiedene Kräuter, Masken, Perlengürtel, ein geschnitzter, mit Muscheln ausgelegter Stuhl. An Haustieren herrschte großer Mangel. Es gab kein Pferd, keine Kuh, keine Ziege, kein Schwein, kein Schaf, kein Huhn, keine Ente. Es blieb lediglich der stumme Hund (gemeint war wohl der Tapir), den man sich zu großen Festen leistete und der gut geschmeckt haben muss, denn auch die Spanier erhoben ihn später zum Festbraten. Schlangen, Leguane, große Mäuse, Rebhühner, wilde Gänse, Baumenten, Baumratten, Papageien waren das einzige jagdbare Wild.

Noch etwas nahm Don Cristóbal in seine Kollektion auf: Menschen. Er spricht darüber in einer Weise, die ahnen lässt, welches Schicksal den Insulanern bevorstand. »Gestern legte ein Kanu bei mir an, in dem sich sechs junge Burschen befanden, von denen fünf an Bord des Schiffes kamen; ich ließ sie festhalten, um sie mit mir nach Spanien zu nehmen. Später schickte ich einige Leute zu einer Behausung, die auf der westlichen Seite des Flusses lag. Sie kehrten in Gesellschaft von sieben teils jungen, teils älteren Frauen und drei Knaben zurück, die ich ebenfalls mit nach Spanien mitnehmen möchte.«

Im spanischen Original wird von »sieben Stück Frauen, erwachsenen wie jungen« gesprochen, die eingefangen werden sollen, und das Wort »in Gesellschaft« wird zum schwer zu überbietenden Euphemismus. Die Frauen hatte man mitgenommen, damit die Männer bereitwillig alles taten, was ihnen befohlen wurde; vor allem sollten sie nicht fliehen, wie dies bei in Guinea eingefangenen Männern immer wieder geschehen war. In derselben Nacht erschien der Ehemann einer der Frauen und Vater der drei Knaben an Bord und bat, seine Familie begleiten zu dürfen.

Die Wilden zeigten immer wieder erstaunliche Tugenden, wenn man den Berichten der Spanier folgt: Sie hielten treu zu ihren Familien; schenkten von Herzen, teilten ihre Habe, kannten weder Arglist noch Habgier; waren nicht imstande, jemanden zu versklaven, geschweige denn, ihn zu töten; sie liebten ihren Nächsten. Das alles waren eindeutig christliche Tugenden. Und Columbus bat seine erlauchtesten Fürsten, baldig fromme Männer zu schicken, um aus »diesen Leuten gute Christen zu machen ...«.

Der Untergang der Santa María

Am 22. November verlor Columbus sein erstes Schiff. Bei einer Fahrt mit häufigem Kreuzen änderte die wegen ihrer besseren Segeleigenschaften an der Spitze laufende *Pinta* ihren Kurs immer mehr in Richtung Osten, blieb noch eine Zeit lang in Sichtweite, bis sie mit dem Einbruch der Dunkelheit am östlichen Horizont verschwand. Sie hatte weder auf Flaggensignale noch auf das am Heck der *Santa María* entzündete Feuer reagiert. An widrigem Wind oder starken Strömungen konnte es nicht gelegen haben, denn die *Niña* hatte den Anschluss an das Flaggschiff spielend gehalten.

Die kleine Flotte war unterwegs nach einer Insel namens Babeque, wo man nach Meinung der eingeborenen Führer das Gold nur aus dem Sand heraussieben müsste, um es dann mit einem Hammer zu Barren zu schmieden; ja, eine kleine Insel davor bestehe sogar ganz aus Gold. So oft die Spanier inzwischen enttäuscht worden waren – kam irgendein Kazike, wies mit dem Arm in eine bestimmte Richtung und sprach dabei das Wort *nuzay* aus, so segelten sie sofort los.

Einige Stämme wollten die Fremden auf diese Art loswerden, andere dagegen, in ihrer oft bewiesenen Freundlichkeit, ihnen nur einen Gefallen tun. Wer sich dieses Metall, das einige von ihnen am Ohr oder in der Nase trugen, derart sehnlichst wünschte, dem musste einfach geholfen werden. Die auf der *Pinta* postierten indianischen Lotsen werden dem Kapitän Pinzón so oft von dem Babequegold erzählt haben, bis er, des ewigen Segelreffens und Wartens auf die lahme *Santa María* müde, sich entschloss, auf eigene Faust zu handeln. Denn so viel wusste er: Wer mit Gold zurückkam, mit viel Gold, dem würde der Hof alles verzeihen, selbst eine Befehlsverweigerung.

»Also fuhr er davon«, notiert Columbus, »ohne auf mich zu warten und ohne dass er durch das schlechte Wetter dazu gezwungen gewesen wäre.« Columbus machte sich keine Illusionen. Er war zornig, aber er beherrschte sich und notierte so kurz wie vielsagend: »... noch viele andere hässliche Dinge hat Martín Alonso mir gesagt und angetan.« Der Gegensatz zwischen dem alten Fahrensmann und dem Admiral der Flotte, während der Ozeanüberquerung zwangsläufig niedergehalten, war in aller Schärfe wieder aufgebrochen.

Am 24. Dezember 1492 umsegelten die *Santa María* und die *Niña* das Kap einer Insel, die später Haiti hieß und Columbus so paradiesisch schön und fruchtbar erschien, ihn auch in manchem an Andalusien erinnerte, dass er ihr, überdies von Heimweh erfüllt, den Namen *Hispaniola* – Klein-Spanien – gab. Er hockte in der dumpfen Enge der *toldilla*, damit beschäftigt, die Ernte des Tages einzubringen, was ihn diesmal an den Rand der Erschöpfung trieb – nach besonders harten Tagen auf See und Nächten vor Anker, die ohne Schlaf geblieben waren, weil immer neue Kanus anlegten, immer neue Scharen von Eingeborenen an Bord kamen. Die Karte, die er gerade in Form einer Skizze auf das Papier warf, zeigte einen Teil der nordöstlichen Küste von Hispaniola mit der vorgelagerten Schildkröteninsel. Sie sollte zu den wenigen von seiner Hand erhaltenen Dokumenten gehören, wie auch vom Logbuch nur ein einziges Blatt in seiner Handschrift die Zeiten überdauert hat.

Alexander von Humboldt, Naturforscher, Geograf und Weltreisender, Verfasser des größten privaten Reisewerks der Geschichte, wird ihm dreihundert Jahre später bescheinigen, dass er in einer neuen Welt und unter einem neuen Himmel das Landschaftsbild, die Tierwelt, die Erscheinungen der Pflanzen sowie die Temperaturen und den Magnetismus der Erde mit peinlicher Genauigkeit beobachtet habe. Auch maß Columbus die Tiefe der Flüsse an ihren Mündungen, suchte nach geeigneten Hafenplätzen, verzeichnete Strömungen, den Wind, ermittelte Süßwasserquellen; er registrierte, katalogisierte, sammelte, schrieb.

Auf dieser neuen Insel gab es größere, von Straßen durchzogene Siedlungen, eine höhere Entwicklung, Menschen mit hellerer Hautfarbe – so hell, dass man einige für Spanier hätte halten können –, mächtigere Kaziken, darunter einen »König« namens Guacanagari, der stets von 200 Männern begleitet wurde, und – das war das Wichtigste! – größere Goldkörner. Die Indianer hatten Columbus auch sofort erzählt, woher es stammte: aus Cibao, einem Gebiet im Inneren des Landes. Der dortige Kazike besitze so viel davon, dass er die Fahnen seiner Stämme nicht aus Baumwolle fertigen lasse, sondern aus purem Golde.

Cibao, das war Cipangu! Wer würde daran jetzt noch zweifeln wollen? Nur ein Narr oder ein Schwarzseher. Endlich, endlich hatten sie das Land erreicht, das Marco Polo in so goldenen Farben geschildert hatte.

Der Admiral verschloss die Papiere im Schiffstresor und stieg auf das Achterkastell. Das Schiff machte nur geringe Fahrt, mehr von der Strömung getrieben als vom Wind. Auf der Back standen seine Indianer, und ihre Stimmen erhoben sich zu angstvollem Diskant, wenn die *Santa María* sich beim Kreuzen der Küste um einen Schlag näherte. »*Caniba!*« schrien sie dann. »*Caniba!*« Sie glaubten zu wissen, dass hinter Hispaniola sich ein Festland erstreckte, das die gefürchteten Menschenfresser beherberge. Womit sie der Sprache der Alten Welt ein neues Wort schenkten: Kannibale.

»… wiederhole ich noch einmal«, hatte Columbus vor einigen Tagen notiert, »dass Caniba nichts anderes sein kann als jener Volksstamm des Großkhans, dessen Herrschaftsbereich fast bis hierher reichen muss. Er muss Schiffe haben, die bis hierher gelangen, um diese Inselbewohner einzufangen. Da die Gefangenen nicht mehr zurückkehren, bildete sich der Glaube, dass sie aufgefressen worden seien.«

Es wirkt wie eine bittere Ironie, wenn er diese kapital falsche Schlussfolgerung mit dem Satz bekräftigt: »Von Tag zu Tag verstehen wir und die Indianer uns besser …«

Gegen elf Uhr nachts wird Columbus derart von Müdigkeit überwältigt, dass er gerade noch den Wachwechsel erlebt und sich, nach zwei Nächten ohne Schlaf, in die Kajüte zurückzieht, wo er, wie an jedem Abend, zum Gebet niederkniet und das *Ave Maria* spricht.

Auch der neue Wachhabende ist in den letzten Tagen wenig zur Ruhe gekommen. Juan de la Cosa, der Schiffseigner, den diesmal die Mitternachtswache getroffen hat, fragt sich nach einer Weile, was hier eigentlich zu bewachen ist. Der Wind ist völlig eingeschlafen, die Strömung schwach, und vor ihm läuft die *Niña*. Cosa wechselt ein paar Worte mit dem Mann am Ruder über den zu steuernden Kurs und verschwindet gähnend unter Deck.

Doch auch der Rudermann sieht nicht recht ein, was es auf einer See zu steuern gibt, die still daliegt wie in einer Suppenschüssel. »Heh, du!« ruft er und meint den Jungmatrosen, der die Sanduhr umzudrehen hat. »Nimm das da!« Während der Ältere die Jacke über den Kopf zieht und sich in eine Ecke

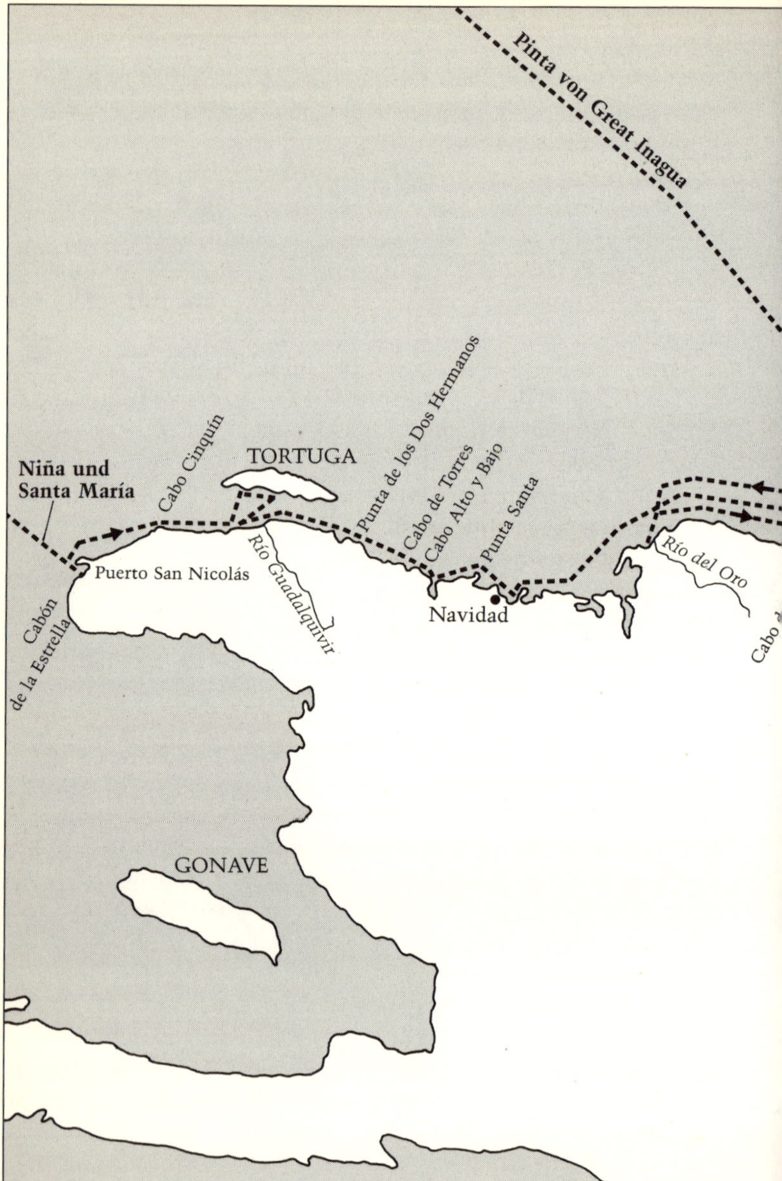
Pinta von Great Inagua
TORTUGA
Niña und
Santa María
Cabo Cinquín
Punta de los Dos Hermanos
Cabo de Torres
Cabo Alto y Bajo
Punta Santa
Puerto San Nicolás
Río Guadalquivir
Navidad
Río del Oro
Cabón
de la Estrella
GONAVE

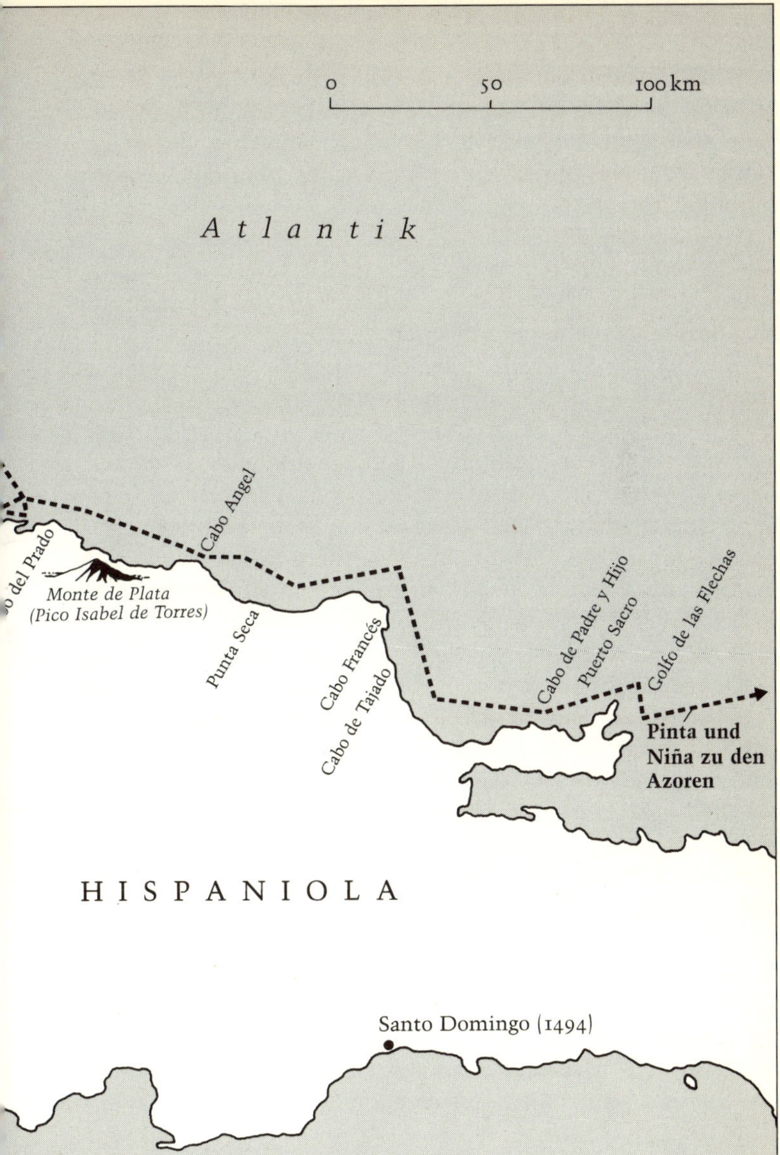

0
50
100 km
Atlantik
Cabo Angel
o del Prado
Monte de Plata
(Pico Isabel de Torres)
Punta Seca
Cabo Francés
Cabo de Tajado
Cabo de Padre y Hijo
Puerto Sacro
Golfo de las Flechas
Pinta und Niña zu den Azoren
HISPANIOLA
Santo Domingo (1494)

rollt, übernimmt der Junge das Ruder. Er ist nun der Einzige an Bord, der wach ist. Das Rauschen einer Brandung, das langsam, aber stetig anschwillt, hätte ihn weiterhin wachhalten sollen, denn wo Brandung ist, ist Gefahr, aber das Geräusch schläfert ihn ein.

Und das berühmteste Schiff der Seefahrtsgeschichte, die *Santa María*, erleidet in der Weihnacht des Jahres 1492 auf einem Korallenriff in der Caracolbucht einen nicht minder berühmt gewordenen Schiffbruch.

»Da begann der Schiffsjunge«, notierte Columbus, »der das Aufstoßen des Ruders auf Grund spürte und das Krachen vernahm, ein lautes Geschrei zu erheben. Ich hörte sein Rufen und war sofort zur Stelle, noch ehe jemand anderer bemerkt hatte, dass wir auf Grund gelaufen waren.« Vielleicht wäre das Schiff noch zu retten gewesen, denn der Genuese ergriff sofort die richtigen Maßnahmen, indem er Juan de la Cosa befahl, einen Anker auszubringen, um mithilfe des Ankertaus und der Winde das Schiff langsam vom Riff herunterzuziehen.

Der Mann jedoch, der die Strandung, wenn nicht verschuldet, so doch zu verantworten hatte, weil er als wachhabender Offizier nicht auf seinem Posten geblieben war, ließ, kaum dass er im Beiboot saß, den Anker Anker sein und nahm Kurs auf die *Niña*. Ein Schiffseigner, der seinen kostbarsten Besitz aufgibt, obwohl keine unmittelbare Lebensgefahr besteht, denn die See war ruhig und das Land nah, ist eine sonderbare Erscheinung. War es Panik, Feigheit oder, wie der Admiral ihm vorwarf, Verrat, was ihn derart kopflos handeln ließ? Jedenfalls hatte er einen Befehl verweigert und in Seenot geratene Matrosen im Stich gelassen. Der jüngere Pinzón verweigerte ihm nicht ohne Grund die Erlaubnis, zu ihm an Bord zu kommen. Er schickte das Boot zur *Santa María* zurück und kam zusätzlich mit dem eigenen Boot dem Havaristen zu Hilfe.

Obwohl der Großmast gekappt und ein Teil der Ladung über Bord geworfen worden war, hatte die Karavelle sich langsam auf die Seite gelegt. Bei jeder Welle schnitten die Korallen tiefer in den hölzernen Rumpf, die Planken barsten, und das Wasser schoss in den Laderaum. Das Schiff musste aufgegeben werden. Mit den Schaluppen wurde die Besatzung zur *Niña* hinübergerudert, wo man den Morgen erwartete.

Wenn es eine der Eigenschaften großer Männer ist, mit sicherem Instinkt die sowohl getreuesten als auch geeignetsten Männer an sich zu binden – für Columbus trifft diese Erfahrung nicht zu. Seine Menschenkenntnis war so gering entwickelt, dass er stets die falschen Leute erwählte, immer wieder bitter enttäuscht wurde. Der Fall de la Cosa gehört dazu.

Ihn nach dem Seerecht zu bestrafen, wagte er wieder nicht. Cosa war Baske und der Kopf der baskischen Clique, die mit der der Kastilier ohnehin in ständigem Streit lag. Er hätte also in ein Wespennest gestochen, in einer Situation, in der die Disziplin bei allen nachgelassen hatte. In seinem Logbuch beklagt er sich über die Gier seiner Fahrtgenossen, über ihre Versuche, die Eingeborenen zu betrügen, zu berauben und, vor allem, sich der jungen Frauen zu bemächtigen, die schön gewachsen und nackt, wie Gott sie geschaffen, schwer zu widerstehende Verlockungen boten für Männer, die seit fast vier Monaten von zu Hause fort waren. Für ihre Aufgabe taugten diese Männer jedenfalls nicht mehr, und das Gebot lautete, so rasch wie möglich Kurs in Richtung Heimat zu nehmen.

Der Deserteur kehrt zurück

Doch wie war das zu bewerkstelligen mit nur noch einem Schiff und zusätzlich vierzig Mann? Columbus schickte ein Boot zu dem am Fluss gelegenen Dorf des Kaziken Guacanagari, mit dem sich ein besonders gutes Verhältnis angebahnt hatte, und bat um Hilfe. Sie wurde ihm in einem Maß zuteil, die alles übertraf, was die Spanier bisher erlebt hatten.

»Als der *cacique* die traurige Botschaft vernahm ..., entsandte er augenblicklich alle Einwohner seines Dorfes mit vielen großen Kanus zu unserem Schiff. Dort machten wir uns alle zusammen alsogleich ans Werk, die Ladung zu löschen. In kurzer Zeit hatten wir vom Oberdeck alles ans Land geschafft, so wertvoll war die Mithilfe ... Später gewährte uns der *cacique* persönlich samt seinen Brüdern jede Unterstützung, sowohl auf dem Schiffe wie zu Lande, damit alles wohl vonstatten gehe. Von Zeit zu Zeit schickte er einige Verwandte zu mir, die mich weinend baten, es nicht allzu tragisch zu nehmen, er würde mir gerne alles, was er besäße, überlassen. Ich kann Euren Hoheiten hoch und heilig versichern, dass unser Besitz in ganz Kastilien nicht besser hätte versorgt werden können, von dem nicht eine einzige Nadel verloren ging. Denn er ließ all unser Hab und Gut in der Nähe seiner Behausung aufstapeln, wo es bleiben sollte, bis die Hütten freigemacht würden, wo alles untergebracht werden konnte. Dabei waren er und all die Seinen in Tränen aufgelöst, als hätten sie selber Schaden erlitten ...«

Die Männer des Kaziken halfen den Spaniern nicht nur bei der Bergung der Ladung, sie waren auch zur Stelle, als es darum ging, das Wrack in seine Bestandteile zu zerlegen und an Land zu bringen. Aus den Planken, Stengen, Rahen, Masten bauten sie gemeinsam mit den Matrosen ein Blockhaus mit Turm, Palisaden und Graben, für jene Spanier zum Heim bestimmt, die man hier lassen musste. Dass die Indianer hier ihre eigene Zwingburg errichteten, konnten sie nicht ahnen. Sie vertrauten den »Menschen vom Himmel«, die ihnen so schöne Geschenke gemacht hatten, bei denen sich für ein kleines Stück *nuzay* die herrlichsten Sachen eintauschen ließen.

Der Admiral begann langsam Gefallen zu finden an seinem Schiffbruch. Das Flaggschiff war so sanft aufgelaufen, dass man die Ladung hatte retten und ihr Holz wieder verwenden können; die Bucht besaß ein gutes Klima, die Indianer waren hilfsbereit, der Kazike treu ergeben, und Cipangu, wo das Gold wuchs, würde nicht schwer zu erreichen sein. Um die *Santa María*, diesen schwerfälligen, für Entdeckungsreisen wenig geeigneten Kasten, den ihm die Einwohner von Palos quasi aufgezwungen hatten, war es letztlich nicht schade.

»Dies alles ergötzte und tröstete mich, meine tiefe Kümmernis um den Verlust meines Schiffes begann zu weichen angesichts der Erkenntnis, dass der Herrgott das Schiff gerade an jenem Ort hatte auflaufen lassen, um hier eine Niederlassung zu gründen. Dieses Missgeschick wurde die Ursache so vieler anderer Geschehnisse, das man es füglich nicht als solches bezeichnen, sondern weit eher als einen Glücksfall ansehen muss. Denn hätte ich hier nicht mein Schiff verloren, würde ich gewiss meine Fahrt auf offener See fortgesetzt haben … auch hätte ich nicht einen Teil meiner Besatzung dort zurückgelassen; noch hätte ich, auch wenn ich dies hätte tun wollen, dafür so gut Vorsorge treffen können; ich hätte sie nicht mit allem Nötigen an Lebensmitteln und Baumaterial für eine Festung versorgen können.«

Nachdem Columbus diese von schönstem Gottvertrauen zeugende Rechnung abgeschlossen hatte, begann er neununddreißig Mann auszuwählen, die in *La Navidad* – Weihnachten, so hieß das Fort bereits – zurückbleiben sollten. Überraschenderweise meldeten sich viele freiwillig; wer blieb, so kalkulierten die Matrosen, würde der Erste sein, und der pflegte bekanntlich zu mahlen, sprich, er würde an das Gold gelangen, bevor sich halb Kastilien auf die Insel Hispaniola stürzte. Zwar blieb Harana auch da, der gestrenge Profos, und Pedro Gutiérrez, der Kämmerer, und Escobedo, der Flottenschreiber, aber mit den Herren würde man sich schon arrangieren; von dem Dolmetscher Torres, dem Arzt und dem Notar nicht zu reden.

Der Kazike Guacanagari, ein schöner junger Mann mit guten Manieren, Prototyp des edlen Wilden, lud die Spanier zu einem Abschiedsessen ein, zu dem riesige Schüsseln mit Hummern, Krebsen, Fischen, Muscheln, Schnecken, Baumenten, mehrere Sorten Süßkartoffeln, Kassavebrot und Yamswurzeln aufgetragen wurden. Als Gastgeschenk bekam der Admiral eine Maske, deren Augen und Ohren mit Gold ausgelegt waren. Er revanchierte sich mit einer Halskette aus – diesmal echten – Achaten, legte sein weites scharlachrotes Prunkgewand ab und kleidete den König damit, opferte auch noch einen silbernen Fingerring, den der Kazike am Tag zuvor an der Hand des Steuermanns bewundert hatte.

Der Admiral hatte noch ein weiteres Abschiedsgeschenk parat. Er bat die Festgesellschaft an den Strand, wo seine Leute eine von der *Santa María* gerettete Bombarde auf ihrem Lafettenwagen in Stellung gebracht hatten. Er wies mit der Hand auf die Wrackreste, bat genau aufzupassen, was im nächsten Moment dort geschehen werde, und gab das Kommando »Feuer«. Mit Donnergetöse flog die zehn Pfund schwere Steinkugel aus dem Geschütz und schlug krachend in das Schiffsgerippe ein. Da die Zuschauer den Einschlag nicht sahen, weil sie sich vor Schreck platt auf den Boden geworfen hatten, ließ er die Vorführung noch einmal wiederholen.

Guacanagari war klug genug, um zu begreifen, was diese Demonstration der Stärke beweisen wollte. Solche Leute zu Feinden zu haben war bestimmt nicht gut, besser geeignet schienen sie als Verbündete – gegen die Kariben zum Beispiel, die von den Kleinen Antillen herüberkommenden gefürchteten Menschenräuber. Was wären ihre Pfeile und Bogen gegen diese Feuer speienden Schlangen?

»Daraufhin gab ich dem Indianerhäuptling zu verstehen«, schrieb Columbus abends in sein Journal, »dass die Herrscher Kastiliens die Ausrottung der Kariben anordnen und sie samt und sonders mit abgehackten Händen sich vorführen lassen würden.«

Am 4. Januar 1493 nahte die Abschiedsstunde. Der Admiral vertraute dem Kaziken *La Navidad* an, die erste Siedlung der Spanier auf dem Boden der Neuen Welt, und umarmte ihn bewegt; ein Bild, das in unserer Zeit um die Welt gegangen wäre. Der Boden brannte ihm unter den Füßen. Immer wieder hatte er in den letzten Tagen an Martín Alonso Pinzón denken müssen. Wo mochte der jetzt sein: Hatte er auf Babeque sein Schiff bis zu den Luken mit Gold gefüllt; war er bereits unterwegs nach Spanien, um dem Hof von der Reise als Erster zu berichten und Columbus damit um die Früchte eines Erfolgs zu bringen, die diesem allein gebührten? Fragen, die Columbus immer wieder quälten und ruhelos das Deck auf und ab wandern ließen. Einmal hatten die Indianer geglaubt, das Schiff gesichtet zu haben, und er hatte ein Kanu losgeschickt mit einem Brief an Pinzón.

Da ertönte plötzlich die vor lauter Erregung immer heiserer werdende Stimme des Mannes im Ausguck: »*La Pinta, La Pinta*! Backbord voraus *La Pinta*!« Sie war es tatsächlich. Vom Ostwind getrieben, rauschte sie heran. In einer geschützten Bucht erwartete Columbus ihren Kapitän an Bord der *Niña*,

In einem Bericht an
Rafael Sánchez skizzierte Columbus 1493 mit eigener Hand
die Nordwestküste Hispaniolas.

des neuen Flaggschiffs. Er war erleichtert, denn der Gedanke, die weite Heimreise allein bewältigen zu müssen, hatte ihm nicht behagt. Und er war wütend über den Mann, der seine Freunde verlassen und sie alle damit in Lebensgefahr gebracht hatte. Er, Martín Alonso, so berichtete der Kapitän, habe seinerzeit durch aufkommenden Nebel den Anschluss verloren, sei einige Tage auf der Suche nach den beiden anderen Schiffen umhergeirrt, um schließlich in einer Bucht vor Anker zu gehen, von wo aus er Eingeborene als Boten ausgesandt habe; und als er durch sie von der Strandung der *Santa María* erfahren habe, sei er sofort aufgebrochen, dem Admiral zu Hilfe zu kommen.

Columbus glaubte ihm kein Wort. Jähzornig, wie er war, fuhr er ihn an: »Ihr wisst, dass ich Euch auf der Stelle aufhängen kann.«

»Das wäre dann«, gab Martín Alonso zurück, »der Dank dafür, dass ich Euch zu jenem Ruhm verholfen habe, den Ihr nun erwarten könnt.«

Der Zorn des Admirals war berechtigt, denn was er geahnt hatte, sollte sich als zutreffend herausstellen. Der Mann aus Palos war flugs nach Babeque gesegelt (dem heutigen Great Inagua), der verheißenen Goldinsel, war dann wieder, mit leeren Händen, vor der Küste Hispaniolas, unweit des jetzigen Puerto Blanco, vor Anker gegangen, wo er von den Indios viele Goldstücke im Tauschweg einhandelte, um schließlich in das Landesinnere vorzudringen bis in das Gebiet des mächtigen Kaziken Caonabo, sodass er die später so berühmten Goldwäschen von Cibao berührt haben musste. Pinzón bot seinem Admiral zwei Beutel mit Goldkörnern an, sozusagen als Schweigegeld, was dieser empört zurückwies. Genauso empört bestritt die Pinzón-Partei bei den *pleitos*, den Prozessen, diesen Sachverhalt.

Tatsache war, dass Martín Alonso sich der Desertion schuldig gemacht hatte und damit ein Fall gewesen wäre für Diego de Harana, den Profos der Flotte. Ihm oblag die Aufgabe, die Disziplin an Bord aufrechtzuerhalten und jeden Verstoß gegen das Seerecht zu ahnden: durch Kielholen, Auspeitschen, Festbinden am Großmast mit einem am Hals befestigten Eimer voll Eisenkugeln, das Aufhängen am Hals bis zum Tode.

Columbus machte keinen Gebrauch von seinem unbeschränkten Recht über Leben und Tod der ihm untergebenen Seeleute. Er handelte nicht, wie Fernando Magellan handeln wird, als er auf seiner Weltumsegelung einen meuternden Kapitän kurzerhand köpfen lässt. Man hat dem Genuesen Feigheit vorgeworfen, aber in Wahrheit verhielt er sich klüger, als seine Kritiker es getan hätten. Er hatte wohl bemerkt, mit welcher Begeisterung der »verlorene Sohn« Martín Alonso begrüßt worden war, wie ihn Bruder Martin Francisco hochleben ließ, wie Bruder Vicente Yáñez, der bisher so loyale Kapitän, sich plötzlich illoyal gebärdete. Die Situation war nicht zum Strafen geeignet. Er machte also aus der Not eine Tugend und gab sich als der großmütig Verzeihende.

Im Übrigen wollte er keine Zeit mehr verlieren. »… war es mir doch darum zu tun, mich mit vollen Segeln auf die Heimfahrt nach Spanien zu machen, um rasche Kunde über alle meine Tage bringen und die zuchtlosen Gesellen loswerden zu können.«

Als sie in der Bucht ankerten, in der Pinzón seine Tauschgeschäfte getätigt hatte, brach trotz aller Selbstbeherrschung sein Zorn hervor. Der schlechte Mensch, wie er ihn nannte, hatte es gewagt, den dort mündenden Fluss auf den Namen *Río de Martín Alonso* zu taufen und damit gegen ein Privileg verstoßen, das ihm, Don Cristóbal, Admiral des Weltmeeres und künftigem Vizekönig, zustand. Mit einem Federstrich gab er dem Fluss einen neuen Namen, *Río de gracia*, und ließ zur Bekräftigung dessen sechs von Pinzón entführte Indianer gnadenhalber frei.

Wenn für einen Feldherrn nichts unpassender ist als Übereilung, so gilt das auch für einen Admiral. Columbus handelte nach der Devise des Augustus *festina lente*, Eile mit Weile, ließ die Schiffe in einer geeigneten Bucht an Land ziehen und auf die Seite legen. In tagelanger Arbeit kratzten die Männer die dicke Schicht aus Algen und Muscheln ab, die sich am Rumpf gebildet hatte. Alle Fugen und Risse wurden neu verpicht und oberhalb der Wasserlinie ein Schutzanstrich aus Walfischöl und Fichtenharz aufgetragen.

In ihre Arbeit vertieft, schraken sie plötzlich auf. Aus dem Saum des Urwalds waren lautlos Eingeborene hervorgekommen: dunkle, unheimliche Gestalten, die Gesichter mit Holzasche geschwärzt, die langen Haare mit Papageienfedern zusammengebunden, in den Händen Pfeil und Bogen. Sie hatten nichts gemein mit den freundlichen Wilden, die man bisher gewohnt war, den Tainos. Auch in ihrer Sprache unterschieden sie sich. Luís de Torres, der sich mühte, mit ihnen ins Gespräch zu kommen, stellte fest, dass sie andere Worte benutzten als die anderen. Mit einem Wort: Er verstand wieder einmal nichts. Vermittels der Zeichensprache boten die Spanier ihnen den üblichen Tand an. Doch der bewährte Kunstgriff, einen potenziellen Gegner durch den Ankauf seiner Waffen wehrlos zu machen, verfing diesmal nicht.

Die Eingeborenen – sie gehörten zum Stamm der Ciguayos – blieben feindselig, legten plötzlich ihre Pfeile ein, die Spanier griffen zu ihren Schwertern, und im Nu war ein Handgemenge im Gange, bei dem zwei Eingeborene verletzt wurden. Ihr Blut färbte den hellen Sand der Bucht, das erste Blut, mit dem die Europäer den Boden der Neuen Welt befleckten …

VI Die Heimkehr

Mörderischer Atlantik

Drei Stunden vor dem Sonnenaufgang des 16. Januar 1493 verließ Columbus die *Bucht der Pfeile*, so hatte er sie getauft, mit Kurs auf die Insel *Carib* (wohl Puerto Rico), wo, nach Meinung der indianischen Führer, die gefürchteten Menschenfresser hausten. Von dort galt es noch einen Abstecher zu machen zu einem anderen geheimnisumwitterten Eiland, Matinino genannt. Dort sollte es nur Frauen geben, männerfeindliche, männerhassende Frauen, die lediglich einmal im Jahr einen kurzen Besuch des anderen Geschlechts gestatteten, um sich, ohne Lust, ja mit Widerwillen, begatten zu lassen; bei einem Akt, der damit endete, dass man die Männer, zusammen mit den lauffähig gewordenen Knaben vom Jahr zuvor, wieder vertrieb und die Säumigen kurzerhand umbrachte.

Die beiden Inseln hätte er gar zu gern noch angelaufen, um zwei Kannibalen und drei dieser Amazonen einzufangen. Da man weder auf ein Wesen mit drei Augen oder einem langen Schwanz oder einem Hundekopf gestoßen war, wären sie eine Ergänzung gewesen für seine Trophäensammlung und zur Vorführung am Hofe gut geeignet. Auch würde dann niemand mehr zweifeln können, dass er Indien tatsächlich erreicht hatte, denn auch Marco Polo war auf eine solche Fraueninsel gestoßen.

Er musste jedoch erfahren, dass seine Leute immer trübseliger wurden, als sie merkten, wie sehr die Schiffe von der heimatlichen Fahrtrichtung abwichen. »Da ferner die beiden Karavellen immer mehr Wasser machten und keine andere Hilfe als Gottes Beistand uns zu Gebote stand, hielt ich Kurs auf Spanien …«

Das war leichter gesagt als getan. Der Nordostpassat, der sie auf der Hinfahrt gleichsam über das Meer geschoben hatte als ein wahrer Freund, war jetzt zum Feind geworden. Ihm galt es zu entgehen, indem man so lange segelte, bis eine Zone westlicher Winde erreicht war. Dass es diese Zone gab, wusste er von seinen früheren Fahrten nach England und Island; ja, er glaubte sogar, den ungefähren Breitengrad zu kennen. Ständig kreuzend arbeiteten sie sich voran und wünschten sich manches Mal die alten dreieckigen Lateinersegel herbei, die jetzt geeigneter gewesen wären. Columbus ließ Nordost zu Ost steuern, den, wie er glaubte, geraden Kurs auf Spanien. Das war zwar ein Irrtum, der Irrtum aber erwies sich auch diesmal als kein Irrweg. Wind und Strömung ließen die Schiffe so weit abdriften, dass sie die Breite der Bermudainseln erreichten. Und der Tag kam, da plötzlich der Westwind zu wehen begann. Mit nachtwandlerischer Sicherheit war der Admiral an jenen Punkt gelangt, von dem aus er schnurstracks nach Europa segeln konnte, auf einer Route, die später alle Segelschiffe nahmen und heute noch die Yachten.

Das Wetter war ihnen bis dahin geneigt gewesen. Den Gürtel allerdings hatten sie enger schnallen müssen. Der größte Teil des Proviants war den Männern von La Navidad zugeteilt worden. Sie tunkten ihren Schiffszwieback in den Wein, kauten die Süßkartoffeln, warfen während der Freiwache ihre Angelleinen aus. Sie fingen einige Tümmler und konnten sogar einen riesigen Hai an Bord hieven. Wer gar nichts zu tun hatte, versuchte den Papageien, die angekettet auf den Rahen hockten, etwas Spanisch beizubringen oder fahndete nach einem neuen Versteck für den mit Gold gefüllten Beutel. Kalt war es geworden, aber niemand trauerte dem milden Klima »Indiens« nach, denn der Wind hatte derart aufgefrischt, dass sie über die aufgewühlte See geradezu dahinschossen. 198 Seemeilen in 24 Stunden, zurückgelegt mit einer Geschwindigkeit von teilweise 12 Knoten – damit hätten sie manch moderne Rennyacht unserer Tage distanziert.

Vielleicht wäre das Etmal noch höher gewesen, hätte die *Pinta* nicht immer wieder Schwierigkeiten mit dem Besanmast gehabt. »Wenn ihr Kapitän Alonso Pinzón während seines Aufenthalts auf den indischen Inseln mit ebenso viel Eifer für einen neuen Mast gesorgt hätte, wie er darauf verwendet, sich von mir zu trennen, in der Hoffnung, sein Schiff mit Gold zu füllen, so wäre diesem Missstand leicht abzuhelfen gewesen.« So die ärgerlichen Worte, die der Admiral eintrug. Sein Groll gegen den Mann aus Palos saß tief. Zwischen den Zeilen aller Eintragungen, die Pinzón betreffen, glaubt man die Drohung zu spüren: Wartet nur, Señor, bis wir wieder in Spanien sind …

Das Wetter begann umzuschlagen. Der Wind wurde zum Sturm, der mit zunehmender Gewalt aus Südwest blies und bald Stärke acht, nach heutiger Einteilung, erreicht hatte. Das Meer türmte sich, von den Kämmen begann Gischt abzuwehen, der sich als weißer Streifen auf das indigoblau schimmernde Wasser legte. Die Schiffe stampften und schlingerten. Alle Segel wurden, außer dem kleineren Sturmsegel, gerefft, die Rahe des Großmasts herabgefiert. Einige schwere Brecher hatten gleich zu Beginn alles von Deck gefegt, was nicht niet- und nagelfest war; selbst das schwere Beiboot hatte sich von seiner Vertäuung losgerissen und schrammte über das Deck. Die *Niña* stieg die Wellenberge hinauf, stürzte tief in die Täler, legte sich platt auf die Seite, Masten und Wanten knackten in beängstigender Weise, die Stengen bogen sich wie Gerten.

Das Inferno begann, als eine lange schwere Dünung, hervorgerufen durch ein weiter östlich gelegenes Sturmzentrum, auf die vom Südwest hochgepeitschten Wellen traf, Wellen, die in diesem Teil des Atlantiks Höhen von zwanzig Metern erreichen können. Kreuzseen sind die Folge, die pyramidenförmig emporsteigen und auf ein Schiff mit der Gewalt eines

Dampfhammers niederbrechen. Gleichzeitig baute sich eine Gewitterfront auf, die die Karavellen immer wieder in das grelle, zuckende Licht ihrer Blitze hüllte. Den Kapitänen blieb nichts anderes mehr übrig, als ihre Schiffe mit nackten Masten vor dem Wind herlaufen zu lassen, Nussschalen gleich den Elementen überantwortet. Die Männer standen an den Pumpen und kämpften bis zur totalen Erschöpfung gegen das überkommende Wasser.

Inzwischen hatte sich die *Pinta* das zweite Mal entfernt. Unfreiwillig diesmal. Lange Zeit hatte man ihre Lichtsignale beantwortet, die sie mit dem Feuerbecken vom Heck aus gab; mit dem Anbruch des Tages verloren sie sich gegenseitig aus den Augen und glaubten einer vom andern, dass er untergegangen sei.

Die Männer der *Niña* hatten sich verloren gegeben, besser, sie gaben ihr Leben in Gottes Hand. Doch das Gebet allein nutzte nichts, so viel wussten sie, es galt, die Mutter Gottes zu einem Vertrag nach dem alten Grundsatz zu bewegen: *do ut des – Ich gebe, damit du gibst*. Wäre Maria bereit, sie zu retten, würden sie zu einer ihr geweihten Kirche wallfahren und eine fünf Pfund schwere Kerze darbringen. Damit alles gerecht zuging, sollte das Los den Wallfahrer bestimmen. Columbus schüttete neununddreißig Kichererbsen – so viele Männer waren an Bord – in eine Mütze, ritzte in eine ein Kreuz und ließ jeden Mann eine Erbse herausnehmen. Der Admiral griff als Erster hinein, zog die mit dem Kreuz und war damit zu einer Pilgerfahrt verpflichtet: nach Santa María de Guadalupe in den Bergen von Estremadura.

Der Sturm aber tobte weiter, ja, er schien seine Wut noch zu steigern. Wieder wurden die Erbsen in die Mütze geschüttet. Diesmal bestimmte das Los den Seemann Pedro de Villa aus Cádiz, der, als er das Wallfahrtsziel erfuhr, ziemlich verschreckt gewesen sein muss, denn sein Admiral erklärte sich sofort zur Übernahme der Kosten bereit. Eine Reise vom äußersten Ende Spaniens zum norditalienischen Loreto hätte das bisschen Gold in seinem Beutel zusammenschmelzen lassen.

Auch dieses Gelübde schien Mutter Maria zu keiner Rettungsaktion bewegen zu können. Immer gefährlicher wurde die Lage des Schiffes, das in einen wahren Hexenkessel geraten war. Her mit den Erbsen zum dritten Mal! Die Indianer waren inzwischen aus ihren Verstecken gekrochen, um die befremdliche Zeremonie zu beobachten. Wieder zog der Admiral – ein Wunder oder *corriger la fortune?* – die Kreuzerbse. Dass er durch diesen Fingerzeig Gottes zu einem Erwählten geworden war, mochten die Matrosen nicht glauben. Im Gegenteil. Sie bedrängten ihn, warfen ihm vor, dass er an allem schuld sei. Hätte er nur auf der Hinfahrt auf sie gehört, wäre er umgekehrt, niemand von ihnen müsste jetzt um sein Leben bangen!

Der Admiral musste sich diesmal verpflichten, in der Kirche von Moguer, unweit der Stadt Palos, eine Messe lesen zu lassen. Zusätzlich versprachen die Männer, »in dem Lande, wo wir Rettung finden würden, nur mit einem Hemde bekleidet in einer Prozession zu einer Kirche zu ziehen, die der Heiligen Mutter Gottes geweiht war, um dort zu beten«.

Was aber, wenn kein Gelübde, kein Gebet, kein Flehen half? Wenn der Allmächtige beschlossen hatte, das Schiff mit Mann und Maus zu verderben? Dann wäre all sein Mühen vergebens gewesen. Seine Kenntnis von der Entdeckung der Indischen Lande, seinen Ruhm und seinen Reichtum würde das Meer verschlingen. Doch warum hatte Gott ihn dann auserwählt, ihm geholfen, die Pläne zu verwirklichen, die Widersacher stumm zu machen, die Gefahren zu überstehen? Konnte Gott so grausam sein? Oder war es sein unerforschlicher Ratschluss, einem Irdischen so viel Ruhm nicht zukommen zu lassen? Nein, der Allmächtige würde es nicht gestatten, dass ein Unternehmen, welches zur Ehre Seiner Kirche gereichte, unvollkommen blieb und er, Columbus, dabei zugrunde ging.

ER durfte es einfach nicht zulassen. ER war geradezu verpflichtet, alles zu einem guten Ende zu führen. War er nicht allezeit ein getreuer Diener seines Herrn gewesen?

Columbus begann, mit seinem Herrgott zu rechten. Immer stärker beunruhigte ihn der Gedanke, dass, ginge das Schiff unter, niemand auf der Welt je erfahren würde, was Don Cristóbal Colón gedacht, geleistet, gelitten hatte. Er arbeitete sich zu seiner Kajüte vor, band sich am Tisch fest und schrieb, inmitten eines Chaos aus Wellen und Wind, Punkt für Punkt auf, wie seine Reise verlaufen war, was er entdeckt hatte, wer die neuen Länder bewohnte, welche Wege dorthin führten. In einem Nachsatz versprach er demjenigen, der dieses Schreiben verschlossen und unversehrt den Königen überbrächte, eine Belohnung von 1000 Dukaten.

»Dann ließ ich mir ein großes Fass bringen. Ich wickelte das Schreiben in ein Stück Wachsleinwand, steckte es in einen Wachskuchen und legte alles zusammen in das Fass, das ich dann, dicht abgeschlossen, in das Meer warf. Alle hielten das lediglich für eine fromme Handlung.«

Vier Jahrhunderte später sichtete ein Fischer vor der Küste von Wales einen kleinen fassähnlichen Gegenstand. Er barg ihn, öffnete ihn und fand ein mit Muscheln und Tang bewachsenes Pergament, auf dessen erster Seite er die Worte »Col…us« und »Log Boke …« entziffern konnte. Einige Tage später verkündeten die Schlagzeilen des Daily Telegraf die Sensation: »Tagebuch des Entdeckers von Amerika gefunden.« Das Fässchen, das die Wogen an die walisischen Gestade gespült hatten, erwies sich als eine Ente. Von einem britischen Reporter zur nachträglichen Anreicherung der 400-Jahrfeier des Columbustags in die Welt gesetzt. Dessen ungeachtet fand das Faksimile des Schriftstücks unter dem Titel *My secret Log Boke* viele Käufer, die das, was sie teuer bezahlt, auch weiterhin für echt halten wollten; sich auch nicht daran stießen, dass Columbus sich des Englischen bedient hatte. Da die

Flaschenpost 1942, anlässlich des 450. Jubiläums der Entdeckung Amerikas, ein weiteres Mal aus dem Meer gefischt wurde, diesmal in der Biscaya, darf man auch für kommende Jahrestage mit einer Wiederholung rechnen.

Was die Männer der beiden Karavellen in diesen Sturmnächten geleistet haben, lässt noch heute die Fahrensleute auf allen Meeren die Mütze ziehen. Und einige unter ihnen werden sich noch der Bücher und Berichte erinnern über die Reise der *Santa María II*, die 1892 anlässlich der 400-Jahrfeier der Entdeckung Amerikas von Santa Cruz auf Teneriffa mit Kurs auf die Westindischen Inseln in See stach. Das Segelschiff war gemäß den überlieferten Zeichnungen, Abbildungen und Beschreibungen der *Santa María I* nachgebaut worden. Die Schiffsbauer hatten sich um Genauigkeit bis ins Detail bemüht, die Besatzung aber war nach den ersten Probefahrten auf Nummer sicher gegangen und hatte ein modernes Steuerrad sowie einen Klüver und weitere Stagsegel an Bord geschmuggelt.

Trotz dieser Hilfsmittel und obwohl die See während der Überfahrt nicht stürmisch war, sondern lediglich rau, rollte und stampfte das Schiff auf beängstigende Weise. Die Crew war so erschöpft wie erleichtert, als ihre Karavelle nach siebenunddreißig Tagen in den rettenden Hafen von San Juan de Puerto Rico einlief.

Zwischenfall auf den Azoren

Am Freitag, dem 15. Februar 1493, wurden die Gebete des Genuesen und seiner Männer endlich erhört. Der Sturm begann nachzulassen, der Himmel hellte sich auf, und als der Matrose Ruy García vom Ausguck sein »*Tierra, tierra!*« schrie, da tönte es allen so lieblich in den Ohren wie seinerzeit vor Guanahaní. Doch was für ein Land war das? »Der Felsen von Sintra bei Lissabon!«, schrien einige. Andere meinten, wenn das nicht Madeira sei, würden sie keinen Fuß mehr auf eine Decksplanke setzen. Wieder andere geben sich dem Wahn hin, bereits die Küsten Andalusiens erreicht zu haben. Die Meinung ihres Admirals, man befinde sich vermutlich erst in den Gewässern der Azoren, hielten sie für Schwarzmalerei. Das Land verschwand wieder am Horizont, tauchte erneut auf, der noch immer starke Wind ließ das Schiff nicht näher herankommen. Columbus lag auf seiner Pritsche, von starken Schmerzen in den Beinen immer wieder aus todesähnlichem Schlaf gerissen.

Erst nach zweiundsiebzigstündigem Kreuzen konnten sie in einer Bucht Anker werfen und das Beiboot an Land schicken. Es kam mit einer Nachricht zurück, die dem Admiral, wieder einmal, Recht gab: Sie lagen vor Santa María. Die Azoreninsel, damals wie heute portugiesisch, blieb in manchem noch so urtümlich, als sei die Zeit stehen geblieben. Die Ochsenkarren mit den Scheibenrädern haben sich seit dem Ausgang des 15. Jahrhunderts so wenig verändert wie die Dreschplätze und die kleine Kapelle bei Lujar dos Anjos, vor der die Matrosen der *Niña* an ihrer Rettung verzweifeln sollten.

Gelübde nämlich müssen eingehalten werden. Wer es nicht tut, wird vertragsbrüchig und betrügt die Heiligen um ihren Teil. Columbus schickte deshalb etwa zwanzig seiner Männer, kaum dass sie sich erholt hatten, zu jenem der Mutter Gottes geweihten Kirchlein. Nach ihrer Rückkehr wollte er mit der anderen Hälfte der Besatzung denselben Weg antreten. Der Tag verging, ebenso die Nacht, und Columbus atmete auf, als sich am Vormittag endlich ein Boot näherte. Es trug aber nicht seine Wallfahrer, sondern ein Dutzend bis an die Zähne bewaffneter Inselbewohner, deren Anführer, nachdem er längsseits gekommen war, den Genuesen aufforderte, sofort zu ihm an Bord zu kommen. João de Castanheira war lediglich Stellvertreter des Inselgouverneurs, trat aber auf, als sei er der Gouverneur in *persona*. Nachdem Columbus es abgelehnt hatte, seiner Einladung zu folgen, und der Portugiese seinerseits die Aufforderung des Columbus (denn jeder musste damit rechnen, vom anderen als Geisel festgehalten zu werden), begannen die Herren zu verhandeln. Die Verhandlung ist von Las Casas, von Fernando Colón und vom Admiral selbst in ziemlicher Übereinstimmung wiedergegeben worden, und so lässt sich der Dialog zuverlässig rekonstruieren. Er zeigt das Rencontre zweier südländischer Heißsporne mit all ihrem Imponiergehabe.

»Der König von Portugal hat mich ermächtigt, Euch in Haft zu nehmen, da Ihr sein Hoheitsgebiet verletztet!«, schrie der Portugiese hinüber.

»Zuvörderst: Was geschah mit meinen Männern?«, schrie Columbus zurück. »Habt Ihr ihnen Gewalt angetan, die nichts anderes wollten, als Unserer Lieben Frau zu danken, so verstießet Ihr gegen die Gesetze der Ritterlichkeit und beleidigtet Euren eigenen Souverän, dessen Untertanen sich in Spanien so sicher fühlen dürfen wie in ihrem eigenen Land. Der König und die Königin von Kastilien und León, meine Hoheiten, werden …«

»Von solchen Königen ist uns nichts bekannt und nichts von ihren Ländern. Auch wenn wir sie kennten, würden wir sie nicht fürchten.«

»Ihr seid ein Narr, wisst nicht einmal, dass Euer Herr und meine Herren durch Freundschaft verbunden sind. Auch habe ich Briefe und Siegel, die mich allen Fürsten dieser Erde empfehlen.« Zwei seiner Offiziere halten die königlichen Empfehlungsschreiben über die Reling.

»Briefe von Herrschern, die niemand kennt, sind das Papier nicht wert, auf das sie geschrieben.«

»Dann nehmt zur Kenntnis, dass Euch der Admiral des Weltmeeres und Vizekönig Indiens gegenübersteht, eines unermesslich reichen Landes, das er gerade für seine Hoheiten in Besitz genommen.«

»Und das habt Ihr mit dem Waschtrog da gemacht, den Ihr Schiff nennt? O Narr aller Narren, törichtester aller Toren. Ich befehle Euch noch mal, von Bord zu gehen.«

Columbus, jähzornig von Natur, schrie mit sich überschlagender Stimme zu dem Boot des Portugiesen hinüber: »Bei San Fernando, ich verpfände mein Wort, dass ich meine Karavelle nur verlassen würde, um Eure Insel mit Feuer und Schwert heimzusuchen und zweihundert Portugiesen als Gefangene nach Kastilien zu bringen.«

»Portugal wird Euch zeigen, was eine Seemacht ist und …«

»… auf die Galeere bringen wird man Euch, denn Ihr seid schuld, wenn zwischen Spanien und Portugal nun ein Krieg ausbricht, der …«

In diesem Moment kappten die Portugiesen die Ankertaue der Karavelle. Sie trieb auf das Meer hinaus und geriet durch den plötzlich aufkommenden starken Wind in eine gefährliche Situation. Unter der halbierten Besatzung befanden sich nur drei erfahrene Matrosen und zwei Schiffsjungen, der große Rest bestand aus Landratten und den Indianern, die Segel und Taue nicht zu handhaben wussten. Immerhin gelang es, die leeren Weinfässer mit Seewasser zu füllen und dem Schiff mit diesem Ballast eine stabilere Lage zu geben. Am Tage darauf lagen sie wieder vor der Insel. Columbus war fest entschlossen, sich seine Männer wiederzuholen, und sei es mit Gewalt. Sein Flaggschiff, die *Santa María*, war verloren gegangen, die *Pinta* verschollen, übrig geblieben war die *Niña* mit knappen zwanzig Mann. Nein, so wollte er nicht nach Spanien zurückkehren.

Im Morgengrauen des anderen Tages kletterten die Vermissten erschöpft, aber erleichtert das Fallreep hinauf. Castanheira hatte sie, so ihr Bericht, allesamt gefangen gesetzt, als sie barfuß, im Hemd und mit der Fünfpfundkerze zu der kleinen Kapelle pilgerten. Mit an Bord gekommen waren zwei Priester und ein Notar, die, offensichtlich um die Form zu wahren, sorgfältig die Beglaubigungsschreiben prüften. Sie verschwanden unter Beteuerung ihrer Hochachtung, nicht ohne durchblicken zu lassen, dass der König von Portugal in der Tat alle seine Untertanen aufgefordert habe, den Cristóvão Colom festsetzen zu lassen. Da das aber nur mit Blutvergießen zu bewerkstelligen gewesen wäre, hatte Castanheira schließlich der Mut verlassen. Wie wenig sich die Herrscher Spaniens und Portugals trotz aller Freundschaftsbeteuerungen über den Weg trauten, mit welcher Eifersucht sie über ihre Interessensphären – hier Westafrika, dort Indien – wachten, sollte Columbus bald erfahren.

»Lasset uns ihn Umbringen!«

Weiter ging die Reise und weiter der Kampf mit den Elementen. Was hatten sie getan, dass dieser Höllentanz schon wieder begann und nicht enden zu wollen schien?! Es gab Männer, die ihre Hände nicht mehr falteten, sondern zu Fäusten ballten und den Himmlischen drohten. Sturmböen brachen über die *Niña* herein und zerfetzten die Segel, als seien sie aus Papier, Rahen splitterten, die Kochhütte ging über Bord. »Die wild übereinander stürzenden Wogenmassen und alles aufwirbelnden Windhosen schienen die gebrechliche Karavelle gegen den Himmel schleudern zu wollen, während eine Sturzsee niederging und überall Blitze aufzuckten«, notierte Columbus und setzte lakonisch hinzu: »Ich war wegen des Sturms sehr niedergeschlagen, der gerade jetzt eintreten musste, wo ich ganz nahe der Heimat war.«

Um die Stunde der ersten Nachtwache, gegen sieben Uhr, als der volle Mond durchkam und die gespenstische Szenerie der entfesselten See in sein bleiches Licht tauchte, hob sich am Horizont ein langer dunkler Schatten ab: Land! Doch niemand wünschte es sich in diesem Moment weniger, denn der

Sturm trieb das Schiff wie rasend auf die Küste zu. Sie setzten den letzten Fetzen, in der Hoffnung, auf Backbordbug das Schiff von den vorgelagerten Riffen fern zu halten. Die *Niña*, das brave Schifflein, das Columbus immer mehr zu lieben begann, ging nicht unter. Wenn nicht der Himmelsmutter, dann verdankte sie das ihrem Kapitän, der sie einfühlsam zu führen wusste, und den andalusischen Schiffsbaumeistern, die sie so stark und fest gefügt, dass sie selbst einem Orkan zu trotzen vermochte.

Der dunkle Schatten erwies sich im frühen Licht des anderen Morgens als die Serra de Sintra, eine bewaldete Bergkette, bei deren Anblick der Seemann weiß, dass der schützende Hafen von Lissabon nicht mehr weit ist. Sie passierten an Backbord Cascaes – heute ein eleganter Badeort, damals ein Fischerdorf – und liefen in die gewaltige Mündung des Río Tejo ein, »... da mir keine andere Wahl blieb«, wie Columbus vielsagend schrieb.

Am 5. März sprengte ein Reiter in den Hof des am Fuße des Vale do Paraíso gelegenen Klosters und übergab dem Kammerherrn ein an den König adressiertes Schreiben. João II. hatte hier, um der in Lissabon wütenden Pest zu entgehen, seine Residenz aufgeschlagen. Er erbrach das Siegel und las mit immer stärker werdendem Interesse den Bericht eines seiner Beamten, wonach am Kai von Restelo (wo heute Belém liegt) eine Karavelle festgemacht habe, der es, obwohl schwer gezeichnet von der See, anscheinend gelungen war, die seit Wochen tobenden Stürme, die Dutzenden von Schiffen zum Verhängnis geworden waren, abzuwettern und den rettenden Hafen zu erreichen. Ihr Kapitän habe sich in kindischem Hochmut den Offizieren des die Bucht bewachenden königlichen Kriegsschiffes als »Admiral des Weltmeeres« vorgestellt und sich geweigert, sein Schiff, der üblichen Kontrolle wegen, zu verlassen und sich auszuweisen. Sein Name laute Cristóbal Colón oder Christóvão Colom, auch Cristoforo Colombo, und er gebe an, von den Indischen Landen zurückgekehrt zu sein, die er für seine angeblichen Auftraggeber, die Katholischen Könige von Spanien, entdeckt habe. Der abgerissene Aufzug des Mannes und der jammervolle Zustand seines Schiffes strafe allerdings solche Worte Lügen.

Der kurz darauf eintreffende zweite Brief stammte von besagtem Admiral selbst und teilte mit, dass er von den Herrschern Kastiliens die Weisung erhalten habe, die Häfen des Königs von Portugal anzulaufen, um dort gegen Bezahlung sich alles Nötige zu beschaffen. Zu diesem Behufe bitte er um die Erlaubnis, direkt bis vor Lissabon fahren zu dürfen, damit kein Übeltäter in Anbetracht der an Bord befindlichen Goldmengen auf den Gedanken verfallen könnte, einen Schurkenstreich zu unternehmen.

Christóvão Colom! Ihm hatte der König – vor sieben, acht Jahren war es wohl – eine Audienz gewährt. João II. entsann sich, wie großspurig dieser Mensch aufgetrumpft hatte, wie unverschämt seine Forderungen gewesen waren, wie abstrus seine Pläne. Sollte dieser Fantast tatsächlich den *oceano tenebroso*, das Meer der Finsternis, bezwungen haben? Oder hatte er etwa wider alle Absprache mit den spanischen Vettern in seinem, Joãos, westafrikanischem Revier gewildert, dort also seine angeblichen Entdeckungen gemacht? Er entsandte einen hohen Adligen, der den Colom mit »allen Ehren, größter Achtung und hoher Gunst« in die Residenz einzuladen hatte, und gab gleichzeitig den Befehl, die *Niña* mit allem zu versorgen, was sie nach so langer Reise benötigte. Ungeduldig wartete er nun auf den Gast, dessen Eintreffen sich wegen des sintflutartigen Regens verzögerte.

Columbus war durch die Straßen Lissabons geritten, vorbei an den Stätten, die mit so vielen wehmütigen Erinnerungen verbunden waren: an der Kapelle des *Convento dos Santos*, wo er Donna Felipa kennen gelernt hatte; an der Kirche San Carmo, wo er sie zu Grabe geleitet; an dem Palast, wo König

João II. ihn abgewiesen hatte wie einen lästigen Bittsteller. Immer wieder waren die Bedenken in ihm aufgestiegen, ob es richtig gewesen, eine Einladung anzunehmen, die gefährlich enden konnte, deren Ablehnung aber nicht minder riskant war. Und was würden seine Hoheiten dazu sagen, dass er einem fremden Potentaten zuerst Nachricht gab von seiner wundersamen Reise?

Nun steht er vor dem König, zusammen mit dem lebenden Beweis seines Erfolgs: den Indianern aus den Indischen Landen, die keine Ähnlichkeit haben, das sehen alle auf den ersten Blick, mit den Negern von den Küsten Westafrikas.

Er lässt sich eine Schüssel mit Bohnen bringen und fordert die Männer auf, ihre Heimat mithilfe der Hülsenfrüchte geografisch zu veranschaulichen, wobei jede Bohne zu einer Insel werden solle. Unter gespannter Aufmerksamkeit der an den Tisch herantretenden Hofgesellschaft entstehen im Nu Cuba, Haiti, die Bahamas, die Kleinen Antillen. Columbus lässt das Spiel wiederholen, bis ihn der König ärgerlich mit den Worten unterbricht: »Mich dünkt, dass nach den Bestimmungen des Vertrages von Alcacovas, der zwischen Portugal und Kastilien geschlossen wurde, diese Entdeckungen und Eroberungen Mir zufallen müssten.«

Columbus antwortet wider besseres Wissen, doch mit perfekter Diplomatie: »Euer Hoheit erlauben mir die Versicherung, jenen Vertrag nicht zu kennen, weiß ich doch lediglich von dem Verbot meiner Hoheiten, nicht nach Guinea zu reisen, woran ich mich auf das Strikteste gehalten.«

König João versuchte von nun an, all seinen Verdruss in der Brust zu verschließen, wie wir aus dem Bericht des Zeitzeugen Ruy de la Piña erfahren. Doch bald übermannte es ihn angesichts der »Bohnenkarte«, weil er zu begreifen begann, was er seinen härtesten Konkurrenten überlassen hatte. In leidenschaftlicher Erregung raufte er sich das Haar und rief: »O Mensch von elendem Verstande, warum warst du so mit

Blindheit geschlagen? Was brachte dich dazu, ein Weltreich zu verschenken?!«

Die Höflinge fanden, wohl nicht zu Unrecht, dass man ihren König nicht nur geschulmeistert hatte, sondern gedemütigt. Nach ihrem *point d'honneur* konnte so etwas nur mit Blut abgewaschen werden. Außerdem wäre in diesem Fall ein toter Entdecker der beste Entdecker, würde doch mit ihm, so argumentierten sie, wenn nicht seine Entdeckung, so doch die Kenntnis seiner weiteren Pläne verschwinden und das Interesse der kastilisch-leónischen Krone erlahmen. Händel vom Zaun zu brechen, darin waren sie Meister; ein Degen war rasch gezogen, die Schuldfrage nicht zu klären.

»Doch der König war ein gottesfürchtiger Mann«, schreibt de la Piña, »er verbat sich derartige Vorschläge und fuhr fort, seinem Gast mit Güte zu begegnen.«

So skrupelvoll war Dom João nicht, wie wir wissen, schließlich hatte er seinerzeit den Schwager mit eigener Hand umgebracht. Im Gegensatz zu seinen *bravos* wusste er jedoch, dass Portugals Krone aus der Ermordung des in spanischen Diensten stehenden Genuesen eher Nachteile erwachsen würden. Sie verabschiedeten sich in scheinbar gutem Einvernehmen: der König ressentimentgeladen, sein Gast erleichtert. In welcher Gefahr er geschwebt hatte, schwante ihm, als ihm auf der Rückfahrt zum Schiff ein Schildknappe nachjagte und ihn im Namen des Königs fragte, ob er nicht lieber über Land nach Spanien reisen wolle. Columbus witterte eine Falle und lehnte ab. Er hatte beobachtet, wie der Knappe einem Mann seiner Begleitung einen Beutel mit Gold zusteckte.

Triumph und Verklärung

Am Morgen des 13. März legte die *Niña* vom Kai in Restelo ab und gewann langsam die hohe See. Die Männer waren froh, die

Höhle des Löwen wieder verlassen zu können. Sie tauschten Grüße aus mit dem Kriegsschiff, das sie hatte kontrollieren wollen, an dessen Bord niemand Geringerer Dienst tat als Bartolomeu Diaz, der Entdecker des Kaps der Guten Hoffnung. Die Karavelle, ausgestattet mit neuen Segeln, neuem Takelwerk, schien den Heimathafen zu wittern. Sie jagte vor dem Wind dahin und stand bereits nach 24 Stunden vor Kap São Vicente, dem heiligen Vorgebirge. Columbus ließ eine Salve aus den Bombarden abfeuern, wobei offen bleibt, ob er damit des berühmten Seefahrers Heinrich gedenken wollte oder des unbekannten jungen Seemanns, der vor siebzehn Jahren hier das rettende Ufer erreicht hatte. Sie segelten an Faro vorbei, erreichten im Morgengrauen des 15. März 1493 die Höhe von Saltes und liefen um zwölf Uhr mittags mit der Flut in den Hafen von Palos ein, von dem aus sie vor fast zweiunddreißig Wochen die Reise angetreten hatten.

Bevor das Schiff festmachte, schloss Columbus das Logbuch ab. Der letzte Absatz lautet: »Der glückliche Ausgang meiner Seefahrt ist der wunderbarste göttliche Beweis dessen, was ich behauptet habe. Überdies beweisen das auch die zahlreichen Wunder, die ER während meiner ganzen Fahrt gewirkt und die ich hier verzeichnet habe.« Der Herr im Himmel wurde auch bemüht, als es darum ging, es den alten Widersachern heimzuzahlen. »Vor allem erhellt die Gnade Gottes aus der Tatsache, dass ich mich trotz der Gegnerschaft so vieler bedeutender Persönlichkeiten, die sich mir am Hofe meiner Gebieter alle entgegengestellt und meinen Plan als ein schwindelhaftes und undurchführbares Unternehmen angesehen hatten, so lange am Hofe Eurer Hoheiten habe behaupten und durchsetzen können. Ich will zu Gott hoffen, dass die von mir vollbrachte Tat zur höchsten Ehre der Christenheit gereichen werde und keine ihresgleichen finden möge. DEO GRATIAS.«

Die Männer gehen von Bord, werfen sich auf die Knie, küssen die Erde der Heimat. Neben ihnen knien ihre Frauen,

Kinder, Brüder, Schwestern, Eltern, die Hände zum Dank an den Herrn gefaltet; sie, die so oft gebetet haben in den vergangenen zweihundertzweiundzwanzig Tagen und Nächten um eine glückliche Heimkehr derer, die sie lieben. Viele aber stehen abseits, und ihre Tränen sind keine Tränen der Freude. Wo sind die anderen? Wo ist Juan Medina, der Schneider, wo Lope Lopez, der Kalfaterer, Alonso Morales, der Schiffsjunge, Domingo Vizcaíno, der Küfer, Chachu, der Bootsmann, Diego Pérez, der Schiffsmaler, Luís de Torres, der Dolmetscher; wo Meister Juan und Meister Alonso, die beiden Schiffsärzte, Diego de Harana, der Profos, Escobedo, der Sekretär, Gutiérrez, der Haushofmeister? Wo, wo, wo?

Diese Männer seien, bedeutet man ihnen, drüben geblieben, wohnten in einer neugegründeten Stadt, beschäftigt mit dem Sammeln von Gold; gesund und wohlauf habe man sie verlassen, verwöhnt von einem paradiesischen Klima, behütet von freundlichen Eingeborenen, bald würde man sie zurückholen, als reiche wohlhabende Bürger. Die *Santa María*, ja, die sei leider verloren gegangen; man wird ein neues Schiff bauen, auf den Werften von Moguer oder Palos.

Die Beschwichtigungsreden der Offiziere unterbricht der Schrei: »Was geschah mit der *Pinta*? Ging auch sie verloren?«

Was niemand in diesem Moment wusste: Martín Alonso hatte, nachdem er den Sichtkontakt zur *Niña* verloren, nordöstlichen Kurs gesteuert in der Annahme, er sei auf der Höhe von Madeira, wodurch er so weit von seinem angepeilten Ziel, Palos, abkam, dass er sich plötzlich vor einem ihm unbekannten Fischerdorf wiederfand, das sich nach Befragen der Bewohner als Bayona herausstellte. Bayona lag knapp nördlich der portugiesischen Grenze und damit gut 450 Seemeilen von Palos entfernt. Pinzón hatte es eilig, in den heimatlichen Hafen zu gelangen, aber nicht so eilig, um nicht vorher eine Reiterstafette in Richtung Barcelona, dem derzeitigen Sitz des Hofes, abgehen zu lassen. Er bat die Hoheiten, vor ihnen persönlich von seinen Entdeckungen berichten zu dürfen. Martín Alonso Pinzón wollte also – hier sei ein moderner Ausdruck gestattet – seinem Admiral die Schau stehlen. Die Hoheiten antworteten so rasch wie eindeutig: Gern würden sie ihren verdienten Kapitän zur Berichterstattung empfangen, doch nur im Gefolge des Mannes, den sie höchstselbst auf die Reise geschickt und der ihr ganzes Vertrauen genieße.

Pinzón, tief gekränkt von der ihn demütigenden Antwort, versuchte nun wenigstens eher in Palos zu sein als Columbus, vorausgesetzt, die *Niña* war dem Orkan überhaupt entkommen, was er, in mörderischem Zwiespalt, seines Bruders Vicente Yañez wegen wünschte, im Gedanken an den gehassten Admiral aber nicht wünschen konnte. Vom Wind begünstigt, jagte er in einem wahren Parforceritt über das Meer, doch als er in den Rio Tinto einlief und sich Palos zu nähern begann, schrie der Mann im Mast: »La *Niña*!« Ein Name, der ihm wie ein Messer durch die Brust fuhr. Noch bevor sein Schiff festmachte, ließ er sich mit dem Beiboot ans Ufer rudern, ging in sein Haus, legte sich ins Bett, und wenige Tage später trug man ihn mit den Füßen voran hinaus. Kränkungen hatten ihn krank gemacht; zusammen mit der Enttäuschung, der Verbitterung war es eine Krankheit zum Tode geworden.

Von seinem Schiff aus war Amerika zum ersten Mal gesichtet worden, er hatte als Erster Haiti entdeckt, als Erster wieder Europa erreicht. Dreimal war Martín Alonso Pinzón Sieger geblieben und doch am Ende der Verlierer. Obwohl sein Temperament und sein Hass ihn nicht selten hatten schuldig werden lassen, gilt ihm unsere Anteilnahme. Seine Mitbürger, die heute noch der Meinung sind, dass ohne Martín Alonso der *extraniero* aus Genua Amerika nie entdeckt hätte, haben ihm auf der Hauptstraße von Palos ein Denkmal errichtet, und auf sein Grab in der Klosterkapelle von La Rábida schrieben sie: *Codescubridor de America* – Mitentdecker Amerikas. Kaiser Karl V. erhob die Familie der Pinzones in den

Adelsstand mit dem Recht ihrer Mitglieder, den Titel *Don* zu führen.

Im April des Jahres 1493 bewegte sich ein Zug durch das südliche Spanien, wie ihn das Land bis dahin nicht erlebt hatte. Kein wandernder Zirkus, keine Gauklertruppe, keine Jahrmarktsgesellschaft wäre ihm gleich gewesen. An der Spitze marschierten mit Musketen bewaffnete Schiffsoffiziere, dahinter folgte auf einem weißen Ross ein scharlachrot gekleideter, silberhaariger Grande in wehendem sternenbesticktem Mantel; ihm folgten sechs nur mit einem Lendenschurz bekleidete athletische Männer von goldfarbener Haut, deren Köpfe bunte Vogelfedern schmückten, deren Gürtel, Ohrringe, Armbänder und Halsketten aus purem Gold waren; einige von ihnen trugen mit sonderbaren Schnitzereien bedeckte Speere und Ruder, andere große Körbe mit seltsamen Früchten, ausgestopften Tieren, Muscheln, leuchtenden Steinen, Gewürzen; auf den Schultern anderer saßen Papageien, die knallbunt waren und gellend kreischten. Was sich in den Truhen befand, die die vierzehn Maultiere schleppten, darüber rätselten die Menschen, die sich zu Tausenden an den Landstraßen eingefunden hatten. Das also war jener Don Cristóbal, der, wie man sich erzählte, das Paradies entdeckt hatte. Sie rätselten, starrten, staunten, fürchteten sich auch ein wenig. Es war ihnen zumute, wie es uns Heutigen gewesen wäre, wenn Neil Armstrong vom Mond einige grüne Männchen mitgebracht hätte.

Näherte sich der Zug einer Stadt, ritten ihm die Vornehmsten des Adels und die Reichsten der Kaufmannschaft entgegen und geleiteten ihn durch die Tore zu festlichem Empfang. So auch in Córdoba – inzwischen zur Heimat von Columbus geworden –, wo er ein leidenschaftliches Wiedersehen feierte mit Beatriz Enriquez de Harana, der Geliebten. Ihr gemeinsamer, jetzt vier Jahre alter Sohn Fernando, der spätere Biograf des Cristóbal Colón, umarmte den Vater. Auch Diego, Sohn aus erster Ehe, hatte sich eingefunden; die Franziskaner hatten ihm in La Rábida, dem Kloster in Palos, eine sorgfältige Erziehung angedeihen lassen. Sogleich nach seiner Ankunft hatte Columbus die Patres Pérez und Marchena aufgesucht, zwei Männer, die immer an ihn geglaubt und ihm die Treue durch all die schweren Jahre gehalten hatten.

Hatte die Reise über das Land einem einzigen Fest geglichen, vor den Mauern Barcelonas wurde sie zum Triumph, wie ihn nur Rom seinen Feldherrn zu bereiten verstand. Es fehlte nur der Sklave, der, den goldenen Lorbeerkranz über das Haupt des Triumphators haltend, ihm in regelmäßigen Abständen die Worte ins Ohr zu flüstern hatte: »Bedenke, dass du sterblich bist.« Er wäre nicht fehl am Platze gewesen. Columbus begann damals, seinen Vornamen Christophorus mit Christus in Verbindung zu bringen, indem er sich als *Christbringer* hinstellte und mit *christoferens* unterzeichnete: vom Herrgott dazu erwählt, den wahren Glauben über das Meer zu den Heiden zu tragen. Er wurde auf eine nie da gewesene Art geehrt; die Könige erhoben sich von ihren Thronen im Alcázar, verbaten sich huldvoll den ihnen darzubringenden Kniefall und forderten ihn stattdessen auf, neben ihnen Platz zu nehmen und zu berichten.

Und Columbus berichtete. Er veranschaulichte jeden Satz, indem er zum gegebenen Zeitpunkt seine Indianer auftreten und die in seinem Bericht erwähnten Dinge vorweisen ließ: das Mastixharz, die Batatas, die Kokosnuss, die Yamswurzel, die Aloe, den Maniok, den Flaschenkürbis, den Pisang, die Baumwolle, das indianische Korn, die Wolfsbohne, das Palmöl; dann den Leguan, den stummen Hund, die großen bei den Indios als Leckerbissen geltenden Mäuse, die Kaninchen, schließlich flatterten die Papageien herein, von denen einige bereits »Gelobt sei Jesus Christus« sprechen konnten und »Salve regina, mater«; aber auch spanische Flüche beherrschten sie, die manches Edelfräulein einer Ohnmacht nahe brachten. Der Höhepunkt der Inszenierung bestand aus der Präsentation der Goldkörner, des Goldstaubs, des golddurchzogenen Gesteins, des Goldschmucks. Die Indianer kamen so oft damit herein, dass die erlauchte Versammlung den Eindruck einer unermesslichen Fülle gewann.

Da saßen sie alle, die Granden, die ihn verachtet, die Kirchenherren, die ihn verleumdet, die Gelehrten, die den *idiota*, einen der auf keiner Universität war, abgelehnt hatten. Jetzt umringten sie ihn, versicherten, dass sie nie an seinem Erfolg gezweifelt hätten, wiesen ihm ihre Söhne vor als zukünftige Begleiter, boten ihm Geld zu günstigem Zins. Hatte es zunächst so ausgesehen, als sei Columbus nach der unendlichen Reise und dem langen Marsch am Ende seiner Kräfte – diese Stunde ließ ihn um Jahre jünger werden. Denn nichts schmeckt süßer als die Rache, und Rache war es, was er hier genussvoll zelebrierte. Er war nicht klug genug, dieses Gefühl zu unterdrücken; zu hochfahrend, um es sie nicht spüren zu lassen, wie kleingläubig sie gewesen waren; und wie kurzsichtig, einen genialen Menschen mit seinem genialen Plan nicht zu erkennen. So barg der Höhepunkt seines Lebens den Keim zu seinem Sturz …

In dieser Zeit und an diesem Ort soll sich die hübsche Geschichte vom Ei des Columbus abgespielt haben. *Soll* – denn sie ist historisch nicht verbürgt. Doch wie bei allen guten Anekdoten war ihr Sinngehalt stark genug, um sie zum geflügelten Wort zu machen. Benzoni hat sie in seiner 1565 erschienenen *Historia del Mondo Nuovo* erzählt.

Columbus nahm an einer Tischgesellschaft teil, bei der eine Anzahl edler spanischer Herren anwesend war. Wie gewöhnlich kam man auf Indien zu sprechen, und einer der Herren erkühnte sich zu sagen: »Señor Cristóbal, selbst wenn Ihr dieses große Unternehmen nicht in Angriff genommen hättet, so würde es hier in unserem eigenen Land nicht an einem Mann gefehlt haben, der gleich Euch dieselbe

Entdeckung gemacht hätte, denn Spanien besitzt viele Männer, die tüchtig und wohlbewandert in der Kosmografie und Literatur sind.«

Darauf gab Columbus keine Antwort, sondern nahm ein Ei, legte es auf den Tisch und sagte: »Ihr edlen Herren, versucht es auf die Spitze zu stellen, aber nicht mithilfe von Brotkrümeln, Salz oder Ähnlichem, sondern nackt und bloß, wie ich es tun werde, so wahr ich der Erste war, der Indien entdeckte.«

Sie versuchten es alle, doch keinem gelang es, das Ei auf die Spitze zu stellen. Als das Ei die Runde gemacht hatte und wieder zu Columbus kam, nahm er es und setzte es fest auf den Tisch, sodass die Spitze ein wenig eingedrückt wurde und es aufrecht stand.

Darüber waren alle erstaunt, und sie verstanden, was er meinte: Nachdem eine Tat vollbracht ist, weiß jeder, wie sie ausgeführt wird. Die Herren hätten erst selbst Indien suchen und nicht über den spotten sollen, der als Erster ausgezogen war, es zu entdecken.

Der Papst teilt die Welt

Mitte Juni 1493 hielt der Gesandte Spaniens am Vatikan, Bernardino de Carvajal, eine Predigt, die weniger für die Gläubigen in St. Peter als für ihr Oberhaupt bestimmt war. Immer wieder flocht er einen Passus ein mit der Mahnung, niemand, und schon gar nicht der Papst, möge vergessen, was die Katholischen Könige Ferdinand und Isabella alles für die Kirche getan hätten: die Verfolgung der Ketzer, die Eroberung Granadas, die Vertreibung der Mauren und die Entdeckung bisher unbekannter Inseln, welche die kostbarsten Länder der ganzen Welt seien, bewohnt von Menschen, die nichts sehnlicher wünschten, als zum christlichen Glauben bekehrt zu werden.

Diese Predigt ließ er drucken – Gutenbergs Erfindung machte es möglich –, je ein Exemplar an alle einflussreichen Männer Roms schicken und an den Papst gleich drei. Es war das Rom der großen Maler, Bildhauer und Baumeister, es war aber auch das Rom Alexanders VI. Borgia, jenes Papstes, den die Geschichtsschreibung den Nero des christlichen Roms nennt. Durch Bestechung auf den Apostolischen Stuhl gekommen, blieb er während seines ganzen Pontifikats korrupt. Er war lasterhaft, grausam, bis ins Mark verdorben. Gegen Schmiergelder ernannte er Kardinäle, um sie anschließend zu vergiften und zu beerben, hatte neun Kinder (darunter die Schreckensgestalten Cesare Borgia und Lucrezia, mit der er Blutschande trieb), rottete ganze Adelsfamilien aus und rühmte sich bisweilen, dass er keine Religion habe. »Dem armseligen Zweck des Nepotismus und der Selbsterhaltung«, schreibt Gregorovius in seiner Geschichte der Stadt Rom, »opferte er sein eigenes Gewissen, das Glück der Völker und das Wohl der Kirche.«

In den Borgiagemächern des Apostolischen Palasts schaut er uns aus einem Gemälde von Pinturicchio an: die Wangen dicklich, das Kinn wulstig, die Nase groß und fleischig, die Augen stechend. So mag er auch dem Sonderbotschafter der spanischen Könige erschienen sein, der ihn im Vatikan aufsuchte, um ihn des Gehorsams seiner Herren zu versichern und – das war sein eigentlicher Auftrag – der spanischen Krone den Besitz der neu entdeckten Länder bestätigen zu lassen.

Ein ungeheuerliches Ansinnen, so scheint es auf den ersten Blick. Konnte er als das Oberhaupt einer Kirche einem weltlichen Staat etwas zu ewigem Besitz übergeben, was ihm gar nicht gehörte? Konnte er vom Heiligen Stuhl aus die halbe Welt verschenken? Nach damaligem, zur Gewohnheit gewordenem abendländischen Rechtsbrauch konnte er das durchaus, vorausgesetzt, die neu entdeckten Länder waren von Heidenvölkern bewohnt und hatten vorher nicht zum

Besitz eines christlichen Fürsten gehört. Auf diese Weise war den Portugiesen 1481 die westafrikanische Küste zugeteilt worden.

Der Wunsch der Spanier musste Alexander Borgia Befehl sein, verdankte er doch ihren Königen nicht zuletzt die Tiara, ganz abgesehen von den Bischofssitzen in Pamplona und Valencia für Sohn Cesare und dem Herzogtum Gandia für Sohn Pedro. Er erließ eine Bulle – wie die feierliche Form päpstlicher Erlasse nach dem dafür benutzten Siegel genannt wird –, die, bedenkt man, was sie bewirkte, zu den wichtigen Dokumenten der Weltgeschichte rechnet.

»... habt den geliebten Sohn Christoph Columbus, einen ehrenhaften, besonders vertrauenswürdigen und einer so großen Aufgabe gewachsenen Mann, mit Schiffen und besonders dazu geschulten Männern nicht ohne größte Mühe, Gefahren und Kosten dazu bestimmt, unbekannte Länder eifrig zu suchen. Diese befuhren schließlich mit göttlicher Hilfe die Meere unter Beobachtung äußerster Sorgfalt und fanden gewisse sehr entfernt liegende Inseln und auch Festländer, die durch andere bis jetzt noch nicht gefunden worden waren; dort leben sehr viele Völkerstämme friedlich nebeneinander und, wie man behauptet, gehen die Einwohner nackt einher und essen kein Fleisch.

Nachdem Ihr alles sorgfältig geprüft hattet, so wie es katholischen Königen geziemt, habt Ihr daher vorgeschlagen, die genannten Festländer und Inseln und deren Bewohner mit Gottes Gnade Euch zu unterwerfen und zum katholischen Glauben zu bekehren ... Damit Ihr eine so große Aufgabe frei und kühn auf Euch nehmt, schenken und überantworten wir auf ewig Euch und Euren Erben, den Königen von Kastilien und León, durch die uns im heiligen Petrus zugestandene Würde des allmächtigen Gottes und durch die Statthalterschaft Christi, die wir auf Erden ausüben, mit gegenwärtigem Schreiben alle entdeckten und noch zu entdeckenden Inseln

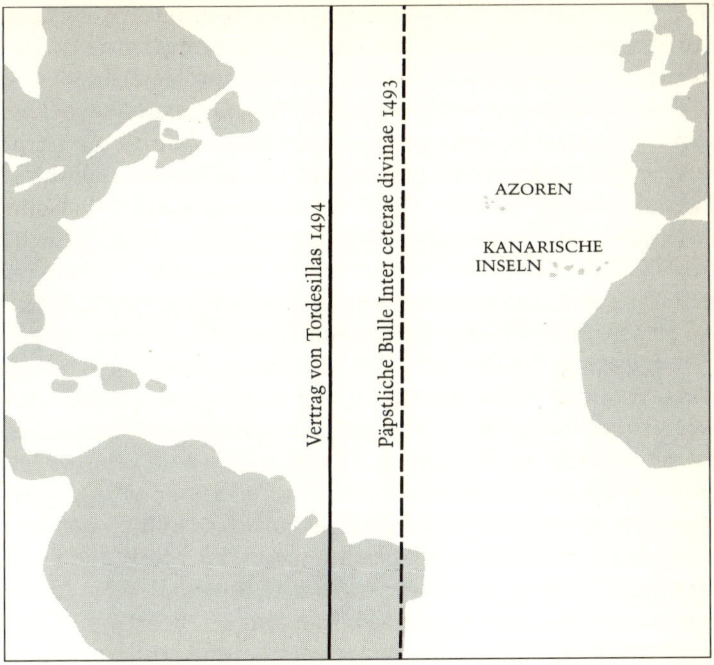
Vertrag von Tordesillas 1494
Päpstliche Bulle Inter ceterae divinae 1493
AZOREN
KANARISCHE
INSELN

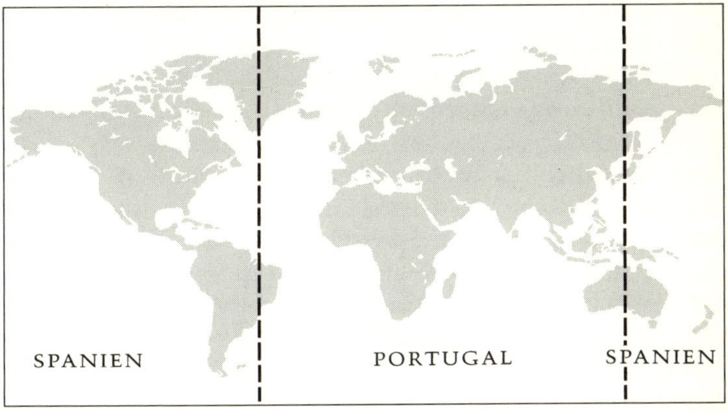
SPANIEN
PORTUGAL
SPANIEN

und Festländer mit allen ihren Herrschaften, Städten, Burgen, Orten und Dörfern westlich einer Linie vom Nordpol zum Südpol. Diese Linie soll von den Azoren und dem Kap Verde in einer Entfernung von 100 spanischen Meilen [etwa 550 Kilometer] nach Norden und Süden verlaufen, sodass alles Entdeckte und noch zu Entdeckende jenseits der genannten Linie dazugehören – soweit sie nicht durch einen anderen König bereits in Besitz genommen worden sind.«

Alexander hatte mit der *raya*, wie der kühne Federstrich von Nord nach Süd genannt wurde, den Erdball wie einen Apfel geteilt und die eine Hälfte den Spaniern, die andere den Portugiesen gereicht. Kühn war die *raya* schon deshalb, weil aus den noch viel zu ungenauen Karten nicht ersichtlich war, wie weit die Meridiane wirklich voneinander entfernt lagen. Immerhin gab es jemanden, den man hätte um Rat fragen können, weil er als Einziger jene Breiten im ursprünglichen Sinn des Worts erfahren hatte: Columbus. Beim Passieren einer etwa 100 Meilen westlich der Azoren gelegenen Linie war ihm aufgefallen, wie stark der Himmel, das Meer, die Sterne, die Temperatur sich veränderten.

Die Bulle *Inter ceterae divinae* war kaum veröffentlicht, als der erste Protest in Rom eintraf. João II., der erwähnte »andere König«, fühlte sich trotz des seine Rechte berücksichtigenden Paragrafen übervorteilt, und er fühlte sich getroffen, als eine neue Bulle den Spaniern weitere Konzessionen gewährte. Offensichtlich sei es noch wichtiger, den Papst zum Landsmann zu haben, so äußerte er, als zum Vetter. Mit diesem Spanier auf dem Heiligen Stuhl zu streiten, schien ihm wenig sinnvoll. Statt nach Rom wandte er sich nun nach Barcelona, und Ferdinand und Isabella waren bald zu Verhandlungen bereit. Vor João hatten sie Respekt: Er war verschlagen, kühn, gewalttätig, und vor allem besaß er eine größere, besser ausgerüstete Kriegsflotte, die den gerade gefundenen Weg nach Indien zu sperren in der Lage war.

So trafen sich die beiderseitigen Unterhändler 1494 in Tordesillas, einem am Fluss Duero gelegenen Städtchen. Die Portugiesen forderten, die vom Papst gezogenen Demarkationslinien weiter nach Westen zu verlegen, und zwar um genau 270 Meilen. Eine närrisch anmutende Forderung, denn 100 Meilen westlich der Azoren war Wasser und 370 Meilen westlich, am 46. Längengrad, war immer noch Wasser. Was wollten die Portugiesen mit so viel Meerwasser? Oder glaubten sie etwa, dass diesseits dieser Linie sich noch Inseln oder gar Festländer befanden? König João glaubte es nicht nur, er wusste es. Einer seiner Kapitäne, Duarte Pacheco mit Namen, war kurz zuvor auf die Küste Südamerikas gestoßen, eine Entdeckung, die so lange als Staatsgeheimnis behandelt wurde, bis der Vertrag von Tordesillas unterschrieben war. Diese Darlegung gilt zwar bisher nur als Hypothese, aber sie hat, im Lichte der *raya*, einiges für sich. Jedenfalls kam Lissabon auf diese Weise zu Brasilien und Brasilien zur portugiesischen Sprache.

Die Kunde von den Entdeckungen des Columbus verbreitete sich mit der damals üblichen Langsamkeit in Europa. Am spätesten erreichte sie die Länder nördlich der Alpen. Es gab weder Telegraf noch Telefon, und die Aufgabe der Zeitung wurde von den sporadisch erscheinenden Flugblättern übernommen. Ehe diese Blätter das Volk auf den Straßen der Städte erreichten, verging viel Zeit. Bewohner des flachen Landes erfuhren oft gar nichts. Die mit ihren Handelshäusern korrespondierenden Kaufleute sowie Diplomaten, Gelehrte, Prälaten waren die Ersten, die die Nachricht in ihren Briefen weitergaben. Nicht selten wurde dabei lediglich der König von Spanien als der Auftraggeber erwähnt, und wenn der Name Columbus fiel, schrieb man ihn falsch (»... ein gewisser Columba«). Auch feierten sie keineswegs die große Tat, sondern erwähnten in erster Linie, dass dort das Gold von den Flüssen nur so herangeschwemmt werde und die Frauen ihre Schönheit hüllenlos darböten. Für die an ihre von oben bis unten mit Stoff umhüllten Frauen gewohnten Europäer ein erregender Gedanke und eine verlockende Aussicht zugleich.

Zu den wenigen, die die eigentliche Bedeutung der Entdeckung erkannten, gehörte Pietro Martire d'Anghiera, der an seinen alten Lehrer in Rom schrieb: »Man sagt mir, lieber Pomponius, dass ihr vor Freude in die Höhe sprangt, als Ihr meine Briefe laset, in denen ich Euch von der bisher verborgenen Welt der Antipoden berichtete. Welch köstlicheren Leckerbissen als diese Neuigkeit auch könnte man einem klaren Verstand darbieten? Welch geistiges Glück empfinde ich nicht, wenn ich mich mit kundigen Leuten unterhalte, die aus jenen Gegenden gekommen sind. Es ist wie der Fund eines Schatzes, der mit einem Mal strahlend sich dem Blick eines Geizigen darbietet. Der Geist weitet sich aus, wenn er so ruhmreiche Ereignisse betrachtet.«

Vergleichsweise dürftig klingt demgegenüber der Titel eines in Straßburg gedruckten deutschen Flugblatts aus dem Jahre 1497 (!): »Eyn schön hübsch lesen von etlichen inßeln die do in kurtzen zyten gefunden synd durch den künig von Hispania.«

Die Briefe des Signor Pietro Martire – wieder ein Italiener –, des späteren von den Majestäten beauftragten Chronisten der Neuen Welt, gehören zu den interessantesten Zeugnissen über die unsterbliche Reise des Columbus. Pietro saß schließlich an der Quelle, in Barcelona, wo er den Einzug des Weltentdeckers als Augenzeuge miterlebte. Und als Ohrenzeuge. Er lernte Columbus kennen, traf sich mit ihm und erhielt so aus erster Hand seine Informationen. Er behauptete sogar, dass er ihm durch Freundschaft verbunden gewesen sei, was man ihm glauben kann, auch wenn er anfangs von einem »Signor Colonus« spricht. Er erhielt von ihm aus Obsidian hergestellte Steinwerkzeuge der Eingeborenen als Geschenk, von seinen Gefährten Nelkenpfeffer, Maiskolben, Erdpech und als besondere Überraschung eine lebende Beutelratte.

Trotz dieser Geschenke ließ er sich kein X für ein U vormachen, besonders, was die Erzählung über die Lage des irdischen Paradieses, die Weiberinsel und die geschwänzten Menschen betraf; auch war er der Erste, der zu zweifeln begann, ob Columbus tatsächlich die indischen Lande erreicht hatte. Den Namen Indien benutzte er dennoch und nannte, wie Columbus, die Bewohner *indios*, Indianer – ein Name, der zum Begriff wurde. Trotz seiner Zweifel war er sich über die Bedeutung der Unternehmung klar und teilte die Ansicht des spanischen zeitgenössischen Chronisten López de Gomara, der die Entdeckung Amerikas als das größte Ereignis seit Erschaffung der Welt, »ausgenommen die Fleischwerdung und den Opfertod unseres Erlösers«, bezeichnete. Pietro Martire war auch der Erste, der von den neu entdeckten Ländern als von einer Neuen Welt sprach, ein Begriff, der sich bis in unser Jahrhundert erhalten hat.

Die Auffindung von Adams verlorenen Kindern, die den Gebrauch des verderblichen Mammons nicht kannten, die in Einfachheit und Unschuld dahinlebten ohne den Zwang der Gesetze, glücklich damit, nur ihrer Natur verpflichtet zu sein, ließ die klassisch Gebildeten in Europa glauben, dass die Legende vom Goldenen Zeitalter keine Legende war; denn dort jenseits der Meere dauerte es ja offensichtlich noch fort. Die weniger Gebildeten waren besonders von der Vorstellung berauscht, dass das Gold dort sozusagen auf der Straße lag und die Frauen so herumliefen, wie Gott sie geschaffen. Nackte Frauen konnte man damals allenfalls in einigen übel beleumdeten Bädern sehen oder in den Freudenhäusern.

»Durch die Entdeckung des Columbus glaubten die Europäer plötzlich, ihre Urahnen im Naturzustand wiedergefunden zu haben, ehe die Büchse der Pandora sich öffnete. Das Märchen vom guten Wilden, das im 18. Jahrhundert durch Rousseau zu höchster Blüte kam, begann am 12. Oktober 1492 in Guanahaní.«

Die Seuche der Lust

Zu den Gaben, die die Neue Welt der Alten Welt darbrachte, gehörten nicht nur der Tabak, der Mais, die Kartoffel, die Ananas, sondern etwas, was man als ein Geschenk der alle Untaten rächenden Göttin Nemesis bezeichnen kann. Wann die Europäer es zum ersten Mal wahrnahmen, ist strittig. Der spanische Arzt Ruy Díaz de Isla berichtet, das sei bei jenem triumphalen Barcelonaaufenthalt geschehen, als ein Angehöriger der Pinzónes zusammen mit einigen Matrosen in seiner Praxis erschien. Diese Version wird von Fernández Oviedo, dem ersten amtlichen Geschichtsschreiber für Indien, zumindest, was Barcelona betrifft, bestätigt. *Morbus gallicus* wurde die Krankheit aus der Neuen Welt bald darauf genannt. Weil es französische Soldaten waren, die zum ersten Mal in größerem Ausmaß davon angesteckt wurden.

In einem der zahlreichen Feldzüge, die so sinnlos waren wie ein Kropf, waren sie 1494 vor Neapel gezogen, um die Stadt für ihren König, den achten Karl, zu erobern. Unter ihnen waren auch spanische Söldner, die zu Schiff von Barcelona gekommen waren. Die von der französischen Krankheit befallenen Krieger wurden von ihr so schwer gezeichnet, dass sie fortan nicht nur für ihren Beruf untauglich waren.

Ein Augenzeuge des neapolitanischen Feldzugs berichtet über die sich rasch ausbreitende Krankheit: »Die einen waren vom Scheitel bis zu den Knien mit einer zusammenhängenden, fürchterlichen schwarzen Art von Krätze überzogen und dadurch so abschreckend, dass sie, von allen Kameraden verlassen, sich in der Einsamkeit den Tod wünschten; die anderen hatten diese Krätze an einzelnen Stellen, aber härter als Baumrinde, am Vorder- und Hinterkopf, an der Stirne, dem Halse, der Brust, dem Gesäß und zerrissen sie sich vor heftigen Schmerzen mit den Nägeln. Die Übrigen starrten an allen Körperstellen von einer solchen Menge von Blasen und Pusteln, dass deren Zahl nicht zu bestimmen war; sehr vielen aber wuchsen an Gesicht, an den Ohren und an der Nase dicke und warzige Geschwülste wie Zapfen oder kleine Hörner in die Höhe, die mit pestilenzialischem Gestank aufbrachen ...«

Das klingt wie eine Horrorgeschichte, aber die Wirklichkeit war nicht viel weniger schrecklich. Die Krankheit, nun auch Lustseuche genannt – denn rasch wurde offenbar, wie man sie sich holte, nämlich durch den Beischlaf und am raschesten in den Bordellen –, begann relativ harmlos. Auf den äußeren Genitalien zeigte sich ein Geschwür, das nicht schmerzte und nach einigen Wochen unter Hinterlassung einer Narbe wieder abheilte, bald aber bildeten sich Ausschlag, wunde Stellen im Mund, Pusteln, Knötchen, eiternde, sich tief einfressende Geschwüre an den Beinen und anderen Körperteilen. In der dritten Phase wuchsen die Knötchen zu hühnereigroßen Beulen heran, weichten Schleimhäute, Bindegewebe, Knorpel und Knochen auf, brachen Löcher durch die Schädeldecke und begannen ihr Zerstörungswerk an Lunge, Leber, Herz, am Nervensystem und am Kreislauf.

Der Rückzug der Soldaten Karls VIII. nach Norden, bei dem sich das Heer in einzelne marodierende Haufen auflöste, verbreitete die Seuche in Italien, in der Schweiz, in Deutschland und Frankreich. Sie verschonte weder Mann noch Frau, weder Knaben noch Mädchen und nicht das Kind im Mutterleib. Auch jene Männer, die die Häuser der »gelüstigen Fräulein« mieden, und die sittsamsten Ehefrauen waren nicht vor ihr sicher. Es kam zu bösen Verdächtigungen Unschuldiger, denn noch wusste niemand, dass dem Erreger die kleinste Verletzung von Schleimhaut oder Haut genügte, dass er sich in den Betten einnistete, im Abort, in Trinkgefäßen, in der Tabakspfeife, in den Schröpfköpfen der Bader; dass ein Kuss auf den Mund genügen konnte, um ihn zu übertragen.

Die unheimliche schleichende Krankheit rief Erinnerungen wach an die Pest, und wie bei der Pest erging man sich in abenteuerlichen Vermutungen, woher die neue Heimsuchung gekommen sein konnte. Aus den Dünsten der Sümpfe, dem Faulschlamm der Teiche, dem Gestank der nicht rechtzeitig beerdigten Leichen, den heißen Sommerwinden aus dem Süden, den Erdbeben im Türkischen, dem aus den Erdspalten dringenden giftigen Brodem? Oder trug zu hitziger Samen des Mannes die Schuld, unreines Menstruationsblut der Frau, die Nachgeburt der Wöchnerin, Geschlechtsverkehr mit Tieren? Oder waren es wieder einmal die Juden? Nein, es waren wohl die Sterne, die eine unheilbringende Konstellation im Zeichen des Skorpions eingegangen waren – und der Skorpion bestimmte schließlich die Geschlechtszone.

Für die Pfarrer gab es nichts zu zweifeln an der Ursache der Geschlechtspest. Der Herr hatte sie den Menschen gesandt, auf dass sie gestraft und gezüchtigt würden für ihr sündhaftes Leben. Mancher fragte sich allerdings, warum dann so viele Geistliche mit der Krankheit geschlagen waren. Im August 1495 sah sich Kaiser Maximilian I., den wir aus dem Schulunterricht als den »letzten Ritter« kennen, genötigt, ein Edikt zu erlassen, in dem er seine Untertanen aufforderte, ein gottgefälliges Leben zu führen, was das beste Gegenmittel sei gegen eine Krankheit, »die man gemeinhin das Franzosenübel nennt, von der man zuvor noch nie etwas erfahren und deren sich niemand von früher her erinnerte.« Im selben Jahr illustrierte kein Geringerer als Albrecht Dürer ein warnendes Flugblatt.

Der Name *Franzosenübel* ärgerte die Menschen in Frankreich, *mal de Naples* erschien ihnen treffender, noch besser klang *Spanische Krankheit*. Als sie die Grenzen Polens überschritt, wurde sie zur *Teutschen Malesse*, bei den Orientalen wurde sie kurzerhand zum *Portugiesischen Übel*. Es gehörte schon einiger Zynismus dazu, sie später zur *Galanten Krank-*

heit zu ernennen, einer Art Verwundung, die man sich im Krieg der Liebe zugezogen hatte. Auf der Liste der Patienten stehen Namen wie Lucrezia Borgia, Papst Alexander VI., König Franz I. von Frankreich, Ulrich von Hutten, der Blaubart Heinrich VIII. von England, Zar Peter der Große, der Dichter Heinrich Heine, der Musiker Hugo Wolf, der Philosoph Friedrich Nietzsche – die Liste ist endlos und reicht bis in die neuere Zeit.

Da hatte das Übel, die Krankheit, die Malesse schon ihren eigenen Namen. Gegeben von dem Veroneser Arzt Girolamo Fracastoro, der in einem 1530 erschienenen Lehrgedicht *(Syphilides, sive morbi gallici libri tres)* von dem Hirten Syphilus berichtete, der einer schrecklichen Dürre wegen sich gegen den Sonnengott empörte. Der Gott, erbost über die Anmaßung des Erdenwurms, strafte ihn mit einer Krankheit, die durch des Hirten lockeren Lebenswandel sich seuchenartig über das ganze Land verbreitete.

Den Teufel der Lustseuche, nun Syphilis genannt, versuchten Ärzte und Quacksalber mit dem Beelzebub auszutreiben. Mit dem Ergebnis, dass der Teufel nicht ging und der Beelzebub blieb. Getreu dem Wort des Doktor Faust: »So haben wir mit höllischen Latwergen viel schlimmer als die Pest gehaust.« Zu diesen Arzneien gehörten im besten Fall die Säfte von Rhabarber, Eisenhut, Tollkirsche, Brennnessel, Eichenrinde, im schlechteren Fall Mixturen aus Ochsenblut, Schlangenhaut, Krötenaugen, Mäusemagen, Spinnenbein, Monatsblut, Mistkäfer, Wolfsleber. Von den angewandten Metallen zeigte Quecksilber gelegentlich eine lindernde Wirkung. Es sollte über vier Jahrhunderte dauern, bis ein Heilmittel in die Apotheken kam, das Millionen von Menschen in der ganzen Welt vor einem bis zur Gehirnerweichung führenden Siechtum rettete: Salvarsan. Die nahezu endgültige Befreiung mit einer Vielzahl von Frühheilungen erfolgte dann später durch Penicillin.

Dass die Spur über Spanien zu den Westindischen Inseln führte, darüber waren sich führende Mediziner im Zeitalter der Entdeckungen einig. Es gab allerdings auch Ärzte, die sich fragten, ob die Seuche nicht bereits in Europa vorhanden gewesen sei, und zwar in Form der Frambösie, einer Krankheit, die der Syphilis ähnlich ist. Klinisch war diese Ansicht jedoch nicht haltbar, wie sich herausstellen sollte. Um die Wende vom 19. zum 20. Jahrhundert entbrannte der Streit um die Herkunft der Syphilis erneut, doch glaubt heute die Mehrzahl der Medizinhistoriker, dass sie mit den Matrosen des Columbus nach Europa eingeschleppt worden ist. Knochenfunde haben eindeutig bewiesen, dass sie in Mittelamerika bereits vor 1492 endemisch war.

Wenn besagte Matrosen in Westindien nichts von jenen grausigen Malen gemerkt haben, mit denen die Seuche die Kranken zeichnete, dann lag das daran, dass die Eingeborenen im Lauf der Jahrhunderte genug Abwehrstoffe entwickelt hatten, um sie in Schach halten zu können. So trat sie nur in ihrer leichtesten Form auf. In den Körpern der Europäer dagegen traf *treponema pallidum*, wie der Erreger heißt, auf keinerlei Widerstand und konnte sich in seiner ganzen Fürchterlichkeit auswirken. (Ähnlich ging es den über die Alpen ziehenden Heeren der mittelalterlichen Kaiser, die die Malaria buchstäblich dezimierte, während die Italiener selbst weitgehend verschont blieben.) Umgekehrt waren die Indianer physisch nicht vorbereitet, als sie mit den Erregern von Masern, Mumps, Grippe in Kontakt kamen und zu Hunderttausenden hinweggerafft wurden.

VII Die zweite Reise

Goldene Burg und purpurner Löwe

Anfang Juni 1493 zog Columbus mit einem kleinen Gefolge über das wilde Vorland der Sierra de Estremadura. Von einem Mann namens Columbus und seinen Taten hatten die Menschen hier noch nicht viel gehört; und wer von ihnen die Indianer erblickte, bekreuzigte sich. Auf den bequemen Weg zu Schiff von Barcelona nach Cádiz verzichtend, wo die neue Flotte auf ihn wartete, hatte er den Weg über Saragossa und Madrid gewählt, quer durch das gewaltige Land, auf Straßen, die keine waren, auf Wegen, die nur das Maultier bezwang, unter sengender Sonne. Der Tag kam endlich, da sich aus dem Frühnebel der Hochebene zinnengekrönte Türme erhoben, Wälle mit Schießscharten, eine mächtige Kirche: Guadalupe, das Kloster am Wolfsfluss, war erreicht. Dorthin zu wallfahren, um Maria zu danken für die Errettung aus Seenot, hatte Columbus gelobt. Das Gelübde einzuhalten, geboten ihm sein Glaube und seine Vernunft, denn der Zorn der Heiligen, sahen sie sich um ihren Lohn geprellt, konnte furchtbar sein. Von allen Marien-Wallfahrtsstätten war Guadalupe die bedeutendste. Hier beteten die Kapitäne, auf dass der Ozean sie nicht verschlinge; die Ritter, dass sie beim Töten der Heiden nicht getötet würden; die Fürsten, dass man ihnen die bösen Taten verzeihe und die guten für den Jüngsten Tag anrechne. Um ihren Gebeten Nachdruck zu verleihen, spendeten sie dem Kloster Silbernes und Goldenes und hefteten Juwelen an das Gewand der Madonna. Die Hieronymitenbrüder, die das Heiligtum hüteten, waren dadurch reich geworden, so reich, dass sie, wie man munkelte, ihre Waschtröge, ja die Stiele ihrer Besen in Toledo aus Silber fertigen ließen.

Für die Statue hatte Maria kurz vor ihrem Tod dem Evangelisten Lukas Modell gestanden. Auf abenteuerlichem Weg nach Spanien gekommen, war die Marienstatue beim Einfall der Mauren vergraben und ein halbes Jahrtausend später von einem Hirten wiederentdeckt worden. Eine Legende für uns, für die damalige Welt historische Realität. Vor der schwärzlich-braunen Figur kniete Columbus in Stunden währendem Gebet; auf den Stufen hinter ihm murmelten, von den Mönchen staunend begafft, die Indianer ihre neu gelernten Gebete. Sie waren in Barcelona zum Christentum bekehrt worden und hießen nun Fernando de Aragón, Juan de Castilla, Diego Colón. Einer von ihnen war am Hof geblieben, wo er als Page mit so viel Anmut und Würde diente, wie uns Oviedo erstaunt berichtet, als sei er der Sohn eines Granden.

Abends in der Hospedería, der Herberge der Pilger, zog Columbus den Brief aus der Satteltasche, den er nun schon so oft gelesen hatte. »Es sei Euch verstattet«, hieß es da, »ein Wappen zu führen. Es soll eine goldene Burg im grünen Feld zeigen und einen aufrechten purpurnen Löwen mit grüner Zunge im weißen Feld, darunter im rechten Feld einige goldene Inseln in gewellter See und Eure eigenen Figuren, die Ihr zu führen gewohnt seid.« Er war unendlich stolz auf diese *Verstattung*, denn er wusste, welche Ehre es bedeutete, den Löwen von León und die Burg Kastiliens im Wappenschild zu führen. Viel später würde dem Schild ein Spruchband zugefügt werden, dessen Worte geflügelt wurden: »*Por Castilla y por León Nuevo Mundo halló Colón* – Für Kastilien und León: eine Neue Welt fand Colón.«

Auch den zweiten Brief seiner Könige las er noch einmal Wort für Wort. »... ist es Unser Wille, dass Ihr das Werk, das Ihr mit Gottes Hilfe begonnen, fortführt und ausbaut. Da Ihr seht, dass der Sommer schon begonnen hat, darf Eure Rückkehr nach drüben nicht verzögert werden.« Unkönigliche Hast, so mochte es ihm scheinen, erklärbar nur durch die Furcht, Fremde könnten ernten, was die Spanier gesät. Immer wieder waren Gerüchte aufgekommen, die Portugiesen hätten sich aufgemacht, die Inseln zu besetzen, und die prompt erfolgenden Dementis Lissabons bewirkten eher das Gegenteil. Columbus beunruhigten solche Nachrichten am allerwenigsten. Seine Inseln würde so leicht niemand finden, dafür glaubte er gesorgt zu haben. Die Verwirrung, die er um seinen Kurs gestiftet hatte, war so groß, dass ihn Isabella bereits um genauere Angaben über Längen- und Breitengrade gebeten hatte, würde doch, stieße ihm jetzt in Spanien etwas zu, niemand mehr das neue Reich finden.

Bevor er nun den Schatten der Kreuzgänge und die Kühle der Brunnenhöfe verließ, musste er dem Prior versprechen, den Namen des Klosters in der Neuen Welt zu verewigen. Er würde sein Versprechen halten und die größte Insel der Kleinen Antillen (heute als Guadeloupe Teil des französischen Überseedepartements) nach dem Namen des Marienheiligtums in den Bergen von Estremadura nennen.

Der einsame Ritt hinab in das Flusstal des Guadiana, durch die Sierra de Almaden nach Córdoba, wo er noch einmal Beatriz de Harana sah – es waren heitere, stille Wochen.

In Cádiz, der meerumschlungenen uralten Stadt am Atlantik, erwartete ihn ein Chaos, verursacht durch den Hochmut der Noblen, die Trägheit der Bürokratie, den Müßiggang der Handwerker und Arbeiter. Das den Spaniern angeborene *mañana* (morgen ist schließlich auch noch ein Tag) ließ den Genuesen wieder einmal verzweifeln. Es fehlte an seemännischem Personal, ein großer Teil des Proviants war noch nicht geliefert, Tauwerk und Segelzeug auf den vorgesehenen Schiffen in verrottetem Zustand. Dass die Schiffslieferanten zu betrügen pflegten, wussten die Kapitäne. Diesmal jedoch überschritten sie das Maß dessen, was man hinzunehmen gewohnt war. Die feurigen Hengste, welche die Hidalgos bei der Abnahme in Sevilla vorgeführt hatten, wurden vor der Verladung mit elenden Mähren vertauscht. In den Schiffszwieback brauchten die Würmer nicht mehr zu kriechen, sie waren bereits drin. Den Weinfässern sah man es nicht an, dass sie ihren Inhalt noch auf der Überfahrt so unmerklich wie unaufhaltsam von sich geben würden.

Columbus verhandelte, stritt, drohte, beschwerte sich – und stieß immer wieder auf einen Mann namens Juan Rodríguez de Fonseca, Archidiakon von Sevilla und Geheimer Rat der Könige. Ferdinand hatte ihn eingesetzt, den Admiral bei der Organisation des Unternehmens *Las Indias* zu unterstützen – und ihn damit ihm vorgesetzt. Die Auseinandersetzungen zwischen den beiden, wer für was verantwortlich war, wuchsen sich aus. Fonseca wurde allmählich, ohne dass die Herrscher es so gewollt hätten, zu einer Art Kolonialminister, redete in vieles hinein und wusste alles besser.

Er war kein Seemann und verstand nichts von der Seefahrt, aber er war ein Spanier; und zwar aus bestem Haus. *Extranjeros* mochte er nicht, schon gar nicht solche vom Schlage des Genuesen, eines Glücksritters, der sich in gotteslästerlichem Hochmut den Titel *Vizekönig der Indischen Lande* angemaßt. Und: Hatte er bei dem Besuch in Lissabon nicht versucht, dem König von Portugal seine Entdeckung zu verkaufen? Und: War er nicht zum Betrüger geworden an einem armen, ehrlichen Seemann, als er dessen Belohnung einer Frau vermachte, mit der er in Sünde lebte? Nun wagte es dieser Mensch, fünf Diener für sich zu beanspruchen und, ärger noch, eine persönliche Leibwache; ein Privileg, das nur Königen zustand. Fonseca intervenierte zusammen mit Francisco Pinelo, seinem Oberrechnungsführer, und Juan de Soria, seinem Buchhalter, bei Hofe. Dort aber lag bereits eine Intervention von Columbus vor.

Die Könige wussten, dass man Beamte ersetzen konnte, einen Entdecker aber nicht; vorläufig jedenfalls nicht. Fonseca *befahlen* sie deshalb, Sorge zu tragen, dass Colón in jeder Weise zufrieden zu stellen sei (»... denn es ist Unser Wille und es dünkt Uns gut.«) Columbus wurde *gebeten*, die Belege aller Ausgaben gegenzuzeichnen, »ist er Uns doch im Namen Unseres Oberrechnungsführers dafür verantwortlich«.

Zugute halten muss man dem Archidiakon, dass die ihm übertragene Aufgabe jeden anderen überfordert hätte. Keine Entdeckungsreise sollte hier vorbereitet werden – damit hatte man ja bereits einige Erfahrung –, es galt vielmehr, eine koloniale Expedition bisher nicht gekannter Größenordnung zu organisieren. Da waren nicht drei, sondern siebzehn Schiffe auszurüsten: zwölf Karavellen, drei Naos – große, dickbauchige Kauffahrteischiffe – und zwei kantabrische Barken, deren Leichtgängigkeit und geringer Tiefgang sie für die Erforschung von Küstengewässern und Flussmündungen geeignet machte. Bemannt wurden sie von altgedienten Fahrensleuten und jungen Matrosen, einer Mischung, die sich bewähren sollte. Selbst den Alten verschlug es die Sprache angesichts dessen, was sie diesmal alles an Bord nehmen mussten: Ziegen, Schafe, Hühner, Pferde, Rinder, ein weibliches und ein männliches Tier von jeder Art wie auf einer richtigen Arche Noah; dazu Saatgetreide, Weinstöcke, getrocknete Kerne von Orangen, Zitronen, Melonen, Zuckerrohr (eine Pflanze, die zum Segen und Fluch der Inseln werden sollte). Bergleute, Handwerker, Ackerbauern betraten misstrauischen Gesichts die unsicheren Planken; Soldaten, ausgerüstet mit Harnischen, Armbrüsten, Musketen, kletterten die am Schanzkleid befestigten Stege empor, während auf dem Kai zwei Dutzend schwere Lanzenreiter aus Granada ihre Pferde zügelten.

Die Mönche unter Führung des Benediktiners Bernardo Buyl waren damit beschäftigt, die komplette Ausstattung einer Kirche zu verladen. Gott sollte nach dem Willen der Herrscher diesmal vor Gold gehen. Die Mönche waren ermahnt worden, die Heidenkinder liebevoll zu behandeln und jeden Spanier zur Bestrafung zu melden, der sie zu misshandeln wagte. Als Fray Buyl sich an jenem Tag über die Reling beugte, sah er die Männer mit den Hunden kommen. Bluthunde waren es, darauf abgerichtet, Menschen zu jagen, und so scharf, dass niemand außer ihrem Herrn sich ihnen zu nähern wagte.

Die Menschenfresser von Dominica

Am 25. September 1493 verließ die Flotte den Hafen von Cádiz. Bis zur letzten Stunde hatten immer wieder Spanier versucht, heimlich an Bord zu klettern. Nun standen sie auf den Bollwerken, stießen Verwünschungen aus und jammerten, dass man sie nicht mitnehme in das Land, wo das Gold wächst. Doch 1200 Männer (noch immer war keine Frau an Bord) waren genug, und teuer genug waren sie auch. Um die Heuer der Seeleute bezahlen zu können, hatten die Könige beim Herzog von Medina Sidonia eine Anleihe von fünf Millionen Maravedi aufnehmen müssen. Den Rest steuerten sie aus den eigenen Kassen bei, die durch das Blutgeld der Judenvertreibung noch einigermaßen gefüllt waren.

Das Schiff von Columbus war wieder ein Nao, und wieder hieß es *Santa María*, Mariagalante genannt, weil es besser, eleganter segelte als die Vorgängerin; und größer war es auch. In der *toldilla* ließ es sich jetzt leben, so geräumig, ja beinah komfortabel, war sie eingerichtet. Wie der Admiral dort auf dem Achterkastell stand und zusah, wie seine Schiffe über das Wasser glitten, die Königsstandarte am Großmast, an den Rahen die Fahnen, begleitet von vielen kleinen buntbewimpelten Booten, da ging ihm das Herz auf.

Er konnte nicht ahnen, dass dieser Septembertag einer der letzten wirklich glücklichen Tage in seinem Leben sein sollte …

Nach sechs Tagen hatte die Flotte La Canaria erreicht, wo eines der Schiffe, wie auf der ersten Reise, einen Schaden ausbessern musste. Ein schwacher, immer wieder einschlafender Wind war schuld daran, dass sie bis Gomera weitere fünf Tage brauchten. Sie nahmen Holz auf, Wasser, das bekannt gute Frischfleisch der Insel, zwei Eselstuten und jene berühmt gewordenen acht trächtigen Sauen, die drüben so fruchtbar waren, dass sie zu den Urahnen aller in Amerika lebenden Borstentiere wurden. Der wahre Grund jedoch, warum er Gomera angelaufen hatte, so spöttelte man unter der Crew, sei die Bobadilla gewesen, nunmehrige verwitwete Doña Beatriz de Peraza. Sie empfing ihn mit dem Donner der Kanonen und einem Brillantfeuerwerk, wie es ihm zukam. Der Mann, den sie bei seinem ersten Aufenthalt noch als einen dunklen Ehrenmann angesehen haben mag, war nun ein Admiral, ein Vizekönig, und damit ihr mehr als ebenbürtig. Michele de Cuneo, ein Jugendfreund aus Genueser Tagen, hat uns zwar einen höchst anschaulichen Bericht über die zweite Reise geliefert, über das Rendezvous auf der Insel aber sagt er lediglich: »Dort traf unser Admiral jene hohe Dame, in die er sich vor Zeiten verliebt.«

Der Ruf *»Tierra! Tierra!«* ertönte diesmal bereits nach zwanzig Tagen. Das gesichtete Land war eine Insel, die Columbus, da es gerade Sonntag war, *Dominica* taufte, und so heißt sie heute noch. Eine Flotte von siebzehn Schiffen in knapp drei Wochen heil über den Ozean geführt zu haben war eine seemännische Leistung, die alle hätte verstummen lassen müssen, die den Erfolg der ersten Reise allein den Brüdern Pinzón zugeschrieben hatten. Mangels einer geeigneten Bucht verzichtete Columbus auf einen Landgang – und tat gut daran. Sehr sonntäglich ging es auf der Insel nicht zu.

Hier wohnten nicht die gutmütigen Tainos, wie sie die Spanier bei der ersten Begegnung kennen gelernt hatten, hier herrschten die Kariben, jener Stamm, der so kriegerisch war, dass er jeden Versuch der »Befriedung« durch die weißen Männer mit Waffengewalt verhinderte. Egal, ob es Spanier, Engländer oder Franzosen waren. Ihre Wehrhaftigkeit beruhte, so glaubten sie, auf dem Genuss von Menschenfleisch, gingen doch Kraft und Mut des Verzehrten in den Esser über, eine Überzeugung, wie man sie bei allen dem Kannibalismus frönenden Naturvölkern findet. Die Kariben begnügten sich jedoch nicht mit dem Fleisch des im Kampf erschlagenen Feindes, sie legten sich Vorräte an.

Als die Spanier Anfang November eine wasserreiche, von einem hohen Vulkan überragte Insel durchforschten, stießen sie auf verlassene Dörfer, deren Hütten von außen so schön aussahen wie ihr Inneres grausig war. Von der Decke hingen sorgfältig tranchierte menschliche Arme und Beine; in einer Ecke waren Schienbeinknochen gestapelt; in einem irdenen Kessel köchelte ein Hals. Verschiedene auf Borden stehende Schädel wurden anscheinend als Gefäße verwendet.

Der Schiffsarzt Dr. Diego Álvarez Chanca aus Sevilla hat uns einen Bericht hinterlassen, den man als eine die Eingeborenen verunglimpfende Horrorgeschichte abtun könnte, wüsste man nicht, wie zuverlässig der Doktor in allem war, was er beschrieb.

»Bei ihren Überfällen auf die benachbarten Inseln machen die Kariben möglichst viele Frauen zu Gefangenen, und zwar die jüngsten und schönsten. Sie fangen so viele, dass in etwa fünfzig Häusern, die wir besuchten, nicht ein einziger Mann zu sehen war, dafür über zwanzig junge Mädchen. Sie dienen ihnen zur Lust, aber auch zu bloßen Gebärerinnen. Denn die von ihnen geborenen Kinder würden von den Kariben aufgefressen, so berichteten die Weiber uns, wobei sie die gerade Geborenen als Leckerbissen betrachteten. Sie schleppen auch diejenigen ihrer männlichen Feinde, die im Kampf überlebt haben, in ihre Dörfer, töten und verschlingen sie. Sie behaupten, das Fleisch junger Männer biete den besten

Schmaus. Nehmen sie Knaben gefangen, schneiden sie ihnen die Hoden ab und mästen sie so lange, bis sie zum Schlachten reif sind. Drei solcher verstümmelter Knaben flohen zu uns.

Auch spanisches Fleisch verschmähten sie nicht. Doch die Männer mit den langen Gewändern und dem kahlen Fleck am Hinterkopf unter ihnen wollten gar nicht munden. Nach der Verspeisung eines solchen Mannes anlässlich eines Festgelages seien, so berichtete der Doktor, alle Tischgäste von einem schweren Übelsein befallen worden. Die Spanier hätten daraufhin bei gefährlichen Landgängen die Matrosen in Mönchskutten gesteckt, würde es doch keinen Kariben gelüsten, sich noch einmal derart den Magen zu verderben. *»Se non è vero, è ben trovato«*, mag man sich hier mit Giordano Bruno sagen. »Wenn es nicht wahr ist, so ist es doch gut erfunden.«

Mit welcher Todesverachtung sich die Kariben zu wehren wussten, erfuhren die Spanier auf schmerzhafte Weise, als sie sich eines mit vier Männern und zwei Frauen besetzten Kanus bemächtigen wollten. Die sechs griffen trotz des übermächtigen Gegners zu ihren Bogen, töteten einen Spanier und verwundeten einen anderen. Schließlich doch überwältigt, auf das Schiff gebracht und in Ketten gelegt, versuchten sie sich über Bord zu wälzen. Einem, dem die Gedärme heraushingen, gelang der Sprung ins Meer. Wieder eingefangen, gelang ihm erneut die Flucht, bis er, von Musketenschüssen getroffen, im Wasser versank. »Was für ein unbeugsamer Barbar«, notierte der Doktor Chanca voller Bewunderung.

Die Unbeugsamen sind die einzigen Indios, die den von den Europäern begangenen Völkermord überlebt haben. Von den einst nach Zehntausend zählenden Yellow Caribs leben heute noch etwa 3500 auf Dominica, beherrscht von den Nachkommen der Sklaven, die man damals an der westafrikanischen Küste gefangen und verschifft hatte. »You are entering the Carib territory« und »You are leaving the Carib territory« steht auf den Tafeln mitten im Dschungel, die die Grenzen des Reservats markieren. Sie leben hier mehr schlecht als recht von ihren Bananenpflanzungen, vom Fischfang und vom Körbeflechten.

Der Name »Columbus« ist für die Kariben gleichbedeutend mit dem Namen eines bösen Dämons. »Er und seine Spanier, sie haben uns die Götter gestohlen, haben alles zerbrochen, unsere Art zu leben, unsere Sprache«, meint einer ihrer Sprecher, der sich neben dem Schild fotografieren lässt. »Wir nennen Dominica nicht Dominica wie Columbus, sondern ›Land der vielen Schlachten‹, und wenn wir übrig geblieben sind, dann, weil wir einige dieser Schlachten gegen die Weißen gewonnen haben.«

Aus dem Gesicht des Mannes spricht trostlose Müdigkeit. Er sagt, dass er zweiundvierzig Jahre alt ist, wirkt aber wie ein Greis. Sein Sohn, der neben ihm auf dem Baumstamm hockt, fährt fort: »Die Sklaven von damals, die sind heute die Bosse hier. Für sie sind wir Menschenfresser, Wilde, ein Dreck sind wir. Wir haben keine Ärzte, keine Anwälte, keine Schulen, nichts.«

In einem Dorf am Fuß des 700 Meter hohen Morne Fraser hat sich eine Gruppe junger Leute versammelt. Die Frage nach Columbus bringt eine erregte Diskussion in Gang.

»Sag mal, was machst du, wenn wir zu dir kommen?«, fragen sie, und es klingt so, als hätten sie es schon oft gefragt. »Wenn wir in deine Stadt kommen und auf den größten Platz gehen und deinen Leuten sagen: ›Das alles hier gehört jetzt uns, hier ist der Vertrag. Und eure Götter, die gibt es nicht mehr, ihr müsst an unsere glauben. Und wenn ihr das nicht wollt, dann werden wir euch schlagen, stechen, dass ihr blutet!‹ Sag mal, was wirst du dann machen?!«

Einer von ihnen tritt vor, tanzt und singt: »Columbus was a liar, a liar, a liar …« Es ist der Text eines bekannten Calypsos.

Bevor Columbus Dominica verließ, gab er Befehl, alle Kanus zu zerschlagen, um die Kariben daran zu hindern, die Tainos heimzusuchen; *seine* Tainos, in deren Obhut er die neununddreißig Gefährten gegeben hatte. Wie mochte es ihnen ergangen sein? In Gedanken an sie wurde er unruhig, so ruhelos, dass er auf neu entdeckten Inseln, von Guadalupe abgesehen, nur kurz oder gar nicht landete. Dazu gehörten Santa María de Montserrat (heute Montserrat), Santa María de Antigua (Antigua), Santa María la Redonda (Redonda), Santa María de las Nieves (Nevis) – er konnte die Himmelskönigin gar nicht genug feiern –, Santa Anastasia (Saint Eustache); Santa Cruz (Sainte Croix), die zur Gruppe der Jungferninseln gehört (später bevorzugte Hauptquartiere der Piraten vom Schlage eines Bluebeard, Captain Kidd, Blackbeard), und schließlich San Juan Bautista (Puerto Rico), das bedeutendste der neuen Eilande.

Was geschah in La Navidad?

Am 22. November erreichte die Flotte die Ostspitze von Hispaniola (Haiti), steuerte Nordwest und lief am anderen Tag in die Samanabucht ein, die die Alten von der ersten Reise her noch gut kannten. Einer der in Barcelona getauften Indios, ein Ciguayo, wurde an der Stelle wieder ausgesetzt, wo man ihn Mitte Januar bei dem ersten blutigen Scharmützel gefangen genommen hatte. Mit Geschenken beladen, watete er ans Ufer, damit er seinen Stammesbrüdern demonstriere, was für gute Freunde die Christen seien. Gern hätte man gewusst, was er ihnen erzählt hat über die Heimat der Männer vom Himmel, aber man hat niemals wieder von ihm gehört. Zwei andere unter den zum Christentum bekehrten Indios sprangen nachts über Bord und wurden ebenfalls nicht mehr gesehen.

Am 25. November wird in der Bai von Monte Cristo eine Schaluppe von Bord gefiert, um den Vorrat an Frischwasser zu ergänzen. Die Männer treffen auf Eingeborene, die sie fröhlich winkend begrüßen. Sie kommen näher, zeigen auf die Jacken der Seeleute, sagen *jubón*, greifen mit den Fingern nach den Hemden und rufen stolz *camisa, camisa*. Nein, sie haben kein Wort von der Sprache vergessen, die man ihnen beigebracht hat. Bevor man sie nach den Gefährten von Navidad fragen kann, sind sie wieder im Busch verschwunden.

Als die Bootsleute die frisch gefüllten Fässer zum Strand zurückrollen, machen sie eine grausige Entdeckung. Unter einem Baum liegen die nackten Leichen zweier Männer, beide mit einem aus Gras geflochtenen Strick um den Hals und so stark verwest, dass sie nicht zu identifizieren sind. Am Ufer eines kleinen Flusses stoßen sie auf zwei weitere Leichen. Sie tragen Fesseln und sind anscheinend ertränkt worden. Reste von Barthaaren sind zu erkennen. Die Bootsleute starren sich entsetzt an. Sie wissen, dass Indios bartlos sind.

Am 27. November liegt das Flaggschiff querab vor dem damals errichteten Fort, wagt aber der hereinbrechenden Dämmerung wegen nicht die Einfahrt durch die schmale Passage. Ein Signalfeuer wird abgebrannt, und gespannt starren alle in die Richtung, wo La Navidad liegen muss. Kein Licht zeigt sich. Zwei Kanonenschüsse werden gelöst. Keine Antwort. Die Stille nach dem Verhallen der Detonation ist so unheimlich wie die Stimmung an Bord bedrückend. Während Columbus sich mit seinen Offizieren berät, nähert sich ein Kanu.

»Almirante! Almirante!« – die Tainos wollen den Admiral sprechen. *»Luz!«* rufen sie, *»Licht!«* Er soll mit einer Fackel beleuchtet werden, damit sie sehen, dass er auch wirklich auf diesem Schiff ist. Endlich kommen sie an Bord und überreichen dem Admiral zwei aus Goldplättchen gefertigte Masken. Ein schöner junger Mensch tritt vor und sagt: »Von Guacanagari.« Sie lassen sich auf die Decksplanken nieder und beginnen schweigend zu rauchen. Columbus lässt Wein bringen. Nach einer Weile eröffnet er das Gespräch.

Wie geht es dem Kaziken?

Krank, sagt der schöne junge Mensch, der sich als Vetter Guacanagaris vorstellt. Krankes Bein.

Und unsere Männer, die wir unter seinen Schutz gestellt haben?

Geht ihnen gut.

Aber warum antworten sie nicht auf unsere Zeichen?

Einige tot. Krankheit und Streit.

Und die anderen?

Viele auch tot.

Warum?

Leute von Kaziken Caonabó sind gekommen, haben eure Leute getötet und unsere Leute getötet, Guacanagari verletzt.

Sie stehen auf, warten stumm auf das Gegengeschenk und springen in ihr Kanu.

Noch im Morgengrauen des anderen Tages fuhren die Spanier durch die Caracol-Passage und gingen an Land. Sie fanden das Fort: Die Palisaden waren niedergelegt, das Blockhaus zerstört; zwischen den verkohlten Balken lagen halbskelettierte Leichen. In einem verlassenen Dorf entdeckte der Erkundungstrupp Seemannsjacken, Hüte, Schals, Schuhe. War es denkbar, dass die friedfertigen Tainos zu entfesselten Bestien geworden waren? Columbus beschloss, den Kaziken in seinem Dorf aufzusuchen. Er, der ihm Treue geschworen hatte, konnte nicht treulos geworden sein. Sie fanden ihn vor seinem Haus, in eine Hängematte gebettet, den rechten Oberschenkel mit einem Verband aus Palmfasern umwickelt. Sieben Frauen mühten sich um seine Pflege und sein Wohl. Er stöhnte, seufzte tief.

Ob der Arzt ihm helfen dürfe mit seiner Kunst?

Nein, er brauche keine Hilfe. Der Almirante möge sich lieber das Geschenk anschauen, das er für ihn bereithalte: eine aus rotem Gold gearbeitete Königskrone.

Columbus musste sich die Krone aufsetzen, bestand aber bei aller Rührung darauf, dass der Arzt sich den verwundeten Oberschenkel ansehe. Doktor Chanca wickelte den mehrere Meter langen Streifen ab, wobei sein Patient vor Schmerzen leise wimmerte, eine Wunde fand er nicht.

Ein Lügner, dieser »König«, ein Verräter, vielleicht sogar ein Mörder. Was war hier zu tun? Pater Buyl schlug vor, unterstützt von einigen Hidalgos, ein Exempel zu statuieren und die größte Palme mit dem Kaziken zu schmücken. Doch war seine Schuld, Täter oder zumindest Mittäter gewesen zu sein, eindeutig erwiesen? Der Admiral zögerte. Er hat später häufig gezögert und Entscheidungen hinausgeschoben. Zu seinem und seiner Gefährten Leidwesen. Diesmal war sein Zaudern wohl getan. In den nächsten Tagen begann sich durch die Befragung von Zeugen, das Verhör Verdächtiger, die Besichtigung der Schauplätze langsam die Wahrheit zu enthüllen.

In der Ungewissheit, ob man sie jemals wieder abholen würde, einem fiebrig-feuchten Klima ausgeliefert, von Krankheiten und Heimweh geplagt, waren die neununddreißig Männer rasch verkommen. Rodrigo Escobedo, der Schreiber, verbündete sich mit Pedro Gutiérrez, dem Haushofmeister, gegen Diego de Harana und ermordete einen von Haranas Anhängern. Mehrere Banden bildeten sich, die plündernd und mordend über die Insel zogen. Sie stritten sich um die geraubten Frauen, neideten einander das gestohlene Gold, begannen sich zu befehden. Die Escobedo-Gutiérrez-Banden brachen immer wieder zu Raubzügen auf, die sie bis in das Reich des Kaziken Caonabó führten. Der war aus anderem Holz als der gutmütige Guacanagari. Er setzte seine Männer ein wie ein moderner Guerillaführer, rieb eine Bande nach der anderen auf, zog schließlich vor das Fort, hinter dessen Palisaden Diego de Harana sich mit neun seiner Leute gerettet hatte. Caonabó schoss Feuerpfeile auf die Dächer, trieb die Spanier aus den brennenden Blockhäusern, tötete drei von ihnen und trieb die anderen ins Meer. Guacanagari behauptete, er habe versucht, seine Schutzbefohlenen zu retten. Zum Beweis führte er dem Schiffsarzt einige seiner Krieger vor.

»An ihren Wunden war zu erkennen, dass sie nicht von den Ansiedlern stammten, sondern von Speeren und Pfeilen mit Spitzen aus Fischknochen, wie sie bei den Indios gebräuchlich waren.«

Arbeit macht ehrlos

Die erste Siedlung der Europäer in der Neuen Welt war in Blut und Asche versunken. Es gab viele, die ein Menetekel darin sahen, die Flammenschrift an der Wand, die das Unheil verkündete für jetzt und alle Zukunft …

Anfang Dezember gründete Columbus in der Bucht von Monte Cristo eine neue Ansiedlung, die er, zu Ehren seiner Königin, Isabella nannte. Diesmal sollte es eine richtige Stadt werden mit Kirche, Regierungsgebäude, Kloster, Hospital, Arsenal, Wohnhäusern. Steine als Baumaterial ließ er heranschaffen, und diesen Steinen verdanken es die Nachfahren, dass die Lage von Isabella bekannt ist. Lange hat die Siedlung nicht existiert. Es war eine Gründung am falschen Ort, wo die Nordweststürme hineinbliesen, Trinkwasser herantransportiert werden musste, der nahe Fluss nicht schiffbar war. Entscheidend für den Entschluss, sich dennoch hier niederzulassen, waren einige Worte der Indianer und eine Handbewegung: »*Cibao.* Dort. Gold, nicht weit«, sagten sie und zeigten nach Süden.

Gold. Das magische Wort war für die zweite Reise zum Gebot geworden. Die Herrscher hatten Millionen investiert und würden sich diesmal schwerlich mit der Kunde begnügen, dass die Gegend paradiesisch sei, die Luft lind, der Himmel ewig blau. Statt Proben von Gewürzen, Hölzern, Goldstaub erwarteten sie Schiffsladungen von solchen Kostbarkeiten. Außerdem würden sie bestimmt gern wissen, ob die entdeckten Länder Indien waren oder nicht. Eine Expedition über die Berge nach Cibao schien deshalb die Forderung der Stunde. Im Januar 1794 brach Alonso de Hojeda mit fünfzehn Mann zu diesem Unternehmen auf.

Hojeda gehört zu jenem Typ von Konquistadoren, die später für Spanien ein Weltreich eroberten. Fromm und grausam, hart und sentimental, ohne Furcht und ohne Skrupel, Unserer Lieben Frau so ergeben wie der Gier nach Reichtum ausgeliefert, war er der Erste, wenn es galt Blut zu vergießen, sei es beim Duell oder im Kampf. Über die Cordillera Setentrional stieß er in eine dichtbewohnte grüne Ebene vor, in deren zahlreichen Flüssen er goldhaltigen Sand entdeckte. Die Eingeborenen, die zu seiner Überraschung gastfreundlich und hilfsbereit waren, schenkten ihm Gold in Form von Körnern, kleinen und größeren Klumpen. Die ganz großen Stücke, so bedeuteten sie den Spaniern, finde man jenseits der Berge in Hülle und Fülle.

Lag das Gold während der ersten Reise immer auf der »nächsten Insel«, so jetzt immer »hinter den Bergen«. Hojeda glaubte den Indianern nur zu gern und zog zurück nach Isabella, wo er Columbus voller Stolz Bericht erstattete. Der Genuese schrieb daraufhin seinem König, dass er ihm alsbald so viel Gold zu schicken vermöge, wie es Eisen in den Gruben an der Biscaya gebe. Unverzüglich werde er nun in das Eldorado aufbrechen. Das erste in die Heimat zurückkehrende Schiff sollte den Brief mitnehmen. Zu dem Aufbruch aber kam es vorerst nicht.

Der Name der Katholischen Königin hatte der Stadt kein Glück gebracht. In den Hütten lagen die Leute zu Hunderten krank danieder, geschüttelt vom Fieber und Frost – einer Krankheit, deren Erreger erst Jahrhunderte später entdeckt werden würde – der Malaria –, gepeinigt von Magenkatarren, die die ungewohnte Kost wie Maniokbrei, Kassavebrot, Yamswurzeln, Mais verursacht hatte. Schinken, Pökelfleisch, Weizenbrot, Zwieback, Sirup und, vor allem, der geliebte Wein waren längst aufgebraucht. Die Kranken konnten nicht marschieren, die Gesunden wollten nicht. Sie waren unverträglich, missgelaunt, ja aufrührerisch. Als besonders widerspenstig erwiesen sich die Hidalgos.

Hijo de algo heißt jemandes Sohn, und so etwa waren sie: von Beruf Sohn, Sprösslinge des niederen Adels, ausgestattet mit kleinen Ländereien und großen Schulden, durchdrungen von übersteigertem Ehrgefühl. Ihrem Degen verschworen, den sie in der Reconquista tapfer zu führen gewusst, wurden sie, arbeitslos geworden, in der Zeit der Entdeckungen zu Glücksrittern, die Abenteuer erleben und rasch reich werden wollten.

Columbus befahl ihnen, anstelle der Kranken mit Hand anzulegen bei der Errichtung neuer Häuser, der Bestellung der Felder, dem Bau eines Kanals. Aber sie verweigerten sich: Körperliche Arbeit mache sie ehrlos; es sei bereits schändlich genug, dass sie die Ställe ihrer Pferde selbst ausmisten mussten, da keiner dieser hirnlosen Kannibalen sich in die Nähe eines solchen Ungeheuers traue. Der Genuese entzog ihnen die Lebensmittel und drohte, sie aufzuknüpfen, egal, wie adlig sie auch seien. Der »Genuese«, richtig, der Mann war ja ein Ausländer, ein Hergelaufener also, von dubioser Familie noch dazu. Ihm zu gehorchen konnte nicht Gottes Wille sein.

Bernal de Pisa, von der Krone mit dem geheimen Auftrag versehen, alles zu überwachen und über alles zu berichten, war *ihr* Mann, als er einen Plan niederschrieb, wie man sich der Schiffe bemächtigen und ohne den Señor Colón nach Spanien zurücksegeln könne, um dort Anklage zu erheben gegen Unrecht und Unfähigkeit. Das Schriftstück wurde, in einer Ankerboje versteckt, gefunden, Pisa mit seinen Mitverschworenen in Ketten gelegt. Die rebellische Gesinnung aber blieb, der Hass begann zu wachsen, jederzeit konnte ein Aufruhr ausbrechen. Was war zu tun? Der Admiral entschloss sich nach langem Zögern zu einer Radikalkur.

Er bemannte zwölf seiner Schiffe mit den Unzufriedenen, den potenziellen Meuterern, den Kranken und schickte sie unter der Führung von Antonio de Torres auf die Heimreise. An Bord gebracht wurden außerdem sechsundzwanzig Indianer, die sich von Kopf bis Fuß purpurfarben angemalt hatten. In einer Denkschrift an die Könige, die Torres mitgegeben wurde, betonte Columbus wieder, wie reich das Land sei, Reichtümer jedoch, die nicht zu erschließen seien, ohne die dafür notwendigen Hilfsmittel wie Maulesel, Zugpferde, Pflüge, ohne noch mehr Waffen zur Befriedung der immer aufsässiger werdenden Indios und, vor allem, ohne jene Lebensmittel, die die Menschen von Spanien her gewohnt seien, denn davon hänge ihre Gesundheit ab und ihre Arbeitskraft.

Die Liste dessen, was er forderte, war lang, und man staunt, wie wohlwollend die Monarchen in ihrem Antwortbrief darauf eingingen, denn das, was Torres mitbrachte, hätte eher das Gegenteil bewirken müssen: Die wegen ihrer Harze und Öle als Heilmittel begehrte Aloe war wiederum keine Aloe; der Zimt ähnelte schlechtem Ingwer, der Pfeffer hielt keinen Vergleich aus mit dem echten *piper nigrum*; das Sandelholz hatte mit dem kostbaren *santalum album* aus Ostindien nichts zu tun; die sechzig bunt gefiederten Papageien, von denen einige so groß waren wie Falken, boten lediglich einen wunderschönen Anblick. Zwar wurde diesmal mehr Gold die Laufplanken hinuntergetragen als nach der ersten Reise, aber es war nicht genug.

Eine Passage der Denkschrift fand keineswegs das Wohlwollen der Könige, besser, der Königin. »Die Kosten, die all das verursacht, was ich wünsche und brauche, sind gewiss nicht niedrig. Sie ließen sich aber decken durch die Rückfracht von Sklaven, wozu die wilden Kariben sich, einmal gezähmt, wegen ihrer Leibesstärke, Gewandtheit und Verständigkeit gut eignen würden. Auch könnte pro Kopf ein Einfuhrzoll erhoben werden. Mithilfe der Ruderfahrzeuge, die ich hier bauen lasse, würde man sie in großer Zahl einfangen können. Einmal der Heimat verlustig, wären sie verständig genug, vielerlei Arbeit zu leisten, wozu auch das Rudern der Galeeren gehört. Da die Menschen fressenden Kariben die Todfeinde der Tainos sind, der neuen Untertanen Ihrer Majestäten, wäre ein Handel dieser Art dem Gesetz und der Politik nach richtig und verantwortbar.«

Ferdinand sah ein, dass eine Kosten-Nutzen-Rechnung den Posten »Humanität« nicht berücksichtigen durfte. Isabella dagegen, zu ihrer Ehre sei es gesagt, hegte Skrupel: War es nicht so, dass man auch ausgezogen war, die Seelen der Heiden zu retten, sie zu lehren, dass man seinen Nächsten mehr lieben müsse als sich selbst? Gewiss, der Admiral wollte nur Kannibalen versklaven, aber wenn einmal der Anfang gemacht war ... Sie schrieb an den Rand der Denkschrift: »Mag vorläufig ausgesetzt bleiben, bis ein anderer Vorschlag gemacht ist.«

Columbus war inzwischen zu seinem Marsch in den Urwald aufgebrochen. An der Spitze gingen die den Weg bahnenden Arbeiter, es folgten die Lanzenreiter, die Armbrustschützen, die Arkebusiere, die Schwertträger, die Trompeter, die Fahnenschwinger – eine für das unwegsame Gelände unsinnige Formation, doch mit dem Ziel eingehalten, den Eingeborenen Macht zu demonstrieren. Die Indios jedoch näherten sich in der Mehrzahl voller Neugier und Zutraulichkeit, wollte doch jeder den *Guamiquina*, den *Großen Gebieter* der weißen Männer erleben, von dem sie so viel Wunderbares gehört hatten. Sie brachten Geschenke, baten die Fremden in ihre Hütten und hatten nichts dagegen, wenn die Gäste sich nahmen, was ihnen gefiel, waren aber bitter enttäuscht, als man ihnen gleiches Recht verwehrte.

Hispaniola (Haiti) ist eine von hohen Kordilleren durchzogene Insel mit dem über 3000 Meter hohen Pico Duarte als höchstem Berg. Cibao hieß bei den Indios das ostwärts der Cordillera Central liegende Territorium. *Ciba* bedeutete in ihrer Sprache *Stein*, und *cibao* hieß *Stadt* aus *Stein*, womit Columbus seine zur Überzeugung gewordene Vorstellung, Cibao sei Cipangu (Japan) hätte begraben müssen. Gold aber führten die Flüsse, und von reichen Goldminen sprachen die Eingeborenen. Um die Bergleute zu schützen, erbauten die Spanier nach den Plänen ihres Admirals ein festungsartiges Blockhaus mit Gräben und Palisaden. Er nannte es Santo Tomás, nach dem »ungläubigen Thomas«, ein beziehungsreicher Name, gedacht für alle jene, die nicht glauben wollten, was der Genuese glaubte: dass Cibao ein Eldorado war. Fünfzig Mann Besatzung unter dem Kommando von Pedro Margarit ließ er zurück und schlug den Rückweg nach Norden ein.

Keine Hand regte sich zur Begrüßung, als er wieder in Isabella einzog. Aus den Strohhütten waren immer noch keine Häuser geworden. Die Zahl der Kranken hatte zugenommen und die der Unzufriedenen noch mehr. Die aus Spanien mitgebrachten Vorräte waren inzwischen gänzlich zur Neige gegangen. Dafür war die in den Boden gebrachte Saat überall prächtig aufgegangen. Kürbisse und Melonen waren reif, die Rebstöcke zeigten die ersten Fruchtansätze, der Weizen erwies sich als schnittreif, das afrikanische Zuckerrohr war hochgeschossen. Das feuchtwarme Klima, das die Menschen lähmte, ließ die Pflanzen doppelt so schnell wie daheim Früchte bringen, ein Wachstum, das an ein Wunder grenzte.

Niemand jedoch wollte sich damit trösten. Die Stimmung blieb gedrückt. Sie wurde nicht besser, als ein Bote von seinem abgehetzten Gaul sprang und meldete: »Caonabó hat seine Männer zusammengezogen. Er bedroht Santo Thomás.«

Dem gefürchteten Kaziken zu zeigen, wer jetzt der wahre Herr war auf der Insel, dafür schien Alonso de Hojeda der richtige Mann. Er brach mit 400 Leuten auf, überschritt den Rio de Oro und ergriff die erste Gelegenheit, ein Exempel zu statuieren. Fünf indianische Träger, die mit ihrer Traglast das Weite gesucht hatten, ließ er einfangen und ihnen Hände und Ohren abhacken. Ihren Häuptling und zwei seiner Verwandten schickte er zur Hinrichtung nach Isabella. Die Dörfer wurden eingeäschert, die Frauen und Kinder mit Peitschen in den Urwald gejagt.

»Das war die erste böse Tat, begangen im Lande Indien an den Indianern«, schrieb Las Casas später, »verübt unter dem Vorwand, Gerechtigkeit zu üben. Und das große Morden hub an, das die Insel in ein Meer von Blut tauchen sollte.«

Paranoiker mit Grössenwahn und Halluzinationen

Ende April 1494 war Columbus dort, wo er sich am wohlsten fühlte, auf hoher See. Vom Achterkastell seiner Karavelle *Niña* beobachtete er, wie Isabella langsam im Dunst versank. Auch auf der zweiten Siedlung, die er auf Hispaniola gegründet hatte, schien ein Fluch zu lasten, und sie würde bald so verlassen daliegen wie La Navidad. Zurückgeblieben waren die Hidalgos, die so arbeitsscheu waren wie geldgierig; die Siedler, die den Boden anzubauen und die Getreidemühlen in Betrieb zu setzen nicht bereit waren; die Soldaten, denen das Wort Disziplin ein Fremdwort war; und Don Diego, der Jüngste aus der Familie Colombo, als Statthalter für die Dauer der Abwesenheit eingesetzt, eine der zahlreichen Fehlentscheidungen des Admirals.

Nicht diese Missstände allein waren es, die ihn wieder auf das Meer getrieben hatten, es war jene geheime Unruhe, die sein Gewissen belastende Frage: War Cuba eine Insel oder bereits das Festland von Indien und damit von Asien? Zusammen mit den beiden flachgehenden Lateinseglern *San Juan* und *Cordera* fuhr er die Südküste Cubas entlang, wandte sich aber am Cabo Cruz, ganz gegen seinen selbstgestellten Auftrag, urplötzlich nach Süden. Bei den Indianern hatte es sich inzwischen herumgesprochen, dass man die Fremden am schnellsten wieder loswurde, wenn man ihnen sagte, dass »dort im Süden das goldene Eiland« liege. Columbus entdeckte auf diese Weise zwar Jamaika, »die schönste Insel, die meine Augen je erblickt«, auf Gold aber traf er nicht, sondern auf ziemlich widerspenstige Eingeborene.

Zurück also nach Cuba, oder wie er es getauft hatte, nach Juana. Sie passierten eine Unzahl kleiner, mit Königspalmen bestandener Inseln, von denen ein feiner Duft herüberwehte. *Jardines de la Reina*, nannte er sie, Gärten der Königin, poetisch wie er war. Ihrem Namen aber sprechen sie heute Hohn: Aus einem von der sengenden Sonne verdorrten Grün streckt sich totes Geäst. Unter unsäglichen Mühen suchten sie von nun an ihren Weg durch tückische, von Riffen, Sandbänken, Untiefen durchzogene Gewässer; unter einem Himmel, der Abend für Abend zu bersten schien. Die von tosenden Regenfluten begleiteten Gewitterböen schienen die Schiffe mit Mann und Maus zu ertränken.

Wenn sie ein Dorf sichteten, wurde das Schiffsboot an Land geschickt, und der neue Dolmetscher Diego Colón, ein aus Guanahaní stammender getaufter Indianer, stellte regelmäßig dieselbe Frage: »Ist euer Land eine Insel?«

Sagten sie »Ja, es ist eine Insel«, meinte Columbus: »Da sie nur Inseln kennen, sind alle Länder für sie Inseln.«

Da gefiel ihm die Auskunft eines alten Kaziken schon besser: »Und wenn ihr noch vierzig Monde lang segelt, ihr werdet nicht an das Ende des Landes kommen.«

Wohin aber werde man kommen, wenn man der Küste weiterhin folge?

»In das Land Magon, dorthin, wo die Menschen Schwänze haben und lange Kleider tragen, weil sie sich ihrer Missgestalt schämen.«

Magon? Klang das nicht wie *Mangi*, die chinesische Provinz, die Marco Polo in seinem Reisebericht erwähnt hatte? Auch die Bekleidung schien auf China hinzudeuten. Ein weiteres Indiz bestärkte seinen Wahn von der Ostküste Asiens: Die plötzlich südwestlich verlaufende Küste ähnelte genau dem Verlauf der Halbinsel Malakka. Also hatten sie doch die Ostküste Asiens erreicht! Diese, falsche, Annahme veranlasste Columbus zu einer Aktion, die seine Feinde später genüsslich ausschlachteten.

Er befiehlt dem die Flotte begleitenden Notar, Pérez de Luna, sich mit seinen Utensilien von Schiff zu Schiff zu begeben und von jedem Mann, sei er Kapitän, Steuermann, Vollmatrose oder Schiffsjunge, eine Aussage zu Papier zu bringen, in der sie bei ihrem Eid beteuerten, sie hätten niemals von einer Insel gehört, die sich so unendlich weit erstrecke, womit feststehe, dass es festes Land sei: Asien.

»Sollte jemand Zweifel oder andere Wissenschaft haben«, schrieb de Luna, »möge er es bekennen, damit ihm jeglicher Irrtum benommen werden könne. So tat ich und kündigte jedem eine Strafe von 10 000 Maravedi an für jedes Mal, wenn einer zukünftig das Gegenteil von dem behaupten wolle, was er jetzt beeidigt, nebst Ausschneiden der Zunge, und wenn es ein Schiffsjunge sei, so solle er hundert Peitschenhiebe erhalten.«

War es die Flucht aus dem Sein in den Schein, die Columbus so handeln ließ? Erwies er sich wieder einmal als der Don Quijote, der eine Schänke als eine Ritterburg ansieht? Oder handelte er eher wie Bartolomeu Diaz, der nach der Umschiffung des Kaps der Guten Hoffnung sich von seinen Männern bescheinigen ließ, dass sie ihn zur Umkehr gezwungen hatten? Für einige Vertreter der modernen Psychiatrie passt die

Handlungsweise in das Bild, das sie sich von ihrem Patienten gemacht haben: nämlich das eines Paranoikers mit religiösem Wahn, Größenwahn und Halluzinationen. Nun, Columbus war gewiss ein Träumer, ein Fantast, aber gleichzeitig war er ein Tatmensch, und so erscheint es am wahrscheinlichsten, dass er durch das erzwungene Dokument die eigenen Zweifel beseitigen wollte, die Indischen Lande entdeckt zu haben.

Seine Männer leisteten den Schwur. Sie hätten, erschöpft von der Arbeit an den Pumpen, mutlos, heimwehkrank, sogar geschworen, den Harem des Großkhans besucht zu haben, wenn der gottverdammte Genuese bloß endlich umkehren wollte. Dabei war das erpresste Papier nicht die Tinte wert, doch was die Menschen schwarz auf weiß besitzen, hält sich bekanntlich mit Zähigkeit, besonders, wenn es eine falsche Aussage enthält. Bis weit in das 16. Jahrhundert hinein jedenfalls fand man auf den Weltkarten Cuba unter der Bezeichnung *Asiae Pars*.

Am 29. September liefen die *Niña*, die *Cordera* und die *San Juan* nach über fünfmonatiger Abwesenheit wieder in den Hafen von Isabella ein. Die Männer gingen ohne ihren Admiral von Bord. Ausgelaugt von den vielen durchwachten Nächten, vom Fieber geschüttelt, von den Schmerzen gepeinigt, die ihm eine Krankheit bereitete, deren Symptome heutige Mediziner als Gicht diagnostiziert haben, wirkte er mehr tot als lebendig. Als er nach zwei Tagen aus seinem Delirium erwachte, glaubte er, eine Erscheinung zu sehen: seinen Lieblingsbruder.

Von Bartolomeo, Mitstreiter in den Jahren von Lissabon, hatte er das letzte Mal gehört, als der zwei Jahre jüngere Bruder von London nach Paris gegangen war, um den König Karl für die indischen Pläne zu gewinnen. Am französischen Hof war ihm dann die Nachricht überbracht worden, dass Cristoforo das Ziel, *ihr* Ziel bereits erreicht hatte und sich zu neuer Fahrt rüstete. Neun Monate hatte es gedauert, bis diese Nachricht über die Pyrenäen nach Paris gekrochen war. Von Karl großzügig mit 100 Couronnes versehen, womit er sich die besten Pferde leisten konnte, machte er sich auf den Weg nach Andalusien. In Sevilla angekommen, hatte er buchstäblich das Nachsehen: Die siebzehn Schiffe waren vor wenigen Tagen ausgelaufen.

Bartolomeo ist ein bemerkenswerter Mann, der sich nicht nur im Alter vom Admiral unterschied. Von großer Autorität, gleichgültig gegenüber dem, was andere von ihm dachten (wer ihn nicht mochte, sollte ihn wenigstens fürchten), ging er stets den direkten Weg; ein schroffer Tatmensch von großer Körperkraft, selbst in aussichtslosen Situationen nicht verzagend, dabei von unbedingter Treue zum Bruder, als Seemann ihm ebenbürtig, als Kartograf überlegen. Königin Isabella, nicht umsonst wegen ihrer Menschenkenntnis gerühmt, erkannte auf Anhieb den Herrn in ihm. Sie machte aus Bartolomeo einen *Don, noble y caballero,* übertrug ihm das Kommando über drei Karavellen und befahl ihm, dem Almirante unverzüglich das zu bringen, worum er dringlich gebeten hatte: Arzneien und Lebensmittel.

Am wichtigsten schienen die Arzneien. Viele Spanier lagen, von Krankheit geschlagen, in den primitiven Häusern, doch die Heilmittel, die er brachte, heilten nicht, und die Naturalien waren rasch verbraucht oder verschimmelten im feuchten Klima. Der Hunger hatte Hidalgos und Söldner zu einzelnen umherstreifenden Banden verkommen lassen, die die Eingeborenen ausplünderten, ihnen die Frauen wegnahmen, Brandfackeln in die Hütten warfen. Don Diego erwies sich als ein schwächlicher Statthalter und erntete Hohngelächter, wenn er die Regentschaftsmitglieder Hojeda, Margarit und Pater Buyl an die Mahnung der Könige erinnerte, mehr an die Bekehrung der Indios zu denken als an deren Hab und Gut.

Das Paradies Hispaniola war durch Sklavenmarkt und Sklavenhandel in den fünf Monaten zur Hölle geworden. Die Indianer hatten längst erkannt, dass es sich bei den Spaniern nicht um Götter handelte. Dazu hätte es des grausigen Experiments eines der Kaziken nicht bedurft. Er hatte seinen Männern, die die Fremden im Huckepack durch seichte Flüsse tragen mussten, befohlen, ihre »Reiter« abzuwerfen und lange unter Wasser zu drücken. Lebten sie dann noch, wären sie tatsächlich vom Himmel gekommen. Sie lebten nicht mehr.

Die sanften Tainos begannen sich zu wehren, wie die Männer Caonabós es gegen die Besatzung des Forts La Navidad getan hatten. Sie legten Hinterhalte, gruben Fallen, erschlugen ihre Feinde, wenn sie sich im Dschungel verirrt hatten. Das, was die Weißen später in ihren Kolonien »Strafexpeditionen« nannten, war die Folge. Wobei zum ersten Mal die Bluthunde losgelassen wurden, die die in die Berge fliehenden Indios aufspürten, hetzten und zerfleischten.

»... die nach einem Losungswort – *tómalo!* – abgerichteten Hunde waren der Schrecken der Indianer, wie es denn unsern Schauder an jenen Szenen steigern muss, dass die ersten Europäer im Bündnis mit einem reißenden Tier gegen ihr eigenes Geschlecht die Neue Welt betraten.« (O. Peschel)

Die einzelnen Gefechte wuchsen sich zu einem regelrechten Krieg aus, in dem die sonst einander nicht wohlgesonnenen Kaziken Bündnisse schlossen und ihre Stämme zu Heeren zu formieren suchten. Der Zahl nach weit überlegen, war ihre Situation trotzdem hoffnungslos. Den Feuerwaffen ihrer Gegner, den Armbrüsten, den Degen und Lanzen hatten sie nur ihre mit Spitzen aus Fischgräten versehenen Holzspeere und ihre Pfeile entgegenzusetzen; von Taktik wussten sie nichts, und die Angst vor den Reitern und den Hunden lähmte sie bei aller Tapferkeit. Columbus, der wieder genesen war, genügten zweihundert Krieger zu Fuß und zwanzig zu Pferd, um die Indios in der Vega Real, einer weiten Ebene, zu stellen und vernichtend zu schlagen. Die Spanier sprachen von über hunderttausend bezwungenen Feinden, eine der üblichen Übertreibungen, mit denen der Sieger seinen Sieg köstlich macht, denn was ist ein Triumph wert, der lediglich über ein paar Tausend Mann errungen wird.

Der gefährliche Caonabó war allerdings noch frei. Er wurde durch einen Trick mattgesetzt, indem man ihn zu Friedensverhandlungen einlud und ihm, käme er nach Isabella, die bronzene Glocke der Kirche (»… die aus dem Himmel zu den Christen spricht«) als Geschenk versprach. Um ihrer würdig zu sein, solle er sich mit den ebenfalls bronzenen Handschellen und Fußketten schmücken (»… die auch der König von Kastilien an hohen Festtagen zu tragen pflegt«). Der Kazike, eitel und vertrauensvoll genug, legt die »Insignien« an und fand sich wenige Tage später im Innenhof des vizeköniglichen Hauses wieder, wo er an einer Mauer gekettet auf den Abtransport nach Spanien wartete. Auf der Überfahrt beschloss er zu sterben, indem er seinem Atem gebot stillzustehen.

Was ist ein »gerechter Krieg«?

Anderthalbtausend Indios hatte man nach der Schlacht in der Vega Real, die ein Schlachten war, zusammengetrieben und nach Isabella verschleppt, wo man sie in einen Korral sperrte. Was nun geschah, hat das Bild des Entdeckers Christoph Columbus verdüstert und schien jenen Recht zu geben, für die er »ein unwissender, abergläubischer, prahlerischer, geiziger und grausamer Mensch« gewesen ist, geschlagen mit »Unfähigkeit, Habsucht, Beschränktheit und Rückständigkeit«. Er ließ fünfhundert der kräftigsten Männer und Frauen auswählen und in ein anderes Fanggehege bringen. Aus dem großen Rest der Gefangenen bedienten sich die Siedler; die dann noch übrig blieben, meist waren es Frauen mit mehreren Kindern, durften in ihre Dörfer zurückkehren.

»In ihrer Angst jedoch, dass wir unser Versprechen wieder rückgängig machten, setzten sie jeweils eines ihrer Kinder auf dem Boden ab und rannten mit den anderen im Arm in Panik davon«, berichtet Michele de Cuneo als Augenzeuge.

Die fünfhundert Ausgesonderten pferchte man als Rückfracht in die Laderäume von vier Karavellen, die Ende Februar 1495 in Richtung Cádiz in See stachen. Sie waren durch die menschliche Ware hoffnungslos überladen, und so war es den Kapitänen nur recht, wenn man jeden Morgen etliche Leichen über Bord werfen musste. Insgesamt zweihundert Tote hat Cuneo gezählt.

Die dreihundert Überlebenden übernahm der erwähnte Don Juan Fonseca und schickte sie nach Sevilla. Der dortige Sklavenmarkt gehörte zu den führenden Märkten der Mittelmeerländer. Angeboten wurden bildschöne *moras*, Maurenmädchen; mit Ziegenfellen bekleidete, noch halbwilde Guanchen von den Kanaren; bärenstarke Berber aus Nordafrika, die hohe Preise erzielten, und ständig größere Lieferungen aus Guinea, um im Jargon der Händler zu bleiben. Besonders gut gewachsene Exemplare schickte man gern als Präsent an den Vatikan nach Rom, wo man das Geschenk freudig entgegennahm. Ärger bekamen die Händler nur, wenn sich herausstellte, dass es sich bei Eingeborenen um Christen handelte, um Menschen, die man trotz der Taufe versklavt hatte.

Fonseca erzielte für seine Indios nicht den erwarteten Preis. Da die Käufer die Ware genau prüften, hatten sie rasch herausgefunden, dass die meisten von ihnen an irgendwelchen Krankheiten litten, hervorgerufen durch die wochenlange Überfahrt. Er übernahm deshalb einen großen Teil für seine Landgüter. »Sie brachten ihm nicht viel Nutzen«, notierte der Doktor Bernáldez knapp, »da fast alle eingingen. Das Land sagte ihnen nicht zu.«

Columbus hatte nicht irgendwelche kriegsgefangenen Eingeborenen ins Elend geschickt. Es waren *seine* Tainos, deren Selbstlosigkeit und Herzensgüte er nach der ersten Landung nicht genug hatte loben können. Das Gefühl, Unrecht zu tun, beschlich ihn gelegentlich, schlaflose Nächte hatte er deswegen nicht. Es erscheint uns als ein Phänomen, wie leicht die *descubridores* und *conquistadores* Frömmigkeit und Raubsucht, Gottesfurcht und Goldgier in sich zu vereinen wussten, ohne in Gewissensnöte zu geraten. Columbus fand sich überdies in Übereinstimmung mit den sittlichen Grundsätzen des Abendlands, wonach im Krieg gefangene Menschen versklavt werden durften, vorausgesetzt, der Krieg war gerecht und die Gefangenen waren Heiden. Mittelalterliche Scholastiker hielten die Sklaverei zwar für unnatürlich, aber letztlich für wirtschaftlich notwendig, womit sie sich der Meinung der alten Kirchenväter anschlossen. Wann aber handelte es sich um den Begriff *iustum bellum*, wann durfte er angewandt werden? Das zu bestimmen behielten sich die Christen bei ihren Waffengängen mit den heidnischen Völkern selber vor. Im Übrigen ist kein Volk in der Geschichte bekannt, das einen anderen als einen gerechten Krieg geführt hätte.

Dass es sich bei der Reconquista nicht um einen Raubkrieg mit Kreuzzugcharakter handelte, sondern um einen gerechten Krieg, war unbestritten. Nach Meinung der Spanier zumindest. Auch die Eroberung der Kanarischen Inseln, bei der die Guanchen gefangen und versklavt wurden, war in besagtem Sinn gerecht. Desgleichen nach Meinung der Portugiesen die Heimsuchung der westafrikanischen Küsten – obwohl es sich um Überfälle auf eine wehrlose Bevölkerung zum Zweck der Bereicherung handelte. Etwaige moralische Bedenken wurden durch Papst Nikolaus V. zerstreut, der in seiner Bulle *Dum diversas* (1452) den Portugiesen erlaubte, »in die Reiche der Heiden und der anderen Feinde Christi einzudringen und ihre Gefangenen zu versklaven«. Den nachfolgenden Päpsten fiel auf, dass diese Erlaubnis nur in Unkenntnis der Sachlage erteilt worden sein konnte – die Heiden hatten die Christen ja gar nicht angegriffen! –, und sie erneuerten die Erlaubnis nicht. Auch die Indios hatten die Christen nicht angegriffen, sondern hatten sich gegen Mord, Brandstiftung, Vergewaltigung zur Wehr gesetzt. Die Folgen aber waren Kriege, die selbstverständlich als gerecht galten.

Nun muss es für einen Historiker unerträglich sein, wenn er erlebt, wie die in langen schmerzlichen Prozessen errungenen Maßstäbe unserer Zeit einfach an die Vergangenheit angelegt werden. Das Podium der Gegenwart, besonders der unsrigen, taugt wenig dazu, die Urahnen nachträglich Mores zu lehren. Und noch gilt die Maxime des großen Ranke, wonach Geschichte aus ihrer Zeit heraus erzählt werden sollte, aus einer Gegenwart, die ihre Zukunft nicht kennen konnte. Ein Grundsatz, der uns die Vergangenheit besser verstehen lehrt. Alles verstehen heißt aber nicht, alles verzeihen. Die Jagd auf Menschen, um sie ihrer Freiheit zu berauben und sie zu verkaufen, als seien sie eine Ware, gehört, so wie die Hexenverbrennung, zu den großen Verbrechen in der Geschichte der Menschheit.

Die Kirche hat sich in den folgenden Jahrzehnten, eher halbherzig, gegen die Sklaverei gewandt oder versucht, wenigstens das Los der Sklaven zu mildern. Papst Paul III. erklärte in der Bulle *Sublimus deus*, dass die Indios ein Recht darauf hätten, frei zu leben und über ihren Besitz zu verfügen. Doch die Geister, die sie zwar nicht gerufen, aber doch willkommen geheißen, waren nicht mehr zu bannen. Was der dritte Paul 1537 sagte, interessierte die Spanier weniger als das, was Alexander VI. 1493 verheißen hatte: dass ihnen alles Land, was sie entdeckten, auch gehöre – mitsamt seinen Einwohnern.

Genauso verfuhr man auch bei der Inbesitznahme neu entdeckter Inseln oder Festländer, wenn die Eindringlinge das so genannte *requerimiento*, die »*Aufforderung*«, vorlasen. Sie forderten darin die von allen Seiten herbeiströmenden Eingeborenen auf, sich dem König von Spanien zu unterwerfen. Denn: »Alle Völker der Welt wurden von Gott einem Mann namens Petrus anvertraut, damit er ihr Oberhaupt sei und alle ihm gehorchen. Einer dieser Nachfolger, Päpste genannt, machte als Herr der Welt diese Inseln und das Festland den Katholischen Königen zum Geschenk und ihren Nachfolgern, wie in bestimmten Dokumenten, die ihr lesen könnt, wenn ihr es wünscht, nachzuprüfen ist ...«

Die Einwohner des gerade besetzten Landes wünschten es nicht, weil sie von dem, was da vorgelesen wurde, kein Wort verstanden. Selbst wenn sie der Lesung hätten folgen können, wäre ein Einspruch gegen die plötzliche Enteignung ihres Landes nutzlos gewesen. Im weiteren Text wurde ihnen nämlich angedroht, dass man sie bekriegen und versklaven würde, falls sie sich den Majestäten von Spanien nicht unterwürfen.

Sieht man von der Ungeheuerlichkeit eines solchen Vorgangs ab, so entsprach die Formulierung »die Könige« auch nicht den Tatsachen. Isabella nämlich hatte immer wieder gefordert, die Bewohner der neuen Länder in ihren Rechten den Spaniern gleichzustellen. Auf das erneute Angebot des Genuesen, Sklaven zu schicken, war sie nicht eingegangen. Als er es dennoch tat, geriet sie in Zorn darüber, wie er es wagen könne, gegen ihre strikten Anordnungen zu verstoßen. Sie befahl, alle auf Hispaniola versklavten Indianer wieder freizulassen. Für die erwähnten dreihundert kam der Befehl zu spät; sie waren bereits verkauft. Später ließ sie sich von Gelehrten, Theologen und Kennern des kanonischen Rechts beraten, ob es mit gutem Gewissen zu verantworten sei, Indianer zu Sklaven zu machen.

Sie hat es sich in dieser Frage nicht leicht gemacht, auch immer wieder darauf gedrungen, keine Sklaven mitzubringen, es sei denn, die Eingeborenen kämen freiwillig und aufgrund der Zusage, zurückkehren zu dürfen. Dass nach 1500 keine

Transporte versklavter Indios mehr nach Spanien gelangten, war ihr zu verdanken. Mit ihrer Forderung aber, sie als freie Untertanen rechtlich den Spaniern gleichzustellen, setzte sie sich nicht durch. Die Siedler verfuhren nach dem Grundsatz, dass Isabella eine große Königin sei, die Entfernung zwischen den Inseln und dem Mutterland aber noch viel größer.

»Möge mich Gott nach Kastilien zurückbringen«

Die Rechnung von Columbus, das zu liefern, was in großer Zahl vorhanden war, anstelle dessen, woran noch immer Mangel war, Menschen also statt Gold, war in zweifacher Hinsicht nicht aufgegangen. Die Sklaven hatten kaum Geld gebracht, und seine ihm stets so huldvoll zugetane Herrscherin zeigte sich verärgert. Eine Verärgerung, die planmäßig von zwei Männern geschürt wurde, die, mit dem Vizekönig ewig streitend, heimlich die Insel verlassen hatten. Zusammen mit einigen Dutzend anderer Meuterer hatten sie drei vor Isabella liegende Karavellen besetzt und waren nach Cádiz gesegelt, von wo aus sie sich an den Hof begaben und, nach langem Antichambrieren, schließlich vorgelassen wurden. Fray Buyl, ein Missionar, der seiner Mission nie nachgekommen war, und Don Margarit, bei den Indios wegen seiner Erbarmungslosigkeit von Anbeginn verhasst, konnte es nicht schwer fallen, Stimmung gegen den Admiral zu machen nach dem Motto »Doch Columbus ist ein ehrenwerter Mann …«

Die Herrschaft der Brüder Cristóbal, Diego und nun auch noch Bartolomeo, ohne königliche Erlaubnis übrigens zum Adelantado ernannt, nepotistisch bis ins Mark alle drei, sei zu einer Herrschaft des Schreckens pervertiert; getreue Untertanen ihrer Majestät bestraften sie bei geringen Vergehen mit Nahrungsentzug, was einem Todesurteil gleichkäme. Kaziken dagegen, selbst einfache Indios, nähmen sie in Schutz; die Lazarette seien überfüllt, die Gefängnisse desgleichen; und die Stimmung auf der Insel so trostlos, dass allenthalben der Seufzer zu hören sei: »*Así dios me Ileve a Castilla* …« Goldene Berge, im wahren Sinn des Worts, habe er allen versprochen, stattdessen gebe es nur etwas goldenen Sand, den aus den Flüssen zu waschen man das Indianerpack mit der Peitsche zwingen müsse; wie stehe es auch mit dem Verstand eines Mannes, der irgendwelche kürzlich entdeckten Höhlen als die Goldgruben des Königs Salomo ansieht?

Dieses Gemisch aus Wahrheit, Halbwahrheit und Lüge wurde bei jeder neuen Audienz in verschiedenen Variationen wiederholt und zeitigte in Hofkreisen rasch Wirkung. Die Königin selbst war so leicht nicht zu beeinflussen. In ihren letzten Briefen hatte sie noch betont, wie tief sie sich dem Admiral verpflichtet fühle. »Alles, was Ihr Uns früher gesagt habt, ist zum größten Teil eingetroffen, als hättet Ihr es damals leibhaftig gesehen.« Eine Ansicht, die Gemahl Ferdinand nicht teilte. Millionen von Maravedi hatte man investiert, die Ausbeute an edlen Metallen aber war gering, die Gewürze waren zweitklassig, desgleichen die Hölzer. Drei Jahre waren seit der Entdeckung vergangen, und noch immer mussten die Siedler vom Mutterland ernährt werden. Warum das so war, hätte er von Columbus' Landsmann Michele di Cuneo erfahren können. Der hatte in einem Bericht geschrieben: »Sie fanden fruchtbaren schwarzen Boden vor, doch sie waren nicht bereit, ihn zu bearbeiten und die Saat einzubringen; einfach aus dem Grunde, weil niemand auf diesen Inseln bleiben und leben wollte.«

Die Monarchen kamen überein, einen Inspekteur zu entsenden, um die Unzufriedenen anzuhören, die Beschwerden zu prüfen, die Wahrheit von der Lüge zu trennen. »Herren, Ritter und Ihr anderen Leute in Unserem indischen Dienste«, hieß es in dem Beglaubigungsschreiben, »Wir senden Euch Juan

Aguado, der in Unserem Auftrag mit Euch verkehren wird«. Die Tatsache, dass Columbus nicht angesprochen wurde, nahm Aguado zum Anlass, sich als Richter statt als Revisor zu gebärden. Er verzettelte sich dabei in Kompetenzstreitigkeiten, stritt monatelang mit Columbus herum, wie seine Vollmacht im Einzelnen auszulegen sei. Dabei hätte es genug zu inspizieren gegeben. Der Friede auf Hispaniola, ohnehin nur eine Art Friedhofsruhe, war empfindlich gestört worden durch ein neues Steuergesetz. Columbus wollte damit seinen Kritikern beweisen, dass es genug Gold auf der Insel gäbe, wenn man es nur zu »fördern« wisse.

Hiernach hatte jeder mannbare Indianer alle drei Monate eines jener von den Spaniern einst als Gastgeschenk verteilten Falkenglöckchen mit Goldstaub zu füllen; das waren etwa 50 Gramm. Wer dort wohnte, wo kein Gold zu finden war, durfte das Gold durch eine Arroba (= 11,5 Kilo) gesponnener Baumwolle ersetzen. Wenn er seiner Steuerpflicht nachgekommen war, hängte man ihm eine datierte Messingscheibe um den Hals – so wie unseren Hunden die Hundemarke. Wer ohne Marke angetroffen wurde, riskierte sein Leben. So wurde die Goldwäscherei bald lebensgefährlich, denn immer weniger Indios schafften es, trotz härtester Arbeit in den Flüssen, den Tribut zu erbringen. Sie vernichteten ihre Felder und flohen in die Berge, wobei sie hofften, die Spanier auszuhungern. Doch der Pfeil traf die, die ihn abgeschossen. Die Jagdbeute, die wilden Früchte und Baumwurzeln reichten zur Ernährung nicht. Sie starben, wie Pietro Martire schreibt, gleich dem Vieh, in dessen Herde eine Seuche wütete.

Auch Fernando Colón hat in seiner *Historie*, den Geschichten über das Leben und Werk des Vaters, vom Hungertod der Tainos berichtet. Sein Bericht ist ein klassisches Beispiel dafür, wie sehr den Christen jegliches Unrechtsgefühl fehlte. »Die göttliche Majestät gab die Indios nicht nur in unsere Hand, sondern sandte ihnen auch noch eine so große

Not an Lebensmitteln und Krankheiten, dass sie auf ein Drittel ihrer früheren Zahl zusammenschrumpften. Dadurch trat nur umso klarer zutage, dass durch Gottes Hand und Seinen hohen Willen allein solche wunderbaren Siege und Unterwerfung von Völkern möglich sind, nicht aber durch unsere Kraft und unseren Willen. Denn selbst wenn ihnen die Unsrigen in allen Dingen überlegen gewesen wären, hätte doch ihre Überzahl genügt, um jeden unserer Vorteile zunichte zu machen.«

Damals begann das große Sterben unter den Indianern Hispaniolas. Schätzte man ihre Zahl 1492 auf etwa 300 000, so waren es vier Jahre später nur noch 200 000. 1508 ergab die von den Eroberern vorgenommene Volkszählung noch 60 000 Menschen. Fernández de Oviedo, Historiograf Amerikas und Statthalter von Santo Domingo, berichtete 1548 von den letzten 500 Tainos, denen seine Landsleute zum Sterben zu viel und zum Leben zu wenig gelassen hatten.

Das arrogante Auftreten Juan Aguados, das selbst die Indios fragen ließ, wer jetzt der wahre Herr sei über die Insel, dazu die Berichte seiner Vertrauensleute über die Machenschaften Hojedas und Margarits am Hofe, hatten Columbus nachdenklich werden lassen. Hatte der König seine schützende Hand von ihm genommen? War er bei der Königin nicht mehr in Gnade? Quälende Fragen, auf die er nur in der Heimat eine Antwort bekommen würde. Bartolomeo riet ihm, alsbald aufzubrechen und den »bösen und bissigen Neidern« die Stirn zu bieten, denn Unrecht habe immer der, der abwesend sei. Bevor er abreise, solle er die »Hauptstadt« verlegen, wie sich die Ansammlung bereits baufällig gewordener Hütten und Holzhäuser namens Isabella nannte. An der Südostküste gebe es windgeschützte Buchten, umgeben von fruchtbarem Ackerland, die von goldhaltigen Flüssen durchzogen seien. Die neue Gründung solle Santo Domingo heißen, nach dem Namen des Vaters. Das beschlossen die drei Brüder, so familientreu und verwandtschaftsgebunden, wie nur Italiener es sind.

Die Majestäten werden ungeduldig

Der Huiranrucan, nach dem Glauben der Indianer von ihren Göttern gesandt, strafte die Fremden. Dieser Wirbelsturm, uns als Hurrikan bekannt, brach über Isabella herein, zerschmetterte die *San Juan*, die *Cordera* und noch ein drittes Schiff, warf ihre Trümmer auf den Strand, verschonte nur die etwas abseits ankernde unverwüstliche *Niña*. Mit nur einem Schiff auf die weite Reise zu gehen, wagte selbst ein Columbus nicht. Was war zu tun? Die spanischen Schiffszimmerleute, und das sprach für ihre handwerkliche Kunst, wussten eine Antwort. Aus den Resten der drei Karavellen bauten sie, ohne Werft und geeignete Werkzeuge, eine neue. Sie tauften sie *India*, weil es das erste Schiff war, das in den indischen Landen gefertigt worden war. Ein kleines Wunder, und noch wunderbarer war es, dass die *India* sich als seetüchtig erwies – unter hoffnungslos erscheinenden Voraussetzungen.

Als am 1. März 1496 das Kommando »Anker auf!« erscholl, war jede Ecke im Laderaum, jede Planke an Deck von Menschen besetzt. Man hatte Order vom Hof, die Kranken mitzunehmen und jene, deren Angehörige zu Hause bei den Behörden vorstellig geworden waren. Etwa hundertsiebzig Männer hatten sich schließlich am Kai versammelt, von denen die *India* die Hälfte übernahm. Zusammen mit der Besatzung und einigen Kariben waren das ungefähr 120 Mann; mehr als das Vierfache dessen, was eine 50-Tonnen-Karavelle normalerweise zu tragen fähig war. Ähnlich erging es der *Niña*.

Fluchende Matrosen, die kaum Platz fanden, die Segel zu bedienen; enttäuschte Siedler, die das ganze Unternehmen namens »Indien« zum Teufel wünschten; Kranke, die im Delirium um Hilfe schrien – die Heimreise wurde zu einer Höllenfahrt. Selbst Wind und Wetter hatten sich gegen die Spanier verschworen. Vier Wochen, nachdem man die Zwischenstation Guadalupe verlassen hatte, begann der Proviant knapp zu werden. Von den 180 Gramm Brot pro Tag konnte niemand satt werden, die Schale Wasser vermochte den Durst nicht zu löschen. »Die Kariben! Lasst uns das tun, was diese Kannibalen selber tun«, schlug einer im Hungerwahn vor. »Ja, fressen wir sie auf!« riefen andere. Bartolomeo Colón, der Kapitän der *India*, gab zu bedenken, dass niemand wisse, ob Karibenfleisch krank mache. »Dann über Bord mit ihnen. Sie sind unnütze Esser.«

»Das hätten sie wohl auch ausgeführt, wenn es ihnen der Admiral nicht in der Überzeugung, sie seien ihre Nächsten und man habe kein Recht, sie schlechter zu behandeln als die anderen, mit äußerster Strenge verboten hätte«, berichtete Fernando Colón, wohl wissend, dass der Vater an Land anderen Grundsätzen gefolgt war.

Der Empfang daheim unterschied sich von dem nach der ersten Reise wie die Nacht vom Tage. Niemand jubelte. Am Hafen bildete sich kein Willkommensspalier. Die Begeisterung war der Skepsis gewichen. Die wenigen Neugierigen warteten vergeblich darauf, dass man Schätze auslud. Die Männer, die über das Schanzkleid stiegen, sahen elend aus, mager, verhungert, und ihre Haut war beinahe so gelb wie das Gold, doch ohne dessen Schimmer. Columbus war klug genug, sich nicht in der Uniform des Admirals der Weltmeere zu zeigen, er hatte sich stattdessen zum Zeichen der Demut in die Kutte der Franziskaner gehüllt. Es nützte ihm wenig. Wenn er auf den Gassen erschien, riefen ihm jene, die drüben ihr Glück nicht gemacht hatten, wütend hinterher: »Admiral der Moskitos, du hast uns betrogen, betrogen, betrogen!«

Mitte Juli 1496 machte sich Columbus auf die weite Reise nach Almazán am oberen Duero, wo der Hof diesmal seine Zelte aufgeschlagen hatte. Wenn sich der Zug einer Stadt näherte, formierte er die Indianer mit den Papageien, ließ sie sich schmücken, und Caonabós Bruder musste die schwere, fast drei Kilogramm wiegende Goldkette umlegen. Wieder säumten Schaulustige die Landstraßen, doch der Funke der Begeisterung von damals wollte sich nicht entzünden. Der Triumphzug glich dem Zug einer Jahrmarktstruppe. Am Hof in Almazán schlug dem Admiral offene Feindseligkeit entgegen. Die Herren Margarit und Hojeda hatten die Zeit genutzt, den Argwohn zu wecken, das Vertrauen in Misstrauen zu verwandeln. Bald gab es unter den Hofschranzen keinen mehr, der es nicht gleich gesagt haben wollte, dass einem Ausländer nicht zu trauen sei.

Auch das Wiedersehen mit Diego und Fernando war von Bitternis getränkt. Die Söhne, die der Königin als Pagen dienten, erzählten, wie man überall mit Fingern auf sie zeige. »Schaut, die Püppchen!«, werde da gerufen. »Die Sprösslinge des Admirals, der die Länder des Truges und der Trübsal entdeckt hat, den Kirchhof kastilischer Edler.«

»Wir sehen, dass Ihr viel Leid durchgemacht habt«, sagte die Königin zu dem Mann, der ihr bei der Audienz unsicheren Schritts entgegenkam: ein Mann mit weißem Bart war es, die Haut runzlig, die Augen eingesunken. Sie reichte ihm lächelnd die Hand zum Kuss. Auch der König hatte sich offensichtlich von niemandem beeinflussen lassen. Columbus litt, wie erwähnt, an Gicht, doch die Schmerzen verschwanden, als er sich so freundlich aufgenommen sah. Aus dem Leidenden wurde der feurige Genuese, der es immer noch verstanden hatte, mit der Kraft der Rede zu überzeugen. Er wusste, dass man dem Hof nicht mehr kommen durfte mit den goldenen Dächern Quinsay-Cipangus, wolle man sich nicht lächerlich machen. Er versuchte deshalb, Ferdinand und Isabella an ihrer königlichen Ehre zu packen.

Wollten sie, die Herrscher Kastiliens, etwa zurückstehen hinter einem Alexander, der die Insel Taprobana (Ceylon) erkunden ließ; oder hinter Nero, der sich die Erforschung der Nilquellen zur Aufgabe gemacht hatte; oder gar hinter den Königen Portugals, die trotz vieler Rückschläge heroisch an der

Erforschung und Inbesitznahme von Afrikas Küsten festhielten? »Wollen Eure Hoheiten, über die in ganz Europa Freude herrscht wegen ihrer ruhmreichen Taten, etwa wie Krämer handeln, die auf den Maravedi schauen, wenn es darum geht, ein Weltreich zu gewinnen und des Herrn Himmlisches Reich auszubreiten?«

»Ohren melken«, schmeicheln, ist eine Kunst, die manchem bringt der Herren Gunst, heißt ein spanisches Sprichwort. Jedenfalls bekam der Genuese am Schluss der Audienz das, was er wollte: acht neue Schiffe zur Bestreitung der dritten Reise. Die Bürokratie sorgte jedoch dafür, dass noch viel Wasser den Guadalquivir hinunterfloss, ehe die Karavellen aus Sevilla auslaufen konnten. Auch hatten die Monarchen noch andere Sorgen. Zum Beispiel die, ihre Kinder so zu verheiraten, dass sie die Macht der Dynastie und das Reich mehrten. Wie alle Fürsten betrieben die Katholischen Könige ihr Haus wie ein Gestüt; das hieß in ihrem Fall: Thronfolger Juan wurde mit der Erzherzogin Margarete von Österreich verbunden; Tochter Juana, den Historikern als Johanna die Wahnsinnige bekannt, bekam deren Bruder, den Erzherzog Philipp den Schönen; Tochter Isabel musste den portugiesischen König Manuel zum Gemahl nehmen.

Das alles kostete Geld. Die Mitgiften für die Töchter verschlangen Millionen, wie auch das Geleit in ihre neue Heimat. Allein einhundertdreißig Schiffe waren nötig, um dem Schwiegervater Juanas, Kaiser Maximilian I., zu imponieren, der in Flandern auf sie wartete. Dieselbe Flotte brachte Margarete dann nach Spanien, wo in Burgos die prunkvolle Hochzeit stattfand. Unter den Ehrengästen war Don Cristóbal Colón, der im kleinen Kreis mit seiner Meinung nicht zurückhielt, wonach so viele Schiffe eines Besseren wert gewesen wären.

Die Kassen also waren leer, und das Feilschen um die Finanzierung der dritten Reise begann. Fast drei Millionen Maravedi wies die Bank San Giorgio aus Genua an, das alte Handelshaus, dem er einst gedient hatte – wie unendlich lange schien das alles her. Da bekam er von einem Boten die Nachricht, Pedro Alonso Niño sei mit einer Karavelle aus Hispaniola in Cádiz eingelaufen, bis zu den Wanten mit Gold beladen. Als er in stillem Triumph dem König davon berichtete, meinte Ferdinand: »Dann, Almirante, werden wir das Geld aus Genua wohltuend zu anderem Zwecke nützen …« Der unselige Niño aber hatte nur gemeint, seine Ladung sei Gold *wert*, weil sie aus einer Ladung von 150 Sklaven bestand.

Erneut machte sich Columbus auf zum König, den Irrtum zu korrigieren. Doch das Geld war bereits – wohltuend – in den Krieg gegen Frankreich gesteckt worden. Zwei andere italienische Banken sprangen mit einer Anleihe ein. Der Zinssatz war hoch. Zinsen verlangte auch Portugals neue Königin Donna Isabel, die Tochter aus eigenem Haus, als man sie um Kredit bat. Natürlich wurden auch die Indios verkauft. Es reichte immer noch nicht. Zu den alten Schulden kamen neue hinzu.

Wieder in Sevilla, begann Columbus den gewohnten Kampf gegen die Betrügereien der Lieferanten und den Übermut der Ämter. Über einen der Kanzleibeamten erregte er sich derart, dass er ihn eigenhändig von Bord prügelte. Überall stieß er auf passiven Widerstand.

Insgesamt dreihundert Menschen sollte er auf königliche Kosten mitnehmen: Hidalgos und Handwerker, Bauern und Bergleute, Goldgräber und Gärtner – und, zum ersten Mal, dreißig Frauen, die es so unterzubringen galt, dass sie vor den Männern sicher waren. Als Einzige unter den Kolonisten bekamen sie kein Verpflegungsgeld, sondern mussten die Überfahrt mit ihrer Hände Arbeit begleichen. Hatten sich, wie erinnerlich, die Spanier vor dem Auslaufen zur zweiten Reise um einen Platz an Bord gestritten, so mussten sie diesmal mit Engelszungen überredet werden. Die Indischen Lande hatten nichts Verlockendes mehr an sich. Der Ruf war ruiniert. Schaut euch doch die Heimkehrer an! Waren sie reich? Waren sie glücklich? Hungerleidern glichen sie! Nein, zum Teufel mit dem Genuesen und seinem Schwindelunternehmen!

»Mich überfällt oft eine unendliche Müdigkeit«, schrieb Columbus an Bartolomeo nach Hispaniola, »mir fehlt die Kraft, das Leben wieder und wieder zu meistern. Aufrichtig gesagt, ich bin des Daseins überdrüssig und würde es, dürfte ich es, beenden, lieber Bruder ...«

Wenn er nachts schlaflos in seiner Kabine lag oder überwach das Deck entlangschritt, begann ihn sein Gewissen zu quälen. Er hatte, da es partout nicht gelungen war, die nötige Anzahl von Kolonisten zusammenzubringen, den Monarchen etwas vorgeschlagen, was ihn jetzt reute: die Neue Welt mit Verbrechern zu bevölkern. Ferdinand hatte sogleich erkannt, dass dieser Vorschlag ihm viel Geld ersparte. Häftlingen brauchte man weder Sold noch Verpflegungsgeld zu zahlen. Sie bekamen lediglich Straferlass. Wer mindestens zwei Jahre nach Indien ging, so die Anweisung an die Gerichte, durfte mit der Halbierung seiner Strafzeit rechnen. Vier Jahre Hispaniola hoben acht Jahre Kerker auf. Ein Lebenslänglicher war nach zehn Jahren auf den Inseln ein freier Mann. Ausgeschlossen waren lediglich jene, die Hochverrat begangen, Geld gefälscht, die Majestäten beleidigt, Unzucht mit Gleichgeschlechtlichen und Tieren getrieben und sich der Ketzerei schuldig gemacht hatten.

Vom Auswurf der Menschheit hat man gesprochen, der ein Paradies besudelte, eine Kolonie zur Strafkolonie machte. Doch nicht alle der zu Kerker verurteilten Männer waren Verbrecher in unserem Sinn. Für das einfache Volk war es damals wie später nicht immer leicht, den Pfad der Tugend streng einzuhalten. Las Casas berichtet, dass er die Leute mit den abgeschnittenen Ohren – eine der häufigsten Körperstrafen – als einigermaßen ordentliche Leute empfunden habe. Sie werden wohl nicht viel schlechter gewesen sein als die, die ihre Ohren noch am Kopf hatten.

VIII Die dritte Reise

Gold, das Mass aller Dinge

Am 30. Mai 1498, fast zwei Jahre nach der Ankunft, konnte Columbus endlich Sevilla verlassen. Er machte diesmal Zwischenstation auf Madeira, wo er mit Felipa Perestrello die ersten Jahre seiner Ehe verbracht hatte. Damals hatten die Honoratioren von Funchal sich an den Kopf gefasst, wenn er von seinem Plan erzählte, den Osten vom Westen her zu entdecken. Er hatte Wichtigeres zu tun, als ihren Einladungen zu folgen. Er musste noch einen Steuermann finden. Seine Wahl fiel auf den hier ansässigen Pedro de Ledesma, eine falsche Wahl, wie sich auf der vierten Reise erweisen sollte. Auch Gomera wurde angelaufen, die Insel, auf der noch immer die einst geliebte Doña Beatriz residierte. Das Einzige, was Columbus über den Aufenthalt zu sagen hatte, bestand aus den niederschmetternd nüchternen Worten: »Der Käse hier ist nach wie vor gut, und wir nahmen reichlich davon auf.«

Auf der Höhe von Hierro angekommen, gab er seiner Flotte das verabredete Zeichen: Drei seiner Schiffe sollten direkt nach Hispaniola segeln, er selbst fuhr mit seiner dickbäuchigen Nao und den beiden Karavellen die westafrikanische Küste entlang in Richtung Kapverdische Inseln. Er wusste nicht, dass zu dieser Zeit Vasco da Gama in Calicut mit dem Fürsten des Landes, dem Samorin, Handelsgespräche führte. Die Stadt Calicut lag an der Malabarküste und bildete den Mittelpunkt des ostafrikanischen, arabischen, persischen und indischen Handels. Der Portugiese hatte den Seeweg nach Indien um das Kap der Guten Hoffnung herum gefunden!

Die Inseln enttäuschten ihn, denn *verde* waren sie nicht, sondern grau vor Unfruchtbarkeit. Er ankerte vor Boavista und schickte ein Boot an Land. Seine Männer aber trafen nur auf eine Gruppe von Aussätzigen, die im Blut der großen Schildkröten badeten, Heilung von ihrer schrecklichen Krankheit erhoffend. Man nahm eine Ladung Ziegenfleisch an Bord, ohne zu wissen, dass es, einmal eingesalzen, gräulich schmeckt. Sie holten die Anker ein und folgten der afrikanischen Küste – ein, nach Meinung der Besatzungen, verwunderlicher Kurs, der sie gewiss nicht dorthin führte, wohin sie wollten, nach Hispaniola, sondern anscheinend geradenwegs zu Luzifer.

»Dort verließ mich der Wind, es kam eine so glühende Hitze«, heißt es in einem Brief an die Katholischen Könige, »dass ich befürchtete, Schiffe und Menschen würden verbrennen. Niemand getraute sich mehr unter Deck, weil die Reifen von den Fässern sprangen, der Weizen brennend heiß wurde, Salzfleisch und Speck zu schmoren begannen.«

Columbus war mit seinen Schiffen in die Zone der äquatorialen Kalmen geraten, in dem zu dieser Jahreszeit kein Lüftchen sich regt, die See träge wie Öl sich erstreckt, vom Himmel die Glut wie geschmolzenes Blei zu tropfen scheint. Was die Seeleute besonders unter der Hitze leiden ließ, war ihre Gewohnheit, auch in den südlichen Breiten ihre dicken Jacken nicht abzulegen. Was aber wollte der Admiral in dieser unbehaglichen Gegend?

Die Antwort hätte ein Schreiben gegeben, das er immer wieder aus dem Schiffstresor hervorholte, um es zu studieren. Es stammte von dem katalanischen Edelsteinschleifer Jaime Ferrer, mit dem er einen Briefwechsel geführt hatte. Der Mann war weit herumgekommen und glaubte etwas Entscheidendes erkannt zu haben: »Wenn ich in Kairo, Damaskus und anderswo die Händler befragte, aus welchem Weltteile sie Gold und Geschmeide holten, so wurde mir gesagt: aus den Ländern der Nachtgleichen, wo die Menschen schwarz oder mindest tiefbraun sind. Euer Gnaden werden deshalb nicht eher solche Dinge im Überfluss finden können, bevor sie nicht solche Menschen angetroffen haben.«

Diese Erkenntnis war nicht auf dem Boden des braven Mannes aus Katalonien gewachsen, er folgte lediglich der Lehre des Aristoteles, wonach gleiche Breiten Gleiches erzeugten. Dieser unumstrittenen Autorität glaubte auch Columbus, und er plante nun, nach Erreichen von Sierra Leone, wo die Portugiesen fündig geworden waren, auf diesem Breitenkreis nach Westen zu segeln. Stieße er dort auf den unbekannten Kontinent, von dem neuerdings am portugiesischen Hof die Rede war, und lag dieses Land westlich der *raya*, wären vielleicht zwei Fliegen mit einer Klappe geschlagen: eine neue Kolonie für die Krone und endlich Gold in jenen Mengen, von denen Marco Polo berichtet hatte.

Gold, das edelste der Metalle! Fast unzerstörbar, wie die aus gesunkenen Schatzschiffen geborgenen Münzen immer aufs Neue beweisen. So hitzefest, dass es erst bei 1064 Grad schmilzt. So geschmeidig, dass man aus einer Unze (rund 28 Gramm) eine Fläche von 30 Quadratmetern schlagen kann. So dehnbar, dass ein Gramm einen Draht bis zu 2000 Meter Länge ergibt. So dicht, dass die 70 000 Tonnen, die zwischen 1492 und 1967 auf der Welt gefördert worden sind, in einen würfelförmigen Tresor von 16 Metern Seitenlänge gingen. »Es könnte in einem modernen Öltanker transportiert werden«, hat Goldexperte Timothy Green ausgerechnet, »allerdings nur dann, wenn Lloyds jemals eine Versicherung über eine Last im Werte von 80 Milliarden Dollar abschließen würde.«

Die Griechen sahen das Gold als Kind des Zeus an. Im Mittelalter galt es als verjüngend und lebensverlängernd. Könige nahmen es mit ins Grab, um die Götter der Unterwelt zu besänftigen. Alchimisten suchten ein Leben lang nach der

Zauberformel, es künstlich herzustellen. Reichtum an Gold ließ Hochkulturen erblühen, Mangel an Gold sie versinken. »So erhielt die Weltgeschichte ihren Rhythmus nach dem Taktstock des märchenhaften Metalls.« Selten wurde es der Menschheit zum Segen, häufig zum Fluch. Die Gier nach seinem mystischen Glanz führte zur Versklavung ganzer Völker, ja, zu ihrer Ausrottung. Hunderttausende junger Männer verdarben und verkamen, als sie in den Zeiten des Goldrausches in Amerika seinem Ruf folgten.

Als Trost bleibt, dass Gold die Künstler zu unsterblichen Werken inspiriert hat, die Jahrtausende überdauerten. Es ist ein geringer Trost, und uns bleibt nur die Erkenntnis, die Goethe in die Worte fasste: »Nach Golde drängt, am Golde hängt doch alles. Ach, wir Armen!«

Zu Columbus' Zeiten war Gold rar in Spanien, ja in ganz Europa. Viele Münzen waren in den Orient gewandert, wo die Händler Luxuswaren wie Gewürze, Seide, Elfenbein dafür eingehandelt hatten. Den umgekehrten Weg nahmen sie nur noch selten, denn die Orientalen kauften wenig im Abendland, seitdem die Eroberung Konstantinopels den Handel fast zum Erliegen gebracht hatte. Die Goldwäschen in den europäischen Flüssen brachten keine nennenswerten Erträge mehr. Die Gruben in den Pyrenäen, den Cevennen, den Alpen, den Karpaten schienen erschöpft, das heißt, sie gaben nichts mehr her mit den damaligen primitiven technischen Mitteln. Die Kaufkraft des Goldes war dementsprechend groß, und kein Preis schien hoch genug, neue Quellen zu erschließen. Niemand weiß zum Beispiel genau, wie viele Schiffe Heinrichs des Seefahrers verloren gingen, wie viele Portugiesen umkamen, wie viele Eingeborene getötet, wie viele Dörfer verbrannt wurden auf der Jagd nach dem Gold Westafrikas.

Die Entdeckung neuer Goldvorkommen war das hauptsächliche Ziel der dritten Reise des Columbus. Mehr denn je war ihm das gelbe Metall das Maß aller Dinge. Er fürchtete insgeheim, und das nicht zu Unrecht, die Verleumder am Hof würden die Monarchen eines Tages davon überzeugen, dass das Unternehmen »Indische Lande« ein Fass ohne Boden sei und deshalb beendet werden müsse. Das stärkste Argument dagegen hieß »Gold«. »Dieses Metall ist unvorstellbar köstlich. Wer es besitzt, vermag alles in der Welt. Man kann damit sogar den armen Seelen den Zutritt zum Paradies verschaffen«, bekannte er – und sagte das, was die Menschen in Europa dachten. Es störte niemanden, dass es bei Licht besehen hieß: Auch der Herrgott ist käuflich.

Man hat geschätzt, dass Spanien in knapp zwanzig Jahren etwa 15 000 Kilogramm Gold aus Hispaniola abtransportiert hat. Da die Kaufkraft des Goldes gut fünfzigmal höher war als heute, wären das nach dem heutigen deutschen Wert etwa 7,5 Milliarden Euro. Eine ungeheure Summe, doch dieser Reichtum wuchs sich für Spanien nicht zum Segen aus. Er enthob die Katholischen Könige jeder Notwendigkeit, die Landwirtschaft zu fördern, das Handwerk zum Blühen zu bringen, Import und Export zu steigern.

»Die ebenso plötzliche wie massenhafte Einführung von Edelmetall, woran im Mittelalter Mangel geherrscht hatte, hat die Ausbreitung der Geldwirtschaft unmittelbar gefördert, ja überhaupt erst den vollen kapitalistischen Betrieb ermöglicht, die Unterschiede zwischen Arm und Reich maßlos gesteigert und eine allgemeine Teuerung erzeugt, mit der die Löhne nicht Schritt halten konnten: In der ersten Hälfte des 16. Jahrhunderts stiegen die Preise um hundert und hundertfünfzig, bei einzelnen Artikeln sogar um zweihundert und zweihundertfünfzig Prozent. Die Rachegeschenke Amerikas an Europa waren Seuche und Not oder vielmehr zwei Seuchen: Lues und Goldfieber.«
(Friedell)

Wo lag das Paradies?

Zurück zu den drei Karavellen, über die sich die Hitze wie ein schweres feuchtes Tuch gelegt hatte. Das Wasser war rationiert worden. Die Männer tranken heimlich Meerwasser, was ihren Durst bis zum Delirium steigerte. Columbus stand auch diesmal das Glück zur Seite. Auf dem Höhepunkt der Krise erhob sich plötzlich ein Wind, der sich in diesen Breiten zu dieser Jahreszeit gar nicht erheben durfte: ein frischer, kühler Südostpassat. Er hielt siebzehn Tage an und führte die Schiffe zu einer Insel, die dem Mann im Krähennest wie ein dreihöckeriges Kamel vorkam. Sein Admiral betrachtete die drei aus dem Wasser steigenden Gipfel mit etwas feierlicheren Gefühlen. Er hatte diese Reise unter den Schutz der Dreifaltigkeit gestellt, Gottvaters, seines Sohnes und des Heiligen Geistes – hier nun erschienen die Drei! Er nahm es als ein Zeichen, taufte die Insel *La isla de la Trinidad* und setzte seine Reise fort.

Der Tag kam, es war der 5. August 1498, da Columbus einen kleinen natürlichen Hafen ansteuerte, an Land ging und von der Insel Besitz ergriff, ohne zu wissen, dass es keine Insel war, sondern Festland: das Festland von Südamerika. Man hat angenommen, dass es die kleine Bucht Ensenada Yacua gewesen ist, aber auch andere Buchten auf der heute zu Venezuela gehörenden Halbinsel Paria kommen infrage. Die Menschen, die er in den nächsten Tagen traf, hatten eine hellere Hautfarbe, glattes langes Haar, waren gut gewachsen und gehörten mit jedem Zoll einem besonders schönen Menschenschlag an. Columbus war trotzdem enttäuscht, denn so durften sie einfach nicht aussehen. Nach der Lehre, wonach die Formen der belebten und unbelebten Natur symmetrisch sich unter den gleichen Breiten wiederholten, hatten sie kraushaarigen Negern zu gleichen.

Noch etwas irritierte den Admiral und ängstigte seine Männer. Von der Küste her drangen ungeheure Mengen Süßwassers heran, trieben das Salzwasser weit auf das Meer zurück, wichen bei Flut und gewannen bei Ebbe wieder die Oberhand. Auch dieses Phänomen widersprach jener Lehre, doch sie aufgrund dieser Beobachtungen aufzugeben fiel dem Admiral nicht ein. Die Erklärung, die er jetzt fand, zeigt zum wiederholten Mal »jene unbegreifliche Mischung eines Geistes von scharfer empirischer Beobachtung und wahrhaft wissenschaftlicher Gründlichkeit mit einem mittelalterlichen Glauben an die Überlieferung und die verpflichtenden Schriften«.

Das Paradies lag nach Meinung der Gelehrten und Kirchenväter am Ostrand der bekannten Welt, dort, wo zum ersten Mal die Sonne aufgegangen war, und zwar auf einer steilen Gebirgskrone (die später unerreichbar war für die Sintflut). Die Überzeugung war so stark, dass selbst die Kartenzeichner beeinflusst wurden. Auch Petrus Alliacus, *recte* Pierre d'Ailly, hatte in seiner *Imago mundi*, dem Lieblingsbuch des Admirals, diese Topografie des Gartens Eden vertreten. »Es ging aus von Eden ein Quell zu wässern den Garten und teilte sich von dannen in vier Hauptwasser«, heißt es in der Bibel. »In den Ganges, den Tigris und Euphrat und in den Nil.« Hatten seine Männer auf ihren Erkundungsfahrten nicht vier Flüsse entdeckt, die in den Golf von Paria mündeten (es handelte sich um das Delta des Orinoco)? Herrschte nicht ein paradiesisch mildes Klima, waren die Menschen nicht paradiesisch nackt, glich nicht die Landschaft einem wahren Eden? Und war man hier nicht an der äußersten Spitze des Fernen Ostens?

»Das alles sind große Hinweise auf das irdische Paradies«, notierte er. »Seine Lage entspricht der Ansicht der Heiligen und der gelehrten Theologen; auch stimmen die Spuren mit meinen Gedanken überein, denn ich habe nie gelesen oder gehört, dass sich eine solche Menge von Süßwasser so weit im Landinnern und zugleich so nah dem Salzwasser befindet. Sollte jedoch dieses Wasser nicht aus dem Paradies kommen, wäre das Wunder noch größer, denn ich glaube nicht, dass sich noch sonst wo auf Erden ein so großer und so tiefer Fluss vorfindet.« Ja wären solche Wassermassen überhaupt auf einer *Insel* denkbar, meldet sich später der Wissenschaftler in ihm, und er schreibt in sein Tagebuch: »Ich glaube, dass dies ein sehr großer Kontinent sein muss, von dem bis heute noch niemand etwas gewusst hat …«

Seine immer wache Neugier war geweckt. Die Vorstellung, den mutmaßlichen Kontinent auszukundschaften, reizte ihn. Wie er überhaupt dann seine besten Kräfte entfaltete, wenn die Schatten neuen, unbekannten Lands sich am Horizont abhoben. Von Goldminen hatten die Eingeborenen gesprochen und, vor allem, von reichen Perlengründen. Doch Columbus war voller Unruhe. Wie mochte es Bartolomeo ergangen sein, den er – über zwei Jahre waren das nun her – als seinen Stellvertreter auf Hispaniola zurückgelassen hatte? Brot, Wein, Fleisch, Weizen, alles, was in den Laderäumen unter Deck verstaut lag, war für die Männer auf der Insel bestimmt, Vorräte, die langsam zu verderben drohten. Die Sorge lähmte seine Tatkraft; mehr noch die Gicht, die seine Nächte zur Qual werden ließ. Vom ewigen Wachen hatten sich die Augen entzündet. Er musste sich die Reling entlang tasten, wenn er auf dem Vorschiff gebraucht wurde. Der Stoizismus, mit dem er seine Leiden ertrug, die Willenskraft, mit der er die Disziplin unter seinen erschöpften, immer reizbarer werdenden Männern aufrecht hielt, die Sicherheit, mit der er das Schiff durch die wegen ihrer Strömungen und Strudel gefürchteten Bocas führte, den Schlangenrachen und den Drachenschlund, das alles können nur Fahrensleute nachfühlen und keine Lehnstuhlseefahrer.

Columbus nahm sich nicht die Zeit, die hinter der Insel Margarita sich erstreckenden Muschelbänke zu erkunden, von denen die Eingeborenen Wunderdinge erzählten. Das sollte ihm später die Verleumdung eintragen, er habe sie sehr wohl lokalisiert, seine Kenntnis aber aus Gewinnsucht verheimlicht. Als die Spanier später hier ihre Schiffe vor Anker legten, betrieben sie die Perlenfischerei auf ihre Weise, indem sie die Eingeborenen an langen Stricken in das haiverseuchte Meer hinunterließen, wo sie von den Bänken die Muscheln abreißen, in Körbe füllen, auftauchen und wieder hinuntertauchen mussten – vom Morgengrauen bis zur Abenddämmerung, so lange, bis die Indios, halb erblindet vom Salzwasser, mit zerrissenen Trommelfellen und zerstörten Lungen an einem Blutsturz verendeten. Wenn sie nicht von den Blauhaien gefressen worden waren.

»Es gibt kein so elendes und verzweifeltes Leben, das mit ihrem Leben zu vergleichen wäre«, schreibt Las Casas. »Durch diese unerträgliche Arbeit und wahre Höllenqual haben die Spanier alle Bewohner dieser Inseln zugrunde gerichtet. Außerdem brachten sie noch unzählige Menschen von anderen Inseln auf die gleiche Weise ums Leben. So sieht man, wie christlich die Spanier beim Perlenfischen vorgehen; wie sie in ihrer Gier nach Reichtum ihren Nächsten in die Gefahr des Leibes und der Seele bringen.«

Während Columbus den Kurs nach Hispaniola zu bestimmen suchte, brachten seine Leute das Gefäß, das ihm ein Kazike vom Golf von Paria überreicht hatte. Es enthielt ein berauschendes Getränk, das aus *mahiz* gebraut worden war, aus Mais, einer Pflanze mit von gelben Fruchtknoten bedeckten Kolben. Sie hatten damit eine Getreidepflanze entdeckt, die sich überallhin verbreiten sollte und bis heute die meisten Lebewesen auf der Erde ernährt; denn ihr Gehalt an Eiweiß, Stärkemehl, Dextrin, Fett und Vitaminen bekam nicht nur den Menschen, sondern auch dem Vieh. Es sollte jedoch noch lange dauern, bis der Mais, ähnlich wie die Kartoffel, über die Parks der Fürsten und die Ziergärten der Bürger seinen Weg auf die Äcker fand.

Die Hidalgos proben den Aufstand

Als die drei Schiffe nach glücklicher Reise in den Ozamafluss einliefen, schaute Columbus mit Wohlgefallen auf das, was in zweieinhalb Jahren seiner Abwesenheit entstanden war. Ein mächtiges Fort, Häuser aus Stein, ein natürlicher, auch für große Schiffe geeigneter Hafen, die Uferlandschaft von schwellender Fruchtbarkeit. In dieser Stadt, die, wie erwähnt, nach dem Namen seines Vaters Santo Domingo getauft worden war, hoffte er, sich von seiner Krankheit zu erholen. Bartolomeo, der Adelantado, schien gute Arbeit geleistet zu haben. Doch die Idylle trog.

Am meisten beschäftigt waren in den letzten Monaten die Totengräber gewesen. Über dreihundert Spanier hatten sie unter die Erde gebracht, gestorben an »rätselvollen Fiebern«, der Malaria. Viele andere trugen die grausigen Zeichen der Syphilis und wirkten wie lebende Leichname. Die Gesunden kämpften erbittert um die immer geringer werdenden Vorräte. »... mit wenigen Ausnahmen«, klagte Columbus, »befinden sich auf Hispaniola lauter Landstreicher und Lumpen, und keiner von ihnen hat Weib und Kind. Als ich von Paria herkam, fand ich fast die Hälfte der Leute in Aufruhr, und sie bekriegten mich wie einen Mauren; auch die Indianer bereiteten mir schwere Mühen und Leiden.«

Anführer der Rebellion war Francisco Roldán, ein »lieber guter Freund«, den er vor seiner Abreise zum *alcalde mayor*, zum Oberrichter der Insel, ernannt hatte. Damit war ein Bock zum Gärtner gemacht worden. Columbus hatte, wie betont, kein Glück mit den Menschen und kein Talent, die richtigen Leute an die richtigen Stellen zu setzen. Roldán ließ die Waffenkammern plündern, das kostbare Zuchtvieh schlachten und zog nach Xaraguá, einem Landstrich im Südwesten der Insel. Er versprach jedem, der sich ihm anschließen würde, ein Leben wie im Schlaraffenland. Für die gebratenen Tauben, die einem dort bekanntlich in den Mund fliegen, sorgten versklavte Indianerinnen. Sie wurden als Köchinnen, Wäscherinnen, Mägde und Konkubinen missbraucht, während die Männer ihre neuen Herren in Hängematten herumtragen mussten.

Die drei Schiffe, die Columbus bei Hierro vorausgeschickt hatte, verfehlten unglückseligerweise Santo Domingo und landeten an der Küste von Xaraguá. Roldán brauchte nicht viel Überredungskraft, um einen Teil der Besatzung davon zu überzeugen, dass sie nirgendwo ein besseres Leben finden würden. Und wenn sie so freundlich wären, ihm die von Spanien mitgebrachten Vorräte auszuliefern …

Bartolomeo, den wir als harten, energischen Mann kennen gelernt hatten, war in seiner Position als Adelantado weder mit den Rebellen noch mit den Indios fertig geworden. Seine Hoffnung setzte er nun auf den Bruder, der schließlich der Vertreter der Krone war, erneut versehen mit dem Vertrauen der Könige. Was war zu tun? Roldán war ein Deserteur, und mit Deserteuren pflegte man kurzen Prozess zu machen. Doch um jemanden hängen zu können, musste man ihn erst einmal unter dem Galgen haben. Und war der Strick in diesem Fall der Weisheit letzter Schluss? Der Admiral zauderte, beriet sich, traf Entscheidungen, verwarf sie wieder, dann entschloss er sich, mit den Rebellen zu verhandeln.

Und bekam sofort die Quittung dafür. Roldán hielt das Entgegenkommen für Schwäche (was es auch war) und stellte seine Bedingungen: Seinen Männern sei der rückständige Sold auszuzahlen für die volle Dauer des Aufstands; jedem, der es wünsche, müsse freie Überfahrt in die Heimat unter Mitnahme seiner Ausbeute an Gold, seiner Sklaven und Konkubinen gewährleistet werden; ihn selbst habe man in allen Ehren wieder in sein Amt als Oberrichter einzusetzen. Das waren Bedingungen, die jeden Gouverneur für immer um seine Autorität gebracht hätten, wenn er sie annahm. Columbus nahm sie an.

Dass der von Roldán geführte Aufstand eine Erhebung der einfachen Leute gegen die Edelleute aus der Umgebung des Columbus war, dass ihm eine Art unabhängiger hispano-indianischer Staat vorgeschwebt hatte mit dem Ziel, Christen und Indios gleiche Rechte zu geben, wie spanische Autoren behaupten, dass er eine Art Romantiker war, der die Wilden und ihre Art zu leben mehr liebte als die Regeln und Pflichten eines Oberrichters – das alles darf man als Wunschdenken abtun. Der Señor Roldán hatte wie alle anderen nur das eine im Sinn: rasch und mühelos reich zu werden.

Sein Charakter zeigte sich, als Columbus den rückständigen Sold für die Meuterer nicht zahlen konnte. Roldán verlangte als Ersatz dafür Land. Land, das den Indios gehörte, versteht sich. Jeder Siedler bekam ein Areal zugeteilt, auf dem zehntausend Maniokpflanzen gesetzt werden konnten, die tropische Staude, aus deren Wurzeln das Mehl für das Kassavebrot gewonnen wurde. *Repartimientos* nannte man das. Die Siedler erhielten nicht nur das Land, sondern die darauf lebenden Indios gleich mit. Einem königlichen Beamten wurden »100 Stück« zugeteilt, einem Edelmann 80, einem einfachen Soldaten 60, einem Arbeiter 30. Dafür waren sie verpflichtet, die Eingeborenen in das Christentum und die Kultur Spaniens einzuführen. Es war ein System der Gegenseitigkeit, mit dem das Verhältnis zwischen den Indios und den Spaniern in erträglicher Weise hätte geregelt werden können. Später hieß das *encomienda* – von *encomendar* = anvertrauen –, denn die Schwächeren wurden den Stärkeren anvertraut, auf dass sie beschützt würden. Die Praxis sah jedoch, wie so oft bei an sich guten Leitgedanken, anders aus. Der *encomandero*, der Schutzherr, kümmerte sich den Teufel um Bekehrung oder Kulturvermittlung, für ihn waren die Indios Leibeigene, über die er verfügen konnte wie über eine Sache. Über diese Schutzherren und ihre Sklaven schrieb Las Casas:

»Die Sorgfalt oder Seelsorge, welche sie auf ihre Schutzbefohlenen verwendeten, sie, die fast durchgehend unwissende, grausame, geizige, lasterhafte Menschen sind, besteht darin, dass sie die Mannspersonen in die Bergwerke schicken, um Gold zu graben, was eine fast unerträgliche Arbeit ist. Wohl tausendfältig müssen sie das Gebirge von oben bis unten durchwühlen und Felsen brechen. Wenn das Gold gewaschen wird, stehen sie tagelang gebückt im Wasser, dass ihr Körper krumm und lahm werden möchte. Das ganze Jahr hindurch wissen sie nicht, was Feiertag ist, sondern ihre Arbeiten gehen unaufhörlich weiter. Die Weibsleute aber schicken sie auf ihre so genannten Stationen zu Feldarbeiten, die Riesen kaum bewältigen könnten, denn statt mit Grabscheiten müssen sie mit hölzernen Pfählen klaftertiefe Gruben graben von zwölf Fuß im Geviert. Diesen wie jene geben sie nichts zu essen als Kräuter und Wurzeln. Säugenden Müttern vertrocknet die Milch in den Brüsten, und in kurzer Zeit siechen alle kleinen Kinder dahin. Die Männer kommen vor Hunger in den Bergwerken um, die Frauen sterben auf die nämliche Art in den Stationen.«

Die Könige residierten zu dieser Zeit in der Alhambra von Granada. Es verging kein Monat, in dem nicht neue Hiobsbotschaften eintrafen von der »verfluchten Insel«, wie Ferdinand sie bereits nannte. Briefe wurden verlesen, in denen den drei Brüdern Cristóbal, Bartolomeo und Diego vorgeworfen wurde, sie förderten die Korruption, wirtschafteten in die eigenen Taschen, ja schlimmer noch, sie, die Italiener, vergössen kostbares spanisches Blut, indem sie nach Art der Tyrannen foltern, köpfen und hängen ließen. Das alles waren keineswegs nur Verleumdungen, wenn auch der lange Weg jede Schreckensmeldung schrecklicher werden ließ. Die Herrscher selbst wurden, ließen sie sich vor den Toren der Alhambra sehen, von enttäuschten Heimkehrern bestürmt. »Zahlt! Zahlt!«, riefen sie und hoben ihre Zettel hoch, auf denen ihnen die Zahlung rückständigen Lohns zugesagt worden war. Isabella war empört, dass Columbus trotz ihres Verbots fortfuhr, die zurückkehrenden Schiffe mit Sklaven zu beladen.

»Welche Vollmacht«, rief sie, »besitzt der Admiral, meine Untertanen zu verkaufen?!« Und warum gehe es mit der Bekehrung der Indios nicht voran?

Die Könige befanden sich in einer prekären Situation. Da gab es einen Genuesen, der ihnen eine neue Welt gewonnen hatte, die durch die Entdeckung eines bisher unbekannten Kontinents ins Unendliche sich zu erweitern schien, und es wäre angesichts dessen einer Majestät unwürdig, kleinlich nachzurechnen, ob sich die Investitionen bereits rentiert hatten; andererseits erwies es sich, dass dieser Mann die Gebiete, die er entdeckt hatte, zu verwalten nicht imstande war. Ließ man ihn fallen, drohte das Chaos noch größer zu werden; ließ man ihn gewähren, würde die neue Kolonie vollends verloren gehen. Aus diesem Dilemma erlöste sie Don Cristóbal selbst, als er in einem Brief um die Entsendung eines unparteiischen Richters bat, der ihm bei der Wiederherstellung der Rechtssicherheit helfen solle und untersuchen möge, wer in Wirklichkeit schuld sei an der verworrenen Lage.

Isabella erwählte sich den Ritter des Ordens von Calatrava, Francisco de Bobadilla, der so rechtschaffen war wie fantasielos, so treu wie engstirnig; ein Mann ohne Delikatesse und für seine heikle Mission ungeeignet. Dass er ein *armer* Ritter war und in seiner Aufgabe die große Chance sehen musste, machte die Sache nicht besser. Über ein Jahr musste er warten, bis endlich zwei Schiffe ausgerüstet werden konnten; eine Zeit, in der ihm genug Muße blieb, den Wortlaut seiner Vollmachten genüsslich zu studieren. Hiernach waren ihm als *juez gobernador* die Verwaltung und das Richteramt in den Indischen Landen übertragen worden, verbunden mit dem Recht, alle Schiffe, Forts, Magazine, Pferde, Waffen zu beschlagnahmen, Aufrührer festzusetzen und Personen jeglichen Rangs, wenn

27 und 28 Zwei Stunden nach Mitternacht hatte der Ausguck der *Pinta* »Tierra! Tierra! Land! Land!« gerufen. Man schreibt Freitag, den 12. Oktober 1492, als Columbus als Erster den Boden der zu den Bahamas gehörenden Insel Guanahaní betritt.

29 San Salvador, Heiliger Erlöser, taufte Columbus die Insel, nachdem er sie feierlich für die spanische Krone in Besitz genommen hatte. War es wirklich diese Insel, auf der er gelandet war? Oder handelte es sich um das 150 Kilometer südöstlich gelegene Samana Cay?

30 »Alles, was sie besitzen, geben sie freudig und von Herzen.«
Die Eingeborenen *(indios)* betrachteten die Fremden, als kämen sie von den Sternen.

31 »Sie zünden es an und saugen und schlürfen am anderen Ende, was eine Art Trunkenheit hervorruft. Das Kraut nennen sie *tabacos.*« Der Tabak war entdeckt.

32 Die neuentdeckten Inseln in phantasievoller Zuordnung. Dieser Holzschnitt aus dem Jahre 1493 gehört zu den ältesten Zeugnissen der Reise des Columbus.

33 Triumphaler Empfang des Genuesen
durch die Katholischen Könige im Alcázar von Barcelona.
Doch barg der Höhepunkt seines Lebens den Keim
zu seinem Sturz …

4 Die Urkunde bestätigt die Privilegien es Admirals der Weltmeere, Vizekönigs und Gouverneurs der neu entdeckten Inseln und Festlande.

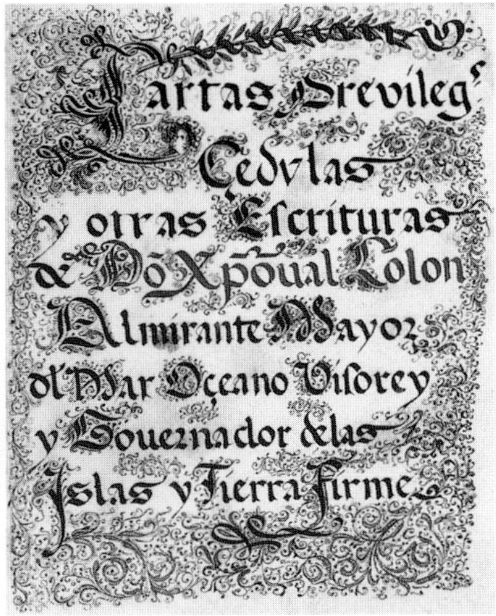

35 Der Löwe von León, die Burg Kastiliens und Inseln in gewellter See zierten von nun an das Wappen des Entdeckers. Später versehen mit dem Spruchband: »Für Kastilien und León – eine neue Welt fand Colón.«

36 Alexander VI. Borgia, den die Geschichte den Nero des christlichen Roms nennt, teilte die Welt wie einen Apfel und verlieh Länder, die ihm nicht gehörten, zu ewigem Besitz.

37 Guadalupe, das Kloster am »Fluss des Wolfes«. Dorthin zu wallfahren, um Maria für die Errettung aus Seenot zu danken, hatte Columbus auf der ersten Reise feierlich gelobt.

38 Oben: Dieser Einblattdruck aus dem Jahre 1507
gilt als die älteste Darstellung südamerikanischer Indianer.

39 Unten: Strafgericht. »Glücksritter, Tagediebe und
Meuterer haben jede Ordnung zur Farce gemacht«,
schrieb Columbus an seine Könige.

40 Perleninsel nannten die Spanier die an der Nordküste Südamerikas gelegene Insel Margarita. Die als Perlentaucher eingesetzten Indios starben einen langen qualvollen Tod.

41 »... sind die Brüder Christophorus und Bartolomeo Columbus von dem neuen Landvogt in Eisen geschmiedet und gefänglich nach Spanien geschicket worden.«

42 »A Castilla! Nach Kastilien!« Mit diesem Ruf entfachte Francisco Porras eine Meuterei gegen Columbus, der sich mit seinen brüchigen Karavellen nach Jamaica gerettet hatte.

43 Mit Feuer und Schwert: Spanier unter Hojeda auf der Suche nach Gold.

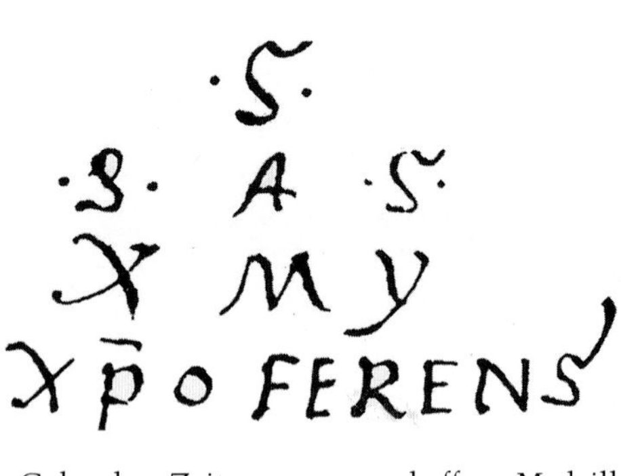

44 Die von einem Columbus-Zeitgenossen geschaffene Medaille gilt vielen Wissenschaftlern als die einzige authentische Darstellung des Genuesen.
Die Signatur des Columbus. Die vier Buchstaben bedeuten vermutlich *Servus Sum Altissimi Salvatoris* (Ich bin der Diener unseres höchsten Erlösers); die dritte Zeile weist auf *Christus, Maria und Joseph*; die letzte heißt *Christoferens* (Christusträger).

45, 46 und 47 Das Rätsel des Columbusgrabs. Wo liegen seine Gebeine: in Santa Maria la Menor in Santo Domingo, im Dom zu Havanna auf Cuba oder doch in der berühmten Kathedrale von Sevilla?

48 Welthistorischer Scherz von grausamer Ironie: Der neue Kontinent wurde nicht nach seinem Entdecker benannt. Nicht *Columba* steht auf den Karten, sondern *Amerika*. Taufpate war der italienische Geograph und Seefahrer Amerigo Vespucci – und schuld daran ein deutscher Wissenschaftler.

49 Spanier strafen aufrührerische Indianer.

50 Bartolomé de Las Casas, Schutzherr der Indios, gab ein Beispiel an Opfermut, Standhaftigkeit und Zivilcourage.

51 Las Casas: »Sie schonten weder Kind noch Greis noch Schwangere, ja die Leiber rissen sie diesen auf; sie zerstückelten, verbrannten, metzelten, würgten. Und alles im Zeichen des Kreuzes Christi.«

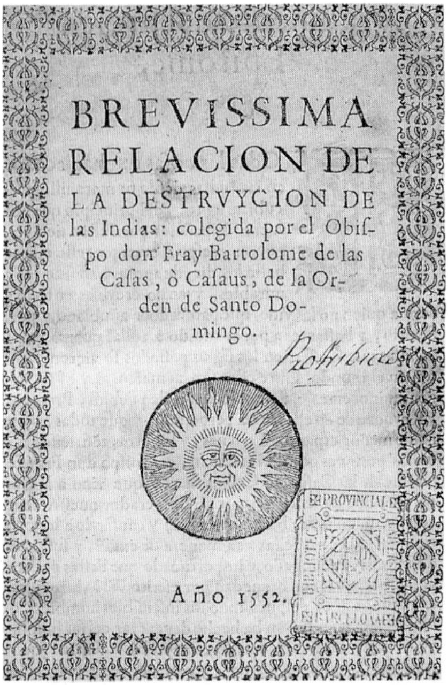

BREVISSIMA RELACION DE LA DESTRVYCION DE las Indias: colegida por el Obispo don Fray Bartolome de las Casas, ò Casaus, de la Orden de Santo Domingo.

Año 1552.

52 In seiner in viele Sprachen übersetzten *Brevísima relación de la destrucción de las Indias,* dem kurzgefassten Bericht über die Zerstörung der indischen Lande, prangerte der Pater aus Sevilla den Völkermord an, den die spanischen Eroberer an den Indios begingen.

53 »Wir haben nicht das Recht, Völker zu versklaven, Gott hat auch die Indios nach seinem Bild geschaffen!« Las Casas verteidigt vor Kaiser Karl V. die Rechte der westindischen Eingeborenen.

er es im Interesse der Krone für wichtig erachtete, aus der Kolonie zu entfernen.

»Ihr werdet ihm Vertrauen und Glauben schenken und seine Weisungen erfüllen«, hieß es in einem Handbillet an Don Cristóbal Colón. Es trug die Aufschrift »An den Admiral der Ozeane«; vom »Vizekönig« war keine Rede mehr.

Verleumdet, entehrt, in Ketten geschlagen

Als Bobadilla Ende August 1500 mit seinen beiden Karavellen den Ozamafluss hinauffuhr, sah er an den Ufern die Galgen, von denen der Gestank der in der Hitze rasch verwesenden Leichname herüberwehte. Aufrührerische Spanier waren das, wie ihm gemeldet wurde, und morgen werde man weitere fünf per Strick auf die letzte Reise schicken. Der Ritter forderte als Erstes, ihm die fünf Männer zusammen mit den Prozessakten zu übergeben. Als Don Diego anführte, er sei in Abwesenheit des Admirals dazu nicht befugt, zog Bobadilla mit seinen Männern vor das Fort, ließ die Tore einrennen und ergriff Besitz von der Stadt. Von den Stufen der Kirche herab versprach er den Siedlern die Zahlung des rückständigen Solds, ein Versprechen, das wirksamer war als die Verlesung des Textes der ellenlangen Urkunden seiner Vollmacht.

Sodann ließ er sich vor das Haus des Columbus führen, drang ein, beschlagnahmte jeden Gegenstand und nahm dort Wohnung. Diego ließ er festnehmen und verbrachte ihn in jenen Raum, den Eroberer als Erstes anzulegen pflegen, in den Kerker. Eine feierliche Messe beschloss den Tag. Er verließ die Kirche in der Zuversicht, mithilfe des Herrgotts auch bald des größten Sünders habhaft zu werden. Der ließ zwar auf sich warten, weil irgendwo im Land wieder einmal eine Rebellion unter den Siedlern ausgebrochen war, die es niederzuschlagen galt, die Tage des Wartens aber ließen sich nützen, um Belastungsmaterial zusammenzutragen. Bobadilla bevorzugte dabei jene Männer als Zeugen, die gegen den Gouverneur gemeutert hatten. Auch andere Feinde des Columbus kamen ausführlich zu Wort.

Die Schreiber nahmen jede Aussage zu den Akten, darunter die Beschuldigungen, angeklagter Don Cristóbal Colón, *recte* Cristoforo Colombo, habe die ihm Anvertrauten bei karger Kost hart arbeiten lassen; die Bekehrung der Indios verhindert, da sie sich als Nichtchristen besser verkaufen ließen; die Perlen von den Muschelbänken Margaritas unterschlagen; Entdeckungen neuen Landes verschwiegen, um von den Majestäten neue Privilegien zu erpressen. Die Aussagen gipfelten in der Beschuldigung, der gewesene Vizekönig wolle die Indischen Lande dem Stadtstaat Genua – seinen Landsleuten! – in die Hände spielen.

Columbus war in Bonao, als ihm indianische Boten ein sprechendes Papier überreichten (wie sie die Briefe der Europäer nannten), in dem ihm seine Absetzung mitgeteilt wurde. In maßlosem Zorn eilte er nach Santo Domingo, wo er nach seinem Eintreffen von den Söldnern Bobadillas gestellt wurde. Sie wiesen ihm die Vollmachten ihres Herrn vor, der Genuese warf einen Blick darauf und sagte: »Ich ahne nicht, was man die Majestäten da hat unterschreiben lassen. Ich weiß nur, dass das, was ich von ihnen in den Händen habe, mehr gilt.«

»Legt ihn in Eisen«, kam daraufhin der Befehl, womit sie den Weisungen nachkamen, die ihnen der Calatrava-Ritter erteilt hatte. Mit den Ketten rasselnd standen sie vor ihm, aber niemand wagte es, sie ihm anzulegen. »Auch unter denen, die um ihn herumstanden, fand sich keiner zu diesem Dienst bereit. Alle betrachteten ihn voller Mitleid und zeigten ihren Respekt. Schließlich trat ein Unbekannter aus der Menge hervor, der angab, eine Zeit lang als Koch beim Admiral gedient zu haben, und fesselte ihn mit den schweren Ketten. Er tat es mit so gleichgültiger Miene, als serviere er eine andalusische Bohnensuppe.«

Bobadilla fehlte der Mut, dem Verhafteten ins Angesicht zu blicken, geschweige denn ihn anzuhören. Er verurteilte ihn aufgrund des belastenden Materials zu sofortiger Deportation nach Spanien, wo er sich vor einem Gericht zu verantworten habe. Inzwischen hatte sich auch Bartolomeo, von Columbus gebeten, trotz seiner Soldaten keinen Widerstand zu leisten, dem königlichen Sendboten ausgeliefert. Der Abtransport der Brüder Colombo aus Genua sollte rasch erfolgen, bestand doch die Gefahr, dass sie von ihnen treu gebliebenen Siedlern und Soldaten befreit wurden. In den zwei Monaten, die dennoch vergingen, bis die Schiffe überholt und seeklar waren, wurden sie wie gewöhnliche Verbrecher behandelt.

Als Alonso de Vallejo, der Befehlshaber der beiden Karavellen, die Kerkertüren öffnete, traf er auf einen gebrochenen Menschen.

»Wohin bringt Ihr mich?«, fragte Columbus, aschfahl im Gesicht, denn er fürchtete, man führe ihn zum Richtplatz.

»An Bord der *La Gorda*, Euer Gnaden, denn Ihr sollt Euch nach Spanien begeben.«

»Ist es die Wahrheit, Vallejo?«

»Bei der Heiligen Dreifaltigkeit und bei meinem Leben, es ist die Wahrheit.«

Das Erste, was Vallejo unternahm, als das Schiff die hohe See gewonnen hatte, war ein Besuch in der Kajüte des Admirals. »Euer Gnaden erlauben, dass ich ihm – das da abnehme.« Er wies angewidert auf die Ketten.

»Die Eisen«, antwortete Columbus, »sind mir im Namen der Könige angelegt worden. Die Könige werden sie in ihrem Namen wieder lösen ...« Voll Bitterkeit fügte er hinzu: »Dann will ich sie als Erinnerungszeichen des Lohns für meine Dienste aufbewahren bis an mein Ende und sie mit in mein Grab nehmen.«

Er bat um Papier, Tinte und Feder und meinte angesichts des erstaunten Blicks des Kapitäns, dass er trotz seiner Fesseln die Absicht habe, einen Brief zu schreiben. Dieser Brief ist uns erhalten geblieben als ein Dokument verletzten Stolzes, des Leidens an der Undankbarkeit der Welt und der Anklage. Er schrieb ihn an Doña Juana de la Torre, die einstige Kinderfrau des Thronfolgers und Gönnerin seiner als Pagen am Hof dienenden Söhne. Im Grunde war er an Isabella gerichtet. Columbus wusste, dass Juana ihn der Königin zu lesen geben würde. Er nahm sich auch vor, ihn sogleich nach Ankunft mit einem reitenden Boten an den Hof zu schicken, damit er dort eher einträfe als die Anklageschrift Bobadillas.

»*Muy virtuosa Señora!* Tugendsamste Dame! Wenn es auch für mich neu ist, über das Übelwollen der Welt zu klagen, ist es dennoch keine Neuheit für die Welt, mir übel zu wollen.« Mit diesen Zeilen beginnt die *carta al ama*, der Brief an die Kinderfrau. »Bis jetzt konnte ich alle Angriffe abschlagen. Nun aber bin ich grausam in tiefste Not geraten.«

Alle seien sie seinen Plänen mit Misstrauen begegnet. Sieben lange Jahre habe er kämpfen müssen. So lange, bis der Herrgott seine Königin erleuchtete, dass sie zur Erbin einer neuen Welt werden könne. »Und Gott machte mich zum Boten des neuen Himmels und der neuen Erde und zeigte mir, wo ich sie finden werde. Nie bisher ist eine solche Tat vollbracht worden. Spanien, das vorher arm genannt wurde, ist nun ein reiches Land. Dennoch darf heute jeder Mensch, auch der gemeinste und niedrigste, mich in den Schmutz ziehen. Der edle Herr Bobadilla ist mit meinem Eigentum umgegangen wie ein Pirat mit einem Kauffahrer. Ist es möglich, einen Mann zu entsenden, der genau wusste, dass er mich nur zu verleumden brauchte, um an meine Stelle zu treten? Hätte ich mich der Indischen Lande bemächtigt, um sie den Mauren auszuliefern, Spanien könnte mir nicht feindlicher gesinnt sein.«

So geschah es, dass der Mann, von dem Jacob Burckhardt in seiner Abhandlung über »Die historische Größe« sagte, nur er unter den Entdeckern ferner Länder sei wirklich groß gewesen, weil er sein Leben und eine enorme Willenskraft an ein Postulat setzte, welches ihn mit den größten Philosophen in einen Rang bringe, dass dieser Mann den Boden Spaniens wie ein Zuchthäusler betrat.

Columbus wäre nicht der alte Fuchs gewesen (der er trotz aller Frömmigkeit und allem Idealismus ja auch war), wenn er nicht die Ketten dazu benutzt hätte, die Könige vor der Öffentlichkeit zu beschämen. Weltweite Publicity, wie man heute sagen würde, war ihm sicher, als er, kettenklirrend, einem Märtyrer gleich, durch die Straßen von Sevilla schritt. Hunderte von Menschen begleiteten ihn auf seinem Weg zu den Kartäusern von Santa María de las Cuevas, wo ihm ein Landsmann, der Pater Gorricio, Herberge bot. Schon wenige Tage später sprengte ein Reiter in den Klosterhof, überreichte Columbus im Auftrag der Könige 2000 Dukaten »zur Bestreitung seiner Anstandsbedürfnisse« und kündigte baldige Nachricht an, wann er zu Hofe kommen solle.

Diese Nachricht aber ließ auf sich warten …

Pacta sunt servanda

Ferdinand war in *cosas de España* tätig, in spanischen Geschäften; zum Beispiel in denen, zusammen mit Ludwig XII. von Frankreich per Geheimvertrag Neapel aufzuteilen. Isabella hatte sich vor der Welt verschlossen angesichts eines zweifachen Schicksalsschlages. Ihr Sohn, der neunzehnjährige Juan, Gemahl der Habsburgerin Margarete, war plötzlich gestorben; auch die Tochter Isabella, die an der Seite Dom Manuels Königin von Portugal geworden war, hatte der Tod hinweggerafft.

Kurz vor dem Weihnachtsfest 1500, nach sechs Wochen quälenden Wartens, stand Columbus endlich im Thronsaal der Alhambra zu Granada, wo die Könige residierten.

Der Admiral der Ozeane, Don Cristóbal Colón, bricht, kaum dass er seiner Könige ansichtig geworden, schluchzend zusammen und reckt ihnen anklagend seine Ketten entgegen, die er noch immer trägt; Isabella, den schlohweißen, von tiefen Sorgenfalten gezeichneten Mann kaum wiedererkennend, bricht in Tränen aus, löst seine Fesseln und führt ihn mit tröstenden Worten zu ihrem Thron.

Wenn es stimmt, dass das Leben die dramatischsten Geschichten schreibt, die rührendsten werden meist nachträglich erfunden. Die Szene in der Alhambra geistert noch heute durch viele Bilderbücher. Es wäre schön, wenn es so gewesen wäre, aber es war nicht so.

Die Hoheiten spürten ein gewisses Mitleid mit ihrem Mann aus Hispaniola. Die Sache mit Bobadilla, der hier seine Vollmachten wohl überschritten zu haben schien, bereitete ihnen Unbehagen; schon der öffentlichen Meinung in Europa halber. Selbstredend hatten die fremden Kaufleute, die Diplomaten, die Reisenden über den Mann in Ketten nach Hause berichtet. Der allgemeine Tenor würde lauten, dass Katholische Könige hier wenig katholisch gehandelt hätten. Sie beeilten sich, ihm zu versichern, dass er das beschlagnahmte Eigentum zurückbekommen würde, dass ihm die Schäden ersetzt und seine Privilegien wieder erteilt würden, auch seine Ämter – bis auf die des Vizekönigs.

Dass die Könige zu diesem Schritt nicht bereit waren und Columbus von nun an lediglich »Admiral der Ozeane« nannten, zeigt, wie sie wirklich dachten: dem Manne gebührte Dankbarkeit für seine Taten als Entdecker, als Gouverneur aber hatte er ein Chaos hinterlassen (wobei sie über Fragen von Schuld oder Nichtschuld nicht urteilen wollten) und sich damit disqualifiziert. Am besten wäre es, ihn bald wieder auf eine lange Reise zu schicken, auf der er für die Krone vielleicht neue Länder entdecken würde. Aber auch in dieser Hinsicht war man inzwischen nicht mehr auf ihn allein angewiesen.

Pedro Alonso Niño, Steuermann auf der ersten Reise des Columbus, war mit dem Ruf »Oueste, Oueste, Oueste!« aufgebrochen, um des Columbus Entdeckungen der dritten Reise näher zu erforschen. Rodrigo de Bastidas war von Venezuela bis zum Golf von Darien gesegelt. Alonso de Hojeda, bei Hof bekannt als Schlagetot und Sklavenfänger, hatte dessen ungeachtet die Lizenz erhalten, die Perlengründe unweit der Insel Margarita auszubeuten – und das mit der vom Genuesen gezeichneten Karte, die Kolonialminister Juan de Fonseca ihm zugespielt hatte. Vicente Yáñez Pinzón, uns als Kapitän der *Niña* bekannt, war bis zur Mündung des Amazonas vorgestoßen. Andere hatten die Mündung des Río de la Plata entdeckt. Alle Reisen waren mit der Billigung der Herrscher unternommen worden; sie, die im Vertrag von Santa Fé dieses Privileg allein Cristóbal Colón zuerkannt hatten, verbunden mit dem Recht, den Zehnten des Goldes und Silbers, der Perlen, Edelsteine, Gewürze et cetera steuerfrei zu kassieren nebst dem achten Teil des durch den Handel erzielten Nutzens.

Nun galt der Rechtsgrundsatz *pacta sunt servanda* – Verträge müssen eingehalten werden – schon seit der Antike, die kastilischen Hofjuristen aber konnten in diesem Fall die *clausula rebus sic stantibus* in Anspruch nehmen, die Klausel der gleichbleibenden Umstände, und die waren nicht mehr gleich; die Geschäftsgrundlage hatte sich vielmehr seit 1492 in entscheidender, den Vertragsvollzug beeinflussender Weise geändert. Damit brach *C.r.s.s.* eindeutig *p.s.s.* Etwas weniger juristisch ausgedrückt, hieß das: Einem einzigen Mann die Herrschaft über ein Gebiet zu belassen, das durch die Entdeckung eines ganzen Kontinents ins Unermessliche wachsen würde, war schlechterdings undenkbar.

Der Genuese, rieten die Juristen, dürfe nicht einmal mehr auf die Insel zurückkehren, denn seine Anwesenheit dort würde auf seine zahlreichen Feinde wie ein rotes Tuch wirken. Doch mit Bobadilla, so viel wussten sie inzwischen, war auch kein Staat zu machen. Er wurde, zur Genugtuung des Admirals, abberufen, doch zu seiner Erbitterung trat nicht er, Columbus, wieder an seine Stelle, sondern Don Fray Nicolás de Ovando, über den Las Casas sagte: »Dieser Ritter war von großer Besonnenheit und durchaus geeignet, über viele Menschen zu gebieten. Nur war es falsch, ihm Indianer anzuvertrauen. Einmal an der Macht, verursachte er unabsehbaren Schaden …«

Ein Spanier muss her!, hatte es nach der Abberufung Colóns, des Ausländers, geheißen. Nicolás de Ovando gehörte wie Bobadilla einer der besten spanischen Familien an. Doch war diese Insel mit ihrer Bevölkerung aus Hidalgos, denen Arbeit eine Schande war, mit Siedlern, die das Land nicht bebauen wollten, mit Abenteurern, entlassenen Zuchthäuslern und ihrer Würde beraubten Indios überhaupt regierbar? Das hat man sich damals schon gefragt, und der Historiker Oviedo, der seine Landsleute und ihren schrankenlosen Individualismus kannte, ihre Zügellosigkeit, ihren Hochmut, ihren Stolz, hat sie beantwortet: »Durch einen Engel oder einen Übermenschen – ja.«

Columbus betrachtete seinen Aufenthalt in Granada als Exil. Nichts geschah für ihn. Wie zu den unseligsten Zeiten musste er wieder antichambrieren, wobei er in den Vorzimmern den vielen neuen Entdeckern begegnete, die ihm verlegen auswichen. Jeder Schneider durfte anscheinend sein Privileg verletzen, hatte er nur das Geld, ein Schiff auszurüsten, und die nötigen Fürsprecher bei Hofe.

»Zwanzig Jahre im Dienste Ihrer Majestäten«, klagte er in Selbstmitleid und Übertreibung, »alle Trübsal und Gefahren haben mir so wenig eingetragen, dass ich noch heutigen Tages keinen Ziegel in Kastilien mein nennen darf. Mahlzeit und Obdach muss ich im Wirtshaus suchen, und oft genug weiß ich nicht, womit ich die Zeche bezahlen soll.«

In dieser Zeit der Düsternis und Schwermut tröstete er sich mit der Zusammenstellung von Zitaten aus der Bibel und den Schriften der Kirchenväter, der er den Titel gab: *Libro de las Profecias* – Buch der Prophezeiungen. Mit dieser Schrift wollte er der Königin, deren mystische Seite er kannte, beweisen, dass die Entdeckung der Indischen Lande vom Westen her und die des neuen noch unbekannten Kontinents einst geweissagt worden sei; ja mehr noch: Jener, der diese Welt entdeckt, wird die dort gefundenen Schätze nicht den Gierigen in den Rachen werfen, sondern sie dafür verwenden, das Heilige Grab in Jerusalem der Christenheit wiederzugewinnen. Columbus glaubte, bei allen tendenziösen Absichten seines Buchs, felsenfest daran, dass er der Erwählte sei, den Gott mit dieser übermenschlich erscheinenden Mission betraut habe.

Er ließ das Buch an den Hof schicken und schrieb in einem Begleitbrief, die Hoheiten wüssten ja aus den Weissagungen des heiligen Augustinus, dass der Jüngste Tag siebentausend Jahre nach dem Schöpfungstag komme. Und da von Adam bis Christi Geburt bereits fünftausenddreihundertundvierzig Jahre und dreihundertachtzehn Tage vergangen seien und seitdem weitere eintausendfünfhundert Jahre, blieben gerade noch einhundertfünfzig Jahre bis zum Weltuntergang. Die Kreuzzüge nach Jerusalem also duldeten keinen längeren Aufschub.

Überhaupt findet man in dieser Schrift »die tollsten Vorstellungen eines religiös verstiegenen Dilettantismus. Die Geografen des 19. Jahrhunderts haben sich weidlich lustig gemacht über diese kindlichen, abergläubischen Anschauungen, dabei aber vergessen, dass viele der Anschauungen in der damaligen Vorstellungswelt durchaus nichts Außergewöhnliches bedeuteten. Es war eine Zeitenwende, die noch viel Ballast aus dem absterbenden Mittelalter mitschleppte, der als

Aberglauben auch in den Köpfen aufgeklärter Männer der Zeit herrschte. Vergessen wir nicht, dass der große Physiker Newton eine ernst gemeinte Untersuchung über das elfte Horn am vierten Tier des Daniel schrieb; und Newton lebte zweihundert Jahre nach Columbus«.

Isabella wird das Buch der Weissagungen nicht gelesen haben, Ferdinand schon gar nicht, weil er beim Anblick von Geschriebenem stets Kopfschmerzen bekam. Jedenfalls haben sie das Werk nie erwähnt. Es hätte auch keines so deutlichen Hinweises bedurft auf das, was der Genuese wollte: eine neue Entdeckungsfahrt, die ihn diesmal endlich nach Cathay an den Hof des Großkhans führen würde. Die Hofräte waren allerdings der Meinung, der müde und ausgebrannt wirkende Mann tauge nicht mehr zu solchen Unternehmungen; und wenn er klug wäre, würde er sich in den Ruhestand begeben, um gut versorgt von den Königen, die sich hier gewiss nicht kleinlich zeigen würden, seinen Erinnerungen zu leben. Isabella kannte ihren Cristóbal besser. Das Wort »ihren« ist am Platz, denn ihre Zuneigung zu ihm hatte trotz allem, was geschehen war, nicht gelitten. Sie wusste, dass er aus anderem Holz geschnitzt war und ein *buen retiro* für ihn nicht infrage kam. Wie anders hätte er sonst die Indischen Lande entdecken können ...

Columbus durfte mit königlicher Genehmigung und, was noch wichtiger war, mit königlichem Geld vier neue Schiffe ausrüsten. Bevor er die Anker lichten konnte, war eine andere, viel größere Flotte den Guadalquivir hinabgesegelt in Richtung Westindien. Sie bestand aus fünf Naos, vierundzwanzig Karavellen und einem kleinen Barco. Unter den 2500 Seeleuten, Kolonisten und Soldaten befand sich Bartolomé de Las Casas ...

IX Las Casas, Schutzherr der Indios

Wer den Armen das Brot nimmt, ist ein Mörder

Er war damals achtundzwanzig Jahre alt, Sevillaner, Student der Rechte und der Theologie an der Eliteuniversität Sálamanca, ausgestattet mit dem Titel Don; sein Vater Francisco war ein Adliger, derselbe Francisco de Las Casas, der Columbus auf seiner ersten Reise (vielleicht auch erst auf seiner zweiten, was strittig ist) begleitet hat; unstrittig ist das Geschenk für seinen Sohn in Gestalt eines Indios, der ihm als Page zu dienen hatte – ein beliebtes Mitbringsel adliger Indienheimkehrer. Don Bartolomé glich den nach Tausenden zählenden jungen Herren aus der Oberschicht, die sich irgendwann vor die Wahl gestellt sahen: *iglesia o mar o casa real*. Zu letzterem, zum Hofdienst, fühlte er sich ungeeignet, ein Kirchenmann konnte man immer noch werden, so hatte er *mar* gewählt, über das Meer zu gehen nach drüben, dorthin, wo das Abenteuer winkte und der Reichtum. Es störte ihn nicht, dass der Vater bei seiner Rückkehr von den Indischen Landen keine Reichtümer hatte vorweisen können; auch der Anblick des gefesselten Colón muss ihn so wenig irritiert haben wie der der maroden Heimkehrer. *Er* würde sein Glück schon machen; wovon auch die anderen Adligen an Bord überzeugt waren, für die die *conquista* nichts anderes bedeutete als die Fortsetzung der *reconquista*, gewohnt an das Schwert, wie sie waren.

Auf Hispaniola war inzwischen die anfangs nur provisorisch gehandhabte *encomienda* zum System geworden. Jeder Siedler bekam nach seiner Ankunft Land und Leute zugeteilt. Auch Las Casas besaß bald ein von Eingeborenen bewirtschaftetes Landgut. Dass er sie menschlicher behandelte und ihnen mehr Freiheit ließ, mag stimmen, von den anderen Plantagenbesitzern aber unterschied er sich nicht. So wie sie war er von seinem Recht überzeugt, Barbaren zu unterjochen und zu eigenem Nutzen für sich arbeiten zu lassen; und zu guten Christen zu machen, wozu man sich immerhin verpflichtet hatte. Auch darum kümmerte sich Don Bartolomé kaum. Über einen gottesgerechten Dominikaner, der ihm daraufhin die Beichte verweigerte, zeigte er sich empört. An seiner Einstellung änderte sich wenig, als er, von einer Reise nach Rom zurückkehrend, nun im Gewand des Priesters auftrat. Der Stand des Geistlichen war nicht gleichbedeutend mit einem Leben in Keuschheit, Armut und Gehorsam, es sei denn, man war einer Ordensregel unterworfen. Der Priester Las Casas schloss sich ohne Bedenken einer Expedition nach Cuba an, einer rebellischen Insel, die es zu »befrieden« galt.

Erst mit vierzig Jahren hatte er das, was man als sein Damaskus bezeichnet hat. Er erlebte es nicht in Form eines Blitzes der Erkenntnis, der den Christenverfolger Saulus zum Christenapostel Paulus werden ließ, die Wandlung geschah vielmehr allmählich. Sie folgte nicht einer Erleuchtung, sondern einer Einsicht. Bei der Vorbereitung seiner Pfingstpredigt im Jahre 1514 stieß er in den Apokryphen auf eine Stelle des Buches Siras, wo es heißt: »Wer vom Gut des Armen nimmt, der schlachtet den Sohn vor den Augen des Vaters. Der Arme lebt von kärglichem Brot; wer es ihm nimmt, der ist ein Mörder. Wer dem Arbeiter den Lohn nicht gibt, der ist ein Bluthund.«

Die Worte gingen ihm nicht mehr aus dem Kopf. Wurde nicht das, was sie anprangerten, tagtäglich den Indios angetan? Gehörte nicht auch er zu den Mördern, die kühlen Herzens mit ansahen, wie sie, vom Hunger geschwächt, von Fronarbeit ausgezehrt, elend dahinsiechten? Wer so denkt, muss auch so handeln, wolle man ihm nicht vorwerfen, er verhalte sich wie ein Pharisäer, der Wasser predigt und Wein trinkt.

Las Casas gab dem Gouverneur sein Land zurück und entließ seine Indios in ihre Dörfer.

Von nun an begann ein sich über ein halbes Jahrhundert erstreckender Kampf um die Menschenrechte der Indios, in dessen Verlauf der kleine Pater durch alle Höllen ging. Er wurde verleumdet, gehasst, verfolgt, bedroht, als ein Aussätziger angesehen, ein Hochverräter. Zäh, streitlustig, von Leidenschaft für seine Sache besessen, ging er seinen Weg; die Überzeugung wie einen schützenden Harnisch tragend, dass das, was in den Indischen Landen im Namen des Christengottes geschah, eine Gotteslästerung bedeutete.

Seine anfängliche Hoffnung, allein durch das Beispiel zu wirken, erfüllte sich nicht. Niemand dachte daran, die Indianer menschlicher zu behandeln. Seine Predigten, sie im Sinne des Christentums als unsere Nächsten anzusehen, die man lieben sollte wie sich selbst, stießen auf Unverständnis, ja auf Empörung. Barbaren waren Barbaren und mussten wie Barbaren behandelt werden. Sie mit den Angehörigen eines großen Kulturvolkes wie den Spaniern zu vergleichen, schien den *encomanderos* unerträglich. Das war nun keineswegs nur die Meinung einer aus den Fugen geratenen kolonialen Gesellschaft. Erst Jahrzehnte später fühlte sich Papst Paul III. bemüßigt, in Form einer Bulle ausdrücklich zu erklären, dass die Indios vernunftbegabte Wesen und keine wilden Tiere seien. In einigen Staaten Lateinamerikas hat sich das bis heute nicht herumgesprochen.

Las Casas' Briefe an die zuständigen Obrigkeiten verschwanden, seine Interventionen, Gnadengesuche und Proteste wurden ignoriert. Der Generalrepartidor auf Cuba, Rodrigo Albuquerque, empfing den Mann schließlich, hörte ihn höflich an und beschied, nichts für ihn tun zu können. Des Paters Drohung (über die er selbst erschrak), »Dann gehe ich eben zum König!«, war für den *Grande de España* der Beweis, es mit einem Querulanten, wenn nicht gar mit einem Geisteskranken, zu tun zu haben. Sicherheitshalber gab er allen nach Spanien auslaufenden Kapitänen Order, den Dominikaner Bartolomé de Las Casas nicht an Bord zu nehmen. Kurze Zeit darauf war der Pater an Bord. Er hatte sein einziges Besitztum, ein Pferd, verkauft, mithilfe eines Priors seines Ordens einen Steuermann bestochen und fuhr nun, man schrieb den Juli 1515, der Heimat entgegen. Es war die erste von vierzehn Seereisen, die er unternahm, um die Indios vor der Ausrottung zu bewahren.

War es Columbus nicht leicht gemacht worden, bei Ferdinand eine Audienz zu bekommen, für einen einfachen Pater schien es unmöglich. Das Labyrinth der Vorzimmer war zu verwirrend. Doch wer den Beichtvater des Königs zum Vetter, in diesem Fall zum Ordensbruder hatte, durfte hoffen. Bruder Matienzo verschaffte ihm Zutritt, und Las Casas nutzte die Audienz, indem er bis ins Detail berichtete, was sich in Westindien abspielte, und, das offensichtliche Entsetzen des ansonsten nicht sonderlich empfindsamen Monarchen nützend, die Bildung einer Untersuchungskommission durchsetzte.

Wie der Bericht im Einzelnen lautete, über den Ferdinand sich entsetzte, ist nicht überliefert worden. Da Las Casas später in einem berühmt gewordenen Buch *Brevísima relación de la destrucción de las Indias* – Kurzgefasster Bericht über die Zerstörung der Westindischen Länder – alle dort geschehenen Gräuel aufzeichnete, haben wir dennoch eine Vorstellung von dem, was in der Audienz zur Sprache kam.

»Die Insel Hispaniola war es, auf der die Spanier zuerst landeten. Hier ging das Metzeln und Würgen unter den unglücklichen Menschen an ... Sie drangen unter das Volk, schonten weder Kind noch Greis, weder Wöchnerinnen noch Schwangere, ja die Leiber öffneten sie diesen und rissen sie bei lebendigem Leib in Stücke. Sie wetteten, wer unter ihnen einen Menschen mit einem einzigen Schwertstreich halbieren, ihm mit einer Pike den Kopf der Länge nach zerspalten oder die Eingeweide mit einem Griff herausreißen könne. Neugeborene rissen sie bei den Füßen von den Brüsten der Mütter und schleuderten sie gegen die Felsen, andere Kinder stießen sie rücklings in die Flüsse und schrien: ›Zappele nur, du kleines schurkisches Biest.‹ … Sie zimmerten breite, niedrige Gestelle, hängten zwölf Indianer und einen Kaziken auf – zu Ehre und Ruhm unseres Erlösers und seiner zwölf Apostel, wie sie sagten. Die Edlen pflegten sie auf Rosten festzubinden, entfachten darunter ein kleines Feuer, das sie so lange unterhielten, bis die Opfer unter unsäglichen Schmerzen ihren Geist aufgaben. Ich kam einmal dazu, als sie vier bis fünf der vornehmsten Indios auf solche Roste legten, wo die Armseligen solche Schreie ausstießen, dass der Hauptmann in seiner Ruhe gestört wurde und den Befehl gab, sie zu erdrosseln. Der Alguacil (Gerichtsdiener) aber – seine Familie in Sevilla ist mir gut bekannt – steckte ihnen mit eigener Hand Knebel in den Mund, damit sie nicht schreien konnten, und schürte das Feuer, dass sie so brannten, wie er es gern hatte.«

Die Untersuchungskommission, die Ferdinand einsetzte, bestand aus dem Erzbischof Diego Deza, den wir als Förderer der Entdeckungspläne des Columbus kennen gelernt haben, dem Bischof Fonseca, einem bewährten Columbusfeind, und dem Generalnotar der Indischen Lande Conchillos. Die Herren traten in Sevilla zusammen, vernahmen den Pater und sagten ihm zu, dem König die Verabschiedung eines entsprechenden Gesetzes zu empfehlen. Der Pater schickte ein Dankgebet zum Himmel ob solch rascher Erhörung. Doch als der König wenige Wochen später starb, löste sich die Kommission sogleich wieder auf. Ihre Empfehlung war ohnehin nicht ernst gemeint gewesen, verdienten doch Fonseca und Conchillos an eben jener Verwüstung, der das neue Gesetz Einhalt gebieten sollte. Las Casas, wenig erfahren in den Usancen einer Kamarilla, hatte davon nichts gewusst, ja es sich in seiner Naivität nicht einmal vorstellen können. Er war gescheitert; er wird noch oft scheitern, und ebenso oft wird er seinen Kampf wieder aufnehmen.

Der Pater und der Kaiser

Der König ist tot, es lebe der König! Karl I. heißt der neue, hervorgegangen aus der Ehe Erzherzog Philipps von Österreich mit Johanna der Wahnsinnigen. Ihn um eine Audienz zu bitten, war des Paters nächster Gedanke. Diesmal konnten selbst die Dominikaner nicht helfen, denn der junge Monarch war noch in Burgund. Wer aber führte für ihn in Spanien die Geschäfte?

Francisco Ximénes de Cisneros, Großinquisitor, gefürchtet selbst von den Herrschern, residierte als Regent, abgeschirmt von seinen Franziskanern, hinter den dicken Mauern des Alcázar von Toledo. Er war jetzt achtzig, die Tatsache, dass er bald vor seinem Herrgott stehen würde, mochte ihn milder gestimmt haben, auch war er beeinflusst vom Frühhumanismus. Jedenfalls empfing er den Pater, hörte ihn lange an und wurde sehr nachdenklich. Vielleicht war es die Geschichte von dem gefangenen Kaziken, den ein Franziskaner noch unter dem Galgen zu bekehren versuchte, die ihn besonders betroffen gemacht hatte.

»... wolle er an Christus glauben, so werde er in den Himmel kommen und ewige Freude und Ruhe daselbst genießen, widrigenfalls aber müsse er in der Hölle ewige Qual und Pein leiden. Der Kazike dachte hierüber ein wenig nach und fragte sodann den Geistlichen, ob auch Christen in den Himmel kämen. ›Allerdings‹, sagte der, ›kommen alle guten Christen hinein!‹ Da erwiderte der Kazike sogleich und ohne weiteres Bedenken: ›Dort, wo dergleichen Menschen sich aufhalten, möchte ich nicht hin. Lasst mich lieber in die Hölle gehen ...‹«

Ximénes de Cisneros war guten Willens zu ändern, was zum Himmel schrie. Er segnete den Pater und ernannte ihn per Dekret zum *defensor universal de los Indios*, zum Schutzherren der Indianer. Das war nicht nur ein Ehrentitel, sondern berechtigte ihn, alle königlichen Ämter zu beraten über die rechtlichen Beziehungen zwischen den neuen Untertanen und den Spaniern. Wieder wurde ein Untersuchungsausschuss gebildet, der diesmal zusammen mit dem Pater nach Hispaniola reisen sollte, um sich an Ort und Stelle über die Probleme zu informieren. Der Kardinal hatte sich bei der Berufung um unparteiische Mitglieder bemüht. Seine eigenen Ordensbrüder, die Franziskaner, waren das nicht; sie, die doch zur hingebungsvollen Liebe zu allen Lebewesen verpflichtet waren, pflegten gemeinsame Sache mit den Konquistadoren zu machen. Die Dominikaner dagegen hatten sich von Anbeginn gegen die Sklavenhalter gewandt und kamen deshalb für die Kommission nicht in Betracht.

Drei Brüder des Hieronymitenordens waren es schließlich, mit denen Las Casas auf die weite Reise ging. Sie erwiesen sich ihres Heiligen bald als unwürdig. Ihr Mangel an Zivilcourage war so groß wie ihr Hang zur Bestechlichkeit. Sie gerieten immer mehr in Abhängigkeit von den Siedlern. In ihrem Bericht an den Kardinal hieß es, dass so genannte Menschenfreunde wie Las Casas die Schuld an den Aufständen der Indianer und den dadurch notwendig werdenden Strafmaßnahmen trügen.

Eile tat Not, die Verleumder zu widerlegen. Wieder begann die Suche nach einem Schiff. Ein Kapitän erbarmte sich des Paters. Obwohl die Hieronymiten ihn an der Abreise zu hindern suchten, kam er glücklich an Bord und erreichte nach stürmischer Reise die Heimat. Ein Maulesel trug ihn den beschwerlichen Weg von Sevilla nach Toledo über die allerelendesten Straßen, die man sich auf Gottes Erdboden nur denken mag. Er traf auf einen Sterbenden. Ximénes de Cisneros gab ihm den Rat, sich an Karl zu wenden, der in Bälde das ihm durch Heirat zugefallene und noch gänzlich unbekannte Spanien besuchen würde. Der Ratschlag wurde mit der für Las Casas bezeichnenden Gründlichkeit befolgt. Kaum hatte der Habsburger die Grenze überschritten, heftete er sich an seine Fersen und blieb so lange in seinem Gefolge, bis er, nach fast zwei Jahren, zu einer Audienz vorgelassen wurde.

Er begegnete einem Herrscher, der, sechzehnjährig als Karl I. zur Königswürde gekommen, sich nun Kaiser Karl V. nannte. Die deutschen Kurfürsten hatten ihn auf den Thron des Heiligen Römischen Reiches Deutscher Nation gesetzt; geschmiert von den Welsern aus Augsburg, einem millionenschweren Kaufmannsgeschlecht, das bei der Wahl nach der Devise verfahren war »Kauf dir einen Kaiser!«. Die Welt lernte in ihm einen absoluten Monarchen kennen, der mit Zähigkeit, Ausdauer und Sendungsbewusstsein die Idee einer Weltmonarchie zu verwirklichen trachtete. Doch darüber war die Zeit längst hinweggegangen, man lebte nicht mehr im Mittelalter, und in der Erkenntnis dessen legte Karl mit fünfundfünfzig Jahren die Krone nieder. Heute wissen die meisten von diesem großen Kaiser nur, dass er einmal gesagt hat: »In meinem Reich geht die Sonne nicht unter.« Dank Columbus, hätte er eigentlich hinzufügen müssen.

Las Casas war nicht mehr der reine Tor wie zu Beginn seines Kampfes. Er hatte lernen müssen, dass Appelle an das christliche Gewissen allein wenig zuwege brachten. Vielversprechender schien es, den Kaiser an anderen, empfindlicheren Stellen zu treffen. An seiner Ehre zum Beispiel. Konnte es denn einer so erhabenen Majestät gleichgültig sein, dass Mörder, Brandstifter, Menschenjäger ihre Taten, wie immer wieder geschehen, mit den Worten begingen: Im Namen Gottes *und des Kaisers*? Und an seinem Geldbeutel. Gingen denn der Staatskasse nicht Jahr für Jahr Millionen von Maravedi verloren durch eine Kolonialpolitik, die gekennzeichnet war von Ausrottung, Verwüstung, Raubbau?

Auf diese Weise gelang es dem Pater, aus einer Audienz ein Tribunal zu machen. Die als Experten geladenen Fonseca und Conchillos, die der ersten Untersuchungskommission angehört hatten, und der Hieronymit Manzanedo verteidigten die Kolonialpolitik mit dem Argument, dass die Indianer gemäß der Definition des Aristoteles von Natur aus Sklaven seien, ohne Zwang nicht arbeiteten und ohne Gewalt ihr Gold nicht hergäben; ja, dass sie überhaupt sittlich minderwertig seien und man sie erst unterwerfen müsse, um sie bekehren zu können.

Las Casas, zu Wort gebeten, sprach vor Empörung heftig und laut, lauter, als es die Gegenwart des Kaisers zuließ. »Was kann es den Indios bedeuten, wenn man ihnen erklärt, dass ein toter Mann namens Petrus über aller Welt stehe und einer seiner Nachfolger ihr Land einem König von Kastilien geschenkt habe?! Man hat die Indianerstämme unter den Eroberern aufgeteilt, als seien es Viehherden. Und ich sage euch: Diese Blasphemie wird erst enden, wenn vor der Tür jedes Spaniers in Westindien ein Galgen errichtet wird, an dem er hängen muss, wenn auch nur einer seiner Indios durch ihn zugrunde geht.«

Ungeheuerliche Worte in diesem erlauchten Kreis, übertroffen nur noch von einem Appell, der bis in unsere Zeit gültig geblieben ist: »Wir haben nicht das Recht, Völkern die Freiheit zu nehmen und sie zu versklaven. Gott hat auch die Indios nach seinem Bilde geschaffen, auch für sie starb Christus unser Herr am Kreuz.«

Wenn die Erinnerung an die erfolgreiche Audienz dem Pater dennoch sein ganzes Leben lang Gewissensbisse verursachte, so lag das an einem, wie sich bald herausstellen sollte, höchst bedenklichen Ratschlag. Im Bestreben, seinen Indios zu helfen, hatte er darauf hingewiesen, dass schon ihre physische Konstitution sie für die schwere Sklavenarbeit untauglich mache. Er kenne aber eine Rasse, deren Angehörige härter, stärker, ausdauernder seien und deshalb auf den Plantagen und in den Bergwerken wirkungsvoller eingesetzt werden könnten. In seiner *Historia* schrieb er in der dritten Person darüber: »Jenen Rat, dass nach den Indischen Ländern Neger aus Westafrika gebracht werden mögen, hat als Erster der Priester Las Casas gegeben. Er ahnte nicht, mit welcher Grausamkeit und wider jedes Recht die Portugiesen dort Menschen fingen und versklavten. Nachher, als er es erfahren, bereute er bitter seine Worte. Denn das Recht der Neger ist dem Recht der Indios gleich.« Ein schwacher Trost war es ihm, dass die Portugiesen schon seit 1502 Schwarzafrikaner nach Westindien verschickten, er also den Handel nicht angeregt hatte, aber gefördert hat er ihn gewiss.

Die Audienz endete mit einem Eklat. Conchillos, nun auch von Juan de Selvagio, dem Kanzler, scharf befragt, ja verhört, sagte hilflos und beleidigt zugleich: »Wenn Eure Majestät dem Pater mehr glauben als mir, dann möget Ihr mir mein Amt als *Regionum Indicarum summus notarius* nehmen.« Es erging ihm so wie manchem, der seinen Rücktritt anbot im festen Glauben, das Angebot werde nicht angenommen. Karl akzeptierte die Demission nicht nur auf der Stelle, sondern beschied, dass das, was in den Indischen Landen geschah, weder dem Gesetz noch den allgemeinen Begriffen der Humanität entspreche.

Wie anders allerdings diese Länder zu beherrschen seien und wie ihre Bewohner zu bekehren, durch die Kraft der Überzeugung nämlich und nicht durch Gewalt, möge Las Casas nun in der Praxis beweisen: Auf dem festen Land (einem Küstenstreifen des heutigen Venezuela) möge er mit fünfzig spanischen Bauernfamilien und vierundzwanzig Priestern die Kolonisierung und Bekehrung beginnen, unabhängig, freizügig und ohne jegliche Einwirkung irgendwelcher Gouverneure oder sonstiger spanischer Amtspersonen.

Die *conquista de paz*, in Angriff genommen mit idealistischem Eifer, war zum Scheitern verurteilt, weil sie scheitern sollte. Nichts fürchteten die Spanier mehr als den Erfolg des Priesters Las Casas. Ein Ende würde es dann auch auf den Inseln mit dem Profit ohne Arbeit haben und den Dividenden aus dem Sklavenhandel. In Cumaná, so hieß der zugeteilte Landstrich, begann das Karussell des Schreckens sich zu drehen: Überfall durch die Sklavenjäger, Rache der Indios an den Siedlern, Wiederherstellung der Ordnung durch die Soldaten des Gouverneurs, erneuter Aufstand der Eingeborenen, eine weitere Strafexpedition und so fort, bis die neu angelegten Siedlungen, die Missionsstation, die Dörfer der Indianer in Schutt und Asche versunken waren.

Auch Las Casas Wille scheint gebrochen. Verbittert und ohne Hoffnung fährt er nach Hispaniola und bittet die Dominikaner in Santo Domingo, ihm Zuflucht zu gewähren. Ein Jahr später legt er das Ordensgelübde ab. Es verpflichtet ihn, in Armut und Keuschheit zu leben – und durch eigener Hände Arbeit, als tägliche Demonstration für die Indios, dass es auch andere Spanier gab.

Aus dem meditierenden Dominikanermönch sollte bald wieder der Streiter für das Recht werden. In den zehn Jahren, die er im Kloster verbringt, schafft er sich die theoretischen Waffen dafür. Er verfasst die Schrift *De unico vocationis modo*, über die einzig zulässige Methode der Glaubensbekehrung, die für ihn nichts anderes hieß als friedliche Mission. Die *Apologética Historia de las Indias*, in der er das Recht der Indianer vertritt, wird ihm zum Grundstein seines Hauptwerkes, der groß angelegten Geschichte der »Indischen Länder«. Zielbewusst sammelt er alles, was die Conquista betrifft: Augenzeugenberichte, Korrespondenzen, Verfügungen, Briefe, Tagebücher. Und wenn die unschätzbaren Schiffstagebücher des Christoph Columbus wenigstens in einer Abschrift überliefert wurden, dann verdanken wir es dem Mann aus Sevilla.

Die schwarze Legende

Was er dort hinter den Klostermauern tat, blieb den stets misstrauischen Kolonialbehörden nicht verborgen. Der Mensch sammelte Anklagematerial! Doch der kaiserlichen Gunst eingedenk, die er genoss, wagte sich niemand so recht an ihn heran. Man versuchte es mit einem Pamphlet. Die *Fünfundzwanzig Beweise für die Minderwertigkeit der Indios*, mit denen ein Priester namens Aragón in Spanien hausieren ging, waren selbst den dortigen Kirchenherren peinlich und wurden konfisziert. Wirksamer erschien es, Las Casas noch einmal die Gelegenheit zu geben, seine Theorien von der Gewaltlosigkeit praktisch zu erproben. Am besten geeignet dafür schien die *tierra de guerra* auf Hispaniola, die unter den Auguren als Land ohne Wiederkehr bekannt war. Las Casas zog in den Dschungel und blieb erwartungsgemäß verschollen. Offenbar hatten die Indios mit ihm dasselbe getan wie mit den anderen Priestern. Doch im Gegensatz zu ihnen war der Dominikanerpater lediglich mit einem Kreuz bewaffnet und einigen in die Sprache der dortigen Stämme übersetzten Predigten: *Chezu Kilisto*, Jesus Christus betreffend. Außerdem hatte er es zur Bedingung gemacht, dass kein irgendwie Bewaffneter in dem Stammesgebiet auftauchte. So blieb er am Leben und traf eines Tages zum Missfallen des Gouverneurs wieder in Santo Domingo ein, mit einer Schar – getaufter – Indios und zwei getauften – Kaziken in seinem Gefolge.

Las Casas war inzwischen Realist genug geworden, um diesen Erfolg als etwas anderes anzusehen als einen winzigen Schritt nach vorn, wohl wissend, dass der Rückschlag nicht lange auf sich warten lassen würde. Als es gelungen war, vom Kaiser ein Gebot zu erwirken, wonach die Inkas nicht versklavt werden durften, wurde das neue Gesetz vor den Truppen des Konquistadors Pizarro feierlich verlesen – um anschließend in eine Truhe gepackt zu werden, auf dass es in dem feuchten Klima rasch vermodere. Ruhelos bereiste er in den folgenden Jahren Venezuela, Darien, Guatemala, Neu-Granada, überall für seine Indios kämpfend, flehend, fordernd, Offiziere und Beamte beschwörend, bedrängend, ein ewiger Querulant und allen Spaniern ein Ärgernis.

Ende der dreißiger Jahre musste er wieder einmal, diesmal zu Verkleidung und einem falschen Namen gezwungen, nach Spanien reisen, wo er sich der Beschuldigung zu erwehren hatte, ein Hochverräter zu sein. Durch seine Predigten hatte er einigen hundert Soldaten derart das Gewissen geschärft, dass sie sich weigerten, an einer Strafexpedition teilzunehmen. Seine Position war inzwischen gefestigt genug, um auch diesen Angriff zu überstehen. Der Indische Rat schlug das Verfahren nieder. Die Denunzianten gingen leer aus. Las Casas beschloss nun, in Spanien zu bleiben; er hatte erkannt, dass man den Stier nur in der Heimat bei den Hörnern packen könne. Noch dazu, wo die Ankunft des Kaisers kurz bevorstand. Daraus allerdings wurden drei Jahre. Karl war ein geplagter Monarch und ständig damit beschäftigt, irgendjemanden niederzuhalten wie zum Beispiel die Protestanten mit ihrem schrecklichen Luther; oder einen Aufstand zu unterdrücken, wie den in Gent; oder einen Kriegszug zu führen, wie den nach Nordafrika.

Der Pater nutzte die Zeit und schrieb jenes Buch, das noch heute unter national gesinnten Spaniern als ein Skandalon gilt: die *Brevísima relación*, den kurz gefassten Bericht über die Zerstörung der indischen Länder. Bedeutende spanische Gelehrte wie Menéndez y Palayo und Serrano y Sanz haben ihn einen notorischen Lügner genannt, einen eitlen Schwätzer, einen Sonderling mit skurrilen Ideen. Andere bezeichneten ihn als einen moralisch defekten Menschen. Noch 1963 wird er von Ramón Menéndez Pidal, einem berühmten Philologen, in dem Buch *El padre Las Casas: So dolle personalidad* der gefährlichen Besessenheit angeklagt, der eitlen Selbstliebe; im Grunde dürfte man ihn gar nicht anklagen, gehörte doch ein Paranoiker, ein von Wahnideen und Sinnestäuschungen geschlagener Mensch, nicht auf die Anklagebank, sondern in eine geschlossene Anstalt. Selbst Salvador de Madariaga, der wenigstens versucht, ihm Gerechtigkeit zukommen zu lassen, betont pikiert, dass Spanien ihn nicht gebraucht hätte, um das Banner des Christentums in Westindien *ehrenvoll* einzupflanzen.

Das Gros der spanischen Historiker war sich lange in einer Hinsicht einig: Dieser Mensch hat das eigene Nest beschmutzt und zur Bildung jener *Leyenda negra* beigetragen, der Schwarzen Legende, unter der die Spanier über die Jahrhunderte hinweg zu leiden hatten und immer noch zu leiden haben. Mit welcher Schadenfreude, ja Wollust, hätten die Feinde des spanischen Volks doch seine Schilderungen benutzt, um das Land eines Cervantes, Calderón, Velázquez, Goya in aller Welt als finsteres Land der Inquisition, der Maurenverfolgung, der Judenvertreibung anzuprangern. War es angesichts derartiger Verleumdungen verwunderlich, wenn ein so bedeutender Historiker wie Egon Friedell in seiner Ende der 1920er-Jahre erschienenen *Kulturgeschichte der Neuzeit* schrieb: »Spanien hat von seinen amerikanischen Schandtaten keinen Segen gehabt: es ergab sich immer mehr der entnervenden und verdummenden Gewohnheit, von gestohlenem Gut zu leben, und in kaum einem Jahrhundert lag es da, wie es bis zum heutigen Tage daliegt: ein seelenloser, halb toter Kadaver, düster, träge, sich selbst verzehrend, seiner eigenen trostlosen Geistesstumpfheit, schauerlichen Herzensöde und wilden Grausamkeit ausgeliefert.«

Entstellung, Verzerrung, Übertreibung, klagen viele Spanier, welche Seite man auch aufschlage in dem Schandwerk der *Brevísima relación*. Wie übertrieben beispielsweise seien die Zahlen, mit denen der Pater operiere. Wie könne er von zwanzig Millionen Opfern sprechen, wenn es in dem gesamten Gebiet allenfalls acht bis zehn Millionen Einwohner gegeben habe? Und seien nicht die wahren Ursachen des, zugegeben katastrophalen, Bevölkerungsrückgangs die Krankheiten gewesen, die die Europäer eingeschleppt hatten, wie Masern, Pocken, Grippe; die so verheerend gewirkt haben, weil die Eingeborenen dagegen kein Abwehrsystem besaßen, so wenig wie die Spanier gegen die Syphilis?

Gewiss, die Kämpfe hätten viele Opfer gefordert, die Zwangsarbeit und die schlechte Behandlung auch. Aber darf man von einem Völkermord sprechen?

»Wenn man darunter die systematische und methodische Vernichtung einer ethnischen Gruppe durch den Tod der Individuen versteht, muss man mit Nein antworten«, schreibt der Historiker Joseph Pérez. »Die Spanier haben nie versucht, die Indianer systematisch auszurotten. Aus ihrer Sicht wäre das sogar absurd gewesen, denn sie benötigten ja die Arbeitskraft der Indianer, da sie selbst nicht arbeiten wollten. Damit hätten sie sich ja die Grundlage und ihre Hoffnung auf Reichtum entzogen.«

Systematisch sind sie wohl nicht umgebracht worden, aber umgebracht wurden sie. Und dass es nicht zwanzig Millionen gewesen sind, wird auch stimmen; vielleicht waren es »nur« zehn oder acht oder gar sechs. Ein perverses Rechenexempel, wie wir es aus unserer jüngsten Vergangenheit kennen.

Es gibt auf der Pyrenäenhalbinsel auch andere Urteile über Las Casas. Manuel Giménez Fernández gesteht in seiner leider erst in zwei Bänden vorliegenden Biografie, einen bewundernswerten Sevillaner und genialen Landsmann entdeckt zu haben. Ángel Losada schreibt in der Einleitung zu einem Werk des Paters, diesen Streiter für die Menschenrechte hätte man längst zum *español benemérito* ernennen müssen. Bisher blieben sie Rufer in der Wüste. Denn in der Regel sind es Nichtspanier wie Frantisek Gel und Lewis Hanke, die Las Casas mit der dem Wissenschaftler eigenen Vorurteilslosigkeit begegnen.

Bücher als Waffen

Las Casas widmete die *Brevísima relación* aus taktischen Gründen dem Thronfolger Philipp und bat ihn, das Werk dem

Vater zu geben. »Damit ich nicht zum Mitschuldigen werde an dem Verderben der Seelen und Leiden«, schrieb er im Vorwort, »habe ich mich entschlossen, von dem, was ich erlebt und erfahren in den Indischen Landen, etwas aufzuschreiben; obschon das, was ich hätte aufschreiben können, ohne Zahl ist. Und nur ein wenig schreibe ich auf, damit Eure Hoheit es leichter lesen mögen.«

Das handschriftliche Manuskript war nach dem Willen des Autors nur als Denkschrift für den Kaiser und den Indischen Rat bestimmt und nicht für die breite Öffentlichkeit. Johann Gensfleisch zur Laden aus Mainz, genannt Gutenberg, und seine Erfindung waren stärker: Las Casas selbst hatte, wie jeder Autor, dann nichts mehr dagegen, dass das, was er geschrieben hatte, auch gedruckt werde. Nachdem der *Bericht* in Sevilla erschienen war, machte er, übersetzt ins Französische, Englische, Holländische, Italienische, Portugiesische und Deutsche, im Laufe der Zeit seinen Weg um die ganze Welt. Wobei die Auflagen sich schlagartig erhöhten, wenn die Zeitläufe das Thema aktuell werden ließen: so bei den Auseinandersetzungen der Engländer und Holländer mit den Spaniern; beim Ruf nach *liberté, égalité, fraternité* in der Französischen Revolution; bei den Unabhängigkeitskriegen Lateinamerikas gegen die spanische Kolonialmacht, in denen die *Brevísima relación* zur Bibel der Revolutionäre wurde. Simón Bolívar, der 1813 den Spaniern einen Krieg auf Leben und Tod erklärte, wurde von Las Casas inspiriert, eine Föderation aller südamerikanischen Staaten nach dem Vorbild der USA zu gründen. In Cuba gilt Las Casas als Vorläufer der Unabhängigkeit. Immer wieder wird er in den Ländern Lateinamerikas zum Kronzeugen angerufen, wenn es darum geht, sich gegen Bevormundung, Ausnutzung, Unterdrückung durch Staat und Kirche zu wehren.

Im Dezember 1541 stand der Pater erneut vor Karl V. – und konnte nicht lange danach eine große Stunde erleben. Der Kaiser unterzeichnete die *Leyes nuevas de Las Indias*, die neuen Indiengesetze, erlassen, um die Gleichberechtigung zwischen Spaniern und Indios herzustellen. Sie verboten Sklavenjagden und Versklavung, die Gründung neuer *encomiendas*, den Einsatz von Indianern bei der lebensbedrohenden Perlenfischerei; sie geboten die Freilassung von Indianersklaven (sofern ihre Besitzer den rechtmäßigen Erwerb nicht nachweisen konnten); sie billigten allen Eingeborenen einen besonderen Schutz zu, angemessenen Lohn, gleiche Steuern. Wie überhaupt mit ihnen allen so zu verfahren sei, als handele es sich um freie Untertanen der spanischen Krone, »denn sie sind solche«.

Im Juli 1544 bestieg Las Casas in Sevilla ein Segelschiff in Richtung Westindien. Vierzig Priester begleiteten den nunmehrigen Bischof und eine große Anzahl von Indios, die er, kaum dass das Gesetz in Kraft getreten war, von ihrem Sklavenjoch auf den spanischen Landgütern befreit hatte. Seine Diözese hieß Chiapas, ein im Süden von Mexiko gelegenes Gebiet, arm und weltverlassen. Sie hatten ihm Cuzco angeboten, ein reiches Bistum in einer reichen Stadt, ein Angebot, das nach Bestechung roch und deshalb abgelehnt wurde. Die Eingeborenen in der neuen Heimat trugen ihn auf blumengeschmückter Sänfte von Bord. Die Siedler empfingen den Indianerknecht mit dem Vorsatz, des Kaisers Gesetze zu loben, aber nicht zu befolgen. Nicht nur in Mexiko blieben die *Leyes* Papier, auch in den anderen Teilen des riesigen Kolonialreichs wurden ihre Bestimmungen umgangen. Bald war auch dieser passive Widerstand nicht mehr nötig. Am Weihnachtstag des Jahres 1546 suchte der Gouverneur seinen neuen Bischof auf und überreichte ihm eine soeben aus Madrid eingetroffene Schriftrolle. Die Lobby jener Granden, die an Sklavenhandel und Sklavenarbeit verdienten, hatte es geschafft: Die *Leyes nuevas de las Indias* waren vom Kaiser widerrufen worden.

Ein anderer hätte jetzt den aussichtslosen Kampf aufgegeben. Der Pater Las Casas handelte nach dem Bibelwort, wonach man sanft sein solle wie eine Taube, aber listig wie eine Schlange. Hatte er schon früher besonders grausamen *encomanderos, conquistadores* oder Sklavenhändlern die Vergebung ihrer Sünden verweigert, wenn sie sterbenskrank darniederlagen, so machte er daraus jetzt ein förmliches System: Der Beichtende musste sich gegenüber einem königlichen Beamten in einem am Sterbebett aufzunehmenden Protokoll verpflichten, wieder gutzumachen, was er den Indios angetan, und zwar durch die Verteilung seines materiellen und finanziellen Erbes an die Geschädigten oder deren Erben, widrigenfalls dem Sterbenden keine Absolution seiner Sünden erteilt werden durfte. Er würde also vor Gottes Richterstuhl treten, ohne mit den Sterbesakramenten versehen worden zu sein. Und da Christen, wenn es ans Sterben geht, panische Angst vor den Strafen der Hölle bekommen, waren sie zu jeder Art von Wiedergutmachung bereit.

Um den die Beichte abnehmenden Priestern bei ihrem Dienst zu helfen, verfasste Las Casas einen Leitfaden unter dem voluminösen Titel *Beichtstuhl, das ist: Ratschläge und Regeln für Beichtväter, die die spanischen Herren der westindischen Indianer mit den Sterbesakramenten zu versehen haben*. Da er seine Amtsbrüder zu kennen glaubte, warnte er sie ausdrücklich davor, sich nicht an die Regeln zu halten, wollten sie nicht als Helfershelfer von Mördern einst selbst zur Hölle fahren.

Der *Beichtstuhl* kam einer Erpressung gleich. Las Casas war sich dessen wohl bewusst, aber es war ihm gleichgültig, solange das Mittel dem Zweck half. Die zitierten »spanischen Herren« protestierten in einer Mischung aus Furcht und Wut gegen die neuerliche Infamie des vom Teufel besessenen Pfaffen und verklagten ihn erneut wegen Hochverrats (und Beleidigung Seiner Majestät); sei doch der *Beichtstuhl* eine Schrift, dazu geschaffen, die Grundlagen der königlichen Herrschaft in Westindien zu untergraben. Die Vorladung aus Madrid, sich zu der Anklage zu äußern, traf postwendend ein. Diesmal musste der Pater nicht auf ein Schiff warten. Als er die Küste am Horizont im Dämmerlicht versinken sah, ahnte er, dass er die Neue Welt, die seine Welt geworden war, nicht wiedersehen würde.

Das Gewissen Spaniens

Das Verfahren gegen ihn wurde, wie alle anderen, niedergeschlagen. Er war klug genug gewesen, sich vor der Niederschrift des *Beichtstuhls* der Zustimmung führender Theologen und Juristen zu versichern. Seine Denunzianten hatte er längst zu verachten gelernt, ein anderer Gegner aber war ihm daheim erwachsen, einer, der jeden das Fürchten lehren konnte. Reich, unabhängig, gelehrt, einer vornehmen Familie entstammend, Erzieher der Thronfolger, Hofchronist, galt der Doktor Juan Ginés de Sepúlveda als prominentester Befürworter der *conquista*. In Wort und Schrift vertrat er den Standpunkt, weltliche und kirchliche Macht hätten das Recht, heidnische Völker zu unterwerfen und zu bekehren. Was die Indios betreffe, so sei an diesem Recht schon gar nicht zu zweifeln, weil sie einem minderwertigen Menschengeschlecht angehörten, befleckt mit den barbarischen Sitten der Götzenverehrung, des Kannibalismus und der Sodomie, deshalb von Natur aus Sklaven seien und den Angehörigen eines an Vernunft, Klugheit und Kultur überlegenen Volkes, wie dem der Spanier, zum Dienst verpflichtet.

Las Casas hatte bald erkannt, wen er in Doktor Sepúlveda vor sich hatte: einen Mann, der niemals fähig gewesen wäre zu stehlen, zu brandschatzen, zu morden. »Seine Hände sind zart, und aus Papier und Pergament sind die Ziegel, mit denen er um die Räuber und Mörder einen Schutzwall errichtet.« Unsere Zeit hat dafür den Ausdruck »Schreibtischtäter« geprägt. Die Meinungen der beiden waren so konträr und wurden von ihren Anhängern so leidenschaftlich unterstützt (wobei die des Bischofs weit in der Minderzahl waren), dass im Interesse der Öffentlichkeit eine Klärung notwendig erschien. Eine Disputation in Gegenwart der geistigen Elite des Landes erschien dafür das geeignete Forum. Kaiser Karl V. höchstselbst ordnete sie an und bestimmte als Schauplatz die Stadt Valladolid. Bei diesen damals beliebten Wortkämpfen siegte nicht immer der mit den besseren Argumenten, sondern, wie heute auch, der mit der besseren Rhetorik. Sepúlveda betrat den Kampfplatz im sicheren Gefühl des Sieges. Nicht umsonst nannte man ihn den spanischen Cicero.

Las Casas, von dem kein authentisches Bild überliefert worden ist – wir wissen nur, dass er klein und zierlich war, das Gesicht überwölbt von einer hohen kahlen Stirn und beherrscht von großen leuchtenden Augen –, Las Casas griff seinen Gegner sofort scharf an. »Ich werde Euch bekämpfen und Euch als einen Todfeind der Christenheit überführen, als den Anwalt grausamer Gouverneure und Generale, als Verbreiter tödlicher Verblendung in den spanischen Königreichen. Indem Ihr Verbrechen verteidigt, macht Ihr Euch zum Mitschuldigen; und eines Tages werdet Ihr Euch vor Gott zu rechtfertigen haben, dass Ihr gleichgültig gewesen seid zu einer Zeit, da Ihr Euch die Brust zerfleischen und das Herz hättet zerreißen müssen angesichts der Qual so vieler unschuldiger Menschen.«

In einer sich über fünf Tage hinziehenden Rede trug er das Denkgebäude seines Gegners Stück für Stück ab, sodass nur Trümmer blieben.

Wisse er nicht, dass Aristoteles, den er ständig im Munde führe, unter Barbaren nur jene Menschen verstanden habe, die ohne Gemeinschaft und Ordnung lebten? Treffe das etwa auf die Indios zu? Wenn ja, dann müsse er auch den alten Römern beistimmen, als sie nach der Eroberung der Iberischen Halbinsel vom »wilden barbarischen Volk der Spanier« berichtet hatten, das nur mittels strenger Gesetze kultiviert werden könne.

Und dürfen wir aus einer uns fremden Moralvorstellung, die die Sodomie und das Menschenopfer erlaube, das Recht ableiten, diese Menschen zu unterjochen und auszurotten? Sepúlveda müsse doch als Wissenschaftler Kenntnis davon haben, dass es kaum ein Volk gebe, das irgendwann in seiner Geschichte diese zugegeben barbarischen Bräuche nicht toleriert hätte. Und was habe es mit dem Götzendienst auf sich? Dort, wo es um die wahre Liebe zu Gott geht, gebe es keinen Unterschied zwischen einem wahren Gott und einem falschen Gott.

Sepúlveda wandte ein, die Kirche erfülle in den westindischen Ländern nur das Wort St. Augustins *Compelle intrare* – Zwinge sie einzutreten. Glaube sein geehrter Gegner, klüger zu sein als der Heilige? Wenn ja, so behaupte er damit etwas, »was falsch ist, was skandalös ist – und was ketzerisch ist«. In diesem Moment legte sich, wie Augenzeugen berichten, bedrückende Stille auf das Auditorium. Jeder wusste, wie gefährlich es war, aus solchem Mund der Ketzerei bezichtigt zu werden. Über den Städten lag der Brandgeruch der Scheiterhaufen. Tausende von Menschen verkamen im Grab der Lebenden, wie die Kerker der Inquisition genannt wurden. Las Casas war Bischof und galt mit seinen vierundsiebzig Jahren als ein Greis. Doch schützten weder Rang noch Alter vor dem Feuer.

Die Antwort von Las Casas zeigt, dass er außer Gott niemanden fürchtete auf der Welt. »… und ich sage Euch, Doktor Sepúlveda, bis zum Jüngsten Tag wird kein Ungläubiger an Jesus Christus wahrhaft glauben, wenn dieser Glaube von Mördern, Räubern und Tyrannen verkündet wird.«

Wenn nach dem »Sieger« gefragt wurde, und diese Frage stellte sich nach jeder großen Disputation, so gab es keinen Zweifel im Auditorium und in der gelehrten Welt: Der *Defensor universal de Los Indios* war es. Selbst das *officium sanctum*, bei dessen bloßer Namensnennung der gewöhnliche Sterbliche sich zu bekreuzigen pflegte, denn es versah das Amt der Inquisition, verfügte höchst Ungewöhnliches. Sepúlvedas Buch *Über die Gründe, welche die Indios uns zu einem gerechten Krieg liefern* ward den Flammen überantwortet, weil es, wie vom Bischof von Chiapas in Valladolid bewiesen, eine Irrlehre verkünde.

Las Casas konnte seines Sieges nicht froh werden. An der Kolonialpolitik in Westindien mit ihrer Gewalt, Unterdrückung, Ausrottung änderte sich nichts. Dass man die Bezeichnung *conquista* durch *pacificación* ersetzte, gehört zu den unfreiwilligen Zynismen. Er muss sich vorgekommen sein wie Simón Bolívar, der am Ende seines Lebens bekannte: »Ich habe immer nur das Meer gepflügt.« Las Casas war gescheitert. Er wusste das und beklagte in seinen letzten Lebensjahren, wie wenig er doch für seine Schützlinge habe tun können. Doch die Frage nach dem Erfolg oder Misserfolg darf nicht das einzige Kriterium sein bei der Beurteilung eines Menschen. Er war mehr als lediglich erfolgreich gewesen.

»Beneiden wir ihn. Er hat die Ehre seines Vaterlandes durch ein großes Werk und eine große Tat gerettet«, klang es am Grab Émile Zolas, eines anderen Unbeugsamen. »Seine Bestimmung und sein Herz zwangen ihm die erhabenste Rolle auf: Für einen Augenblick der Geschichte verkörperte er das Gewissen der Menschheit ...« Der Pater aus Sevilla hat ein Beispiel gegeben an Opfermut, Standhaftigkeit und Zivilcourage, das die Zeiten überdauert hat. Er war das Gewissen *Spaniens*.

Die Kirche hat ihn nicht selig gesprochen, geschweige denn zu ihrem Heiligen gemacht. Sein Grab ist unbekannt. Ein

Denkmal wird man in ganz Spanien vergeblich suchen. Er hat es sich selbst gesetzt. Auch dadurch, dass uns seine *Historia de Las Indias* zur wichtigen Quelle der Entdeckungsgeschichte Amerikas geworden ist – mit Columbus, dem Entdecker, den er liebevoll, aber stets kritisch schildert, die Tugenden und Untugenden, die Irrtümer und die Erkenntnisse, das Geniale und das Banale sorgsam registrierend.

X El Alto Viaje

Mit dem Teufel im Bunde

Wir sind der Zeit, notwendigerweise, weit vorausgeeilt. Kehren wir zurück zu Columbus und in das Jahr 1502.

Der Admiral verließ den Hafen von Cádiz Anfang Mai mit dem Flaggschiff *(capitana)*, mit der von seinem Bruder Bartolomeo geführten *Santiago de Palos*, der *Gallega*, die von dem getreuen, an allen Reisen beteiligten Terreros befehligt wurde, und der *Viscaína*, deren Besatzung auf den einer alten genuesischen Patrizierfamilie entstammenden Bartolomeo Fieschi hörte. Und noch jemand war an Bord: der zwölfjährige Sohn Fernando. Columbus also hatte sich mit engvertrauten Menschen umgeben; ein Zeichen, dass er eine Art Nestwärme brauchte, um noch einmal die Kraft für eine Atlantiküberquerung aufzubringen.

Die jungen Matrosen – die meisten von ihnen waren nicht älter als dreizehn, vierzehn Jahre – werden sich ihren Admiral anders vorgestellt haben. Der alte Mann, der da, auf einen Stock gestützt, über das Achterkastell hinkte, glich nicht dem Bild, das ihnen die Älteren gezeichnet hatten. Dennoch vertrauten sie ihm. Sie kannten seinen Ruf als eines großartigen Seemanns; und sie spürten jene geheimnisvolle Ausstrahlung, die man Aura nennt.

Mochte der Einundfünfzigjährige gebrechlich, ja verbraucht wirken, in den Augen brannte das alte Feuer. Seine geistige Energie war so ungebrochen wie seine Standhaftigkeit und seine Kraft, Leiden zu ertragen. Er wollte es noch einmal allen zeigen, seinen Freunden und seinen Feinden (deren Zahl wuchs): dass es das asiatische Festland war, das er entdeckt hatte; dass es dort Reichtümer gab in jenem verschwenderischen Ausmaß, wie Marco Polo berichtet hatte; dass er schließlich auch die Meerenge als den direkten Weg nach Vorderindien, von der die neuen Entdecker behaupteten, es müsse sie geben, finden werde, um dann um den gesamten Erdball zu segeln von Ost nach West.

Sein Gottvertrauen und seine Zuversicht waren grenzenlos. Hätte er gewusst, was ihn auf dieser vierten Reise, die er als *el alto viaje* – die Große Fahrt – über alle anderen Reisen stellte, erwartete, er wäre trotz seiner ihm nachgerühmten stählernen Seele vielleicht doch umgekehrt. Wer die Schilderungen der Gefährten, besser der Leidensgenossen, über ihren Kampf mit den Meeren, den Stürmen, der Hitze liest, über ihre blutigen Gefechte mit den Eingeborenen; wer erfährt, wie sie sich gegenseitig bedrohten, verrieten; wie sie hungerten, von Krankheiten gequält wurden, den Tod der Gefährten erlebten – der mag sich fragen, wo die Grenze menschlicher Leidensfähigkeit liegt. Tröstlich nur, dass es in diesem Inferno, wo einer des anderen Wolf war, immer wieder ergreifende Beispiele von Nächstenliebe, Opferbereitschaft und Treue gab.

Nichts deutete zu Beginn darauf hin, dass die Große Fahrt des Columbus beinah seine letzte Reise geworden wäre. Die Überfahrt der 130 Männer mit ihren vier Schiffen wurde zu einem eleganten Ritt auf den Wellen, der mit seinen einundzwanzig Tagen Dauer so schnell war wie keiner zuvor. Selten hatte der Passat so stark und beständig geblasen. Nach drei erholsamen Tagen auf Martinique, wo man im Fluss badete, die Kleider wusch und die Wasserfässer füllte, nahmen sie Kurs auf die Küste von Hispaniola. Dem Admiral war es zwar von den Herrschern untersagt worden, Santo Domingo anzulaufen, in der begründeten Furcht, er werde mit Nicolás de Ovando, dem neuen Gouverneur der Insel, sofort zusammenstoßen, doch Columbus wäre nicht Columbus gewesen, hätte er nicht nach einem Grund gesucht, das Verbot zu umgehen.

Schließlich war es seine Insel, eine, die er »durch Gottes Willen für Spanien einst mit Blut und Schweiß erschloss«; und es war seine Stadt, deren Häuser er gebaut hatte.

Die Begründung, warum er trotz Verbot den Ozamafluss hinauffahren musste, wurde ihm schneller geliefert, als es ihm recht gewesen wäre. Die *Santiago*, die sich während der Überfahrt als schwerfälliger Kasten erwiesen hatte, geriet bei der immer höher gehenden See mehr und mehr in Schwierigkeiten. Vielleicht könnte man sie gegen ein anderes, im Hafen von Santo Domingo liegendes Schiff austauschen? Der Admiral ließ das Beiboot fieren und sandte Kapitän Terreros mit einer Botschaft zum Gouverneur, verbunden mit dem dringenden Rat, eine zur Überfahrt nach Spanien bereitliegende Flotte jetzt nicht auslaufen zu lassen. Alle Anzeichen, so warnte er, deuteten darauf hin, dass der Ausbruch eines Huiranrucan bevorstand.

Da waren die lange ölige Dünung, die von Südwest her anrollte, die Unregelmäßigkeiten bei Ebbe und Flut, die lähmende Schwüle, die von kurzen überfallartigen Böen unterbrochen wurde; Haie umkreisten in ungewöhnlich großer Zahl die Schiffe, und die alten Seebären begannen ihr Rheuma zu spüren.

Terreros kam mit der lakonischen Meldung zurück, der Gouverneur folge, wenn er die Einfahrt versage, nur den Weisungen seiner Könige; was den angeblich bevorstehenden Wirbelsturm betreffe, so bedürften seine seeerprobten Steuerleute keiner Ratschläge. »Euer Hochwohlgeboren wurden von den Caballeros seiner Umgebung als ein falscher Prophet und Wahrsager verspottet.«

Die aus etwa dreißig Schiffen bestehende Flotte lief aus. Als sie die Monapassage durchsegelte, fiel der Sturm mit jener Gewalt über sie her, wie wir sie aus den heutigen Berichten über die Hurrikane (die so nette englische Vornamen tragen) kennen, mit Windgeschwindigkeiten bis zu 200 Stundenkilometer, sintflutartigen Regenfällen, haushohen Wellenbergen. Er zerschlug die Schiffe wie Spielzeug, warf sie auf die Klippen oder riss sie mit Mann und Maus in die Tiefe. Auf den Meeresgrund sank Gold im Wert von 100 Millionen Maravedi, darunter ein Klumpen von zweiunddreißig Pfund. (Schatzsucher haben bisher vergeblich danach gefahndet.) Über 500 Menschen fanden den Tod in den Wellen: brave Seeleute, verwundete Soldaten, aber auch jene Glücksritter, Halsabschneider, Galgenvögel, die Santo Domingo zu einem Sodom und Gomorrha gemacht hatten. Auch Francisco Roldán und seine Kumpane ertranken, die Columbus hatten umbringen wollen; und der Exgouverneur Bobadilla, der ihm die Ketten angelegt hatte.

Nur eine einzige Karavelle gelangte unversehrt nach Spanien, und die hatte beim Auslaufen mehr einem Wrack geglichen als einem seetüchtigen Schiff, nicht ohne Absicht ausgesucht von Ovando, um den dem Admiral laut Vertrag zustehenden Anteil an der Goldförderung zu transportieren. Was Columbus als das Walten eines gerechten Gottes ansah – den Tod Bobadillas, Roldáns und die Rettung eines Teils seines Vermögens –, erschien den anderen als das Wirken des Teufels, mit dem der Genuese, das hatte man schon immer gewusst, im Bunde war. Wie auch anders hätte er sich vor dem Sturm rechtzeitig in Sicherheit bringen können, indem er seine Schiffe einige Meilen westlich dicht unter Land vor Anker legte, wo sie lediglich einige Segel und ein Beiboot verloren!

An den Mayas und Inkas vorbei?

Ende Juli erreichten die vier Schiffe die vor der Küste von Honduras gelegenen Islas de la Bahía. Die Männer zeigten den Eingeborenen Perlen und Goldkörner, doch statt der erwarteten Auskunft, wo es davon mehr gebe an den Küsten, stellte ihnen der Kazike eine überraschende Frage: Wie viele

Fische und Früchte ihnen denn diese Kostbarkeiten wert seien; er würde sie gern dafür eintauschen. Die Spiegel, Falkenglöckchen, Glasperlen, Münzen schob er verächtlich beiseite. Columbus nahm rasch die Inseln für die spanische Krone in Besitz, mit einer Zeremonie, der die Indios, wie üblich, so begeistert wie ahnungslos folgten, und verließ den höchst befremdlichen Volksstamm. Interessanter war da schon das gewaltige, von fünfundzwanzig Ruderern bewegte Kanu mit seiner hausartigen Kajüte, das anderntags längsseits kam. Diese Indios waren nicht nackt, sondern trugen ärmellose farbige Hemden von feinem Gewebe und lange Schürzen; die Frauen verbargen ihre Gesichter hinter baumwollenen Schals. Auch die Geräte aus Ton und Stein, die hölzernen Schwerter mit den als Schneide eingelegten Feuersteinen, die kupfernen Äxte, die Tiegel zum Schmelzen von Metallen unterschieden sie von allen bisher angetroffenen Stämmen.

Woher sie kämen? Sie wiesen mit weit ausholenden Armbewegungen nach Westen, dorthin, wo das Land *Mayi* liege. Inzwischen weiß man, dass sie aus einem Randgebiet des Mayareichs stammten, dass *dort im Westen*, auf der Halbinsel Yucatán, Städte lagen mit Tempeln, Pyramiden, Palästen, Sportarenen, Städte mit Namen wie Chichén Itzá, Uxmal, Mayapan, die den Höhepunkt ihrer Entwicklung zwar bereits überschritten hatten, aber noch bedeutend genug waren.

Wäre Columbus weitergefahren, dann *hätte* er ... hätte oder *wäre* – zwei Wörter, mit denen es sich in der Historie schon immer gut spekulieren ließ. Zumindest inspiriert die »nicht geschehene Geschichte« zu interessanten Gedankenspielen: Was wäre geschehen, wenn Arminius nicht über die Römer gesiegt hätte; Pontius Pilatus Jesus begnadigt hätte; Karl Martell die Araber 732 nicht hätte zurückschlagen können und so fort. Auf unseren Fall angewandt, hieße das: Wäre Columbus weitergefahren, hätte er nach wenigen Tagesreisen am Kap San Antonio den westlichsten Punkt erreicht und erkannt, dass Cuba eine Insel ist; eine unmittelbare Folge wäre die Entdeckung Yucatáns gewesen; die Reiche der Mayas und Azteken mit ihren unermesslichen Schätzen hätten vor ihm gelegen, und damit wären alle Verleumder und Besserwisser am spanischen Hof mundtot gemacht worden. Die Göttin der Geschichte jedoch, sofern man an Clio glaubt, wollte es anders. Sie hob sich die Mayas und Azteken für Hernán Cortéz und sein Heldengesindel auf.

Ein, zwei Tagesreisen trennten ihn von den Zentren einer uralten, hoch entwickelten Kultur, er aber folgte den Kanufahrern nicht, die ihn geradezu einluden. Er hatte zu oft von den Eingeborenen gehört, wie reich dieser König dort im Westen sei, wie viel Gold jenes Volk im Süden besitze, seine Vorstellungskraft war zu oft strapaziert worden, als dass er jetzt noch viel darauf gegeben hätte. Außerdem wollte er seiner Aufgabe treu bleiben, die Meeresenge zu finden, die Pforte zum eigentlichen *el dorado*, und die würde er nach seiner Meinung nicht in westlicher Richtung finden, sondern auf südöstlichem Kurs.

Was er auf der Reise die honduranische Küste entlang erlebte, war das Inferno. »Nicht enden wollende Stürme, die Fluten, welche von oben kamen, die Wirbel, die uns umkreisten, die Tage ohne Sonne, die Nächte ohne Sterne, alles schien uns den Untergang der Welt anzukündigen. Unsere Schiffe wurden leck, die Segel zerrissen, die *Capitana* verlor ihre Masten, die Anker, die Taue. Viele unserer Männer waren krank, und jedermann in tiefer Bekümmernis. Einige gelobten, ins Kloster zu gehen, andere eine Pilgerfahrt zu unternehmen, alle beichteten sie sich gegenseitig ihre Sünden. Auch ich selbst lag krank darnieder und befand mich des Öfteren an der Schwelle des Todes. Von der Hundehütte, die ich auf dem Achterkastell hatte errichten lassen, versuchte ich, so gut es ging, das Schiff zu leiten. Mehr als die eigenen Schmerzen zerriss mir die Sorge um den Sohn die Seele; er war erst dreizehn geworden und schon so vielen Plagen und Gefahren ausgesetzt. Dennoch tröstete es mich, wenn ich beobachtete, wie er sein Handwerk verstand und die anderen durch sein Beispiel aufrichtete, als sei er schon achtzig Jahre zur See gefahren. Auch um meinen Bruder Bartolomeo litt ich; nicht genug, dass er an Bord des schlechtesten Seglers sich befand, ich war es, der ihn gegen seinen Willen zu dieser Reise überredet hatte, und mein Gewissen schlug.«

In den achtundzwanzig Tagen, die der Sturm dauerte, hatte man gerade 170 Seemeilen zurückgelegt. Mitte September tauchte aus dem Regendunst ein Kap auf, hinter dem die Küste plötzlich südwärts verlief. Wie mit Zauberhand wurde das Meer ruhig, und die Schiffe konnten endlich vor dem Wind laufen. *Gracias a Dios* taufte Columbus, Gott damit für die Errettung aus Seenot dankend, das Vorgebirge. Costa Rica, die reiche Küste, wurde später das Land, an dem sie nun entlang fuhren, wegen seiner Gold- und Silberminen genannt. Von den Wäldern her wehten balsamische Düfte. Immer wieder kamen Kanus längsseits mit Geschenken, darunter zwei nackten jungen Mädchen in verschwenderischem Blumenschmuck. Der Admiral schickte sie reich beschenkt zurück, um ihren Stammesgenossen zu zeigen, wie freigebig und tugendhaft zugleich seine Gefährten seien. Die aber sahen das als eine Unhöflichkeit an und warfen die Geschenke ins Feuer. Schließlich kletterte ein Kazike über die Reling und setzte zu einem langen Bericht an, von dem die Dolmetscher nur so viel verstanden, dass neun Tagesreisen gegen Westen an einem anderen großen Wasser das Land Ciguare liege, bewohnt von Menschen, die Goldenes am ganzen Körper trügen, große Märkte abhielten, ihre Lasten auf vierbeinigen Tieren transportierten, Häuser bis in den Himmel hinein bauten und einem einzigen Manne untertan seien.

Erhielten die Spanier hier die ersten Andeutungen über das an den Pazifik grenzende Peru mit seinem Reichtum an Gold, seinen Handelsplätzen, den Lamas, den monumentalen Tempeln und dem alles beherrschenden Inka?

Als der Flottenschreiber sich anschickte, die Erzählung schriftlich festzuhalten, zeigten sich die Indios angesichts der schwarzen Zeichen, die eine Feder auf einem weißen Blatt hervorzauberte, so entsetzt, dass sie geschlossen über Bord sprangen. Am Ufer entzündeten sie mit einem Pulver ein Feuer, dessen gelblich-roter Rauch über die Schiffe hinwegzog und nun wieder die nicht weniger abergläubischen Spanier an Hexenkünste denken ließ. Rasch lichteten sie die Anker. Columbus machte sich aus den Erzählungen des Kaziken das Bild, das er brauchte: Nichts anderes als die Halbinsel Malakka war hier wieder einmal gemeint; die Wasserstraße konnte nicht mehr weit sein, und bald würde man den Indischen Ozean erreichen.

Seine Leute hatten ebenfalls etwas erfahren. Es interessierte sie mehr als die strapaziöse Suche ihres Admirals nach seiner »Meerenge«. *Ve-ra-gu-a!*, hatten die Indios ständig wiederholt und dabei ihre weit ausholenden Armbewegungen gemacht, aus denen die genaue Richtung selten erkennbar war. *Veragua – nuzay!*, sagten sie. Mit ihren Händen schienen sie das Gold geradezu zu schaufeln. Es bleibt ein Phänomen, dass die Spanier, obwohl sie oft genug getäuscht – enttäuscht – worden waren, ihnen aufs Wort glaubten. Auch ihr Admiral ließ alsbald Meerenge Meerenge sein und machte sich mit allen vier Karavellen auf die Suche. Sie fanden Veragua, und sie fanden Gold; selbst auf die Unzuverlässigkeit der Indios war also kein Verlass mehr. Zwischen den *Río Bellén* und *Río Veragua* getauften Flüssen holten die Männer mit ihren blanken Messern in wenigen Stunden so viel aus dem Boden heraus, dass sie einander wie berauscht in die Arme fielen.

Welten entfernt von der Heimat, umschwärmt von Moskitos, vom Fieber geschwächt, hockten sie auf den Stümpfen der Urwaldriesen und malten sich aus, was sie in Palos, in Moguer, in Huelva, in Sevilla mit ihren Reichtümern anfangen würden. Niemand murrte, als Columbus ihnen offenbarte, dass er, nachdem *el dorado* nun gefunden sei, hier eine Kolonie gründen wolle. »Don Bartolomeo, unser Bruder, wird das Oberhaupt sein. Wir dagegen werden mit zwei Schiffen nach Spanien zurückkehren, um den Königen zu berichten und mit Verstärkung wiederzukommen.«

Er gab Befehl, mit dem Bau von regensicheren Hütten und Vorratshäusern zu beginnen. Einen Namen für die neue Siedlung hatte er auch schon: *Santa María de Belén*. Sie lag am Westufer des Flusses, am Zulauf eines Baches und am Fuß eines Hügels, nicht mehr als einen Bogenschuss von der Mündung entfernt. An Freiwilligen, die trotz der Weltverlorenheit des Dschungelfleckens sich zum Bleiben entschlossen, war kein Mangel. Bevor die Hütten fertig waren, sollten sie auf der *Gallega* wohnen. Was die anderen Besatzungen erübrigen konnten an den immer knapper werdenden heimischen Lebensmitteln wie Speck, Käse, Weizen, Öl und Zwieback wurde an Bord dieser Karavelle geschafft.

In der Falle

Als die Zeit gekommen war, Abschied zu nehmen von den Zurückbleibenden, bemerkten die Schiffsführer mit Bestürzung, dass sie festsaßen. Der Wasserspiegel des Belén war plötzlich so rasch gesunken, dass die Karavellen nicht mehr über die Untiefe an der Mündung hinwegkamen. Die kleine Bucht wurde vollends zur Falle, als die Indianer, die den Bau der Siedlung auf ihrem Boden misstrauisch beobachtet hatten, etwas taten, was die Spanier nicht vermutet hätten (für sie waren alle Eingeborenen ein feiges Lumpenpack); sie besetzten den Hügel oberhalb der Siedlung, begannen mit Pfeil und Bogen, Steinschleudern, Speeren auf die Hütten zu schießen, trieben die Bewohner auf eine am Ufer gelegene Lichtung. Gleichzeitig überfielen sie das Beiboot der *Capitana*, das flussaufwärts gefahren war, um die leeren Wasserfässer für die Heimfahrt zu füllen, massakrierten den Kapitän Diego Tristán und elf Matrosen und warfen sie in den Fluss, der sie bald an den auf der Lichtung Eingeschlossenen vorbeitrieb.

Panik bricht aus angesichts der von Geiern umschwärmten verstümmelten Leichen. Die Männer versuchen vergeblich, an Bord der *Gallega* zu kommen. Ihre Hilferufe verhallen. Die anderen drei Schiffe haben inzwischen die Sandbarre an der Mündung passieren können. Von dem Hügel dringt der beißende Rauch ihrer brennenden Hütten. Niemand will die sieben Gefallenen begraben, die in der Hitze einen infernalischen Gestank verbreiten. Tag für Tag vergeht. »Warum hilft uns dein hundsföttischer Bruder nicht?!«, schreien sie auf Don Bartolomeo ein.

Der Bruder aber kann ihnen nicht helfen. Er verfügt nur noch über ein einziges Beiboot. Zerschellt es in der Brandung, wäre auf der weiteren Fahrt kein Wasserholen mehr möglich, kein Eintausch von Lebensmitteln, keine Erkundungsfahrt – ein für die kleine Flotte lebensgefährlicher Zustand. Seine Hoffnung, mit den auf der *Santiago* gefangen gesetzten Geiseln die Kaziken zum Nachgeben zu zwingen, hatte sich in fürchterlicher Konsequenz zerschlagen. Die Indianer, unter ihnen Frauen und halbwüchsige Kinder, hatten aus ihren Baumwolljacken Stricke geflochten und sich an den Decksbalken des Laderaums aufgehängt – eine schauerliche Demonstration, wie wenig ihnen der Tod bedeutete, wenn er sie nur vor der Versklavung bewahrte.

Man muss den Brief des Admirals lesen, der nicht umsonst von der Forschung den Namen *lettera rarissima* erhalten hat, um seine Verzweiflung, seine Sorge, seine sich zu Halluzinationen steigernde Seelenqual zu begreifen .

»... ich war da draußen vor der gefährlichen Küste, vom Fieber gepeinigt, von Erschöpfung niedergeworfen. Jede Hoffnung schien entschwunden. Da hörte ich plötzlich eine Stimme zu mir sagen: O du Tor, du Kleingläubiger. Hat Gott wohl mehr getan für Moses und David, seinen Knecht? Er verlieh dir Indien, den reichsten Teil der Erde. Dir gab er die Schlüssel zu den Pforten des Weltmeeres, die bis dahin so fest verschlossen waren. In vielen Landen gehorchte man deinem Wort, und unsterblichen Ruhm hast du in der ganzen Christenheit dir erworben. Wende dich wieder zu Gott und erkenne endlich deinen Irrtum. Seine Barmherzigkeit ist unendlich und wird dich, auch wenn du glaubst, schon zu alt zu sein, noch große Dinge vollbringen lassen. War Abraham nicht hundert Jahre, als er den Isaak zeugte? Du jammerst, dass ER dir keine Hilfe bringt. Sprich, wer war es, durch den dir so viel Trübsal wurde, durch Gott oder die Welt? Alles, was ER verspricht, erfüllt ER mit Zins und Zinseszins. Und bald kommt der Tag, da ER dir vergelten wird, was du im Dienste anderer erlitten. Deshalb fürchte nichts, vertraue, denn in Marmor steht geschrieben, was für Prüfungen du bestanden hast.«

Und Gott half. Er half, indem er sich eines Mannes namens Diego Méndez bediente. Bei einer Unternehmung, bei der nicht nur der Frömmste zu sagen pflegt, dass sie nur mit Gottes Hilfe hat gelingen können. Diego durchschwamm die von Haien wimmelnde Bucht bis zur Lichtung, ließ aus zwei Kanus ein Floß bauen, brachte in mehreren nächtlichen Fahrten die auf sechzig Mann geschmolzene Besatzung über die Barre hinweg auf die Schiffe, barg sogar noch, im Pfeilhagel der Indios, aber unverletzt, Munition, Vorräte, Ausrüstung. Die Tat brachte ihm die Beförderung zum Kapitän der *Capitana* ein und damit die Stelle des von den Indios getöteten Tristán.

Die *Gallega* allerdings wurde zurückgelassen, und auf der Höhe von Porto Bello musste auch die *Viscaína* aufgegeben werden. Was rasende Stürme und hochgehende See nicht geschafft hatten, schaffte ein kleines Lebewesen, das den klangvollen lateinischen Namen *teredo navalis* trägt, auf Deutsch der gemeine Schiffsbohrwurm. Der 15 bis 20 Zentimeter lange Wurm, der eigentlich eine Muschel ist, war mit seinen raspelartig gezähnten Schalen durch die Schutzschicht aus Pech, Talg und Kiefernöl in den Schiffsrumpf eingedrungen, hatte Myriaden von Eiern gelegt, aus dem ebenso viele neue Bohrwürmer krochen. Mit ihrer phänomenalen Gefräßigkeit legten sie lange Gänge an, durch die das Meer, unmerklich erst in feinen perlenden Tröpfchen, dann stärker mit winzigen Rinnsalen seinen Weg suchte, bis schließlich hunderttausend kleine Quellen aus den Planken flossen und das Wasser von der Bilge her über die Laderäume und Kajüten bis knapp unter das Hauptdeck anstieg. Durch die unaufhörliche Betätigung der Pumpen, eine wegen ihrer Eintönigkeit von den Seeleuten gehasste Tätigkeit und wahre Sisyphusarbeit, hielt man die Karavellen mühsam über Wasser; auch schöpfte man mit Töpfen, Kesseln und Krügen.

In der Osternacht 1503 verließen sie den Río Belén, krochen die Küste entlang und passierten noch einmal Puerto Gordo, wo sie Ende des vergangenen Jahres gelegen hatten. Vier Jahrhunderte später werden hier gewaltige, von der Kraft des Dampfs getriebene Schiffe in den 81,6 Kilometer langen Panamakanal einfahren, der den Atlantik mit dem Stillen Ozean verbindet, und das erste Schiff wird den Namen *Cristóbal* tragen, und von der doppelten Stadt Cristóbal-Colón werden ihm die Menschen begeistert zuwinken, denn die Welt ist wieder ein bisschen kleiner geworden.

Die innere Stimme, die gelegentlich zu Columbus sprach, konnte ihm davon nichts erzählen, und sie hat ihm auch nicht zugeraunt: Fahre den *Río Chagres* hinauf, besteige, wenn das Wasser nicht mehr tief genug ist, einen Einbaum, gehe dann 12 Meilen zu Fuß, und du wirst das Meer erblicken, das später den Namen Pazifik tragen wird. Historiker haben auch hier viel »hätte« und »wäre« verschwendet und etliche »wenn« und »aber«, um klarzustellen, was der Genuese alles versäumt habe. Kapitän Morison hat darauf eine Antwort gegeben, wenn er schreibt, dass es für einen Seemann Zeiten gibt, in denen er nichts anderes vermag, als im Hafen stille zu liegen wie ein Hund, der nach einem bissigen Kampf seine Wunden leckt. Columbus war so erschöpft, dass seine Tatkraft für weitere Forschungen nicht mehr ausreichte. Und so blieb es Vasco Nuñez de Balboa vorbehalten, dermaleinst von einem Hügel in Darien aus auf den Pazifik zu seinen Füßen hinabzublicken.

Obwohl seine Schiffe schwimmenden Wracks glichen, wollte Columbus fort von der mittelamerikanischen Küste, von diesem ganz und gar unbekannten Gestade, an dem sie bis in alle Ewigkeit hocken würden. Doch erst galt es, so weit nach Osten zu segeln, bis sie den Längenkreis erreicht hatten, der sie direkt nach Hispaniola führen würde. Als sie den Golf von Darien erreicht hatten, kamen die Piloten und Schiffsführer zu Columbus in die *toldilla* und meinten, an diesem Punkt seien sie nun angelangt. Er war anderer Meinung, ließ es aber zu, dass sie Nordkurs steuerten. Zwölf Tage später sichteten sie eine Inselkette, die dem Admiral bekannt vorkam: es waren die *Jardínes de la Reina,* und diese »Gärten« lagen unterhalb der Südküste von Cuba. Der Alte hatte es wieder einmal besser gewusst.

Mit diesen Schiffen, die, wie Fernando schrieb, inzwischen zu »Bienenwaben« geworden waren, war Hispaniola nicht mehr zu erreichen, also drehten sie nach Südosten ab in Richtung Jamaika. In einer geschützten Bucht, wohl der heutigen St. Ann's Bay, ließen sie die Karavellen auflaufen, setzten sie Bord an Bord und verbanden sie durch Ketten miteinander. Auf den Decks errichteten sie mit Palmwedeln gedeckte Hütten und postierten die Bombarden so, dass sie zum Land wie zur See freies Schussfeld hatten. Die letzten Vorräte wurden ausgeteilt, dann fiel alles in einen totenähnlichen Schlaf. Nur Columbus konnte nicht schlafen. Auf seine Krücken gestützt, stand er am Heck und starrte auf die wogenden Palmen. Der Admiral der Weltmeere war zum Kommandanten zweier Hausboote geworden …

Seine Männer aber waren erst einmal in Sicherheit, sie konnten sich erholen, und zu hungern brauchten sie bald auch nicht mehr. Der nimmermüde Diego Méndez war in die umliegenden Dörfer gezogen und hatte Verträge abgeschlossen, dergestalt, dass für jedes Falkenglöckchen, für jeden Spiegel, jede Glasperle, Schere, Mütze soundso viel Kassavebrot, Mais, Wild, Fisch, Früchte geliefert wurde. Das »Wild« bestand zwar nur aus Baumratten, aber in der Not frisst selbst der Teufel Fliegen. Zwei kleine Flüsse spendeten das nötige Trinkwasser. Es ließ sich also, wenn auch mehr schlecht als recht, in *Santa Gloria* – diesen Namen hatten sie der Bucht gegeben – leben. Die Hoffnung allerdings, von einem Schiff entdeckt zu werden, schien gering. Jamaika galt nicht als Goldland. Was also sollte eine Karavelle hier verloren haben? Und wie lange war das Verbot noch durchzusetzen, wonach kein Mann die Schiffe verlassen durfte, entsprechend einem Befehl zum Schutz der Indios? Und was die Indios selbst betraf: Wie lange würde ihnen der Tausch von Tand gegen Lebensmittel noch Spaß machen? Columbus quälte sich mit diesen Fragen, als eines Abends Diego Méndez stolz mit einem Kanu ankam, das er auf einem seiner Ausflüge einem Kaziken abgekauft hatte. Für einen Blechhelm, einen Kittel und ein Hemd.

Sie zogen sich in die *toldilla* zurück, und der Admiral sagte: »Einer von uns sollte mit diesem Kanu, denn ein Beiboot haben wir nicht mehr, nach Hispaniola fahren, um dort Hilfe zu holen.« Méndez wusste, wer mit »einer von uns« gemeint war, und antwortete: »Mit dem Einbaum über ein gefährliches Meer, auf dem schon so viele vorzügliche Schiffe gescheitert sind – das wird unmöglich sein.«

Er schwieg eine Weile. »Doch habe ich nur ein Leben, mein Admiral, und ich will es für unsere Rettung aufs Spiel setzen.« So hat Méndez die Szene in einem Anhang seines Testaments geschildert, und es liegt kein Grund vor, daran zu zweifeln.

Während er am Kanu einen Kiel anbrachte, einen Mast mit Segel aufpflanzte, schrieb Columbus jenen bereits erwähnten Brief *(lettera rarissima)*, dessen letzte Passage wie ein einziger Aufschrei klingt: »Der gute Wille, der mich stets im Dienste Eurer Hoheiten leitete, und die unverdiente Schmach, die mir dafür angetan wurde, lassen meine Seele nicht schweigen. Bisher habe ich für andere geweint, möge sich der Himmel nun meiner erbarmen. Einsam in meinem Leid, krank, den Tod täglich erwartend, umgeben von grausamen Wilden und geschieden von den Sakramenten der Heiligen Kirche – ach, wie verlassen wird meine Seele sein, wenn sie sich vom Körper lösen muss. Wer noch Erbarmen kennt, die Wahrheit liebt und die Gerechtigkeit, der möge mich beweinen.«

Und er fügte etwas hinzu, was wie eine Prophezeiung klingt: »Nie vermag ich ohne bittere Tränen an Hispaniola zu denken, an Paria und die anderen durch mich entdeckten Länder. Sie alle befinden sich in einem Zustand des Verfalls, des Niedergangs. Sie sind krank, und vielleicht ist ihre Krankheit unheilbar, jedenfalls wird sie von langer Dauer sein. Möchten die, welche dieses Unheil verursachten, jetzt kommen und ein Mittel bringen, wenn sie solches kennen oder anzuwenden wissen.«

Columbus hat nicht einmal ahnen können, wie lange diese Krankheit dauern würde; dass man bis heute immer wieder auf »das Mittel« gewartet hat, sie zu heilen: auf Jamaika, auf Haiti, auf Cuba, auf Puerto Rico und in den anderen von ihm zum ersten Mal betretenen Ländern.

»Unser Gott wird Euch den Mond nehmen!«

Es wurde viel geweint, selbst ausgepichte Seebären pflegten sich damals ihrer Tränen nicht zu schämen, als Méndez mit seinen beiden Kanus – das zweite wurde von Columbus' Landsmann Fieschi geführt – in der Morgendämmerung des anderen Tages den Blicken entschwand. Man schrieb den 6. August 1503. Von nun an wurden die Tage gezählt. Kerbe für Kerbe schnitten sie in den Vordersteven. Auf einer fünfundzwanzig Meter hohen Königspalme richteten sie einen Ausguck ein. Manchmal schlugen die dort postierten Männer Alarm, aber es war immer ein falscher Alarm und die Enttäuschung umso bitterer. Der Juli verging, der Herbst kam, der Winter mit seinen Nordwinden und dem Regen – kein Segel zeigte sich am Horizont.

Langsam schwand die Hoffnung auf Rettung, und mit der Hoffnung ihre Widerstandskraft. Viele der in den Deckshütten vegetierenden Männer wurden krank, andere brüteten in stumpfer Verzweiflung vor sich hin, wieder andere erschöpften sich in endlosen Streitereien. Es geschah das, was Columbus am meisten gefürchtet hatte: Die Indios begannen das Interesse am Tauschhandel zu verlieren; schließlich hatte nun jeder einen Spiegel, ein Falkenglöckchen, einen Kamm, eine Schere. Wie immer, wenn eine Anzahl Menschen in scheinbar aussichtsloser Lage auf engem Raum zusammengepfercht leben muss, wucherten die Gerüchte. Dergestalt, dass sie zu zweifeln begannen, ob die Brüchigkeit ihrer Schiffe der wahre Grund gewesen sei, an diese vermaledeite Küste verschlagen zu werden, oder eine geheime königliche Verbannungsorder, die dem Admiral verbot, Hispaniola anzulaufen, woraus sich auch die Entsendung des Diego Méndez erklären ließ, der gewiss Hilfe herbeiholen sollte, aber eben nicht für die Seeleute, sondern für diesen genuesischen Glücksritter, der sich nicht genieren würde, mit seinen schnöden Verwandten und den Günstlingen das Hilfsschiff in Richtung Kastilien zu besteigen und brave spanische Seeleute, wie in La Navidad schon einmal geschehen, den Indios und damit dem sicheren Tod auszuliefern.

Kastilien! Das Wort wird zum Schlachtruf, der die Verzweiflung zur Empörung aufflammen lässt. Unter der Führung der Gebrüder Porras, zweier von der Krone bestellter Aufpasser, dringt man in die Kajüte des Admirals ein, und Francisco Porras herrscht ihn an: »Warum, Herr, unternehmt Ihr nichts, uns nach Hause zu bringen?!«

Meuterei also. Columbus übersieht mit einem Blick die Lage und stellt die logische Gegenfrage: »Womit?«

Porras wendet sich schroff ab und schreit mit sich überschlagender Stimme: »A Castilla, a Castilla! Wer von euch folgt mir?« Etwa fünfzig der verbliebenen hundert Mann folgen ihm, besetzen mit der blanken Waffe das Deck, stoßen den auf seinen Krücken herbeihinkenden Admiral zur Seite, entwaffnen den ihm zu Hilfe eilenden Bruder und beginnen die Kanus zu bemannen, die Columbus in den letzten Wochen den Indios abgekauft hatte. Francisco Porras gibt den Befehl, die Nordostspitze der Insel anzusteuern, um von dort die Fahrt nach Hispaniola zu wagen.

Ein kopfloses Unternehmen, das ebenso kopflos endet. Von einem aufkommenden Sturm bereits nach vier Seemeilen gezwungen umzukehren, mussten sie, um die Einbäume leichter zu machen, ihre Ausrüstung über Bord werfen, ihre Vorräte und schließlich auch die zum Rudern mitgenommenen Indios, denen man, als sie versuchten, sich an den Bootsrändern festzuklammern, die Hände abhackte. Wieder an Land zogen sie raubend und mordend durch die Siedlungen und langten schließlich, abgerissen, erschöpft, kleinlaut, wieder bei den Schiffen an, wagten aber nicht, ihre Hütten auf den Decks zu beziehen.

Columbus war hier mit den ihm treu gebliebenen Männern in Not geraten, genauer, in Hungersnot, denn die Indios hatten seit Wochen keinen Fisch, keinen Laib Kassavebrot, nicht einmal eine Baumratte zum Tausch angeboten, und um selbst zu fischen oder zu jagen, waren sie längst zu schwach. Sie aßen den Rest des Schiffszwiebacks, der so von Maden durchzogen war, dass sie ihn nur mit geschlossenen Augen hinunterbrachten, und warteten auf das Ende. »Gott aber verlässt die nicht, die sich ihm anvertrauen«, lesen wir bei Fernando Colón, »und so machte ER dem Admiral kund, auf welche Weise er sich weiterhin alles beschaffen könnte.«

In der Praxis hieß das, dass er Columbus zu einem Buch greifen ließ, das als einziges dem Schimmel widerstanden hatte. Es stammte von dem Deutschen Johannes Müller aus Nürnberg, unter dem Namen Regiomontanus in der wissenschaftlichen Welt berühmt, und enthielt unter dem Titel *Ephemeriden* astronomische Tafeln mit, wie erwähnt, exakt vorausberechneten Zeiten und Örtern von Himmelskörpern. Beim Blättern fand Columbus eine für den 29. Februar 1504 vorhergesagte totale Mondfinsternis. Es dauerte nicht lange, bis er begriffen hatte, wie der Herrgott ihm mit diesem Hinweis hatte helfen wollen.

Durch Boten ließ er den Kaziken mitteilen, er wolle für sie ein großes Fest veranstalten. Als sie gekommen waren, »zufällig« war es gerade der Abend vor der Mondfinsternis, sagte er ihnen, der Gott der Christen würde ihnen den Mond wegnehmen, wenn sie seine Kinder weiterhin hungern ließen; sie sollten nur in den nächsten Stunden den Himmel beobachten.

»Unsere Götter sind stärker als der eurige, denn sie sind hier daheim«, antworteten die Kaziken.

Als der Mond sich dann tatsächlich zu bedecken begann und langsam völlig verschwand, waren sie so entsetzt, dass sie den Admiral auf Knien anflehten, er möge seinen Gott bitten, ihnen den Mond wiederzugeben; sie würden dann auch wieder Fisch und Huhn, Kassavebrot und Yams bringen.

Columbus sagte: »Ich will es versuchen ...«, zog sich in seine Kajüte zurück und kam erst wieder an Deck, als damit zu rechnen war, dass der Mond in Kürze wieder aus dem Erdschatten heraustreten würde.

»Da dies geschah, während der Admiral zu ihnen redete«, berichtet Augenzeuge Fernando, »erzeigten sie ihm großen Dank und lobten seinen Gott. Und sie gaben sich von nun an große Mühe, uns mit allem, wessen wir bedurften, gut zu versehen.«

Der Hunger hörte damit auf, aber das Warten nicht. Acht Monate waren seit der Abfahrt der Männer im Kanu vergangen und keine Nachricht. Selbst wenn sie nicht ertrunken waren oder an Krankheit und Erschöpfung gestorben, die Indios auf Hispaniola hätten sie bestimmt nicht lebend ans Ufer gelassen. Die einst als Götter angesehenen Weißen waren für die Inselbewohner längst zu Todfeinden geworden. Hätten die Seeleute gewusst, wie die Spanier ihren eigenen Landsmann behandelten, wären sie vor Zorn rasend geworden.

Die Rettung

Diego de Méndez, ein Kerl wie Samt und Eisen, seinen Männern ein Vorbild und den Indios ein Freund, die Tugenden spanischer Edelleute vorlebend (hätte es mehr seines Formats gegeben, wäre die Eroberung der Indischen Lande anders verlaufen), erreicht nach zweiundsiebzig Stunden ununterbrochenen Ruderns die Felseninsel Navassa, wo einige seiner durstgequälten Indianer so viel Wasser trinken, dass sie sterben. Am nächsten Morgen geht er am Kap Tiburón an Land und macht sich, kaum dass er sich zwei Tage Erholung gegönnt hat, erneut auf die Reise, die ihm unendlich erscheinende Südküste Hispaniolas entlang bis zum unweit von Santo Domingo gelegenen Hafen Azua. Der Gouverneur, sagt man ihm dort, sei in das Land Xaraguá gezogen, um unter den Eingeborenen Frieden zu stiften; und Diego marschiert wieder zurück; durch den Dschungel über die Berge, bis zum Kriegslager Ovandos, der, als er erfährt, dass der Genuese, den man längst aufgegeben hatte, immer noch am Leben ist, nur mühsam Haltung bewahrt, erscheint ihm doch die Gefahr groß, dass ein erfolgreicher Heimkehrer Colón wieder in seine Rechte als Vizekönig eingesetzt werden könnte.

Doch wenn man, ging er mit sich zu Rate, diesen Méndez – an Vorwänden und Vertröstungen dürfte es nicht mangeln – lange genug hinhalten würde, so lange zumindest, bis Colón, der ja nach den Schilderungen sterbenskrank darniederlag, sich nicht wieder erhob, dann wäre der Posten des Vizekönigs frei. Und genau das tat er. Diego de Méndez schrieb über seinen Zwangsaufenthalt: »Der Gouverneur behielt mich sieben Monate bei sich, bis er 84 Kaziken und mit ihnen Anacoana, die mächtigste Herrin der Inseln, aufgehängt und verbrannt hatte. Nachdem dies geschehen war, begab ich mich zu Fuß nach Santo Domingo, das 70 Meilen entfernt war, und wartete auf Schiffe …«

Irgendwann musste Ovando unruhig geworden sein. Woran nicht sein Gewissen schuld gewesen sein wird, sondern eine Nachricht aus Spanien: Die Königin habe sich mehrfach nach dem Schicksal des Admirals erkundigt. So schickte er also eine kleine Karavelle, die bezeichnenderweise von Diego de Escobar befehligt wurde, einem bewährten Columbusfeind, mit dem Auftrag los, die Lage in Santa Gloria auszukundschaften. Dieser Colón konnte ja nicht ewig leben …

Was sich beim Erscheinen der Karavelle, eines Schiffes der Hoffnung, abgespielt hat, ist nur in dürren Worten überliefert worden. Anscheinend war es, im Sinne des Wortes, unbeschreiblich: der Schrei des Ausgucks, die Freudentänze an Deck, die Tränen, das Warten darauf, dass das Schiff näher käme – aber es kam nicht näher, es setzte nur ein Boot aus, der fremde Kapitän ging an Bord der *Capitana*, übergab ein Fässchen Wein und eine Seite Speck, sprach in der *toldilla* längere Zeit mit dem Admiral, ließ sich zur Karavelle zurückrudern, die – fassungsloses Entsetzen! – wieder am Horizont verschwand.

Die Männer bestürmten ihren Admiral. Er sagte ihnen wider besseres Wissen, dass der Gouverneur sie grüße, sie aber um noch etwas Geduld bitten müsse, bis er über ein größeres Schiff verfüge, um sie alle abzuholen. Oder wollten sie, dass ein Teil hier bliebe, während die anderen bereits nach Spanien unterwegs seien? Seine Worte weckten eher ihr Misstrauen. Offensichtlich war Colón tatsächlich verbannt und durfte nicht zurück nach Hispaniola. Da half auch der Wein nichts, der zu ihrer Beruhigung nun ausgeschenkt wurde. Den Speck schickte er den Meuterern als ein Zeichen seines guten Willens und bot ihnen Amnestie an.

Beim Studium der Quellen glaubt man sich bisweilen in einen alten Seeräuberroman versetzt, so fantastisch mutet das alles an. Die Meuterer lehnten eine Unterwerfung ab und versuchten, sich in den Besitz der beiden Schiffe samt ihrer Vorräte zu setzen. Es kam zu einem blutigen Gefecht, das die Indios, auf den hohen Bäumen wie auf Tribünen hockend, mit Vergnügen beobachteten. Endlich brachten sich ihre Peiniger einmal gegenseitig um. Ab und zu stiegen sie herunter und untersuchten neugierig die Verwundeten, »da sie nicht geahnt hatten, wie scharf Schwerter zu schneiden vermögen«. Schließlich unterlagen die Meuterer dem taktischen Geschick des Bartolomeo Colombo, der außerdem die beste Klinge focht. Er ließ den Anführer Porras in Eisen legen und die anderen bei der Heiligen Mutter Gottes schwören, von nun an seinem Bruder zu gehorchen.

Nach weiteren sechs Wochen traf endlich das Rettungsschiff ein und nahm alle Überlebenden, etwa hundert waren es noch, an Bord. Diego Méndez, der Getreue, hatte mittels einflussreicher Columbusanhänger – davon gab es anscheinend noch einige auf Hispaniola – den Gouverneur so lange unter Druck gesetzt, bis er eine Karavelle zur Verfügung stellte; wenn auch eine mit gebrochenem Mast, verrotteten Segeln und morschen Planken. Es nützte alles nichts. Zwar brauchten Columbus und seine Leute sechseinhalb Wochen, bis sie Santo Domingo erreichten, aber sie erreichten es. Der Stumpf des mächtigen Kapokbaums, an dem der Admiral sein Schiff vertäute, die *ceiba de Colón*, wird den Touristen heute noch gezeigt.

Der »sehr edle Señor Ovando«, wie Columbus ihn in einem hilfeflehenden Brief tituliert hatte, empfing den gleichsam aus dem Jenseits zurückkehrenden Admiral mit überströmender Freundlichkeit, räumte ihm sogar das eigene Haus. »Es war der Kuss des Skorpions«, notierte Fernando Colón, »denn es zeigte sich bald, wie heuchlerisch sein Verhalten war. Befreite er doch sofort Francisco Porras, den Anführer der Meuterer, und schickte sich an, diejenigen zu bestrafen, die ihn gefangen gesetzt hatten.«

Am 12. September 1504 trat der Genuese die Heimreise an, die letzte Seereise, mit einem Schiff, das man in späteren Zeiten einen Seelenverkäufer nennen würde. Es war verrottet wie das, das ihn von Jamaika nach Hispaniola gebracht hatte. Nach 56 Tagen, an einem trostlosen grauen Novembertag, machte er an der Reede von San Lúcar de Barrameda fest. Dass niemand ihn begrüßte nach über zweieinhalbjähriger Odyssee, traf ihn wie ein Schlag. Die Menschen sahen ihn, wenn sie ihn überhaupt beachteten, als einen Gescheiterten. Er hatte die ihm anvertrauten Schiffe, vier an der Zahl, verloren und viele seiner Männer dazu. Die Meerenge hatte er auch nicht gefunden. Der Erfolg hat bekanntlich viele Väter, die Erfolglosigkeit aber keinen.

Er ging nach Sevilla, mietete sich ein Landhaus und verbrachte seine Tage damit, Briefe zu schreiben. An seine Verwandten, an die Minister, an den König selbst, an alte Freunde, von denen er glaubte, dass sie noch Freunde waren. Es waren Mahnbriefe, Klagebriefe, Beschwerdebriefe, Bittbriefe. Im Grunde stand immer das Gleiche darin: Warum wurde er nicht wieder in seine Rechte als Vizekönig eingesetzt? Was war mit dem Zehntel, das ihm aus den Erträgen der neuen Welt zustand, und dem Achtel aus den eigenen Handelsunternehmungen und dem Drittel als Admiral der Weltmeere? Hatte man vergessen, dass er alles schwarz auf weiß besaß in seinem Vertrag von 1492?

Besonders Sohn Diego, der in der Leibgarde diente und Zugang zum König besaß, wurde mit Briefen eingedeckt. »... ich kann es beschwören und sage es nur dir, dass allein der Anteil an dem Gold, das mir aus den Erträgnissen Hispaniolas zusteht, in die Millionen geht.« Jeden Tag fertigte er einen Kurier ab nach Segovia, wo die Herrscher im alten Maurenschloss residierten. Nur bei ihm meldete sich niemand vom Hof. So oft er sich zum Fenster schleppte, wenn er Hufschlag vernahm, der Bote ritt vorüber.

Gewiss, die Königin, seine Königin, lag auf den Tod darnieder, und die Sorge um die Nachfolge überschattete alles am Hof. Tochter Johanna zeigte die ersten Symptome ihrer Krankheit, des Wahnsinns. Dennoch glaubte er, so weit hatte er den Blick für die Realität verloren, dass der König ihn an das Sterbebett bitten würde, auf dass er ihr, seiner lebenslangen Gönnerin, noch einmal die Hand küsse. Später verbreitete er die Mär, Isabella habe auf dem Totenbett gebeten, man möge dem Admiral Indien wieder zurückgeben; Indien, das er nach seiner Meinung den Hoheiten »geschenkt« hatte. Im Grunde war es so, dass sie den alten Mann mit seinen ewigen Vorwürfen satt hatten. Er begann lästig zu werden, weil er zu nichts mehr nützte.

Einer der Gäste, die Columbus damals in seinem Landhaus in Sevilla empfing, war Amerigo Vespucci, ein Landsmann aus Florenz, der als Angestellter eines Handelshauses bei der Ausrüstung der Schiffe für die dritte Reise tätig gewesen und selbst, unter anderen mit Alonso Hojeda, auf Entdeckungsreisen in die Neue Welt gegangen war.

Welthistorischer Scherz von grausamer Ironie

Vespucci berichtete über seine Reisen und Entdeckungen zuerst an seinen Geschäftsherrn di Medici in einem Brief, der später als eine Art Flugblatt unter dem Titel *Mundus Novus* erschien. Ausführlicher wurde er dann in seinen *Quatuor Navigationes*, ebenfalls in Form von Briefen, gerichtet an den Gonfaloniere von Florenz, Pietro Soderini. Was da geschrieben stand, war nicht in jenem trockenen Gelehrtenton gehalten, wie man ihn gewohnt war, sondern interessant, informativ und pikant. Die Berichte ließen den Laien schaudern angesichts der Schiffbrüche, Wirbelstürme, Seeungeheuer; den Astronomen staunen über Himmelserscheinungen, Sternenbilder, Kursberechnungen; den Naturwissenschaftler sich wundern über Riesenschlangen, Menschenfresser, Pfefferbäume. Und alle wurden sie von der Sehnsucht gepackt, angesichts der Schilderung von Menschen, die im Zustand der Unschuld lebten, ohne Neid und ohne Hass und, vor allem, ohne Besitz, denn alles gehörte allen – selbst die Frauen; ja Scham war ihnen so unbekannt, dass der Vater mit der Tochter schlief, der Bruder mit der Schwester, die Mutter mit dem Sohn.

In der Tat, der Mann hatte nicht übertrieben bei seiner Ankündigung, wunderbare Dinge zu erzählen aus einer Welt, die gerade jetzt ans Licht getreten sei. Einen kleinen Schönheitsfehler gab es, waren doch die wunderbaren Welten bereits vorher von einem anderen entdeckt worden – Christoph

Columbus –, aber das fiel keinem groß auf. *Mundus Novus* lautete der Titel der ersten kleinen Schrift deshalb, weil der Autor darin die Meinung vertrat, es handele sich bei dem neuen Land nicht um Asien, sondern um einen bisher unbekannten Kontinent, um eine *Neue Welt*.

Columbus hat die 1503 und 1504 erschienenen Schriften gewiss gekannt und müsste empört gewesen sein, dass man ihm darin das Recht des Erstentdeckers streitig machte (er war ja vor Hojeda/Vespucci an der Küste von Paria gelandet) und sein Asien einfach als einen neuen Kontinent bezeichnete. Der Florentiner blieb dennoch für ihn ein Ehrenmann. Wohl weil er annahm, dass an der ganzen unseligen Geschichte der Herausgeber schuld sei; und weil er ihn just brauchte, denn, wie es in seinem Brief hieß, er, Vespucci, »begibt sich gerade zum Hofe mit der Absicht, etwas zu unternehmen, was mir zum Wohl gereicht. Und ich habe ihm mitgeteilt, wie die Behandlung beschaffen ist, die man mir zuteil werden lässt«.

Vielleicht wäre er etwas kritischer gewesen in der Beurteilung der Vespucci-Berichte, hätte er geahnt, welche Ungeheuerlichkeit die insgesamt 32 Blätter einst bewirken würden. Das Ganze begann in St. Dié, einem Städtchen der Vogesen im Herzogtum Lothringen, regiert von einem Serenissimus namens René II., der, da er die Künste und die Wissenschaften liebte, hier einer kleinen Akademie, *Gymnasium Vosgianum* genannt, seine Förderung angedeihen ließ. Unter den Mitgliedern gab es den Drucker Gauthier Lud, den Dichter Mattias Ringmann, den in den alten Sprachen Kundigen Jean Basin und den Geografen und Kartografen Martin Waldseemüller, genannt Hylacomilus.

In gemeinsamer Arbeit brachten sie 1507 ein Buch heraus, das einen ellenlangen lateinischen Titel trug. Ins Deutsche übersetzt, lautet er: *Einführung in die Kosmografie mit den dazu nötigen Grundprinzipien der Geometrie und Astronomie, inklusive der vier Reisen des Amerigo Vespucci und ei-*

ner Karte des Weltalls sowohl in flacher als in Globusform von all jenen Teilen, die Ptolemäus unbekannt gewesen und in jüngster Zeit entdeckt wurden.

Ein wichtiges und notwendiges Werk, die *Cosmographiae Introductio.* Es brachte die Kosmografie des seit Jahrhunderten als unangreifbare Autorität geltenden Ptolemäus endlich auf den neuesten Stand. Kaiser Maximilian I., dem es alleruntertänigst dediziert war, fand die von dem Genuesen entdeckten Westindischen Inseln unter der Bezeichnung *Asiae pars* verzeichnet, Columbus' Namen aber hat er vergeblich gesucht. Dafür war der des Vespucci umso nachdrücklicher erwähnt: »Die Erdteile der alten Welt sind bekanntlich genauer erforscht, ein anderer vierter Teil aber, wie aus Folgendem zu ersehen, ist durch Amerigo Vespucci entdeckt worden.« Nun kommt der entscheidende Satz, den man dem Gymnasialprofessor Waldseemüller zuschreibt: »Ich sehe nicht ein, warum man diesen Teil nicht nach seinem Entdecker nennen sollte, denn er ist gleichsam Amerigos Land oder einfach America.« Auch auf der betreffenden Karte fand sich die Bezeichnung *America.*

Der Name setzte sich überraschend schnell durch. Er hatte Klang, passte zu Europa und Asia (was ja auch weibliche Namen waren), und so fand er in jede geografische Neuerscheinung Eingang. Die Kartografen spürten keine Skrupel, ihn mit großen Lettern auf den bis dahin entdeckten Teil Südamerikas einzutragen. Meldete sich kein Protest innerhalb der Gelehrtenzunft (in der doch wenigstens einige sein mussten, die die wahren Zusammenhänge kannten), dass hier der wahre Entdecker um seinen Ruhm gebracht wurde? Nein; die meisten hatten den verrückten Genuesen samt seinen Fantastereien über den Großkhan, über Cathay und Cipangu so ziemlich vergessen. Die Zeit war schnelllebig und brachte Jahr für Jahr neue Entdecker zu neuem Ruhm: Vasco da Gama, Núñez de Balboa, Cortéz, Pizarro, Magellan.

Nur einer brachte seine Empörung zum Ausdruck, als er, von einer seiner Westindienreisen zurückkehrend, die *Cosmographiae Introductio* in die Hand bekam: Las Casas. Er fand nicht nur den durch nichts gerechtfertigten Namen *America*, sondern auch ein falsches Datum. Vespuccis Reise mit Hojeda von 1499, auf der er den neuen Kontinent betrat, war auf 1497 vordatiert worden! Womit Vespucci als ein hinterlistiger Betrüger, ein Fälscher, als einer, der die Lorbeeren eines anderen stahl, entlarvt war. So sah es Las Casas, und seine Ansicht teilten in späterer Zeit viele Columbianer, Columbus-Fans, wie man heute sagen würde. Inzwischen weiß man, dass der Florentiner nicht betrogen, sondern lediglich grob fahrlässig gehandelt hatte. Jedenfalls hat er sich nie bemüht, Licht in das Dunkel der Publikationen zu bringen und sich zu distanzieren. Amerika blieb Amerika und wurde nicht zu Columba, wie Las Casas vorgeschlagen hatte.

Einen welthistorischen Scherz von grausamer Ironie hat Friedrich Ratzel, ein bedeutender deutscher Geograf und Völkerkundler, diese Namensgebung genannt. Salomonischer erscheinen uns die Worte Stefan Zweigs in seiner Geschichte eines historischen Irrtums, wonach Columbus Amerika entdeckt, aber nicht erkannt, Vespucci es nicht entdeckt, aber erkannt habe.

Gold und Gott

Doch zurück in das Jahr 1504 und in das stille Haus im sevillaner Stadtteil Santa María. Columbus gab nicht nach und gab nicht auf: Der König musste ihn einfach empfangen! Hybris wallte auf. Wusste der Aragonese nicht, dass auch er ein König war, ein Vizekönig, ein Ebenbürtiger also?! Und wenn er nichts für *ihn* tun wolle, dann solle er wenigstens den Männern der *Capitana*, der *Viscaína*, der *Santiago*, der *Gallega*, die für Spanien durch unendliche Gefahren gegangen waren, die Heuer nachzahlen. Für sechs Monate lediglich hatten sie Lohn bekommen, zweiunddreißig Monate aber waren sie unterwegs gewesen. Er selbst habe schon Kredite aufnehmen müssen, um sie und ihre Angehörigen über Wasser zu halten – und reich sei er gerade nicht, er lebe »auf Borg«.

Arm war er aber auch nicht. Das Gold, das er aus Veragua mitgebracht, und die Barren auf dem einzigen vor dem damaligen Hurrikan geretteten Schiff und die Kiste mit Bargeld, die Ovando ihm hatte aushändigen müssen, ergaben nach heutigem Geld, so umstritten solche Rechnungen sein mögen, weit über eine halbe Million Euro. Das Bild des hungernden, verarmten, von allen verlassenen Genies ist gängig in der Geschichte der großen Männer, im Falle des Genuesen erweist es sich als falsch.

Der Winter kam früh in diesem Jahr. Durch die Straßen fegten eisige Stürme. Der Gichtkranke kroch ans Feuer, wärmte die Hände so lange, bis sie ihm beim Schreiben wieder gehorchten. Ganze Seiten bedeckte er mit Rechnungen, Kalkulationen, Kostenanschlägen. Was zum Beispiel würde die Eroberung des Heiligen Landes, die Befreiung des Grabes Christi in etwa kosten? Hatte er es der Königin nicht versprochen, dass er mit seinem Gold diesen Kreuzzug finanzieren werde? Dazu musste er den ihm zustehenden Anteil in Heller und Pfennig bestimmen. Er rechnete und rechnete ... Wurde ein Schiff aus Indien gemeldet, ließ er sich mit der Sänfte zum Hafen tragen und zählte die Kisten mit Gold, die die Arbeiter ausluden.

»Gold und Gott, diese Mächte lassen ihn nicht los, und wenn wir die letzten Monate seines Daseins verfolgen, hören wir immer wieder von Gott, den er anfleht und in den er sich schwärmerisch versenkt, und vom Gold, das wie ein Dämon ihn fesselt und seine ganzen Sinne in Anspruch nimmt. Manchmal müsste uns diese merkwürdige Vermischung seiner Sehnsüchte nach Gott und Gold verstimmen, wenn wir nicht wüssten, dass solche Besessenheit, solche Vermengung irdischer und himmlischer Triebe bei den Besten der Zeit wiederkehren.« (Goldschmit-Jentner)

Ende November 1504 schlug endlich ein königlicher Bote mit seinem Stab an die Pforte. Er brachte nicht die ersehnte Einladung nach Segovia, seine Botschaft lautete vielmehr: »Die Königin ist tot.« Wir wissen nicht, was in diesem Moment in Columbus vorging. Doch wird er geahnt haben, wen er mit ihr verloren hatte: eine Frau, die seine Idee als Erste erkannt, die ihn ermutigt, die den Glauben an ihn nie aufgegeben hatte. Man berichtet, dass er lange geweint habe. Vielleicht nicht nur um die große Freundin, sondern auch um sich selbst. »Bete zu unserem Herrgott, er möge der Königin gute Gesundheit schenken«, hatte er noch unlängst an den Sohn Diego geschrieben. »Denn ohne sie stürzt alles, was bisher aufgebaut wurde.«

Diesen Sturz aufzuhalten, war er trotz der scheinbaren Hoffnungslosigkeit fest entschlossen. Immer wieder ermahnte er seine Vertrauensleute am Hof, zu denen neben dem Sohn der Bischof Deza gehörte, ein Förderer aus längst vergangenen Tagen. Irgendwann musste der König eingesehen haben, dass er um eine Audienz nicht herumkommen würde. »Möge er also in Gottes Namen kommen«, beschied er dem Mann aus Genua, insgeheim hoffend, der alte kranke Mann würde zwischen Sevilla und Segovia auf der Strecke bleiben oder die Reise gar nicht erst antreten. Der aber hatte längst mit den Vorbereitungen begonnen. Er hatte sich an das Domkapitel gewandt mit der Bitte, man möge ihm den mit vier Rädern versehenen Katafalk zur Verfügung stellen, mit dem jüngst der Leichnam eines hohen Kirchenfürsten nach Sevilla überführt worden war. Ein ungewöhnlicher Gedanke, doch einer, der seiner Lust am Schaugepränge so recht entsprach. Im Geiste hat er wohl schon die Menschen gesehen, die sich, wie seinerzeit nach der Rückkehr von der ersten Reise, an den Straßenrändern drängten. Doch diese Straßen waren eben keine, und schon gar nicht bei schlechtem Wetter, und so unterblieb die Reise eines älteren Herrn im geliehenen Sarg.

Seine Reisepläne gab er deshalb nicht auf, sondern entschloss sich, die 500 Kilometer lange Strecke auf einem *mulo* zu bewältigen. Das Maultier ist dem Pferd überlegen durch Anspruchslosigkeit, Ausdauer und, vor allem, den sicheren, sanften Tritt. Die andalusischen Pferdezüchter hatten aber gerade, um den Absatz ihrer Tiere besorgt, ein Gesetz durchgebracht, das das Reisen per Ross zwingend vorschrieb. Es sei denn, man besaß die Erlaubnis des Königs, ein Muli zu benutzen. Ehe Columbus diesen Schein endlich hatte, vergingen Wochen, und so erreichte er das am Zusammenfluss von Río Eresma und Río Clamores liegende Segovia erst im Juli 1505.

Der König empfing ihn im Thronsaal des Alcázar mit dem ihm eigenen Charme, schenkte ihm eigenhändig Wein ein, hörte sich die Klagen an, die Beschwerden, die Forderungen, sagte wenig und tat nichts. Warum auch. Ferdinand hatte seine Meinung nicht geändert, wonach Verträge à la Santa Fé zwar gehalten werden müssen, man sie aber auflösen könne, wenn die Geschäftsgrundlage nach dem bereits erwähnten Rechtsgrundsatz der *Clausula rebus sic stantibus* sich »in grundstürzender Weise« geändert habe.

Schließlich setzte er einen Ausschuss ein, was schon immer die eleganteste Art war, Dinge im Sande verlaufen zu lassen. Der Name *Junta de Descargos* signalisierte deutlich genug, dass hier der Herrscher entlastet werden sollte. Diego de Deza, nunmehr Erzbischof von Sevilla, führte den Vorsitz und machte nach langen Verhandlungen einen Vorschlag zur Güte: Wolle der verehrte Don Cristóbal Colón auf seine hoch dotierten vizeköniglichen Rechte Verzicht leisten beziehungsweise seine Prozente weitestgehend mäßigen, darüber hinaus auch keinen Anspruch mehr auf den Rang eines Vizekönigs erheben (den Titel *Almirante del Mar Oceánico* dürften er und seine Erben selbstredend weiterhin führen), würde man ihm Carrión de Los Condes überantworten, eine westlich von Burgos gelegene Lehnsherrschaft, berühmt durch den Maurenbesieger El Cid, bekannt durch ihre guten Erträge, so recht dazu geeignet also, einem hochverdienten Greis als *buen retiro* zu dienen. So sprach der Erzbischof und appellierte gleichzeitig an die Vernunft besagten Colóns.

Der aber war nicht vernünftig. Hätte er Vernunft besessen, wäre er damals nicht abgefahren (und im »Abfahren« lag ja seine eigentliche Größe, so Victor Hugo, nicht im »Ankommen«). Zäh bestand er auf seinen Forderungen, folgte dem Hof trotz höllischer Schmerzen von Segovia nach Salamanca, von Salamanca nach Valladolid. In der alten Residenzstadt der kastilischen Könige, in der einst Isabella und Ferdinand getraut worden waren, besaß seine Familie ein bescheidenes Haus. Calle de Cristóbal Colón heißt die Straße heute, wohin der Besucher geht, wenn er die Kirchen Santa María la Antigua und San Pablo besucht hat, in denen der Genuese zu Gott gebetet in der Hoffnung, er möge sein Geschick noch einmal wenden. Die *Casa Colón* mit dem großen Modell einer Karavelle davor hat die Zeiten und die Renovierungen einigermaßen unbeschadet überdauert und birgt in einem Nebenhaus ein kleines Museum. In diese Räume hat er sich damals zurückgezogen, krank und gebrechlich zwar, doch wachsam genug, die Entwicklung am Hof zu verfolgen.

Als er erfuhr, dass Johanna nach Spanien gekommen war, um den seit dem Tod Isabellas verwaisten Thron Kastiliens einzunehmen, keimte noch einmal Hoffnung in ihm auf: Wenn sie eine würdige Tochter ihrer Mutter war, würde sie ihm ihre Gunst nicht versagen und ihm helfen, seine Forderungen durchzusetzen. Er war aber zu schwach, um nach La Coruña zu reisen, wo sie mit ihrem Gemahl Philipp dem Schönen von Bord des flandrischen Schiffes gegangen war.

So schickte er seinen Bruder Bartolomeo, der neuen Königin in seinem Namen zu huldigen und ihr zu versichern, dass er trotz der Krankheit, die ihm derzeit so grimmig zusetze, sehr wohl imstande sei, ihr Dienste von unsagbarem Wert zu leisten. Er hat gewiss an das geglaubt, was er hier versprach. Johanna glaubte ihm nicht.

Seine Kraft zu kämpfen schwand nun mit jedem Tag. In einem seiner letzten Briefe schreibt er an den einstigen Gönner Deza in tiefer Bitternis: »Da es nun klar ist, dass Ihre Hoheit nicht gesonnen ist, die mündlichen und schriftlichen Versprechungen, die sie mir gemeinsam mit der Königin (die Gott selig haben möge) gemacht hat, zu erfüllen, glaube ich, dass es für mich, der ich ein Wurm bin, ebenso nutzlos wäre, dagegen anzukämpfen, wie wenn ich den Wind geißeln wollte ...«

Das Rätsel des Columbusgrabs

Als er sein Ende nahen fühlte, lesen wir in mittelalterlichen Chroniken, oder: Wie er denn spürte, dass seine Zeit erfüllt war. Der damalige Mensch schien das Nahen des Todes gefühlt zu haben, und was er dann für Vorbereitungen traf, zeugt von seiner seelischen Kraft, einer Kraft, die ihm der feste Glaube gab, dass der Tod nicht das Ende bedeutete, dass seine Seele unsterblich war. Die Verwandten wurden herbeigerufen, die Freunde, man betete gemeinsam. Der Sterbende blickte zurück auf sein Leben, bat alle jene um Verzeihung, von denen er glaubte, er habe sie einmal beleidigt oder geschädigt, und bat seine Angehörigen um Wiedergutmachung.

Und so handelte Columbus. An seinem Sterbebett stand Diego Colón, der Sohn aus der Ehe mit der Portugiesin Felipa de Perestrello. Als Universalerbe besaß er die Rechte über den Besitz des Vaters und seine Privilegien, aber auch die Pflichten, für die Verwandten zu sorgen, das Erbgut zu mehren und, vor allem, die Krone zur Anerkennung der der Familie zustehenden Drittel, Achtel und Zehntel zu bewegen. In Gegenwart des Notars befahl er ihm nun, für »Beatriz Enriques, die Mutter meines Sohnes Fernando, Sorge zu tragen. Sie ist ein Mensch, dem ich tief verbunden bin. Ausführlicher darüber zu sprechen, würde sich hier nicht geziemen«. Die Schulden möge er bezahlen, die in Genua noch anhängig waren bei der Bank von San Giorgio, auch die, welche der Vater Domenico einst gemacht hatte.

Diego hat die Pflichten erfüllt und sogar einen Prozess gegen die Krone angestrengt, der sich über viele Jahrzehnte hinzog. Was die Richter ihm in den *pleitos* großenteils versagten, brachte ihm eine Heirat. Er ehelichte Doña María de Toledo y Rochas, die über ihren Onkel, den Herzog von Alba, mit dem Königshaus verwandt war. Ferdinand konnte nun nicht umhin, ihn als Nachfolger des Gouverneurs Ovando nach Hispaniola zu entsenden; mit eingeschränkten Rechten zwar, doch mit der Gewährung der Gewinne aus diesem Amt. 1520 wurde er sogar – später, vom Vater nicht mehr erlebter Triumph – zum Vizekönig ernannt. Er baute sich auf dem rechten Ufer des Ozama den heutigen Alcázar de Colón, eine prachtvolle Residenz, die, restauriert und mit Möbeln, Tapisserien, Gemälden der Zeit eingerichtet, den Besucher ahnen lässt, wie es in der Residenz eines Statthalters zugegangen ist.

Nach Diegos Tod im Jahre 1526 war Doña María klug genug, der endlosen Prozessiererei ein Ende zu bereiten und in einen Vergleich einzuwilligen. Er bestand aus der Gewährung einer erblichen Rente im Wert von 34,8 Kilogramm Gold pro Jahr und der Belehnung ihres ältesten Sohns Don Luís mit dem in Mittelamerika gelegenen Herzogtum Veragua. Luís sollte sich weder des Titels noch seines Erbes würdig erweisen und wurde zum schwarzen Schaf in der Familie. Die herzogliche Würde vererbte sich bis auf die heutigen Nachkommen, verbunden mit dem Recht, träten sie in die Marine ein, bereits als Fähnrich die Uniform eines Admirals zu tragen und auf die Visitenkarte »*Almirante del Mar Oceánico*« drucken zu lassen. Der derzeitige, siebzehnte, Nachfahre des Amerikaentdeckers heißt – Cristóbal Colón.

Auch Don Fernando erhielt von seinem sterbenden Vater den Segen. Aus dem damals Siebzehnjährigen wurde ein angesehener Gelehrter, der auf seinen Reisen durch Europa Tausende von Büchern sammelte, die als Biblioteca colombina zur Fundgrube der Wissenschaftler wurde. Das wertvollste Buch hat er, wie wir wissen, selber verfasst, *Vida del Almirante,* die Lebensgeschichte des Admirals der Weltmeere.

Auf Bartolomeo, den bis zur Selbstaufgabe getreuen Bruder, wartete der Todkranke so sehnlich wie vergeblich. Er war noch nicht zurückgekehrt von seiner vergeblichen Mission nach La Coruña. Später ging er wieder dorthin, wo er die härteste, aber auch schönste Zeit seines Lebens verbracht hatte, nach Westindien, und man belohnte ihn für seine Verdienste mit der zwischen Hispaniola und Puerto Rico gelegenen Insel Mona.

Auch Diego Méndez und Bartolomeo Fieschi, die das Himmelfahrtskommando mit ihren Kanus übernommen hatten, waren zugegen, als Christoph Columbus mit der Letzten Ölung versehen wurde. Er starb mit den Worten: *In manus tuas, Domine, commendo spiritum meo.* Die Todesursache war, wie Fernando schrieb, der Gram und die Gicht.

Wenn Undank der Welt Lohn ist, wie das Sprichwort sagt – nach dem Tod des Mannes, der Spanien den Weg zur Weltmacht gebahnt hatte, wurde es augenfällig. Kein Vertreter der Krone folgte dem Sarg, geschweige denn, dass ein Staatsbegräbnis angeordnet worden wäre. Die Chronik von Valladolid fand den Tod des Entdeckers nicht erwähnenswert. Im Sterberegister vom 20. Mai 1506 fehlt sein Name. Es erschien keine amtliche Würdigung oder ein Nachruf. Sie brachten ihn in die Krypta der Klosterkirche des Ordens, dem er sein Leben lang verbunden war, und er trug auch die Kutte der Franziskaner auf seinem letzten Weg. Zu seinen Füßen lagen die eisernen Ketten, mit denen man ihn auf Hispaniola gefesselt hatte.

Der in seinem Leben Unbehauste fand in seinem Grabe keine Ruhe. Sieben Jahre nach seinem Begräbnis stiegen die Mönche unter Führung Diego Colóns in die unterirdische Stätte, bargen den Sarg und brachten ihn nach Sevilla, wo er im Kloster *Nuestra Señora Santa María de las Cuevas* erneut beigesetzt wurde. Das Kartäuserkloster konnte nur Zwischenstation sein, hatte er doch als einen letzten Wunsch geäußert, im Tod wieder dort zu weilen, wohin es ihn als Lebenden magisch gezogen hatte: nach Hispaniola, einer Insel, deren er sich »nie ohne Wehmut« hatte erinnern können. Wo aber gab es dort eine ihm würdige Ruhestätte? Die große Kathedrale, Santa María la Menor, heute der Stolz Santo Domingos, war noch unvollständig, und als sie endlich fertig gestellt war, weigerte sich der Bischof, die sterblichen Reste des Entdeckers am Hochaltar bestatten zu lassen. Der *extranjero* hatte anscheinend immer noch Feinde dort.

María de Toledo y Rochas, seit vielen Jahren nun Witwe, wandte sich an Kaiser Karl V. und erwirkte einen Erlass, dem der Bischof sich endlich beugen musste. Der Sarg von Columbus wurde wieder aus seiner Gruft gehoben und an den Bollwerken des Guadalquivir an Bord einer Karavelle gebracht. Columbus trat noch einmal die Reise an, die ihn 1492 nach »Indien« geführt hatte, einem Indien, an das er bis zu seinem letzten Atemzug in glorreichem Wahn geglaubt. Wann das geschah, ist nicht überliefert, doch da Santa María la Menor 1541 geweiht wurde, mag es um dieses Jahr herum gewesen sein. Eine Urkunde aus dem Jahre 1549 besagt zumindest, dass seine Gebeine rechts neben dem Hochaltar »die letzte Ruhestätte« gefunden hatten. Es sollte nicht die letzte sein.

Zum Ende des 18. Jahrhunderts drangen die Franzosen, die den westlichen Teil Hispaniolas schon seit geraumer Zeit besetzt gehalten hatten, in den östlichen vor und zwangen die Spanier zu Abzug und Verzicht. Sollen sie die Insel haben, mag sich der Admiral d'Artibazel gedacht haben, Cristóbal Colón bekommen sie nicht!

In aller Eile öffnete man die Gruft, legte die Gebeine in einen mit Gold verzierten Bleisarg und überführte sie nach Havanna, wo sie im dortigen Dom zum vierten Mal bestattet wurden. Hundert Jahre später brach aus dem einst so gewaltigen Überseereich Spaniens auch Cuba heraus. Spanischer Stolz duldete es wiederum nicht, dass die heiligen Reste Fremden überantwortet wurden, noch dazu den banausischen Yankees. Noch einmal überquerte Columbus den Ozean; diesmal mit einem Schiff, das den Wind nicht mehr brauchte. Sein Ziel war Sevilla.

Millionen von Menschen aus aller Welt haben seit damals vor dem Grabmonument in der spätgotischen Kathedrale gestanden, dem drittgrößten Gotteshaus der Welt. In den neueren Reiseführern haben sie den irritierenden Zusatz lesen müssen: »... liegen die sterblichen Überreste aber in Santo Domingo.« Und wer unter ihnen vorher in Santo Domingo gewesen ist, wird vor einem zweiten, nur etwas pompöser ausgefallenen, Columbusgrab gestanden haben.

Wo liegt der Entdecker Amerikas nun wirklich?

Anfang Dezember 1877 stießen Arbeiter bei Ausbesserungsarbeiten in der Kirche *Santa María la Menor* auf eine bis dahin unbekannte Grabkammer mit einem Bleisarg, der menschliche Gebeine enthielt. Die sofort hinzugezogenen Spezialisten fanden auf dem Deckel des Sargs, auf den Außen- und Innenwänden Abbreviaturen, die als *Descubridor de la America, primero Almirante* – Der Entdecker Amerikas, der erste Admiral – gedeutet wurden. Auch aus einem zwischen den Knochen gefundenen Silberplättchen ging hervor, dass hier die Überreste des *Illustre Cristóbal Colón* lagen. Letzte Zweifel beseitigte eine auf dem Boden des Sargs liegende Bleikugel. »Meine alte Wunde brach wieder auf«, hatte Columbus auf seiner vierten Reise an die Monarchen geschrieben. Die Wunde muss er sich als junger Mann bei einem Seegefecht zugezogen haben, und der Wundarzt hatte es nicht gewagt, die (offensichtlich von einer Pistole stammende) Kugel herauszuoperieren.

Welchen Sarg hatten aber dann die Spanier 1795 nach Havanna mitgenommen? Den falschen. Denn neben der Grabkammer lag eine zweite, eine leere, und dort hatte der Sarg des gleichfalls in der Kathedrale bestatteten Don Diego gelegen. Das jedenfalls meinten die Experten aus der Dominikanischen Republik. Die Autoritäten aus Spanien waren jedoch anderer Meinung und bezeichneten den Fund als eine Fälschung, wobei sich einer der nach Santo Domingo entsandten Experten nicht einmal die Mühe machte, Sarg und Gebeine zu untersuchen. Denn das war seiner Meinung nach auch nicht nötig. Der Leichnam hätte das Kloster Las Cuevas nämlich gar nicht verlassen, gar nicht verlassen können! Weil der Guadalquivir in jenem Jahr das Grabgewölbe unter Wasser gesetzt hatte.

Der Streit um los *restos, the remains, les ossements, le ossa, die Überreste,* das heißt darum, ob sie nun die des Vaters Christoph, des Sohnes Diego oder gar des Enkels Luís seien, bekam 1959 Auftrieb, als Charles Goff, Professor für orthopädische Chirurgie an der Yale-Universität, die Skelettreste wochenlang untersuchen durfte. Das Ergebnis: »Knochen zugehörig einem Manne zwischen 55 und 66, kräftiger muskulöser Körperbau, etwa 1,73 m, zog einen Fuß leicht nach, litt an Gelenkrheumatismus, Tod durch Herzschwäche.« Erkenntnisse, die eindeutig auf den Entdecker Amerikas hinwiesen. Eines allerdings irritierte den Professor: Das Skelett war nicht vollständig. Lagen die fehlenden Teile vielleicht in Sevilla? Eine genaue Untersuchung der dortigen *restos* wurde ihm zwar verweigert, doch konnte er immerhin ermitteln, dass in der andalusischen Hauptstadt jene Knochen lagen, die dem Skelett in Santo Domingo fehlten.

Beide Stätten können demnach für sich beanspruchen, das wahre Columbusgrab zu beherbergen. Darüber sind weder die Spanier noch die Einwohner Santo Domingos besonders glücklich. Vielleicht sollten sie sich an die Worte des Thukydides erinnern, des weisen griechischen Historikers, der lakonisch bemerkte: »Großer Männer Grabmal ist die ganze Welt; denn sie leben im Gedächtnis eines jeden …«

Verzeichnis der zitierten Literatur

P. M. Anglerius, *Acht Dekaden über die Neue Welt,* 2 Bde., hg. v. H. Klingelhöfer, Darmstadt 1972–75.

A. Bernäldez, *Historia de los Reyes Católicos Don Fernando y Doña Isabel,* Sevilla 1870.

Colección de los viajes y descubrimientos, Madrid 1825-37. Dtsch.: *Die Reise des Christoph Columbus 1492–1504,* hg. v. Fr. P. Leipzig 1890.

F. Colombo, *Le historie della vita e dei fatti di Cristoforo Colombo,* Venedig 1571.

–, *Le historie della vita e dei fatti di Cristoforo Colombo,* hg. v. R. Caddeo, Mailand 1930.

The life of the Admiral Christopher Columbus by his Son Ferdinand, Translated and annotated by B. Keen, Westport 1959.

Chr. Columbus, *Bordbuch - Briefe - Berichte - Dokumente,* ausgewählt, eingeleitet und erläutert von E. G. Jacob, Bremen 1956, Vgl. auch Puson u. Zahorsky.

–, *Entdeckungsfahrten,* Deutsche Übertragung der *Relazioni di Viaggio e Lettere di Cristoforo Colombo,* Leipzig 1943

W. Durant, *The Story of Civilization,* 11 Bde., New York 1935–1975, Bd. 6.

E. Friedell, *Kulturgeschichte der Neuzeit,* 5 Bde., München 1927–31, Bd. 1.

R. H. Fuson, *The Log of Christopher Columbus,* New York 1987. Dtsch.: *Das Logbuch des Christopher Columbus,* Bergisch Gladbach 1989.

F. Gel, *Biskup Bratr Don Bartolomé de Las Casas,* Prag 1954.

R. K. Goldschmit-Jentner, *Christoph Columbus,* Hamburg,1942.

T. Green, *Die Welt des Goldes,* Frankfurt 1968.

F. Gregrorovius, *Geschichte der Stadt Rom im Mittelalter,* 4 Bde. München 1978.

L. Hanke, *Bartolomé de las Casas,* Philadelphia 1952.

R. Hennig, *Columbus und seine Tat,* Bremen 1940.

J. M. Heredia, *Trophäen,* München 1909.

H. Hobhouse, *Seeds of Change. Five plants that transformed mankind,* London 1985.

Homer, *Ilias / Odyssee,* in der Übersetzung von J. H. Voss, München 1971.

W. Irving, *Die Geschichte des Lebens und die Reisen Christoph's Columbus*, Frankfurt 1828.
R. Konetzke, *Die Entstehung des Spanischen Weltreichs*, München 1943.
U. Küntzel, *Die Finanzen großer Männer*, Berlin 1984.
W. L. Lange-Eichbaum / W. Kurth, *Genie, Irrsinn und Ruhm*, München 1979.
B. de Las Casas, *Kurz gefasster Bericht von der Verwüstung der westindischen Länder*, Frankfurt am Main 1966.
–, *Historia general de las Indias*, Erstdruck hg. v. A. M. Fabié, Madrid 1877 f., Kritische Ausgabe, hg. v. A. M. Carlo, Mexiko 1949 ff.
H. Lemke (Hg.), *Die Reisen des Venetianers Marco Polo im 13. Jahrhundert*, Hamburg 1908.
C. Lombroso, *La pazzia e il genio in Cristoforo Colombo*, Torino 1900.
S. de Madariaga, *Vida del Muy Magnifico Señor Don Cristóbal Colón*, Madrid 1940, Dtsch.: *Kolumbus*, Bern/München 1966.
Pietro Martire s. Anglerius.
J. A. Michener, *Iberia*, München 1969.
S. E. Morison, *Admiral of the Ocean Sea*, Boston 1942.
National Geographic, November 1986.
M. F. Navarrete, *Viajes y descubrimientos de Cristóbal Colón*, 5 Bde. 1825–37, Reprint Madrid 1934.
W. Nigg, *Das Buch der Ketzer*, Zürich 1949.
F. de Oviedo, *Historia general y natural de las Indias* (1535 bis 1552), hg. v. J. Amador de Los Rios, 4 Bde., Madrid 1851/55.
J. Pérez, *Ferdinand und Isabella*, München 1989.
O. Peschel, *Geschichte des Zeitalters der Entdeckungen*, Stuttgart 1958.
R. Menéndez Pidal, *Bartolomé de Las Casas: Su doble personalidad*, Madrid 1963.
R. Pörtner (Hg.), *Das Schatzhaus der deutschen Geschichte*, Düsseldorf 1982.
J. Somogy, *Begabung im Lichte der Eugenik*, Wien 1936.
G. Venzmer, *Krankheit macht Weltgeschichte*, Stuttgart 1960.
P. Vilar, *Or et monnaie dans l'histoire*, Paris 1974.
L. de Vorsey jr. u. J. Parker (Hg.), *In the Wake of Columbus: Islands and Controversy*, Detroit 1985.
J. Wassermann, *Christoph Columbus. Der Don Quichotte des Ozeans*, Berlin 1929.
S. Wiesenthal, *Segel der Hoffnung. Die geheime Mission des Christoph Columbus*, Gerlingen 1984.
A. Zahorsky (Hg.), *Christoph Kolumbus. Bordbuch*, Zürich 1941.
Stefan Zweig, *Amerigo*, Stockholm 1944.

Zeittafel

1450 Die Türken vertreiben die Genuesen von der Krim.

Der portugiesische Seefahrer Bar tolomeu Diaz (gest. 1500) und der Maler Hieronymus Bosch (gest. 1516) geboren.

Um diese Zeit erobern die Inkas den Indianerstaat Chirnú in Nordperu, gelangt erstmals feines bemaltes Porzellan aus China nach Europa und beginnt Portugal unter Federführung Heinrichs des Seefahrers (1394–I460; Infant von Portugal; richtete in Sagres ein logistisches Zentrum für Entdeckungsfahrten ein und entsandte ab 1418 Expeditionen zur See) mit der Erkundung Afrikas.

1451 Zwischen dem 25.8. und dem 31.10 wird Cristoforo Colombo in Genua geboren; im gleichen Jahr auch der florentinische Seefahrer Amerigo Vespucci (gest. 1512).

1452 Kaiserkrönung Friedrichs III. (1415–1493) in Rom.

Um diese Zeit Erhebung der Mayas gegen die Tolteken in Yucatán; es kommt zu langem Bürgerkrieg und dem Verfall ihrer Kultur.

Der Maler und Forscher Leonardo da Vinci (gest. 1519) und der italienische Bußprediger Girolamo Savonarola (gest. 1498 auf dem Scheiterhaufen) geboren.

1453 Mohammed II., der Große, erobert Konstantinopel; dabei werden auch eiserne Granaten und Bomben verwendet; Untergang des Oströmischen Reiches.

1454 Johannes Gutenberg (um 1397 – um 1468) druckt Ablassbriefe.

1455 Gutenbergs erste Bibel erscheint im Druck.

Der deutsche Humanist Johann Reuchlin (gest. 1522) wird geboren.

1456 Die Türken erobern Griechenland.

1457 Die Weltkarte des Fra Mauro wird veröffentlicht.

1458 Portugal fasst in Nordafrika Fuß.

1459 Der deutsche Dichter und Humanist Konrad Celtis (gest. 1508) und Jakob Fugger der Reiche (gest. 1525) geboren; gleichfalls um dieses Jahr der Kartograf Martin Behaim von Schwarzbach (gest. 1507).

1460 Die Portugiesen entdecken vor der westafrikanischen Küste die Kapverdischen Inseln.
In Amsterdam wird die erste Börse eröffnet.
Regiomontanus (1436–1476) entwickelt die Dezimalrechnung.
1461 *Das große Testament* des französischen Dichters François Villon (1431–1463).
1462 Die Portugiesen gelangen an die Küste des heutigen Liberia.
Die Spanier vertreiben die Araber von Gibraltar, die dort seit 711 saßen.
1463 Die Türken erobern Bosnien.
1464 Genua gerät bis 1499 in Abhängigkeit von Mailand und verliert seine letzten Kolonien an die Türken.
Nikolaus von Kues (geb. 1401) gestorben.
1465 Columbus heuert als Schiffsjunge an.
Giovanni Bellini malt die *Pietà*.
Der Maler Hans Holbein der Ältere um dieses Jahr geboren (gest. 1524).
1466 Tod des italienischen Bildhauers Donatello (geb. um 1386).
1467 Karl der Kühne folgt dem verstorbenen Philipp dem Guten als Herzog von Burgund.
1469 Ferdinand V. (II.) von Aragon heiratet Isabella von Kastilien.
Mit Regierungsantritt von Lorenzo il Magnifico Medici wird Florenz italienisches Zentrum der Renaissance und des Humanismus.
Der italienische Staatsmann und Philosoph Niccolò Macchiavelli (gest. 1527) und der portugiesische Seefahrer Vasco da Gama (gest. 1524) geboren.
1470 Die Portugiesen stoßen bis zur westafrikanischen Goldküste vor.
Sicherer Nachweis für die Räderuhr mit Hemmrad.
1471 Die Portugiesen passieren erstmals den Äquator.
Amtsantritt von Papst Sixtus IV. (bis 1484).
Der Maler und Kupferstecher Albrecht Dürer (gest. 1528) geboren.
1472 Die *Göttliche Komödie* von Dante Alighieri wird erstmals gedruckt.
Der Maler und Grafiker Lucas Cranach der Ältere (gest. 1553) geboren.
1473 In Italien kommt die Ölmalerei auf.
Der Astronom Nikolaus Kopernikus (gest. 1543) geboren.
1474 Isabella I. wird Königin von Kastilien.

Die Portugiesen entdecken vermutlich Brasilien, halten dies jedoch geheim; offizielle Annektion erst 1500.

In Spanien erhält das Schachspiel seine heutige Form.

Der italienische Dichter Ludovico Ariosto (gest. 1533) geboren.

1475 Mit Regierungsantritt von Huayna Capas beginnt die größte Blütezeit des Inkareiches.

Francisco Pizarro (1541 ermordet), der für Spanien 1531–1533 Peru erobert, und der italienische Maler, Bildhauer und Baumeister Michelangelo Buonarotti (gest. 1564) geboren.

1476 Columbus strandet nach Schiffshavarie an der portugiesischen Küste und geht nach Lissabon. Segelt im gleichen Jahr nach Thule (Island).

Kastilien erklärt dem maurischen Granada den Krieg.

1477 Columbus lässt sich in Lissabon als Agent eines genuesischen Handelshauses nieder.

Der italienische Maler Tiziano Vecelli (Tizian, gest. 1576) geboren.

1478 Spanien beginnt Eroberung der Kanarischen Inseln, die 1496 abgeschlossen wird.

Der englische Philosoph und Staatsmann Thomas Morus (gest. 1535) geboren.

1479 Columbus studiert um diese Zeit Marco Polos Bericht seiner China- und Japanreise und entwickelt die Idee, den westlichen Seeweg nach Indien zu suchen. Er eröffnet mit seinem Bruder Bartolomeo eine Werkstatt für Portolankarten, heiratet die adlige Felipa Perestrello y Moniz (zwischen 1482 und 1485 gest.) und zieht mit ihr auf die Insel Porto Santa bei Madeira.

Ferdinand V. (II.) wird König von Aragon. Vereinigt zusammen mit Isabella sein Land und Kastilien, womit der spanische Nationalstaat begründet ist.

1480 Geburt von Columbus' erstem Sohn Diego.

Gleichfalls geboren: der portugiesische Seefahrer Fernando Magellan (gest. 1521).

Das Spinnrad wird weiterentwickelt und findet größere Verbreitung.

1481 Beginn der Inquisition in Spanien, deren Großinquisitor ab 1483 Torquemada ist.

1482 Columbus wendet sich mit seinem Expeditionsplan an König Johann II. (João) von Portugal; wird abschlägig beschieden.

Martin Behaim zieht nach Lissabon.

1483 Die Portugiesen entdecken Angola (bis 1975 portugiesisch).
Regierungsantritt König Karls VIII. von Frankreich.
Der Reformator Martin Luther (gest. 1546) und der Maler Raffaelo Santi (Raffael, gest. 1520) geboren.

1484 Diego Cão entdeckt die Mündung des Kongo.
Papst Innozenz VIII. erlässt Hexenbulle, womit die Hexenverfolgung beginnt.
Um dieses Jahr entsteht Botticellis *Geburt der Venus*.
Der Schweizer Reformator Ulrich Zwingli (gest. 1531) geboren.

1485 In England Regierungsantritt König Heinrichs VII. aus dem Hause Tudor, womit die seit 1455 andauernden Rosenkriege mit dem Hause York ein Ende finden.
Diego Cão und Martin Behaim stoßen bis zum Kap Cross/Westafrika vor.

1486 Columbus flieht aus unbekannten Gründen mit seinem Sohn Diego ins Kloster La Rábida bei Huelva in Spanien. Erhält Ende April in Córdoba eine Audienz bei Königin Isabella und verteidigt um die Weihnachtszeit sein Erkundungsvorhaben vor dem Talavera-Ausschuss in Salamanca.
Regierungsantritt des deutschen Königs Maximilian I. (deutscher Kaiser 1493–1519).

1487 Columbus verliert allmählich die Unterstützung des spanischen Hofes für seine Pläne. In der Folgezeit wendet sich sein Bruder Bartolomeo deshalb an den englischen und französischen Hof.
Spanien erobert Malaga.
Bartolomeu Diaz umsegelt das Kap der Guten Hoffnung. Pedro de Covilhão erkundet im Namen der portugiesischen Krone den Seeweg nach Indien durchs östliche Mittelmeer.
In Deutschland erscheint der *Hexenhammer*, der zur Grundlage für die Hexenprozesse wird.

1488 Der deutsche Humanist und Dichter Ulrich von Hutten (gest. 1523) geboren.

1489 Der Wiedertäufer Thomas Müntzer (gest. 1525) und der italienische Maler Antonio Allegri da Correggio (gest. 1534) geboren.

1490 Der Talavera-Ausschuss lehnt Columbus' Plan der Erkundung des westlichen Seewegs nach Indien ab.
Madonna in der Felsengrotte von Leonardo da Vinci.
In Italien entsteht das Ballett.
In Frankreich und Italien kommen die ersten Waisenhäuser auf.

1491 Im Spätherbst erhält Columbus erneut eine Audienz am spanischen Hof. Ein eingesetzter zweiter Ausschuss urteilt günstiger.

Um dieses Jahr wird der spanische Begründer des Jesuitenordens Ignatius von Loyola (gest. 1556) geboren.

1492 Das Jahr gilt als Übergang vom Mittelalter zur Neuzeit.

Granada fällt an die spanische Krone. Auf Veranlassung Torquemadas werden die Juden aus Spanien vertrieben, und ihr Vermögen wird konfisziert. Spanien hat nun die finanziellen Mittel für die Reise von Columbus.

Am 17.4. erhält Columbus den Vertrag *(capitulación de 1492)*, mit dem er Schiffe, Mannschaft und Ausrüstung für seine Reise bekommt. Daneben werden ihm die Titel Don, Admiral und Vizekönig der zu entdeckenden Länder erteilt.

Am 3.8. um 4 Uhr 45 laufen die *Pinta*, *Niña* und die *Santa María* aus dem Hafen von Palos aus.

Columbus entdeckt auf See, dass der Kompass durchaus Abweichungen aufweisen kann, erkennt jedoch nicht, dass dies an Magnetfeldveränderungen liegt.

Am 12.10. sichtet Columbus erstmals Land, eine Insel, die er San Salvador nennt und für Spanien in Besitz nimmt.

Am 28.10. erreicht Columbus die Insel Cuba nacan und nennt sie Juana (Cuba); er entdeckt jedoch kein Gold, aber dafür den Tabak (den Pietro Martire 1511 in Europa einführt), die Hängematte und die Süßkartoffel (die Kartoffel – *solanum tuberosum* – entdeckt erst 1526 der Konquistador Jiménez de Quesada bei den Inkas; größere Verbreitung in Europa findet sie erst ab 1550). Er beschließt, Spanien mit »braunem Gold« (versklavten Indios) schadlos zu halten.

Am 24.12. umsegeln die *Santa María* und die *Niña* eine Insel, der Columbus den Namen Hispaniola (Haiti) gibt.

Gründung der ersten Niederlassung (La Navidad) in der Caracolbucht, nachdem die *Santa María* untergegangen ist.

Martin Behaim stellt im gleichen Jahr seinen Erdapfel vor (den ersten Globus, noch ohne Amerika).

Leonardo da Vinci entwirft eine Flugmaschine.

1493 Am 4.1. tritt Columbus die Rückreise an.

Um den 5.3. erreicht er Portugal, und am 15.3. läuft er in Palos ein. Im April reist er im Triumphzug an den Hof nach Barcelona. (Einschleppung der Syphilis durch seine Seeleute.)

Papst Alexander VI. teilt die Welt durch eine Linie vom Nord- zum Südpol in eine westliche (spanische) und eine östliche (portugiesische) Hälfte auf.

Am 25.9. bricht Columbus mit 17 Schiffen und Missionaren an Bord zur zweiten Reise auf.

Am 22.11. erreicht er Hispaniola; stellt fest, dass La Navidad zerstört ist, gründet daraufhin Anfang Dezember eine zweite Siedlung (Isabella).

Savonarola wird von Papst Alexander VI. mit Predigtverbot belegt. Der Arzt und Philosoph Paracelsus (gest. 1541) geboren.

1494 Columbus versucht Ende April herauszufinden, ob es sich bei Juana um Festland handelt. Lässt die Mannschaft beeiden, dass Asien gefunden ist (bis ins 16. Jh. erscheint Cuba auf Landkarten als »Asiae Pars«).

Am 29.9. ist Columbus wieder in Isabella, wo inzwischen auch sein Bruder Bartolomeo angekommen ist. Hispaniola ist zum Sklavenmarkt verkommen, die Indios beginnen sich zu wehren.

Der Medicus Chanca berichtet erstmals von der Paprika, die jedoch in Europa erst Mitte des 16. Jhs. größeren Bekanntheitsgrad erreicht. Andere Pflanzen wie die Ananas und der Kakao gelangen erst 1514 bzw. 1519 nach Spanien.

Beginn des Kampfes zwischen Frankreich und Habsburg um Italien.

Die Medici werden aus Florenz vertrieben; es beginnt dort die Theokratie des Savonarola.

Der französische Dichter François Rabelais (gest. 1553) und der niederländische Maler Lucas van Leyden (gest. 1533) geboren.

1495 Ende Februar erreichen versklavte Indios Cádiz (Isabella verhindert dann, dass nach 1500 noch Indios als Sklaven nach Spanien kommen). Es formiert sich Widerstand gegen Columbus. Das Herrscherpaar schickt Juan Aguado als Inspekteur übers Meer. Columbus verlegt seine »Hauptstadt« an die Südostküste Hispaniolas (Santo Domingo).

In Portugal Regierungsantritt von König Emanuel I., dem Glücklichen.

In Portsmouth wird das erste Trockendock angelegt.

Die Syphilis breitet sich durch spanische Söldner in französischen Diensten über Neapel in Europa aus.

1496 Am 1.3. kehrt Columbus mit zwei Schiffen nach Spanien zurück. Reist Mitte Juli nach Almazán an den Hof, erhält dort jedoch keine weitere finanzielle Unterstützung, da der Staatssäckel durch Verheiratung der königlichen Kinder geleert ist.

Philipp der Schöne heiratet Ferdinands und Isabellas Tochter Johanna (die Wahnsinnige), wodurch Spanien nach dem Tod der Katholischen Majestäten an Habsburg fallen wird.

In Deutschland eröffnet F. von Taxis die erste Poststation.

1497 Emanuel I. von Portugal heiratet die spanische Prinzessin Isabella.

Papst Alexander VI. verleiht Ferdinand und Isabella von Spanien den Titel »Katholische Majestäten«.

In Portugal werden die Juden ausgewiesen.

Der italienische Seefahrer Giovanni Caboto (1425–1499) erreicht die Ostküste von Nordamerika.

Äther wird entdeckt.

Leonardo da Vinci beendet das *Abendmahl.*

Der Humanist und Reformator Philipp Melanchthon (gest. 1560) und der Maler Hans Holbein der Jüngere (gest. 1543) geboren.

1498 Am 30.5. bricht Columbus von Sevilla aus zur dritten Reise auf, die durch ausländische Anleihen finanziert wird, mit dem Ziel, neue Goldvorkommen zu entdecken.

Am 5.8. betritt Columbus am Orinoko Land, das er für eine Insel und für das Paradies hält (eig. Venezuela).

Die Eingeborenen kredenzen den Matrosen ein Getränk aus einer unbekannten Getreidepflanze, *mahiz* genannt: Mais.

Vasco da Gama erschließt den Seeweg nach Ostindien und entdeckt auf der Fahrt auch Moçambique (bis 1975 portugiesisch).

Girolamo Savonarola wird verbrannt.

Tod des Torquemada.

Albrecht Dürer vollendet u.a. die *Apokalypse.*

1499 Columbus' Bruder Bartolomeo kann sich als Statthalter nicht durchsetzen. Die Indios werden ausgebeutet. Der spanische Hof erfährt nur Unangenehmes über Columbus.

Amerigo Vespucci und Alonso de Hojeda entdecken den Amazonas.

Im militärischen Bereich kommen Sprengladungsgeschosse auf.

Der spanische Dichter Fernando de Rojas veröffentlicht das Drama *Celestina.*

1500 Der von Columbus erbetene unvoreingenommene Richter trifft Ende August ein und setzt Columbus in Abwesenheit ab. Nach seiner Rückkehr nach Santo Domingo wird Columbus verhaftet und zwei Monate später mit Bartolomeo nach Spanien gebracht.

Columbus erhält vor Weihnachten in Granada eine Audienz; er wird rehabilitiert, verliert jedoch den Titel Vizekönig.

Bohrmaschinen kommen in Gebrauch; in England tauchen Schreibstifte mit Grafit auf.

Portugal annektiert Brasilien.

Das »Große Jubeljahr der Kirche«.

Michelangelo vollendet in St. Peter in Rom die *Pietà*.

1501 Columbus sitzt in Granada fest; versucht zu belegen, dass er für die Entdeckung Chinas und Japans »auserwählt« ist, um so neue Mittel für eine vierte Reise aufzubringen.

Die Inkas führen die Zählung auf dezimaler Basis ein.

Michelangelo kehrt nach Florenz zurück.

Leonardo da Vinci entwirft die Camera obscura.

1502 Am 9.5. bricht Columbus von Cádiz aus zur vierten Reise auf. Läuft trotz Verbot Santo Domingo an. Er segelt Ende Juli auf der Suche nach Eldorado die Küste Honduras und Costa Ricas entlang und erreicht in der zweiten Septemberhälfte schließlich Veragua, wo er Gold und somit »Eldorado« findet. Gründet hier die Niederlassung Santa María de Belén und ernennt Bartolomeo zum Statthalter.

Vespucci unternimmt seine zweite Reise nach Südamerika, das er für eine neue Welt hält.

Auch Bartolomé de las Casas fährt in die »Neue Welt« und wird zum Schutzherrn der Indios.

In Nürnberg baut Peter Henlein Taschenuhren.

In der Kunst entstehen Michelangelos *David*, Dürers *Hase*, Tizians *Zigeuner-Madonna* und Cranachs *Kreuzigung*.

1503 Um Ostern kommt es in Costa Rica zu schweren Kämpfen mit den Indios. Columbus kann mit seinen brüchigen Schiffen Hispaniola nicht erreichen und steuert das heutige Jamaika an, wo er sich am 6.8. festsetzt. Nach Kämpfen mit den dortigen Eingeborenen und Versorgungsschwierigkeiten gelangt er schließlich doch nach Hispaniola und tritt am 12.9. die Heimreise an. Anfang November ohne große Aufmerksamkeit von Seiten der Öffentlichkeit nach Spanien zurückgekehrt, begibt sich Columbus nach Sevilla, von wo er brieflich versucht, die Unterstützung des Hofes zurückzugewinnen.

Die Spanier besetzen das Königreich Neapel.

Die Portugiesen nehmen Sansibar in Besitz.

Der spanische Dichter Diego Hurtado de Mendoza (gest. 1575) und der französische Astrologe Nostradamus (gest. 1566) geboren.

1504 Columbus bittet erneut um eine Audienz, um einen Kreuzzug ins Heilige Land vorzuschlagen.

Durch den Tod Königin Isabellas II. am 26.11. verliert er seine letzte Fürsprecherin.

Amerigo Vespucci veröffentlicht *Mundus Novus*, in dem er die Entdeckungen des Columbus als seine eigenen ausgibt und das Land als Neue Welt bezeichnet. Sein Vorname wird zum Namen dieser neuen Welt.

Das Königreich Neapel und Sizilien gelangen bis 1713 unter die Herrschaft spanischer Vizekönige.

Vasco da Gama fährt erneut nach Indien.

Auch Spanien wird an das Taxis'sche Postsystem angeschlossen.

1505 Columbus reist nach Segovia, wo er im Juli ankommt, um eine Audienz zu erbitten. König Ferdinand setzt einen Ausschuss ein, der Columbus ein Lehen in Burgos anbietet; dieser lehnt jedoch ab und folgt dem Hof nach Salamanca und Valladolid.

Michelangelo geht nach Rom.

Luther tritt in den Augustinerorden ein.

Dürer reist zum zweiten Mal nach Italien.

1506 Columbus stirbt am 21.5. in Valladolid, nachdem er bereits zu krank und geschwächt war, um persönlich der neuen Königin Johanna von Kastilien zu huldigen.

Die Portugiesen errichten an der ostafrikanischen Küste Niederlassungen.

In Rom beginnt der Neubau des Petersdoms.

Leonardo da Vinci malt die *Mona Lisa* und Raffael die *Madonna mit dem Stieglitz*.

1507 Auf der Weltkarte erscheint zum ersten Mal der Name »Amerika«.

Personenregister

Verzeichnis der Abbildungen

Fotos:
Jürgens, Ost- und Europa-Photo, Köln.

Abbildungen im Text:

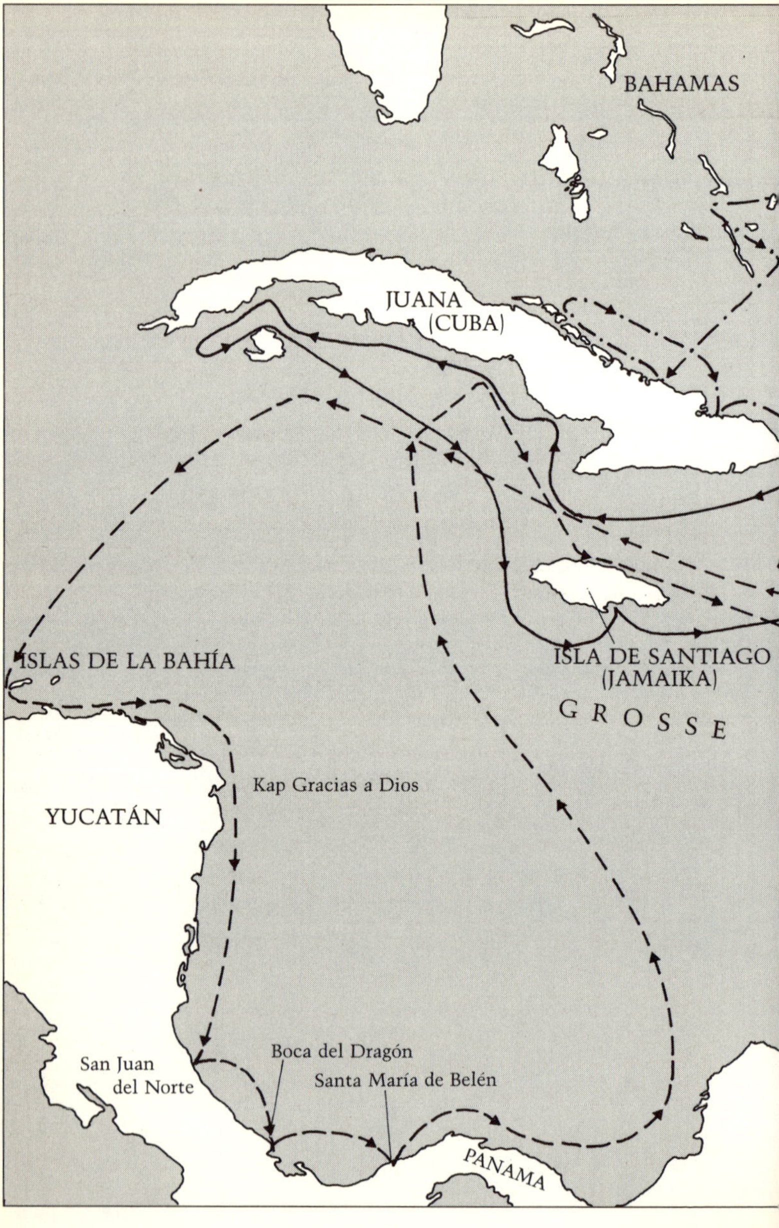
BAHAMAS
JUANA
(CUBA)
ISLA DE SANTIAGO
(JAMAIKA)
GROSSE
ISLAS DE LA BAHÍA
Kap Gracias a Dios
YUCATÁN
San Juan
del Norte
Boca del Dragón
Santa María de Belén
PANAMA

1. Reise 1492–1493
2. Reise 1493–1496
3. Reise 1498–1500
4. Reise 1502–1504
Hinreise
Rückreise
lantischer Ozean
JANAHANÍ
SAN SALVADOR =
ATLINGS)
MANA CAY
HISPANIOLA
(HAITI)
SAN JUAN BAUTISTA
(PUERTO RICO)
TILLEN
KLEINE
ANTILLEN
MARGARITA
Golf von Paria
TRINIDAD
ibo-See
SÜDAMERIKA